繁峙年鉴

2019

中共繁峙县委党史研究室
繁峙县地方志研究室 编

方志出版社
Publishing House of Local Records

图书在版编目（CIP）数据

繁峙年鉴. 2019 / 中共繁峙县委党史研究室（繁峙县地方志研究室）编. —北京：方志出版社，2019.12
ISBN 978—7—5144—4129—1

Ⅰ. ①繁…　Ⅱ. ①繁…　Ⅲ. ①繁峙县—2019—年鉴
Ⅳ. ①Z522.54

中国版本图书馆CIP数据核字（2020）第035635号

繁峙年鉴（2019）

编　　者： 中共繁峙县委党史研究室（繁峙县地方志研究室）
责任编辑： 冯　松

出 版 者： 方志出版社
地址　北京市朝阳区潘家园东里 9 号（国家方志馆 4 层）
邮编　100021
网址　http://www.fzph.org
发　　行： 方志出版社图书经销中心
电话（010）67110500
经　　销： 各地新华书店
承　　印： 山西省史志印刷厂

开　　本： 889×1194　　1/16
印　　张： 23.75
字　　数： 260 千字
版　　次： 2019 年 12 月 第 1 版　　2019 年 12 月第1次印刷
印　　数： 0001～1000册

ISBN　978-7-5144-4129-1　　**定　　价：** 180.00 元

繁峙县地方志编纂委员会

繁峙年鉴编辑部

主　　编　　范吉林

执行主编　　冯占军

特邀编辑　　（以姓氏笔画为序）

田秀昌　范念琐　赵吉瑞

编　　辑　　（以姓氏笔画为序）

冯　梅　杨红霞　张文生

办公室电话　　0351—5526004

办公地址　　山西省忻州市繁峙县繁城镇滹源西街县委四楼

邮　　编　　034300

电子邮箱　　fsnjbjb@163.com

《繁峙年鉴》专家评审人员

审核人员　　蔚宏民　谢音呼　贺俊林　赵　芳

秦　甦　乔　乔

《繁峙年鉴》审核及批准出版单位

审　　核　　忻州市地方志编纂办公室

批准出版　　繁峙县人民政府

全省城乡建设用地增减挂钩工作现场推进会在繁峙召开

2018 年 5 月 17 日，全省城乡建设用地增减挂钩工作现场推进会在繁峙召开。省国土资源厅党组负责人，忻州市委、市政府主要领导，山西转型综改示范区及全省各市分管国土工作领导和 58 个贫困县国土局局长参加会议。

此次会议旨在深入贯彻党中央、国务院，省委、省政府关于加快推进城乡建设用地增减挂钩工作系列重大决策部署，认真落实《山西省人民政府办公厅关于进一步加快推进城乡建设用地增减挂钩促进开发区转型升级助力脱贫攻坚的通知》，积极为贫困县脱贫攻坚提供资金保障，从根本上优化城乡用地结构，不断提高全省土地利用水平。

推进会上，繁峙县、天镇县、泽州县、霍州市和孝义市作为全省增减挂钩工作先进典型，就统筹城乡发展、拆旧安置保障措施和完善增减挂钩配套政策等相关工作经验进行了交流和探讨。当天下午，与会人员实地考察了繁峙县金山铺乡苑家地村、繁城镇楼岗村城乡建设用地增减挂钩项目、东山乡化塔村旧村搬迁复垦现场和安置区滨河移民小区。

全省城乡建设用地增减挂钩工作现场推进会

与会人员实地考察

与会人员实地考察

全省农机社会化服务体系建设暨农机资产收益扶贫现场培训会在繁峙召开

2018 年 8 月 30 日，全省农机社会化服务体系建设暨农机资产收益扶贫现场培训会在繁峙召开。

会上，由忻州市、繁峙县、芮城县、昔阳县农机局及繁峙县丰收农机专业合作社负责人分别就农机合作社发展的典型经验进行交流发言，各县（市）农机局代表对农机合作社发展提出了建议和意见。

与会人员参观了繁峙县真诚农机专业合作社、玄睿农机专业合作社、老梁农机专业合作社、丰收农机专业合作社的建设发展情况和农机维护点等农机服务组织，以及农机作业、安全监理、农机培训、农机维修等多种功能展示，现场观摩了农作物秸秆、畜禽粪污资源化高效利用，生物质制料机作业演示，并对丰收农机专业合作社的农作物栽培全程跟踪监控系统进行了观摩学习。

近年来，繁峙县通过基地带动、科技推动、服务促动，全县主要农作物综合机械化水平达到 86.3%，玉米机械化综合水平达到 93%，农机总动力达到 17.2 万千瓦，成功创建省级农业机械化综合示范县。在此基础上，立足农机产业发展优势，扶植农机大户 100 余户，农机服务组织 70 个，带动广大贫困农户探索出一条独具繁峙特色的农机资产收益精准扶贫之路。

全省农机社会化服务体系建设暨农机资产收益扶贫现场培训会

与会人员在本县实地参观专业合作社

项目转型助推脱贫攻坚

奥博光伏（繁峙）生产基地项目投产启动仪式

2018 年 1 月 22 日，奥博光伏（繁峙）生产基地项目正式投产。奥博光伏（繁峙）生产基地项目，是由青岛奥博能源电力有限公司设立的全资子公司，该项目计划总投资 5 亿元，建设两条全自动 500 兆瓦光伏组件生产线。繁峙县已经通过与青岛奥博光伏前期合作，在繁城镇楼岗村、东山乡伯强村等村庄建起光伏扶贫项目，使贫困户脱贫有了光伏产业保证。

2018 年 2 月 6 日，繁峙县人民政府与牧原实业集团有限公司签订扶贫战略框架协议，河南省牧原集团公司将在 2018—2019 两年时间里投资 13.6 亿元在繁峙建设 100 万头生猪养殖基地。根据签约内容，牧原实业集团计划在杏园、光裕堡、砂河、大营、金山铺 5 个乡镇建设 9 个养殖场，1 个年加工 36 万吨的饲料厂，1 个有机肥无害化处理场、1 个消毒站、1 个公猪站，形成系统的现代化生猪养殖产业化体系。

2018 年 4 月 20 日，繁峙县隆重举行转型项目建设集中开工仪式。以牧原农牧有限公司 100 万头生猪养殖建设项目、润宏电力有限公司 30 兆瓦集中式光伏扶贫项目为代表，涉及新材料、新能源、现代农业、食品加工等多个方面，繁城、大营、杏园、东山、集义庄、金山铺 6 个乡（镇）的 11 个转型项目集中开工建设，总投资近 28 亿元。

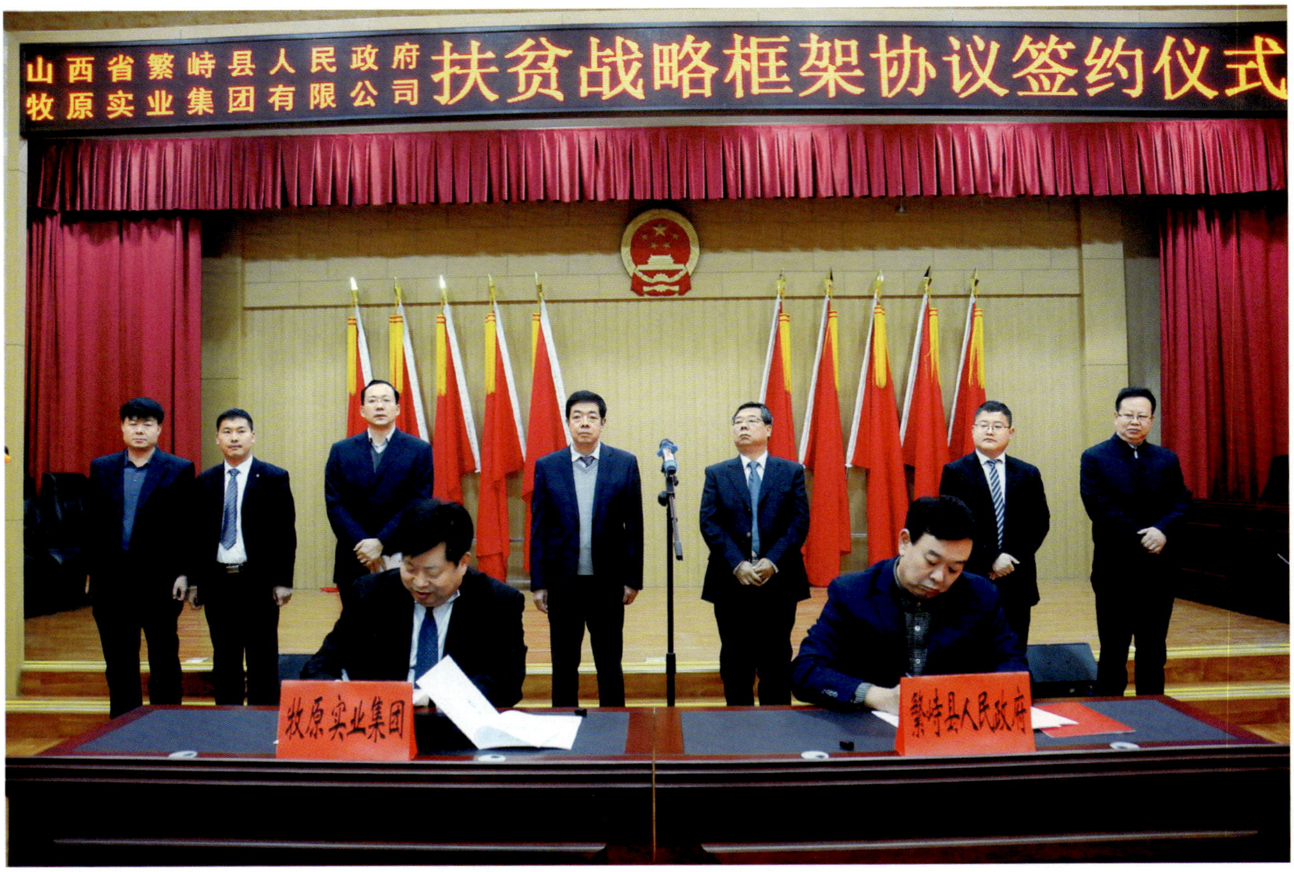

繁峙县人民政府与牧原实业集团有限公司扶贫战略框架协议签约仪式

转型项目建设集中开工仪式

2018年8月9日，繁峙县人民政府与河北省安新县华康金属制品厂成功签约。华康金属制品厂在繁峙投资建设年产20万吨高科技铝合金项目。该项目固定投资2亿元，总投资5亿元。

繁峙县人民政府与河北省安新县华康金属制品签约仪式

2018年9月28日上午，繁峙县大营镇大营村国家电投繁峙县200兆瓦风电清洁能源供暖项目、供热站开工。

国家电投繁峙县200兆瓦风电清洁能源供暖项目大营镇供热工程，是国家电投集团繁峙县金丰新能源发电有限公司，积极响应习近平总书记“推进北方地区冬季清洁取暖”的号召在该县投资建设，是山西省清洁能源供暖重点试点示范工程。该项目总投资18亿元，其中供热站投资9700万元，风电场位于繁峙县东山乡一带，风电场规划装机20万千瓦；供热站位于大营镇，规划供热面积约40万平方米。供热站占地面积约1公顷。供热范围为大营镇区域住宅、工业厂房、公共建筑，供热管网根据大营镇热负荷需求及热负荷分布设计。

2018年，繁峙县在全县5个乡8个村恢复优质水稻基地200公顷，示范引领全县优特品种的种植推广，带动贫困户增收致富。图为繁城镇作头村的稻田。作头村已恢复种植优质水稻近53.3公顷。

国家电投繁峙县 200 兆瓦风电清洁能源供暖项目、供热站开工仪式

繁城镇作头村的农民正在插秧

手工业遍地开花助力脱贫攻坚

2018年，繁峙县坚持“政府扶持、企业运营、贫困户参与”的模式，与河北白沟、容城、雄县等地深度对接合作，引进发展以箱包加工、服装、插花等为重点的手工业，助力脱贫攻坚。年末，建成扶贫工厂63个，覆盖全县13个乡镇，可带动7000多人就业，能使2000多个贫困家庭稳定增收脱贫。

位于繁峙县下茹越乡的铭都服装加工厂加工车间

繁峙县滨河移民小区箱包加工车间

繁城镇东峪村箱包加工厂加工车间

精准扶贫路上闯出的“繁峙经验”

2018 年 4 月 26 日，交城县考察团到繁峙学习易地扶贫经验。

2018 年 5 月 14 日，交口县、临县考察团到繁峙县东山乡化塔村交流易地搬迁工作经验。

2018 年 7 月 4 日，五台县考察团到繁峙县考察学习脱贫攻坚中的先进经验。

2018年7月13日，晋中市委领导带领晋中市9个县（市、区）委副书记、分管副县长、扶贫办主任等到繁峙县就脱贫攻坚工作进行考察学习。

2018年7月18日，静乐县考察团到繁峙县考察学习脱贫攻坚工作经验。

2018年12月7日，新疆建设兵团某团党委考察组到繁峙县，就乡村振兴、村级基层组织民主管理、合作社经营发展、旅游资源整合开发、招商项目策划、繁峙白水大杏烘干加工等方面的先进做法和经验进行实地考察。

全省各县乡镇党委副书记、组织委员示范培训班学员到繁峙县观摩学习

2018年11月29日，全省乡镇党委副书记、组织委员示范培训班学员共计150余人，到繁峙县观摩学习农村基层党建、产业扶贫、整村提升等工作经验。

观摩团一行先后在杏园乡聚宝新区手工业加工厂参观箱包加工车间、展厅，听取全县手工业发展情况的介绍；在集义庄乡大宋峪村田源毛驴养殖基地，听取“5+”养殖模式及人工采精经验介绍；在金山铺乡农发村，参观整村提升工程、木耳种植、箱包加工等项目，听取党建引领致富脱贫经验，查看相关资料，近距离观摩党建工作新亮点；在砂河镇下汇村参观了万锦肉牛养殖场，交流肉牛养殖及饲料青储经验；在繁城镇楼岗村观摩了村级组织活动场所；在赵家庄村观景平台观摩了万亩白水大杏种植基地，听取特色种植助农增收经验介绍。

示范培训班学员在杏园乡聚宝新区手工业加工厂参观箱包加工车间。

学员们在金山铺乡农发村听取党建引领致富脱贫经验介绍和翻阅党建资料

整村搬迁助推脱贫攻坚

金山铺乡苑家地移民新村全貌

杏园乡移民小区

经济社会发展和生态环境保护协同推进

赵庄河流域综合治理工程

滹沱河源头桥儿沟段治理修复工程一角

2018年，繁峙县深入践行“绿水青山就是金山银山”的发展理念，以“兴水增绿”为重点，全力推进建设水清、河洁、岸绿、景美的河道生态环境，努力实现经济社会发展和生态环境保护协同推进。实施了滹沱河、青羊河及其支流所涉河道等综合治理工程，其中投资1724万元的滹沱河源头桥儿沟段治理修复工程，采用多种水土保持措施，全面加强滹沱河源头生态修复治理。

特色旅游蒸蒸日上

砂河镇憨山文化旅游景区局部

红色旅游基地
东山乡伯强村新貌

羊眼河水上乐园局部

繁峙县行政区划图

审图号:晋IS(2020)002号

山西省地图院编制 二〇一九年十二月

编 纂 说 明

一、《繁峙年鉴（2019）》是繁峙县地方志研究室编纂出版的综合资料文献，以马克思列宁主义、毛泽东思想、邓小平理论、“三个代表”重要思想、科学发展观和习近平新时代中国特色社会主义思想为指导，坚持辩证唯物主义和历史唯物主义的立场、观点和方法，全面如实地记载繁峙县2018年度自然、政治、经济、文化、社会等各个领域的基本情况、重要事项与发展变化，为县内外读者认识繁峙、研究繁峙、建设繁峙提供帮助。

二、《繁峙年鉴（2019）》记述时限为2018年1月1日至2018年12月31日，特载内容延至2019年。

三、《繁峙年鉴（2019）》采用分类编排法，共分四个层次编排，即类目、分目、次分目、条目。

四、《繁峙年鉴（2019）》统计资料均使用法定计量单位。涉及数据由于行业和地区统计口径等方面的原因，个别条目互有不一致之处，当以县统计局发布的统计数据为准。

五、《繁峙年鉴（2019）》稿件由繁峙县各级党、政、军机关、各企事业单位提供。统计资料来源于县统计局。

目 录

特 载

大事记

县情概览

中国共产党繁峙县委员会

繁峙县人民代表大会

繁峙县人民政府

中国人民政治协商会议
繁峙县委员会

民主党派

群众团体

军　事

法　治

财政　税务

经济管理

工业经济

农林水利

环境保护和城乡建设

交通运输

邮政　通信

金 融

商业贸易

卫生体育

文化旅游

社会生活

乡镇和居民办概览

人　物

附　录

表格目录

中共繁峙县委员会工作报告（节选）

中共繁峙县委书记　孔保宝

一、2018年经济工作总结

2018年是全面贯彻党的十九大精神的开局之年，是转型发展迈出坚实步伐的一年，也是决战脱贫摘帽的关键之年。我县经济社会发展呈现以下特点：

（一）经济基本面稳中向好

在外部环境趋紧、新旧动能转换的背景下，我们综合施策，全力稳增长，全县经济总体上保持了稳中向好的发展态势。全县GDP完成69.7亿元，在工业增加值-4.3%的情况下，GDP扭负为正，实现0.7%的增长。特别是三次产业结构进一步优化，二产占比下降4.3个百分点，一产、三产分别增加0.2、4.1个百分点。全社会用电量10.88亿度，同比增长9.2%；规模以上企业实现利税10.64亿元，同比增长70.3%。在经济增长压力较大的情况下，取得了良好的发展效益。

（二）转型发展势头强劲

在环保约束强化、传统产业发展困难的情况下，我们抢抓机遇，强力转型，推动了经济结构持续优化。省政府正式批准我县设立繁峙省级经济技术开发区，成为实施转型综改示范区建设以来，忻州市获批的第一个县域省级经济技术开发区。全年实施转型项目39个，培育“小升规”工业企业6家，培育高新技术企业3家，制造业增加值占比提高8.7%。转型项目建设年成绩显著，发展后劲进一步积蓄。

（三）脱贫攻坚取得重大进展

在脱贫摘帽时间紧、任务重的形势下，我们两年任务一年干，县委坚决扛起主体责任，坚持精准方略，把提高脱贫质量放在首位，举全县之力，下足绣花功夫，坚决打好打赢脱贫攻坚战。2018年减贫23309人，贫困发生率下降至0.64%，县脱贫退出14项指标全部达标。一年来，省、市在我县召开6次现场观摩会，有17个县市先后20批次来我县参观学习。

（四）民生事业全面进步

在改革发展全面推进过程中，我们高度重视民生改善，增强了人民群众的获得感、幸福感、安全感。投资5285万元在25所学校实施义务教育基本均衡基建类项目，为繁中、砂中招聘41名研究生学历教师，为农村学校补充70名特岗教师，2018年高考600分以上实现零的突破。“6321”医疗保障政策全面落实，县乡医疗卫生机构一体化改革扎实推进，新建县中医院投入使用，全县人民就医环境明显改善。城镇新增就业3951人，城乡居民养老保险参保人数15.4万人，城乡居民医保参保人数20.86万人，保障城乡低保对象21005户22765人，构建起了多重保障防线。扫黑除恶专项斗争扎实推进，及时侦破了一批影响人民群众安全感的案件。

（五）重大改革有序推进

在发展任务重的情况下，我们坚持以改革促全面工作提升，有效破解了制约发展的机制政策瓶颈。进一步深化监察体制改革，派驻9个部门行业纪检监察组和4个乡镇片区监察组，实现对全县6529名监察对象“全覆盖”。加快国企改革，县磷肥厂引进新的投资主体对5.9公顷低效用地实施再开发。特别是用好城乡建设用地增减挂钩这一含金量高的扶贫政策，对整村搬迁后腾退出大量的农村集体用地全部实施增减挂钩，交易土地202.87公顷，收益4.6亿多元，全省城乡建设用地增减挂钩现场会在繁峙县召开。

这些成绩的取得，是我们全面贯彻中央、省市重大决策部署的结果，是全县上下团结一心，攻坚克难，真抓实干的结果。

总结近年来，特别是县委十三届党代会以来的经济工作，有三点经验弥足珍贵。

一是必须坚持以经济建设为中心。发展是党执政兴国的第一要务，是解决所有问题的关键。繁峙作为国家级贫困县要实现经济振兴崛起，加快发展的意义更加重大。我们按照省委“一个指引、两手硬”的思路和要求，不动摇、不懈怠、不折腾，坚持以新发展理念引领发展，坚定不移转方式、调结构，推动繁峙经济转型发展步入快车道，产业结构调整实现新突破，经济结构实现反转，新能源产业从无到有，装备制造企业从弱到强，农副产品加工业从小到大。下一步，做好经济工作必须以久久为功的毅力，调结构促转型，在改造提升传统产业、发展战略性新兴产业、加强创新驱动、培育增长新动能等方面攻坚突破，奋力开拓资源型地区转型升级新局面。

二是必须走转型发展之路。习近平总书记视察山西时指出，经济转型发展这个方向是正确的，要用非常之力、恒久之功加以落实。近年来，我们在推进经济发展方式转变上持续用力，农业种植结构调整、新型工业比重、三次产业占比取得结构性突破，农业特色种植面积占到总播种面积的69.8%，制造业占规上工业增加值比重达到25.1%，一、三产业比重稳步上升，二产比重由畸重向合理调整，推动全县经济质量和效益稳步提升。下一步，做好经济工作必须坚定不移地在传统产业改造升级上有大的推进，在发展新兴产业上有大的作为，坚决实现经济结构反转和构建多元产业支撑体系。

三是必须营造干事创业的良好政治生态。近年来，我们坚持正导向、严管理、强监督，努力营造鼓励干事创业的良好政治生态。制定出台《进一步激励广大干部新时代新担当新作为的实施意见》，建立和实施“正向激励+容错纠错+反向问责”三位一体管理机制，通过“五注重、五强化”激励干部担当作为。特别是强化选任激励，先后从驻村工作队、第一书记和乡镇人员中提拔干部36人。在落实重点工作任务、脱贫攻坚中推进干部能上能下，重点解决领导干部对新形势、新常态、新要求不适应，在具体工作中不作为、不会为等问题，及时调整不肯担当、能力素质不适应、业绩平平的干部，推动各级领导班子、党员干部状态和素质“双提升”。下一步，做好经济工作必须继续发挥党建的引领作用，想方设法调动全县广大干部的积极性、主动性和创造性，营造锐意改革、勇于创新、攻坚克难的浓厚干事创业氛围。

在回首盘点2018年工作，客观总结成绩经验的同时，我们也应当看到，当前也面临不少困难和问题。主要表现在：经济总量小、三次产业的发展水平和质量不高，民营企业普遍规模小、生产方式粗放，民生领域存在不少短板弱项，巩固脱贫成果任务还十分艰巨，生态环保形势仍然严峻，安全生产、信访维稳压力还很大，改革开发的步伐还需进一步加快，特别是一些干部推动转型发展的思路观念能力作风不适应，不作为、不善为的问题比较突出。对此要高度重视，认真加以解决。

辩证分析当前经济形势，我县经济发展拥有不少积极因素和有利条件。

从全国来看，中央经济工作会议作出重大判断，我国发展仍处于并将长期处于重要战略机遇期，即加快经济结构优化升级带来新机遇，提升科技创新能力带来新机遇，深化改革开放带来新机遇，加快绿色发展带来新机遇，参与全球经济治理体系变革带来新机遇。会议明确宏观政策要强化周期调节，对积极的财政政策、稳健的货币政策、结构性政策赋予新内涵，提出新要求。

从全省来看，去年3月，国务院批准我省成为国家标准化综合改革试点省，11月国家发改委出台《关于支持山西省与京津冀地区加强协作实现联动发展的意见》，我省开展能源革命综合试点的方案也将得到中央批复，党中央、国务院对我省的转型综改和改革开放历史性、突破性地给予支持，是我们发展最重要的历史机遇。省委、市委出台支持民营企业发展的意见，为增强新动能提供了新的机遇。

综上，我国宏观经济健康稳定发展的基本面没有改变，新旧动能转化的势头只会更强，尽管存在不容忽视的问题和困难，但我县发展的基础更加坚实牢固，发展的机遇条件空前集聚，只要我们创造性贯彻落实中央、省委、市委决策部署，坚定转型发展的信心和决心，抢抓机遇、保持底线思维、主动趋利避害，就一定能够在新的一年实现再发展、再突破。

二、2019年经济工作的总体要求和目标任务

2019年是中华人民共和国成立70周年，是全面建成小康社会的关键之年，是我省在“两转”基础上拓展新局面的攻坚之年，是我县全面脱贫巩固提升之年。做好今年的经济工作至关重要。

（一）贯彻落实中央省市经济工作会议精神，必须科学把握今年经济工作的总体要求

综合分析全县经济形势，2019年我县经济工作的总体要求是：以习近平新时代中国特色社会主义思想和党的十九大精神为指导，深入学习贯彻落实习近平总书记庆祝改革开放40周年大会讲话和视察山西重要讲话精神，深入学习贯彻省委十一届七次全会、经济工作会议和骆惠宁书记忻州督导调研讲话精神，按照市委四届六次全会部署，紧紧扭住高质量转型发展这个“牛鼻子”，进一步加强和改进党对经济工作的领导，继续打好三大攻坚战，扭住示范区、排头兵、新高地三大目标，统筹推进稳增长、促改革、调结构、惠民生、防风险工作，统筹推进六大主战场主阵地重点项目，突出产业升级、转型发展，突出脱贫攻坚、乡村振兴，突出改革创新、开放发展，突出环境保护、生态建设，突出五城联创、保障和改善民生，不断增强人民群众获得感、幸福感、安全感，保持经济持续健康发展和社会大局稳定，在由“疲”转“兴”发展基础上实现转型发展，以优异成绩迎接中华人民共和国成立70周年。

（二）贯彻落实中央省市经济工作会议精神，必须科学确定今年我县的发展目标。

综合考虑各种因素，经县委常委会研究，我县2019年经济社会发展的预期指标是：全县地区生产总值增长6.3%左右，规模以上工业增加值增长3%左右，固定资产投资增长7.5%以上，社会消费品零售总额增长7.5%，一般公共预算收入增长5%，城乡常住居民人均可支配收入分别增长6%和7.5%以上，居民消费价格涨幅控制在3%以内，城镇登记失业率、城镇调查失业率分别控制在4.2%、6.5%以内，资源环境类约束性指标全面完成省市要求。

（三）贯彻落实中央省市经济会议精神，必须坚持“巩固、增强、提升、畅通”八字方针。

中央经济工作会议提出，我国经济运行主要矛盾仍然是供给侧结构性的，必须坚持以供给侧结构性改革为主线不动摇，更多采取改革的办法，更多运用市场化、法治化手段，在“巩固、增强、提升、畅通”八字上下功夫。一是巩固“三去一降一补”成果，推动更多产能过剩行业加快出清，降低全社会各类营商成本，加大基础设施等领域补短板力度。二是增强微观主体活力，发挥企业和企业家主观能动性，建立公平开放透明的市场规则和法治化营商环境，促进正向激励和优胜劣汰，发展更多优质企业。三是提升产业链水平，注重利用技术创新和规模效应形成新的竞争优势，培育和发展新的产业集群。四是畅通国民经济循环，加快建设统一开放、竞争有序的现代市场体系，提高金融体系服务实体经济能力，形成国内市场和生产主体、经济增长和就业扩大、金融和实体经济良性循环。我们必须结合实际，把“巩固、增强、提升、畅通”八字方针落实在推动我县经济高质量发展的实践中。

（四）贯彻落实中央省市经济工作会议精神，必须针对突出问题，继续打好三大攻坚战。

三大攻坚战，总体推进有力，特别是脱贫攻坚战，我们已经取得阶段性胜利。今年要立足实际，针对突出问题，打好重点战役。脱贫攻坚战，关键是树牢“四不摘”意识，持续补短板、强弱项，切实加大问题整改工作力度。同时及早谋划脱贫后的巩固提升工作，科学制定和高效实施巩固提升方案，做好后续政策的配套，继续推进产业就业扶贫、易地搬迁扶贫、生态补偿扶贫、教育健康消费扶贫，健全可持续的长效脱贫机制。污染防治攻坚战，必须出重拳、用实招。良好生态环境是最公平的公共产品，是最普惠的民生福祉。环境污染防治，必须综合采取措施，下大气力根治。要增强打持久战的意识，久久为功，驰而不息，铁腕治污、依法治污、科学治污，坚决补上环境污染治理短板。防范化解重大风险攻坚战，虽然我县各类风险总体可控，但我们仍要坚持底线思维，凡事从最坏处打算，向最好处努力，抓好重点领域风险防范化解工作。坚决防范化解金融风险，各金融机构必须妥善处理好不良贷款，依法严厉打击违法违规金融活动。要有效防范社会风险，确保国家政权安全、社会公共安全。

（五）贯彻落实中央省市经济工作会议精神，必须准确把握省委对经济发展三个预期性判断，增强全社会的发展信心。

省委站在全省由“疲”转“兴”基础上奋力拓展转型发展新局面的高度，对2019年全省经济发展作出了三个预期性判断：一是能源革命步伐会进一步加快。国家将支持我省开展能源革命综合试点，把煤炭的资源优势转化为加快能源革命和构建现代产业体系的优势，山西就可以在全国彰显出独特地位和作用。二是市场主体活力会进一步增强。今年中央和我省将实施更大规模的减税降费政策，着力缓解企业融资难融资贵问题，加大国企改革力度，全面落实支持民营经济发展的各项举措，健全创新体系，大力培育“双创”，这些改革和政策红利会充分释放，市场主体投身转型发展的积极性和创造性将会明显提高。三是全省干事创业能力会进一步提升。随着省委激励干部担当作为各项举措激励作用的全面显现，随着我省担当作为先进典型示范效应的全面发挥，随着“改革创新、奋发有为”大讨论对人们精气神的全面激发，全省干部群众改革创新意识和能力将会空前提升。上述三个预期性判断，也是我们做好今年工作的信心所在。

三、抓实抓细具体任务，进一步拓展我县转型发展新局面

按照市委建设“六大基地”“三个门户”的要求，县委经过重新审视和科学定位，确定全县转型发展的总体布局为：以经济技术开发区为牵引，着力打造晋北清洁能源基地、晋北冶金装备制造基地、全省优质农副产品加工出口基地、融入京津冀的箱包手工业集散基地、晋北文化旅游集散地。我们要按照这一转型发展新思路，抓好今年各项具体任务，努力拓展我县转型发展新局面。

（一）努力保持工业经济稳定增长，促进全县经济回归合理区间

党的十九大报告指出：“我国经济已由高速增长阶段转向高质量发展阶段，正处在转变发展方式、优化经济结构、转换增长动力的攻坚期，建设现代化经济体系是跨越关口的迫切要求和我国发展的战略目标。”现代化经济体系包含内容十分丰富，无论从我国社会主义初级阶段的历史定位，还是从我县经济发展的基础与现状来看，工业经济在今后相当长的历史阶段仍然是衡量经济发展水平高低的重要标志。我县三次产业结构中，第二产业仍然占到50%以上；财税收入中，工业的贡献率超过80%；在吸纳就业方面，第二产业也占到了相当比重，主要就业岗位仍然在第二产业。可以预见，在今后相当长的时期内，工业经济仍然将会是我县经济发展的支柱、吸纳就业的大户，“工业兴，则繁峙兴，工业强，则繁峙强”，这一基本县情是我们在构建繁峙现代经济体系过程中必须认真把握的立足点和出发点。今年要在现有工作基础上，继续综合施策，拿出硬招实招，全力促进工业经济保持稳定增长，进而确保全县经济增长进入合理区间。

一是落实减税降费举措。要把能减的都减下来，能降的都降下去，让企业轻装上阵。今年国家将实施更大规模的减税降费，包括适当降低增值税税率、提高小规模纳税人起征点、逐步建立增值税留抵退税制度，研究制定小微企业、科技型初创企业普惠性税收减免政策，全面实施修改后的个人所得税法、落实专项附加扣除政策，降低社保缴费率等等。去年我县落实各项税收优惠政策和深化税制改革减税1.5亿元，其中地方级就有2800万元，今年的力度比去年还要大。

在此基础上，我省还要研究出台对城镇土地使用税、契税、印花税、车船税进行减免，降低企业养老保险费率的具体措施。此外还要进一步对行政事业单位、执法单位、垄断性行业的经营服务性收费和中介收费情况进行全面梳理清理，挖掘降费潜力。我们一定要把这些政策举措全面贯彻落实好，落到每一个应当享受到的企业和个人，帮助企业有效降低生产经营成本。

二是改革金融服务。今年金融支持实体经济工作的终极目标，就是让企业感受到融资环境在改善、融资成本在下降。今年，中央明确提出要完善普惠金融服务体系，建立降低小微企业融资担保成本的奖补机制，健全民营经济贷款风险补偿机制，推动商业银行健全并落实尽职免责制度，鼓励银行向企业发放制造业中长期贷款，要求对生产经营正常的企业不得随意抽贷断贷。市县财政将建立不少于 1500 万元的小微企业风险补偿金，新增 2.2 亿元应急还贷资金。这些政策，希望在繁各金融机构抓好落实，使企业有更多的获得感。县银监局要对各类金融机构贯彻中央政策情况进行分析研究、定期通报。政府部门牵头，积极发展政银企多种合作模式，进一步加大对重点项目、重点企业的金融支持力度。全县各金融机构要顺应国家政策取向，积极开展产品和服务创新，扩大对实体经济特别是中小微企业的信贷投放。

三是实行领导包联制度。稳增长首先是稳工业，稳工业关键是稳企业。面对严峻的经济形势，全县上下要牢固树立服务企业就是服务大局、支持企业就是支持发展的思想，全心全力帮助企业发展壮大。县委、县政府建立了县级领导包联企业制度，每名县处级领导包联两户企业，其中一户规模以上企业、一户在建企业。县委、县政府要定期听取县领导包联工作情况，并建立通报制度。各位县处级领导要把包联企业作为一项政治任务，作为一项重点工作任务，经常深入企业了解情况，及时把脉会诊，对企业遇到的困难和问题，能解决的抓紧解决，难度较大的，县委、县政府统一汇总，集体研究解决。各相关职能部门要着眼手续审批办理快、工作效率高、服务质量好、市场主体和人民群众满意的目标，提高工作标准，拿出改进服务的具体措施，努力为企业提供最优质的政务服务。

四是强化经济运行监测。统计、经信、发改等部门要建立完善全县工业经济运行的监测调度工作体系，加强与重点企业的联系和沟通。要明确监测重点，按照工业生产年度目标任务，紧盯重点企业进行重点监控、督导。及时掌握和分析国家宏观调控政策对我县工业经济运行的影响，继续加强对规上企业及主要产品的监测和预警，密切掌握工业经济发展态势。坚持一月一调度，建立完善工业经济运行分析例会制度、固定资产投资分析调度会议制度，每月研判工业指标的完成情况，分析存在的问题，安排下阶段的重点工作。重点抓好一季“开门红”、二季“过半”、三季“冲刺”等关键节点企业生产情况的调度，确保工业经济平稳运行，为全县经济增长进入合理区间奠定坚实基础。

（二）推动制造业高质量发展，引导企业向园区集聚

制造业是立国之本，是转型之要。省委提出，要把加快制造业高质量发展放在更加突出位置，推动制造业比重进一步提高，为到 2022 年实现工业“结构反转”奠定坚实基础。我县制造业发展有一定基础，要紧盯目前已经形成规模的机械加工、精密铸造、农副产品加工、食品制造等产业发展方向，

按照改造提升一批传统制造业、做大做强一批支柱性制造业、培育一批高成长性制造业的思路，坚持不懈地推动制造业发展壮大。装备制造园、农业生物园都要围绕做强制造业，引进新项目、新企业，形成制造业集聚发展的高地。

一是改造提升传统产业。传统产业改造升级是看得见、抓得住的增长点。传统产业通过技术改造、整合重组也能孕育新产品、新产业、新业态。壮大我县制造业首先要从实际出发，以现有产业为基础，重点围绕传统矿产业、传统种植养殖业等，引导企业积极争取省市技改专项资金，鼓励支持企业实施改造提升、开发高端产品，促进传统产业与新技术、新工艺、新装备相互嫁接，努力向价值链高端延伸，推动采矿业向机械和装备制造业转型、种养业向食品加工和食品制造业转型。支持山西宝山矿业公司实施一、三厂技改、120 万吨球团项目、45 万吨“短流程”铸造生产线项目，实现由铁矿采选向冶金铸造的转型。支持恒宇天然草本资源有限公司实施中药材加工研发项目，实现由种植业向保健食品加工业转型。要引导更多传统企业沿着这两条路径向加工制造业转型。

二是做大做强支柱性制造业。我县发展制造业，既要积极引进新产业新项目，更要立足现有产业基础加强扶持培育。要坚持创新引领，扶持龙头、完善配套，以冶金铸造、新兴建材、生物保健品开发为重点，做大做强一批支柱性制造业。继续做大装备制造，支持华茂、中兴两家铸造龙头企业进一步加强与国内大型装备制造企业的合作，开发高端产品，延伸产业链条。实施好华茂线材生产技改和 20 万吨废钢再利用项目、安信科技有限公司年产 3 万吨精密铸件项目。继续做大新型建材，实施好南苑铝业 20 万吨再生铝项目、长田建材岩棉生产项目、盛拓环保建材有限公司 6000 万块煤矸石实心烧结砖项目和山西许氏维雅建材有限公司仿古建筑材料生产基地项目。

三是培育新兴制造业。抓住国家实施“中国制造 2025”、新一轮技术改造升级工程和“互联网+”行动计划的机遇，紧盯科技革命和产业变革方向，以新一代信息技术、通用航空、军民融合等为重点，着力培育一批科技含量高、创新能力强、成长潜力大、市场前景好、业态模式新、产业特色鲜明的优势制造企业。滹源通用机场项目今年要力争取得实质性进展。

四是推进开发区提质升级。经济技术开发区，是经济发展的主战场，是推进转型发展的主引擎，也是我县打造吸引资金聚集和承接项目入驻的重大平台。有了经济技术开发区，我们就能享受更多的优惠政策、吸引更多的企业入驻。要学习借鉴省综改示范区建设经验，用好、用活省市支持开发区改革创新发展方面的优惠政策，储备好土地、准备好项目、完善好基础，以优良条件和环境吸引项目和企业入驻。要完善园区规划，在推动完成《开发区总体规划》编制的基础上，着手编制《总规环评报告》《产业发展规划》，以及“五规合一”，积极推进《开发区控制性详细规划》《修建性详细规划》等的编制工作，为园区发展提供科学指导。激活园区机制，深入推进开发区改革，从机构设置和体制机制创新入手，引入市场机制，赋予园区更多管理权限，不走行政化的路子。壮大园区产业，坚持主导产业重点布局园区、招商项目优先落户园区、优质企业全面汇聚园区，立足现有产业基础，加大招商引资力度，配套关联企业，延伸产业链条，引进一批有聚集效益的产业项目。完善园区功能，狠抓园区水电路气等基础设施配套，相关部门要全力配合，尽快解决好园区供水、排水、供电问题，为园区项目顺利实施提供良好的基础保障。

要以环保倒逼，按照关小建大的原则，全力推进县城周边球团企业的退城入园工作。政府要统一规划，列出时间表，限期搬迁、限期达标。

（三）巩固脱贫成果，推进乡村振兴

坚持把巩固脱贫成果，作为推进乡村振兴的优先任务，抓好有机衔接，统筹加以安排和推进。

一是多措并举巩固脱贫成果。围绕高质量脱贫，瞄准问题、补齐短板、深化帮扶、完善政策、狠抓落实，确保脱贫攻坚成果不断巩固。

要持续提高贫困户家庭收入。巩固脱贫成果，关键在于推动产业发展，为贫困群众提供长期稳定的增收渠道。要以发展种植、养殖等特色产业和帮助引导转移就业为主要途径，促进贫困群众通过“产业+就业”双业持续增收。建立好贫困户与带贫主体的利益联结机制，采取引进龙头企业规模经营、能人大户带动发展、建立专业合作社组织、发展农村电商拉动等多种有效形式，多渠道促进贫困户实现增收。

要持续改善农村面貌。继续推进整村提升工程，着重围绕发展农村现代特色产业需要、改善群众生产条件需求，积极争取上级各种扶持农村基础设施建设投入，整合各部门项目资金，结合“美丽乡村”建设，持续加大农村水、电、路、网建设和人居环境整治力度，为加快农村生产发展、助推群众增收提供基础条件保障。

要持续开展结对帮扶。坚持县处级领导包乡镇责任不变、县直部门包村责任不变、结对帮扶干部包户责任不变。在2年巩固期内，各责任领导、责任部门和责任人要围绕巩固脱贫成果、提高脱贫质量这条主线，创新工作方法方式，认真落实好帮扶责任。

要持续强化政策支持保障。进一步配套完善和兑现落实各项扶贫惠民政策，通过定期开展教育、民政、医疗、残疾等领域兜底保障政策落实大检查，确保惠民政策落实到户到人，做到不漏、不偏、不差。特别是加强边缘户扶持政策研究，重点研究解决收入水平略高于建档立卡贫困户的群众缺乏政策支持的问题。要持续抓好动态管理，重点是把遏制返贫作为重要抓手，建立返贫预警机制，落实返贫保险，对易返贫人口进行定期摸排，分类扶持，降低返贫风险。

二是积极推进现代农业发展。实现乡村振兴，产业兴旺是基础。我们在农业产业发展上，必须围绕优化品种、提升品质、打造品牌，加大科技投入，创新经营方式，拉长产业链条，挖掘农业内部增收潜力，提高农业综合效益和竞争力。要坚持市场导向，继续调优种植结构，在确保全县粮食稳产的前提下，调减玉米种植面积，大力发展有机旱作农业，旱地基本农田主要种植特色小杂粮。全县小杂粮、蔬菜、干鲜果、中药材等特色种植业在扩大种植面积的同时，都要抓好标准化生产、质量认证和品牌培育，突出农产品的绿色、安全、可追溯和地域特色，抓实农产品标准化生产、基地建设，抓好“三品一标”认证，努力打造以精细农业为特色的农副产品供应基地。借助农博会等平台搞好宣传推介，推出一批知名农产品品牌。特别是要适应消费需求升级的趋势，大力发展功能农业，开发高附加值功能性食品，叫响“繁峙大杏”“繁峙黄米”“繁峙胡麻油”“繁峙豆制品”、北芪羊肉、富硒杂粮、有机稻米等地域特色农产品品牌。大力培育农业龙头企业、专业合作社、种养大户等新型农业经营主体，探索个体农户与现代农业发展充分衔接的有效途径，让农民充分参与和受益。

三是集中整治农村人居环境。农村人居环境改善是乡村振兴第一场硬仗，要按照农村人居环境三年集中整治行动计划，继续向纵深拓展。我们要在整村提升的基础上，重点开展好拆违治乱、生活垃圾治理、生活污水治理、“厕所革命”“四好公路”建设等工作。整治要同农村经济发展水平相适应，同当地文化和风土人情相协调，决不能刮风搞运动、做表面文章。

四是继续深化农村改革。要以土地制度改革为牵引，继续深化农村各领域改革，完善农村基本经营制度和农业支持保护制度。今年，忻州市是中央农村集体产权制度改革整市试点之一，我们要将之作为改革的一号工程，像抓脱贫攻坚一样，以村为基，以乡统筹，积极推进，圆满完成好这一重大改革任务。农村“三权分置”要落实配套政策，农村土地制度改革三项试点经验要认真推广，巩固成果。农村宅基地制度改革要稳慎推进，农业支持保护制度、级村治理体系等改革要扎实推进，以改革激活资源资产，激活土地、人才等要素，保障农村发展，推动乡村振兴。要下大力气推进土地流转、规模经营，此项工作要专门进行考核。

（四）打造新能源全产业链，推动能源革命破题

我县新能源产业从无到有，从有到强，呈现出蓄势待发、蓬勃发展的良好势头。山西推进能源革命，优化能源供给是改革的三大目标之一。我们要围绕争当能源革命排头兵的目标，按照打造面向京津冀的清洁能源基地的定位，加快打造新能源全产业链，为全省构建绿色多元的能源供应体系做出贡献。

一是打造百万千瓦级风电基地。要抓住省里推进晋北千万千瓦级风电基地建设的机遇，进一步加大我县清洁能源基地规划建设力度。依托我县风光资源优势，继续大力引进国内大型风光电企业来我县布局新能源发电项目。今年要加快建设国电投云雾峪风电场三期100兆瓦、协合风电乔家窑100兆瓦、国电投金丰新能源一期100兆瓦三大风电项目和雁阳新能源有限公司100兆瓦光伏发电项目。加快推进已经办理核准的国电投金丰新能源二期100兆瓦和太重集团能裕风电100兆瓦风电项目，继续抓好正在推进的300兆瓦风电项目，力争“十三五”末我县风电生产规模达到100万千瓦。

二是打造新能源全产业链。新能源全产业链的形成，是我县转型发展的一大亮点。我们要以奥博为龙头，着力构建从新能源设备制造到新能源生产应用的完整产业链条。今年要加快建设青岛奥博（繁峙）光伏组件二期和50万支光热直通管建设项目。

三是积极开展能源技术探索。积极构建以企业为主体、市场为导向、产学研深度融合的技术创新体系，鼓励县内新能源企业设立研发机构，加强与科研院所的合作，组建新能源行业技术联盟，大力开展新能源技术探索。积极打造创新平台，支持奥博在繁峙设立院士工作站、博士工作点。

（五）提高城镇发展质量，切实保障和改善民生

继续坚持以人民为中心的发展理念，把发展为了人民作为最根本的工作导向，把发展成果让人民群众共享作为最根本的工作追求，在发展中保障和改善民生。

一是全力推进城镇建设。经过几年的努力，我们持续加大对城镇建设的投入力度，不断完善城市基础设施建设和功能，城市建设正在向品质化方向迈进。下一步，县城、砂河、大营要继续把提升城市品质、完善城市功能作为城镇化工作重心，精心谋划、精致建设、精细管理，走出一条以城带乡、以城促产、以业聚人、产城互动的融合发展之路。要围绕提升功能，推进城镇基础设施建设。“一城两镇”都要坚持扩容、提质并举，推进好道路框架、基础配套等工程，切实解决品位不高、功能缺失、设施老旧等问题，提升城镇整体品质。特别要从人的需求出发，配套公共服务设施，提升公共服务功能，提高承载力、吸引力。县城要实施好主街道改造工程、污水处理建设工程、滨河公园提质改造工程。砂河镇抓紧修编总体规划和修建性详规，提高规划的权威性。大营镇要启动风电特色小镇建设，高标准实施环境整治、基础设施改善、特色风貌整治，用两年时间打造国家卫生镇。要围绕产城融合，夯实城镇产业发展基础。“一城两镇”作为推进新型城镇化的主体，要立足自身资源禀赋和区位条件，以已经形成的主导产业为龙头，抓好产业链延伸及上下游相关产业的配套，积极引进、布局、培育一批各具特色的支柱产业，真正做到以业留人、以业兴城。繁城要以农业生物园为依托，抓好旭泰酿酒、宝山科技 a-亚麻酸及亚麻油开发、宏矩大磨坊杂粮加工等农业龙头企业的建设，同时抓好杂粮、中药材等的规模化种植，实施好万亩粟、谷、稻种植基地建设，打造园区原料供应基地。砂河镇要以装备制造园为依托，大力发展劳务输出、物流配送及各类生产性服务业，做好与园区经济的融合对接。大营镇要以脱水蔬菜生产为依托，不断扩大蔬菜规模化种植面积，打造城镇特色主导产业。要围绕提升品质，加强城镇管理。城市出彩重在管理。积极推进城市管理体制改革，推进环卫、园林市场化改革；实行城管综合执法改革，推进城管职能下移，实现城中村、城边村和建制镇全覆盖；推进城市管理创新，以管理网格化、作业精细化为目标，健全完善城市综合服务管理平台，健全完善街道办事处服务功能，规范提升住宅小区物业管理，提高城市依法治理、系统治理、智慧治理、精准治理水平。

二是全力推进民生事业发展。持续打造晋北教育强县品牌，努力办好人民满意的教育。要紧紧围绕提高教育教学质量这个中心，从班子配备、教育经费保障、师资队伍建设、师德师风锻造、日常教学管理、绩效评估等各个环节强化管理，全面发力。目前，我县教育的主要问题在管理，特别是各级各类学校的管理。校长队伍素质能力差、管理水平低是主要原因，今年要下决心解决这一问题。要继续解决好小学、初中“择校难”“大班额”等突出问题，以实实在在的效果回应广大群众的关切。要坚持用改革的思维提高办学水平，按照省政府《关于统筹推进县域内城乡教育一体化改革发展的实施意见》，进一步优化中小学校布局，推进教师“县管校聘”管理改革，教育联盟、集团化办学、大学区制“紧凑型”学校发展共同体改革，推进义务教育特色学校建设，实现一校一品牌、一校一特色、一校一风格目标。要继续为中小学补充一批高素质年轻教师，建立更加科学的政策激励机制，进一步催生教师队伍活力。要积极探索建立与省市名校进行合作、提升高中教育水平，促进高中教学质量继续回升。进一步提升医疗卫生服务品质。继续围绕深化医药卫生体制改革，扩大县乡医疗卫生机构一体化改革成果，抓好县医疗集团的持续健康运行，积极推进分级诊疗制度建设。在“双签约”和村卫生室全覆盖的基础上，今年谋划开展“基层卫生服务提升年”活动，创建群众满意的乡镇卫生院、农村卫生室，提高签约服务质量，加大优秀医护人才引进培养力度，进一步改善城乡医疗卫生条件和服务水平，不断提升全县广大群众的健康水平。进一步健全完善社会保障体系。按照全面建成多层次社会保障体系的要求，高度关注就业，统筹抓好高校毕业生、城镇失业人员、农村转移劳动力、退役军人等重点人群的就业创业帮扶工作。继续抓好保障性住房去存量和农村危房改造、棚户区改造、养老服务场所建设。

三是坚决打好污染防治攻坚战。按照省市生态环保大会要求，坚持打赢蓝天保卫战、打好碧水保卫战、打响净土保卫战。面对环保突出问题，今年我们必须持续开展铁腕治污专项行动，从年初开始就要抓紧抓实，对重点领域、重点行业、重点企业重点整治，对各类污染源零容忍。要严厉打击偷排偷放行为，坚决关闭土小企业，深入开展城市扬尘整治，坚决落实煤改电、煤改气各项工作任务，力争年内实现 $PM_{2.5}$ 平均浓度、SO_2 排放浓度、优良天气数三项指标在去年基础上有明显改善，全面完成污染物减排任务。要强化生态修复治理，深入开展荒山绿化、道路绿化、景区绿化等工程，实施好砂河镇北坡绿化、平型关景区绿化、滹沱河源头绿化、伯强沟整沟绿化、赵庄河流域生态绿化和新苑村移民安置点南山绿化工程，积极争创国家园林城市，形成“造林、造景、造园”相辅相成、相得益彰的生态效应。

四是坚决守住不发生重大安全事故的底线。全面落实“党政同责、一岗双责、齐抓共管”安全生产责任制，压紧压实政府部门的监管责任，特别是企业的主体责任，持续推进交通、非煤矿山、消防、危险化学品、建筑施工等重点行业领域专项整治，坚决防范和遏制重大安全生产事故发生。坚持领导干部带头处理群众信访问题，不断提高解决信访问题的针对性和实效性。综合施策化解信访积案，引导群众依法逐级走访，不断提高信访工作科学化、法治化水平。加强党对政法工作的领导，深入开展扫黑除恶专项斗争，依法严厉打击人民群众反映强烈的黑恶势力犯罪，切实保障人民安居乐业、社会安定有序。

（六）抓好深化转型项目年建设，继续保持投资增长

省委、省政府确定 2019 年为深化转型项目建设年。我们要按照省、市相关部署，抓紧建设一批全局性、基础性、战略性、牵引性强的重大转型项目。全县上下要紧紧围绕产业转型上项目，围绕产业转型抓招商，强化要素保障，压实目标责任，凝聚工作合力，优化建设环境，形成转型升级的蓬勃势头和强劲动力。

一是搞好项目的谋划。要学会研究新常态下的项目生成机制，深入挖掘区位、资源、产业优势，精心谋划包装项目。要围绕基础设施补短板和提升公共服务能力，在脱贫攻坚、农业农村、生态环保、水利交通电力等领域，谋划一批重大基础设施和民生项目。要抓住东部发达地区产业转移的机遇，围绕构建我县现代产业体系，谋划一批“建链、补链、延链”和“强龙头、建集群”的重大产业项目。

二是拓宽资金渠道。当前宏观经济形势下，解决项目建设资金问题关键要解放思

想，加大争取力度，学会运作。今年，中央将较大幅度增加地方政府专项债券规模，我们要把握机遇，在做好项目前期工作的前提下，加大向上争取的力度。今年省市县三级都要设立技改引导资金，省级安排技改引导资金25亿元，市级设立6000万元技改引导资金，这也要加大争取的力度。我们要拓宽渠道，积极争取国家和省里的产业引导基金及各类发展资金，充分利用各类政策性贷款，善于运用PPP模式吸引社会资本投资。要用好各类专项资金，按照“项目捆绑、资金整合”的要求，集中投向我县确定的171个重点项目上。

三是搞好项目服务和推进。深化企业投资项目承诺制改革，推进“多审合一”改革，推行项目联审联批，强化重大项目的领办和帮扶服务。进一步健全项目引进、落地推进、政策优惠、要素保障、考核奖惩等方面的工作推进机制。继续实行项目建设、固定资产投资部门和乡镇年度目标责任制，全力推进171个重点项目建设，完成固定资产投资增长7.5%以上的年度目标。继续实行项目推进“四个一”工作机制，成立重大产业项目推进工作组。坚持项目分类管理、分类推进工作机制，续建项目抓手续完善、抓进度、抓投产，新建项目抓前期、抓开工、抓进度，省市重点项目和重大产业项目抓进度、抓投资、抓考核，重点推进项目抓招商、抓落地、抓开工。

四是努力提升服务业质量和水平。一个地方只有把现代服务业搞上去，经济才能真正实现高质量发展。要抓住我省实施消费品工业三年振兴计划的机遇，坚持规模和质量并重，提高供给能力和扩大消费需求并举，努力补齐服务业发展这个短板。在抓好传统服务业提升的同时，要加快发展现代服务业，积极发展文化旅游、健康养老、教育培训等新兴服务业。抓住省市全域旅游示范区建设的良好机遇，把我县旅游产业有机融合到全域旅游的骨架之中，争抢全省旅游大发展的红利。要加快重点景区建设，继续全力推进平型关景区、大智镜园、灵岩山景区等重点旅游项目。要以传统村落保护和农村特色风貌整治为契机，大力发展乡村旅游，以村为单元编制专项规划，突出生态特色、地域特色，培育一批乡村旅游示范点。

四、站在新时代新起点，推动改革开放再出发

我们已经站在了改革开放再出发新的历史起点上，必须大力弘扬改革精神、开放精神、创新精神，切实在增强转型发展的动力活力上下功夫，全面拓展我县改革开放新局面。

（一）深入学习习近平总书记在庆祝改革开放40周年大会上的重要讲话精神，切实增强大力推进新时代改革开放的思想自觉和行动自觉

习近平总书记在庆祝改革开放40周年大会上的重要讲话，着眼中华民族实现伟大复兴的历史大势，全面回顾改革开放40年的光辉历程，深刻总结改革开放的伟大成就和宝贵经验，明确提出了把新时代改革开放继续推向前进的目标要求，是新时代改革开放再出发的宣言和动员，具有重大现实意义和深远历史意义。

一要深刻把握改革开放的历史意义。习近平总书记站在历史的高度，明确指出改革开放是我们党的一次伟大觉醒，是我们党从理论到实践的伟大创造，是中国人民和中华民族发展史上的一次伟大革命，推动了中国特色社会主义伟大事业的伟大飞跃，是“五四”运动以来我国发生的三大历史性事件之

一，是近代以来实现中华民族伟大复兴的三大里程碑之一。讲话深刻揭示了“没有改革开放就没有中国的今天，也就没有中国的明天”这一历史逻辑。我们必须深刻领会和牢牢把握讲话揭示的历史真理，切实增强改革开放的思想自觉和行动自觉。

二要深刻认识改革开放的巨大成就。习近平总书记用“十个始终坚持”，从指导思想和经济、政治、文化、社会、生态、党建以及军事、祖国和平统一、外交等方面，全面回顾了改革开放40年的奋斗历程和辉煌成就，40年我们国家发展实现了三个伟大飞跃。实践深刻启示我们，伟大梦想不是等得来、喊得来的，而是拼出来、干出来的。

三要深刻把握改革开放的宝贵经验。习近平总书记用“九个必须坚持”深刻总结了改革开放40年积累的宝贵经验，“九个必须坚持”是党和人民弥足珍贵的精神财富，对新时代坚持和发展中国特色社会主义有着极为重要的指导意义。我们要切实做到“九个必须坚持”，确保全县改革发展沿着正确的道路前进。

四要深刻把握继续推进改革开放的重大要求。习近平总书记坚持以人民为中心，从党的领导、指导思想、正确方向、制度保障、重点任务、外部条件、科学方法、政治保证等方面提出了一系列重大要求，深刻回答了推进改革开放再出发的根本问题。我们要牢记重大要求，担当重大使命，坚持方向不变、道路不偏，在新的起点上将改革开放进行到底。

（二）全面总结繁峙改革开放40年的历史成就，坚定把改革开放进行到底的信心和决心

40年来，乘着改革开放的东风，繁峙经济社会发展取得了翻天覆地的变化，实现了历史性跨越。在这激荡的40年里，全县名义GDP翻了7.95番，按可比价计算年均增长11.7%。

40年间，我县不断深化经济体制改革，经济结构发生深刻变化。一、二、三产业现价增加值分别比1978年增长了31.8倍、634.4倍和542.1倍，按可比价计算三次产业年均增长率分别为4.75%、13.71%、13.24%，三次产业结构由1978年的61.2∶20.8∶18.0调整为2018年的8.0∶52.9∶39.1。第一产业比重下降53.2个百分点，第二产业比重上升32.1个百分点，第三产业比重上升21.1个百分点。繁峙成功实现由农业大县向工业强县的华丽转变。

40年间，我县财政实力不断增强，城乡居民收入大幅提高。2018年，全县财政总收入5.69亿元，是1978年的305.7倍，年均增长15.4%，在1978年基础上翻了8.19番。2018年，财政支出22.81亿元，是1978年的353.2倍，年均增长15.8%，在1978年基础上翻了8.38番。2018年，全县城镇常住居民人均可支配收入29932元，年均增长13.7%。农村常住居民人均可支配收入7523元，年均增长14.1%，是1978年的193.5倍。2018年全县城乡居民储蓄存款余额为115.96亿元，是1978年的4216.7倍，年均增长23.2%，在1978年基础上翻了12番。全县科教文卫等各项社会事业都取得重大进步。

抚今追昔，40年改革开放，繁峙同全国、全省、全市人民一道取得了令人瞩目的辉煌成就，我们有理由相信，在新的历史起点上，我们一定会拓展改革开放的新局面。

（三）推动改革再深入，着力抓好重大改革举措的落地

中央提出，加大重要领域和关键环节改革力度，推出一批具有重大牵引作用的改革

举措。我们要密切关注中央和省里、市里的改革部署要求，紧紧围绕牵动发展的重大问题、群众关注的突出问题，实施一批重要改革事项，力争今年在改革上实现重大突破。要不折不扣抓好基础性改革，继续深化监察体制改革、“放管服效”改革、财税体制改革等。深化县乡医疗机构一体化改革，进一步完善体制机制，真正实现统一管理。推进砂河经济发达镇改革，按照批复后的《繁峙县砂河经济发达镇行政管理体制改革方案》，完成6个行政单位、1个事业单位和6个派驻单位的党政机构设置，承接好下放的行政审批事项。推进国企改革，积极稳妥完成县磷肥厂低效用地再开发、县酒厂混合所有制改革，创造条件推进水泥厂、化肥厂以及建筑工程公司、农机修造厂等国有企业的改革。推进县党政机构改革，做到与省、市级机构改革有效衔接，统筹县各层级、党政群各领域改革，优化机构设置和职能配置，提高效率效能；加快政府职能转变，使市场在资源配置中起决定作用、更好发挥政府作用，强化社会管理和公共服务职能。

（四）推动开放再出发，打造面向京津冀的桥头堡

我县是面向京津冀及雄安新区开放的忻州东部门户，我们要把握新一轮开放的机遇，转变观念，善于借力发展，以开放促发展、促转型。要加强与国家重大战略的对接，主动融入“一带一路”大商圈，积极对接京津冀协同发展、雄安新区建设等国家战略，坚持引资引智引技，承接好产业转移。要培育外向型“新主体”，继续积极实施外贸主体培育工程，用足用好进出口信贷等支持政策，进一步扩大中兴华德联铸有限公司配重产品和繁峙万锦肉牛的影响力和竞争力，继续开拓国内外市场，扩大出口份额，增加企业的对外知名度，同时大力培育小杂粮、脱水蔬菜、畜禽产品等农副产品出口品牌，培育更多的外向型经济主体。要进一步扩大招商引资，大力开展产业链延伸招商、园区招商、小分队招商、专业招商、委托招商、回归招商，提高招商引资实效，继续组织开展有影响、有声势、有实效的招商活动。

（五）推动思想再解放，精心组织开展“改革创新、奋发有为”大讨论

根据省委部署，从今年2月到4月，将在全体党员干部群众中开展“改革创新、奋发有为”大讨论。要按照省委“六个破除”“六个着力”“六个坚持”的部署要求，结合我县实际，认真开展好大讨论活动。全县各级各部门要在做好规定动作的基础上，与正在做的事情相结合，坚持对标一流、争创一流，有针对性地再反思、找差距、定措施、抓整改、促提高，推动习近平新时代中国特色社会主义思想落地生根，推进改革再深入、实践再创新、工作再抓实。

五、旗帜鲜明支持民营经济发展，进一步激发市场主体活力

支持民营经济，是关系改革发展、关系中国特色社会主义建设的大事，中央的态度是鲜明的，我们必须坚持“两个毫不动摇”，坚守“三个没有变”立场，把大力支持民营经济大发展作为政治任务和历史使命来担当，来落实。

（一）充分认识我县民营经济的地位

改革开放40年来，我县民营经济经历了从无到有、从小到大，完成了从“星星之火”到“顶天立地”的飞跃，取得了令人瞩目的成就。近年来，按照省委“一个指引、两手硬”思路和要求，按照市委“1661”发展战略部署，我们坚持把发展壮大民营经济

作为推动转型发展的重大战略任务来抓，认真落实省市支持民营经济发展的一系列政策措施，开展领导干部入企帮扶活动，打造“六最”营商环境，从方向引领、法治保障、政策扶持、环境营造等方面引导支持民营经济加快发展。2018 年，民营经济贡献了全县 80%的 GDP、74%的税收、81%的劳动就业和 97%的企业数量，在我县实现转型发展的历史进程中，民营经济发挥了重要支柱作用。

（二）创造性落实省市支持民营企业发展大会精神

要认真贯彻落实省市支持民营企业发展大会精神，按照省委、省政府《关于支持民营企业发展的若干意见》和市委、市政府出台的《实施意见》，即两个 30 条，综合运用政策、法律、市场等手段，大力支持民营企业发展。要保障民营企业平等地位，在政策执行上一视同仁，在市场竞争中公平对待，为民营企业打造公平竞争环境。要切实减轻民营企业负担，优化资源要素配置。不折不扣落实民营企业减免税费的计划，全面落实国家降低社保费率的政策。降低民营企业用地成本，创新采取长期租赁、先租后让、租让结合、弹性出让等方式，真正让民营企业工业用地成本降下来。要拓宽民营资本投资领域，全面落实市场准入负面清单制度，支持民营资本参与全县战略性新兴产业项目和重大基础设施项目建设。要依法保护民营企业产权和企业家人身财产安全，严格规范涉及民营企业、民营企业家案件处置法律程序，最大限度减少对产权主体合法权益和正常经营活动的损害及影响。要建立全县推动民营经济发展工作联席会议制度，定期召开联席会议，做好对民营经济发展的组织领导和工作协调。

（三）造就和培育优势企业集群和优秀企业家

要扶持民营企业做大做强。宜大则大、宜精则精，构建“个转企、小升规、规改股、股上市”的梯次培育机制。按照集群发展的思路，以经济技术开发区为载体，积极遴选、培育、引进一批产业关联度大、带动性强的龙头企业，围绕龙头企业和重点产业，推动要素链、供应链、产业链融合，着力打造一批十亿级、百亿级大型产业集群。我们要重点打造装备制造产业集群、冶金铸造产业集群、铝工业产业集群、新型建材产业集群等。要促进民营企业家队伍健康成长。从一定意义上看，我县民营企业发展的差距，就是民营企业家队伍群体的发展差距。把培养民营企业家队伍作为重大战略举措，在我县具有特别重要的意义。要大力弘扬企业家精神，更好发挥企业家作用，打造一支有信念、有实力、有信誉、有情怀的企业家队伍。

六、进一步加强和改进党对经济工作的领导，为拓展转型发展新局面提供坚强保障

习近平总书记在党的十九大报告中，把“坚持党对一切工作的领导”作为新时代坚持和发展中国特色社会主义基本方略的第一条，强调经济工作是我们党治国理政的中心工作，党中央必须对经济工作负总责，实行全面领导。全县各级党组织要切实提高把方向、谋大局、做决策、促改革的能力，真正扛起党对经济工作的领导责任，确保全县经济沿着正确方向前进。

一是强化政治责任。要坚持以习近平新时代中国特色社会主义思想为指导，全面贯彻落实党的十九大和十九届二中、三中全会精神及省委十一届六次、七次全会精神，把讲政治落实到经济社会发展的方方面面，切实增强“四个意识”，坚定“四个自信”、做到“两个维护”，不折不扣贯彻落实中央和省委关于经济工作的决策部署，决不允许落实决策打折扣、做选择。要保证县委、县政府政令畅通，决不允许口是心非，决不允许另搞一套，决不允许上有政策、下有对策。

二是狠抓工作落实。蓝图绘得再好，不落实也是空中楼阁。习总书记强调，抓落实是党的政治路线、思想路线、群众路线的根本要求，也是衡量领导干部党性和政绩观的重要标志。推进繁峙经济社会发展，凭的是真抓实干，靠的是狠抓落实。全县各级领导干部要善于抓落实，对县委、县政府确定的目标、议定的事项、部署的工作，定了就要干，干就要干好。尤其是分管县领导要主动上手，创造性开展工作，组织好分管领域的各项工作。各乡镇、各单位一把手要细化分解任务，狠抓工作落实，立说立行、雷厉风行，不等不靠不拖，以不达目的不罢休的干劲，一项一项地推进，一件一件地落实。要发扬“钉钉子”精神，盯住要落实的事，追究不落实的人，对落实决策不力、延误工作推进的，要严格追责问责。

三是提升干部素能。党的十九大报告专门把“建设高素质专业化干部队伍”作为新时代党的建设的八项重要任务之一进行部署。习近平总书记强调，“就做好经济工作而言，各级领导要加强学习和实践，培养专业能力，弘扬专业精神”。我们要结合全面加强“三基建设”工作，在全县大力实施干部全员轮训、专项培训等能力提升工程，为经济发展筑牢人才支撑和智力保证。要重点围绕县域经济转型发展、乡村振兴战略等重点工作，针对党员干部岗位需求、能力短板，制定“党性教育+理论基础+履职能力”三者并重的能力提升规划，科学设置培训课程，创新设计培训形式，分领域分层次开展精准培训。特别强调要加强自身学习，系统学理论、全面学政策，长期学法律，经常学科技，善于运用辩证思维，切实提高自身的能力和修养，做本行业、本领域的行家里手。要加大“请进来、走出去”的工作力度，多邀请一些国家级专家学者为我县干部传送新理念、新思想，多组织党员干部到先进发达地区实地观摩、交流学习。持续加大选派干部到基层挂职工作力度，重点向脱贫攻坚、项目建设、招商引资、乡村振兴等工作岗位和基层一线选派，确保每一名年轻干部、每一名后备干部都能在基层实践中增强党性，得到提升。

四是强化作风建设。忠诚干净担当是以习近平为核心的党中央对全体党员干部提出的新要求，我们加强作风建设，首先是要弘扬敢于担当的精神。逆境顺境看胸襟，大事难事看担当。当前全县经济社会发展的任务重、考验多，各级领导干部要以干事为荣，以避事为耻，该担的责任必须担起来，该干的事情顶着压力也要干出成效。县里也要选树一批敢于担当、奋发有为的先进典型，发挥示范引领作用。其次是要弘扬“实”的作风。“实”是成就事业的本质要求，是党员干部必备的政治品质。要坚持决策求实、工作务实，一切工作都要下实功、求实效。全县各级干部，特别是主要负责人，落实县委、县政府决策部署，推进重点工作任务，绝不能搞短期行为，绝不能做表面文章，更不能敷衍应付，努力创造出实实在在的业绩。第三是要坚决打好改进作风持久战，深化落实中央八项规定及其实施细则精神，认真贯彻落实习近平总书记进一步纠正“四风”、加强作风建设重要批示精神，强化监督检查，持续整治“四风”，以作风转变推动高质量发展。

政府工作报告（节选）

繁峙县人民政府县长　崔峥岭

2018年工作回顾

2018年，我们始终坚持以习近平新时代中国特色社会主义思想和习近平总书记视察山西重要讲话精神为指引，全面贯彻党的十九大、十九届二中、三中全会精神，按照省委、省政府“一个指引、两手硬、三大目标”重大思路要求和市委、市政府“1661”发展战略，在县委的坚强领导下，在县人大、县政协的监督支持下，团结依靠全县人民，紧紧围绕“脱贫摘帽、全面小康”奋斗目标，全力推动经济社会高质量发展。

一年来，我们着力加快转型发展，县域综合实力显著增强。2018年，全县地区生产总值完成69.7亿元，同比增长0.7%；固定资产投资完成43.9亿元，同比增长9%；社会消费品零售总额完成21.3亿元，同比增长9.5%；一般公共预算收入完成2.6亿元，同比增长10.4%；城镇常住居民人均可支配收入完成29932元，同比增长6.1%；农村常住居民人均可支配收入完成8320元，同比增长10.6%。受环保倒逼、结构调整、工业增加值率调整等因素影响，规模以上工业增加值下降4.3%。主要约束性指标和转型升级考核指标均好于预期。全县三次产业结构比重由2017年的7.8∶57.2∶35调整为2018年的8∶52.9∶39.1，产业结构进一步优化。现代农业建设步伐加快。成功创建省级出口食品农产品质量安全示范区。全县农业增加值完成5.02亿元，同比增长6.7%；粮食总产量0.955亿公斤，同比增长13.4%。特色种植占到总播种面积的69.8%。农机总动力达到13.7万千瓦，农作物机械化综合水平达到83.4%。宝山鼎盛“福益德”牌亚麻籽油成功申报为山西省名牌产品。绿源亨通“三晋滹源”牌胡萝卜和万恒中药材“天润恒宇”牌黄芪成功申报为国家级生态原产地产品。全县牛、驴、羊、猪、鸡、兔饲养量分别达到4.7万头、1.3万头、30.8万只、27.6万头、151万只、7.6万只，畜禽规模化、标准化养殖比重分别达到75%、65%。全县畜牧业总产值达6.2亿元，同比增长10%。工业产业优化升级。积极推进铁矿采选业向装备制造延伸开发，正在形成“铁矿采选—生铁冶炼（球团炼化）—精密铸件—装备制造”一体化全产业链。工业总产值完成76.49亿元，同比增长6.2%；全社会用电量10.88亿度，同比增长9.2%；规上企业实现利税10.64亿元，同比增长70.3%。二产中装备制造业占比达到25.1%，制造业占比提高率达到8.7%。加强传统产业技术改造，全县球团产能达到270万吨，在建240万吨，就地可转化铁精粉60%以上。新兴产业加快发展。新能源产业投资完成5.1亿元，占到全县固定资产投资的11.6%。建成投产风电总规模20万千瓦，在建风电总规模30万千瓦。各类扶贫光伏发电装机容量达到63.7兆瓦。在繁城镇雁头村实施太阳能光热供暖示范工程。坚持矿渣、尾砂变废为宝的循环发展理念，长田玄武岩棉建材、许氏维雅古建材等新型建材项目加快建设。现代服务业快速发展。批发、零售、住宿、餐饮行业销售额分别同比增长10.2%、13%、12%、10.2%。非营利性服务业完成投资15.07亿元，同比增长20.6%。全年存款余额140.93亿元，同比增长9.6%；贷款余额67.25亿元，同比增长28%。开放引进拓展延伸。68个京津冀、雄安新区承接转移项目签约落地。手工业扶贫工厂产品销往30多个国家和地区。中兴美德、汉和中兴配重产品长期出口美国市场，万锦肉牛育肥场活牛供港供澳，绿源亨通公司产品专供香港百佳超市。全县出口贸易额达到1063万元人民币。

一年来，我们着力尽锐出战攻坚，脱贫摘帽取得历史性成就。我们始终将脱贫攻坚作为第一政治任务、第一民生工程和第一大事要事，按照“123456”脱贫攻坚路径（一个指引、两个标准、三个坚持、四项基础工作、五大脱贫重点工程、六大保障体系），以前所未有的力度推动脱贫攻坚，2014—2018年累计减贫60493人，仅2018年就减贫23309人，贫困发生率下降至0.64%。经市县自评，县脱贫退出14项指标全部达标，脱贫攻坚工作取得决定性进展和历史性成就。2018年，省、市在我县召开6次现场观摩会议（全省攻坚深度贫困现场推进会、全市“践行领袖嘱托、决战深度贫困”现场推进会、全省“三晋巾帼脱贫行动”助力攻坚深度贫困现场会在我县观摩，全省城乡建设用地增减挂钩现场推进会、全省银行业金融扶贫现场推进会、全省农机社会化服务体系建设暨农机资产收益扶贫现场培训会在我县召开），有17个县市先后20批次来参观学习，山西日报、山西电视台等主要媒体109次报道我县脱贫攻坚工作情况。

我们坚持“双业”为本，实施10大特色扶贫产业，有劳动能力的贫困户产业覆盖率100%。发展龙头企业147家、合作社1041个、种养大户543户；17192户贫困户通过利益联结获得资产性收益6752万元。实施全民技能提升工程，培训农村劳动力13120人次，转移就业21274人。我们坚持“以迁为先”，全力攻克深度贫困。搬迁深度贫困村135个3222户7942人。采取“1+4+1”的模式（第一个“1”指搬迁群众过去所享有的村集体经济组织的土地、树林、资产资源等权益一律不变；“4”指退耕还林、光伏扶贫、土地增减挂钩、荒山造林“四个全覆盖”；最后一个“1”指随时能够提供家门口就业的扶贫工厂岗位），确保搬迁群众在“有新居可住”的同时，“有恒产可守、有红利可收、有劳动能力者有业可就”。我们坚持“全面保障”，全力推动政策兑现。累计投入1.66亿元全覆盖资助贫困家庭学生。全县适龄儿童入园率96.3%。为贫困人口代缴基本医保和补充保险9483.5万元，6737名贫困人口享受保险救助政策，贫困人口住院自付费比例下降至9.2%。14486名符合条件贫困人口纳入低保五保保障范围，实现“应保尽保”。2018年危房改造2769户，累计改造13109户，实现对有危房危窑改造需求农户“全覆盖”。我们坚持“整村提升”，全力改善人居环境。投资6.27亿元，建设乡村公路133条306.87千米，改造沓铺村内主街道277万平方米、联户路177万平方米，实施农村饮水安全工程98处（村），新建改造标准化卫生室147个，提升网络覆盖水平122个村，改造低压和10千伏线路72.65公里，整治残垣断壁47.9万米，乡村面貌焕然一新。

一年来，我们着力深化改革创新，经济发展动能持续强化。牢固树立“改革不能落后，改革必须先行”的鲜明导向，在全面深化改革中打造繁峙新优势、新动力、新形象。成功创建省级经济技术开发区。繁峙经济技术开发区于2018年11月获得省政府批复，是忻州市2018年唯一获批的省级开发区。成功创建滹源AAAA级景区，是忻州市2018年唯一获批的国家级AAAA级景区。实现了全县A级景区零的突破。平型关景区、韩庄长城、大智镜圆等重点景区建设加快推进。城乡建设用地增减挂钩红利持续释放。整村搬迁、宅基地复垦、增减挂钩、收益反哺“四环联动”、一体推进，城乡建设用地增减挂钩规划面积606.73公顷，拆旧区面积433.33公顷，易地交易面积309.8公顷，可收益6.9亿元。税费体制改革稳妥推进。深化国税、地税征管体制改革，有效降低了征纳成本，提高了征管效率。高质量完成水资源费改税、环境保护费改税等重点税种改革。个人所得税征收工作稳步推进。社会保险费和非税收入职责实现顺利划转。县乡医疗机构一体化改革稳步推进。医疗集团“六统一”改革基本完成，医保费用打包支付，药品加成全面取消。县人民医院等县级公立医院和农合定点私立医院开展“一站式”即时结算服务。农业农村改革深化开展。完成农村承包地确权登记颁证工作，全县确权面积35966.67公顷，占二轮承包户的96%。农村集体产权制度改革扎实推进，388个村完成清产核资。与此同时，其他各项重点改革全面推进。

一年来，我们着力攻坚污染防治，生态文明建设更加深入。深入践行“绿水青山就是金山银山”理念，绿色发展水平不断提升。狠抓环保督察“回头看”问题整改。中央第二生态环境保护督察组“回头看”交办12个群众反映问题和省委、省政府环保督察反馈5个问题全部办结，绿色发展理念深入人心。全面强化生态绿化，全年造林3173.33公顷。开展大气污染防治攻坚集中行动，优良空气质量比例达到70.4%。拆除砖瓦企业26家，取缔散乱污企业4家，拆除10蒸吨以下燃煤锅炉61台，完成清洁能源替代3471户。开展“清水”攻坚达标行动，对50平方公里以上19条河流全面落实河长制，实施滹沱河治理修复桥儿沟段和砂河段工程5.86千米；实施赵庄河流域综合开发项目，修复治理7040公顷。无劣V类水体，建成区无黑臭水体；开展“净土”攻坚行动，全面开展土壤污染状况详查，强化固体废物污染防治。全面强化生态修复治理，与自然保护区、泉域保护区重叠的23家矿山企业关停。47个矿山企业投入4159.35万元，修复历史遗留矿山采矿区118公顷。努力推动了经济运行和生态环保同向好转。

一年来，我们着力改善社会民生，人民生活品质日益提高。全年民生支出19.23亿元，同比增长23.9%，占到财政总支出的84.3%。社会保障全面加强。城镇新增就业3951人。开展了全民技能提升工程，农村进城务工人员、城镇失业人员等培训9936人。实施“全民参保登记计划”，城乡医保参保20.86万人，城乡居民养老保险参保15.41万人。对15770名农村妇女开展“两癌”免费检查。为1417名优抚对象发放抚恤金858.58万元。城镇退休人员基本养老金人均月增资168元，兑现机关事业单位工作人员基本工资标准提标和离休人员离休费增资，城乡居民基础养老金最低标准每人每月增加23元，失业保险待遇标准每人每月增加220元，工伤保险待遇人均月增加188元，城乡居民医保财政补助标准提高到每人每年490元。社会事业全面进步。实施25所学校“改薄”基建项目。在104个村实施“一村一园(班)”工程。新招聘研究生学历高中教师41名、特岗教师70名。村级卫生室标准化建设、“双签约”服务实现“全覆盖”。居民健康档案建档率达到97%。65岁以上老年人体检达到100%。免费送戏下乡108场，送戏到基层315场，农村公益数字电影放映4824场。成功举办中国·繁峙毽球公开赛等国家级赛事。基层综合性文化服务中心实现“全覆盖”。

一年来，我们着力深化社会治理，社会大局保持和谐稳定。安全生产形势持续稳定向好。事故起数、死亡人数实现大幅“双下降”。出台《繁峙县政府及县政府班子成员及有关领导安全生产职责清单》等政策规定，安全生产党委政府领导责任、行业部门监管责任、企业主体责任进一步压紧压实。开展安全生产专项整治等行动，检查企业263余家次，依法查处违法企业16家。14家企业完成采空区治理工程。平安建设不断深化。深入开展扫黑除恶专项斗争。打掉黑社会性质组织1个、恶势力团伙4个、恶势力集团1个，抓获犯罪嫌疑人63人，破获刑事案件39起。组织开展“雷霆扫毒”“双打”“治爆辑枪”等严打专项行动，破获各类刑事案件433起；办结各类治安行政案件1024起，行政处罚676人。累计建成视频监控探头9441个、治安卡口7个。信访形势继续保持平稳可控、持续向好，县级领导干部接待来访群众216批次1968人次。全国、全省、全市“两会”和省、市重要活动“零非访”。

一年来，我们着力提升服务水平，政府自身建设不断加强。严格落实全面从严治党要求，开展“四风”专项监督检查7次，立查违反中央八项规定案件13件，处理18人。认真落实中央八项规定精神，“三公经费”支出下降1.3%，其中公务接待费用下降22.9%。全面推进法治政府建设，扎实开展“七五”普法，县法院获全国优秀法院荣誉称号。县级聘请15名法律顾问，39个部门聘请法律顾问，278个村签订聘请法律顾问协议，基本建成覆盖城乡基层法律顾问服务体系。自觉接受人大、政协和社会监督，依法执行人大决议，认真办理人大代表建议和政协委员提案114件，办复率100%。扩大政务公开，全面接受审计监督、社会监督、群众监督、司法监督、行政监督、舆论监督等全方位监督，政府治理能力不断提升。

与此同时，我们统筹兼顾、积极支持全县各条战线开展工作，国防动员、人民防空、民兵预备役建设、武警消防、双拥共建和优抚安置工作不断加强，工会、共青团、妇女儿童、关工委、老干老龄、红十字会等事业全面发展，民族宗教、外事侨务、工商联、文联、统计、保密、档案、史志、粮食、气象、通信、电力、烟草等工作得到巩固提升。

2019年工作安排

2019年是新中国成立70周年，是决胜全面建成小康社会第一个百年奋斗目标的关键之年，也是我县加快高质量发展的重要之年。

2019年政府工作总体思路是：以习近平新时代中国特色社会主义思想和党的十九大精神为指导，深入学习贯彻落实习近平总书记庆祝改革开放40周年大会讲话和视察山西重要讲话精神，深入学习贯彻省委十一届七次全会、省委经济工作会议和骆惠宁书记忻州督导调研讲话精神，深入贯彻全市“1661”发展战略，按照市委四届六次全会部署，紧紧扭住高质量转型发展这个“牛鼻子”，进一步加强和改进党对经济工作的领导，继续打好三大攻坚战，扭住示范区、排头兵、新高地三大目标，统筹推进稳增长、促改革、调结构、惠民生、防风险工作，突出产业升级、转型发展，突出脱贫攻坚、乡村振兴，突出改革创新、开放发展，突出环境保护、生态建设，突出五城联创、保障和改善民生，不断增强人民群众获得感、幸福感、安全感，保持经济持续健康发展和社会大局稳定，为全面脱贫、全面小康打下决定性基础，以优异成绩迎接中华人民共和国成立70周年。

2019年经济社会发展的主要预期指标是，全县地区生产总值增长6.3%左右，规上工业增加值增长3%左右，全社会固定资产投资增长7.5%以上，社会消费品零售总额增长7.5%，一般公共预算收入增长5%左右，城镇常住居民人均可支配收入增长6%，农村常住居民人均可支配收入增长7.5%以上，居民消费价格涨幅控制在3%以内，城镇登记失业率、城镇调查失业率分别控制在4.2%、6.5%以内，资源环境类约束性指标全面完成省市要求。其他各项转型指标不折不扣完成省市下达任务。

为了高质量实现上述目标任务，我们将突出抓好以下几个方面工作：

（一）聚力产业结构调整，推动县域经济转型升级取得更快进展

推动转型发展是转变经济发展方式的必然要求。省、市要求我们要在加快转型发展上下功夫，特别是作为全市“三个门户”中面向京津冀的东部门户，作为全市六大经济板块的铸造冶金板块，我们将始终坚持转型发展方向不动摇，聚焦“五大基地”转型战略布局（打造晋北冶金装备制造基地、全省优质农副产品加工出口基地、面向京津冀的清洁能源基地、融入京津冀的箱包衣帽集散基地、晋北文化旅游集散地），全力开展深化转型项目建设年工作，推动县域经济转型升级取得新突破。

1. 深化“五大基地”建设。按照全市“336”产业规划要求，以“五大基地”为抓手，全力推动经济发展质量变革、效率变革、动力变革。

一要打造晋北冶金装备制造基地。紧抓“中国制造2025”政策机遇，把推动制造业高质量发展放到更加突出的位置。培育发展冶金铸造产业集群。推进实施旭泰矿业矿山改扩建、宝山矿业提高铁精粉品位技术改造、程林铁选技术改造、金瑞缘矿业技改、神邦恒盛球团烧结回转窑技改、元盛机械公司铁精粉技改等项目。鼓励支持铁矿采选企业创新高效节约化生产技术，提高矿产品附加值。做大做强装备制造业集群。继续深化推动“铁矿采选—生铁冶炼（球团炼化）—精密铸件—装备制造”一体化全产业链发展。实施华茂公司技改升级环保达标及企业标准化建设、中兴铸业企业标准化建设等续建项目，全部建成投运。实施华骏公司挂车制造及汽车零部件铸造生产项目、嘉铂隆年产3万吨铸件项目、安信科技精密铸件项目、恒浩公司年产6万吨耐磨铸件项目、南苑铝业20万吨再生铝合金锭生产项目等新建项目。积极培育新型建材产业集群。充分利用废渣尾泥废弃物，推动实施恒煜公司、许氏维雅公司、宏卓公司、大鑫公司、泰兴公司等新型建材续建项目，年内全部投产运行。积极推进盛拓环保公司、昌信环保公司、东胜砖厂等新型建材新建项目。

二要打造全省优质农副产品加工出口基地。实施品牌强农行动，打造一批具有市场影响力的“繁”字号品牌。积极创建国家级出口食品农产品质量安全示范区和国家生态原产地产品保护示范区。新认证“三品”10

个以上，新增认定“三品”面积6万亩。继续强化“繁峙黄芪”“繁峙大米”等地理标志产品认证。着力打造“滹源味道”区域公共品牌，擦亮繁峙“米、肉、杏、果、蔬”品牌，逐步构建以“三品一标”农产品为基础、企业品牌为主体、区域公用品牌为龙头的农产品品牌体系。大力发展有机旱作农业，推广秋季覆膜等技术。在参与打造“忻州小杂粮”区域品牌中贡献繁峙特色、分享品牌红利。大力推进质量兴农。强化农产品质量安全监管，全力构建“互联网+现代农业”新体系，加快建成全县农产品质量安全追溯体系。建立农产品质量安全合作监管体系，加强与省市农业技术部门、农业专业院校、国家体育总局反兴奋剂检测中心的协同合作，有效提升繁峙农产品的质量追溯能力和水平。加快推进开放型农业发展。实施特色优势农产品出口提升行动，继续鼓励和深化绿源亨通、晋鲁诺佳、丰悦华等蔬菜加工企业与日本、韩国及我国香港等地区的外贸合作；继续强化万锦肉牛育肥场活牛直供港澳、辉煌实业牛奶直供伊利、富云牧业鸡蛋直供北京等示范引领作用，努力推动更多优质农产品实现出口提升。全力实施国家电子商务进农村示范县项目，全力推动农副产品加工园区建设，支持全县农副产品加工企业成立行业协会，进一步拓宽农产品出口的渠道。

三要打造面向京津冀的清洁能源基地。大力发展风电清洁能源产业，打造百万千瓦级风电基地。实施国电投风电清洁供暖一期99兆瓦项目、国电投云雾峪三期100兆瓦风电、协合乔家窑100兆瓦风电等续建项目，年内投产运行。积极推进实施国电投风电清洁供暖二期100兆瓦项目、太重集团砂河镇100兆瓦风电等新建项目开工建设。力争未来五年内，我县风电生产规模达到100万千瓦。大力推进光伏新能源全产业链发展。要以奥博光伏为龙头，着力构建从新能源设备制造到新能源生产应用的完整产业链条。积极推进奥博光伏二期500兆瓦光伏组件生产线、雁阳新能源100兆瓦光伏发电、30兆瓦第二批光伏扶贫村级电站等项目。大力推进光电风电综合利用和产品研发，推广运用太阳能光热供暖技术。积极推进奥博光伏年产50万只光热金属直通管生产线项目落地建设。

四要打造融入京津冀的箱包、衣帽集散基地。继续巩固提升引进投产的手工业扶贫工厂，推进实施宁波纳远针织制品加工厂、北京蚨源紫锦服装加工厂等新建项目，年内全部建成投产。叫响叫亮晋绣坊“晋绣”、五台山金石雕刻“金石”、星河银业金银器加工、双英刺绣等地方特色手工业品牌。依托已经投产的服装手工业企业，引进知名体育服装品牌生产企业。进一步扩大手工业的品牌效应和市场效益。积极参加中国进出口商品交易会等展会活动，探索推进手工业技术研发机构和电子商务平台建设，努力探寻对接“一带一路”市场，推动手工业产品出口向品质化、精细化、高端化方向发展。建立健全手工业发展长效机制，采取建立一批手工业产业基地、培育一批手工业品牌龙头企业、壮大一批手工业专业化合作组织、发展一批手工业经纪人、培育一批手工业熟练工人等“五个一批”举措，开展手工业技能大赛等评比活动，激发广大群众积极参与手工业发展的主动性和积极性。

五要打造晋北文化旅游集散地。以文化旅游为支柱，将现代服务业打造成为全县经济增长的动力引擎。发展壮大文化旅游业。加快编制《繁峙县全域旅游总体规划》《繁峙县乡村旅游规划》等专项规划。按照A级景区要求，高标准推进平型关景区建设。继续实施平型关段长城关城及长城墙体修缮等工程建设，有效提升景区景观价值和服务承载能力。推动砂河北山旅游开发，继续推进大智镜圆景区建设，完成大智镜圆景区文殊塔主体工程、北坛市政工程、文殊广场土方等建设工程。实施晋山收藏艺术展览馆等项目。加快推动灵岩山景区规划和起步建设。积极探索采取A级景区村庄创建和A级景区特色小镇打造等多元化发展方式。推行标准化、品牌化服务，以A级景区为带动，重点打造县城和砂河两个集“吃、住、行、游、购、娱”为一体旅游集散中心。推进“体育+旅游”融合发展，加快伯强体育小镇建设，逐步打造以“休闲体育运动项目+红色旅游+生态康养”为核心的运动主题旅游区。加快旅游廊道贯通，推动G108——韩庄长城旅游公路、G108——仰头山旅游公路等建设项目。大力推进康养产业发展。全面强化城乡养老服务体系建设。谋划和争取繁峙县第二人民医院医养项目。大力发展农业休闲康养品牌，推进勇和稻田文化主题公园、赵庄白水大杏田园综合体、大营老泉头田园综合体等休闲农业公园和田园康养综合体发展。大力发展现代物流产业。以全国电子商务进农村示范县创建为依托，积极推进安通公司电商服装仓储物流基地等项目，完善县乡村三级物流体系和公路整车运输物流网络，融合“物流+互联网+大数据”，建设智慧物流运营体系。

2. 深化转型项目支撑。全面贯彻落实“深化转型项目建设年”决策部署，靶向发力促转型、调结构、增动能。

一要实施百项转型升级项目。2019年，全县谋划实施171个重点项目，总投资257.70亿元，年度计划投资81.61亿元。我们要重点推进114个转型升级项目，总投资200.74亿元，年度计划投资56.83亿元。其中装备制造、节能环保、新能源、新材料等新兴产业项目85个，总投资157.39亿元；传统产业技改、冶金铸造、矿山基建等传统产业项目29个，总投资43.35亿元。通过百项转型升级项目的实施，着力筑牢新产业、新动能的坚实基础。

二要千方百计上项目。坚持“产业第一、项目至上、企业为重、服务为本、人才为根、公正为要”的理念，多措并举打造产业项目发展承载平台，为项目转型发展、企业引凤入巢创造最优条件。坚持紧盯市场换项目，准确把握市场形势，精准对接投资主体，加快谋划招引高端装备制造、新材料、生物医药、节能环保、文化旅游、传统产业改造升级等产业项目落户繁峙。坚持用活资源引项目，发挥资源优势和产业发展优势，集聚高端产业要素，谋划引进一批“建链、补链、延链”和“强龙头、建集群”的重大产业项目。坚持严控环保逼项目，推进资源全面节约和循环利用，引进一批以“循环型、生态型、环保型”为主要特征的新兴产业项目。坚持争取政策和资金上项目，认真研究国家、省、市投资政策，紧盯投资方向，科学谋划、积极对接，及时主动向国家、省、市推荐申报项目，为全县转型升级发展提供资金支持。

三要创新机制抓项目。推行“一个项目、一名县级领导挂帅、一个工作专班、一抓到底”的“四个一”工作机制。对重点项目实施分类管理，对续建项目重点抓建设、抓竣工、抓投产；对新建项目重点抓前期手续完善、抓开工、抓进度；对重大产业考核项目和省市重大项目，重点抓进度、抓投资、抓考核；对重大推进项目，重点抓招商、抓落地、抓开工，推动项目早见效、快见效、多见效。真正让现有项目的落地见效、现有企业家的口口传颂成为最好的招商广告。

（二）聚力脱贫成效巩固提升，推动乡村振兴实现更好发展

巩固提升脱贫攻坚成果仍然是我们必须抓紧抓实的头等大事。我们将对标对表全面小康目标要求，以脱贫攻坚巩固提升补齐乡村振兴短板，以乡村振兴巩固脱贫攻坚成效，走好乡村振兴的“繁峙路径”。

1. 强化脱贫成效巩固提升。建立稳定脱贫长效机制。强化 2020 年“交总账”意识，在做足脱贫成色、提高脱贫质量上狠下功夫，坚持“脱贫摘帽不摘责任、不摘政策、不摘帮扶、不摘监管”原则，逐步建立稳定脱贫长效机制。

一要全面提升脱贫质量。始终坚持以脱贫攻坚统揽经济社会发展全局，深入贯彻落实中央、省、市打赢脱贫攻坚战三年行动指导意见要求和全县巩固提升实施方案，继续拿出足够精力巩固脱贫成果，抓好 10 大脱贫产业的发展壮大，抓好后续政策配套完善，建立稳定脱贫的长效机制。对 2014 年—2018 年按规定程序已退出的 22873 户 60493 名脱贫人口进行精准分类管理，精准帮扶，防止返贫。建立未脱贫人口干部包户责任制度，因户因人制定脱贫措施，确保剩余 603 户 1524 名贫困人口全部高质量脱贫退出。要进一步强化扶智扶技，统筹强化正向奖励和反向约束，切实增强贫困群众内生动力和自我发展能力，实现有质量、可持续的稳定脱贫。

二要着力解决影响“两不愁、三保障”的突出问题。大力开展脱贫攻坚“春季总攻”行动，以脱贫攻坚春季大走访大整改大提升活动为抓手，持续强化产业扶贫和就业扶贫“两业并举”、易地搬迁和危房改造“两房同建”、生态和生计“两生共赢”、农村低保和扶贫开发“两线”衔接、基础教育和基本医疗“两基并重”等精准举措。紧盯贫困群众“吃水难”“饮水不安全”、乡村看病难、危房（危险土窑洞）等薄弱环节，逐项落实措施，逐个对账销号。

要把易地扶贫搬迁后续保障工作作为重点，继续紧盯“七个问题”，坚持“六环联动”闭环推进，重点抓好 2579 户易地搬迁户后续产业发展、培训就业、安置点公共服务和 119 个拆旧复垦村移民户的耕地、林地、集体资产的经营收益保障等各方面工作，高质量解决好搬迁群众的长远生计，推动传统农民向新型居民转变，确保稳得住、能致富。

三要建立健全防范返贫工作机制。对返贫人口和新发生贫困人口及时纳入、及时帮扶，做到应进则进、应退则退。设立“返贫责任保险”，对因病、因灾、因学、因房等造成生产生活困难的脱贫户，及时启动保险防范机制，确保脱贫群众收入稳定增长。

2. 坚持农业农村优先发展，全面实施乡村振兴战略。坚持农业农村优先发展总方针，深刻认识脱贫攻坚和乡村振兴交汇期“三农”工作特点，推动乡村振兴战略的全面实施。

一是强化乡村产业振兴。坚持以农业供给侧结构性改革为主线，按照“一县一业一园区、一村一品一主体、百企百社带万户”发展思路，再造农业农村全产业链新模式。推动特色种植产业品牌化发展。继续推动发展壮大 13 个特色种植基地，推动藏粮于地、藏粮于技，粮食产量稳定在 9000 万千克以上。推进农业由增产导向转向提质导向，深化种植结构调整，籽粒玉米调减到 13333.3

公顷，杂粮种植16666.67公顷，“粮改饲”3333.33公顷。围绕“一乡一特一品牌”的思路，着力打造“繁峙黄米”“繁峙小米”“繁峙大米”品牌，推进6666.67公顷优质谷子和6666.67公顷精黍种植基地建设，引领杂粮产业振兴发展；着力打造“繁峙果杏”“繁峙树莓”“繁峙蔬菜”特色果蔬品牌，发展大杏种植2666.67公顷、蔬菜种植4000公顷、红树莓种植133.33公顷，引领果蔬产业振兴发展；继续培育壮大宝山鼎盛、晋鲁诺佳等加工龙头企业，农产品加工销售收入百万元以上龙头企业达到25个以上，促进县域内农副产品加工业集聚发展。推动健康养殖产业品质化发展。着力打造“繁峙牛肉”“繁峙驴肉”“繁峙兔肉”特色品牌，引领带动“六畜”齐头并进发展。以创建“繁峙黄芪肉牛”特色农产品优势区为抓手，以万锦肉牛活牛直供港澳为牵引，采取“小规模、大群体”的发展模式，推动全县肉牛养殖规模稳定达到5万头。以田源毛驴公司为龙头，探索推动肉驴活体循环开发，带动全县肉驴养殖规模稳定达到2万头。以绿洲兔业为龙头，进一步深化养殖基地和兔肉深加工，带动全县肉兔养殖规模稳定达到20万只。实施繁峙牧原二场、三场、七场、八场等生猪养殖项目，带动全县生猪养殖规模达到100万头。持续深入强化“非洲猪瘟”防控工作。实施富云牧业蛋品提升工程及鸡粪发酵、有机肥生产等项目，蛋鸡饲养量稳定在150万只左右，鸡蛋产量稳定在1.1万吨。以辰翔牧业20万只肉羊屠宰加工厂为龙头，加大羔羊育肥体系建设，全县羊养殖量稳定在25万只左右。推动道地中药材产业功能化发展。推进恒宇天然草本中药材精深加工项目投产运行。积极推进黄芪茶、黄芪超微粉等初级农产品和黄芪黄酒、黄芪复合活性肽口服液等精深加工产品研发和市场推广力度。打造产地加工包装、质量检测、储存养护与运输配送等综合服务体系。推动农业基础不断夯实。强化农业服务体系建设，完善“一乡一站、一村一点”科技服务体系。加大有机旱作技术推广，力争有机旱作农业面积达到16666.67公顷。强化基础设施建设，改造坡耕地493.33公顷，水土保持工程以奖代补项目水保治理30平方千米，节水灌溉面积1640公顷，建设高标准农田200公顷。主要粮食作物农机化综合水平力争达到87%以上，玉米机械化收获水平达到80%，农作物秸秆综合利用率达到70%。严守耕地红线，深化“大棚房”专项整治。

二是强化乡村人才振兴。创新乡村人才工作体制机制，积极引导各类人才投身乡村振兴，引进“三区”人才15名。要积极培养乡村本土人才，着力培养一支懂农业、爱农村、爱农民的“三农”工作队伍，实施新型职业农民培育工程，培训新型农民800人，综合技能培训4.3万人次。加大新型经营主体培育力度，新发展农民专业合作社30家，培养20个购销组织、150个营销经纪人大户。把发动群众、组织群众、服务群众贯穿乡村振兴全过程，注重维护小农户权益，积极引导和组织小农户参与和发展农民专业合作社，激发和调动农民群众积极性主动性。鼓励支持返乡农民工、大中专毕业生、科技人员、退役军人和工商企业等从事现代农业、发展农村新业态新模式。

三是强化乡村生态振兴。深入学习推广浙江“千村示范、万村整治”工程经验，实施农村人居环境三年整治行动，按照全市“农村十整”统一部署，突出抓好135个村整村搬迁和276个村整村提升成果巩固、8个村的特色风貌整治、15个村的软弱涣散整治、伯强沟、赵庄河等沟域的整沟治理。广泛开展村庄清洁行动，深入推进美丽宜居村庄和最美庭院创建，全县13个乡镇都要有三分之一以上的村庄开展“美丽庭院”“整洁庭院”“生态庭院”等整村创建工作，进一步健全农村人居环境建设和管护长效机制。实施拆违治乱、垃圾治理、污水治理、厕所革命、卫生乡村“五大专项”行动。深入推进“厕所革命”，改造农村厕所21326座。加快完成农村闲置荒芜宅基地、破败院落的治理和城乡建设用地增减挂钩工作。全县规模养殖场粪污处理设施配套率力争达到80%，畜禽粪污综合利用率达到70%。

四是强化乡村文化振兴和组织振兴。通过“群众说、乡贤论、榜上亮”等道德评议方式，广泛开展星级文明户、文明家庭等群众性精神文明创建活动，建设邻里守望、诚信重礼、勤俭节约的文明乡村。进一步健全现代乡村治理体系，深化“三基”建设，继续推行“双日双评”常态化活动，实施村党组织带头人整体优化提升行动。坚持自治为基、法治为本、德治为先，引导农民自我管理、自我教育、自我服务、自我提高。

（三）聚力改革创新发展，推动体制机制创新实现更大突破

改革创新是实现全面建成小康社会、实现经济高质量发展的关键一招。我们将全面深化各项改革工作。

1. 深入开展“改革创新、奋发有为”大讨论。按照省委统一安排部署，从2月中旬到4月底，在广大党员干部群众中开展“改革创新、奋发有为”大讨论。我们要扭住“六个破除”“六个着力”“六个坚持”，抓好“十个关键环节”，认真开展好大讨论，通过大讨论促进广大干部群众解放思想、转变观念、改进作风、提升能力，力争在重点领域和关键环节的改革上取得新突破，在激发全社会创新动力、活力上取得新突破，在全方位扩大对外开放上取得新突破，在运用市场理念拓展发展路径上取得新突破，在提升工作标杆、提升工作质量上取得新突破，在打造担当作为、勇当先锋的干部队伍上取得新突破。

2. 深入推进机构改革。严格按照中央、省委、市委和县委要求，按时保质完成机构改革任务，做好职能调整、机构重组、简政放权、政事分开等工作，切实构建精干高效的政府机构职能体系。进一步深化市场监管、生态环境保护、文化市场、交通运输、农业、城市管理、卫生监督、自然资源等领域综合行政执法改革。

3. 深入推进农村综合改革。不断完善农村土地承包经营权确权登记颁证工作。稳步推进农村宅基地使用权确权登记颁证，逐步解决“空心村”“一户多宅”等问题。进一步深化农村集体产权制度改革。完成村集体经济组织成员身份界定、村集体经济组织股权设置与量化、村集体经济组织运营管理等重点任务，特别要关注整村搬迁村的集体产权制度改革，确保2019年10月底完成改革任务。进一步完善农业支持保护制度，扩大保险覆盖面，引导农业生产从增产向提质导向转变。

4. 深入推进砂河镇经济发达镇行政管理体制改革。做好拟下放217项行政职权的承接落实，对暂缓下放的164项行政职权分批逐步赋权下放，确保在2019年基本完成改革任务。

5. 深入推进国企国资改革。对县磷肥厂采取低效用地再开发方式进行改制；对县酒厂采取盘活存量、搬迁改造方式进行改制。对其他国有企业“一厂一策”分批推进改革。

6. 深入推进教育教学改革。深化办学体制和教育管理改革，普及从学前到高中阶段更加公平更有质量的教育。推进教师“县管校聘”管理改革、教育联盟、集团化办学、大学区制“紧凑型”学校发展共同体改革。探索采取“请进来”“走出去”等方式，培育和产生一批专家型、教育家型的名校长。

7. 深入推进质量标准改革。抓好用好山西省作为国家标准化综合改革试点契机，大力实施标准化战略，加快推进 600 公顷黍子有机旱作农业标准化示范区建设。鼓励企业制定严于国家标准或者行业标准、地方标准的企业标准，推进铁精矿粉产品质量企业标准建设取得实质性突破。

8. 深入推进财税金融改革。严格落实大规模减费降税政策。全面实施修改后的个人所得税法。持续深化水资源费改税和环境保护费改税改革。推动金融改革创新，积极推动中国银行在繁峙设立支行。加强县域融资担保体系建设。

9. 抓好事关群众生产生活的微改革。改革无时不有，创新无处不在。要针对企业生产经营、群众生产生活中反映最强烈、最突出、最直接的问题，有针对性推进一批微改革。推进土地开发领域改革，鼓励社会资本参与土地开发项目。深化农业水价综合改革和水权制度改革，推进水资源使用权确权登记。推进住房制度改革，建立租购并举的住房制度。推进村医管理体制改革，有效提升村医业务水平。

（四）聚力开发区改革创新，为产业结构深层次变革提供更大支撑

强化开发区改革创新发展，是加快转变经济发展方式的重要举措。我们将全力推动经济技术开发区高质量发展，努力实现产业结构深层次变革。

1. 强化规划引领。推动完成《开发区总体规划》编制，启动编制《总规环评报告》和《开发区产业发展规划》。尽快完成开发区四至范围划定等相关工作。融合推进装备制造园 5.91 平方千米主区与 20.17 平方千米发展方向区协同发展。

2. 强化重大项目支撑。一是推动续建项目投产达效一批。继续推进实施总投资 4.9 亿元的长田建材年产 20 万吨玄武岩纤维岩棉制品、总投资 3 亿元的旭泰北方酿酒、总投资 5000 万元的恒宇中药材加工等续建项目，力争年内全部投运。二是推动落地项目开工建设一批。实施总投资 5.06 亿元的南苑铝业年产 20 万吨再生铝合金锭、总投资 1.1 亿元的华骏挂车制造及汽车零部件铸造、总投资 1.3 亿元的嘉铂隆年产 3 万吨铸件系列产品、总投资 1.1 亿元的华港燃气 LNG 站等新建项目，加快项目建设进程，力争早日投产。三是争取落地一批重大产业项目。推动宏钜大磨坊黄米产业提升、勇和农业粮食加工厂、瑞沃公司大米深加工等项目进入开发区农业生物园开工建设。推动豪腾矿山机械耐磨耐腐蚀铸铁加工等项目进入开发区装备制造园。强化选商引资。重点围绕装备制造、精密铸造、新型建材、生物医药等产业，以商招商、以环境招商、以产业链招商。积极引进各类铸造企业入驻园区，强化“铁矿石——铁精粉——生铁——铸件”全产业链体系。积极推进南苑铝业下游铝制品企业入驻园区，打造“回收铝——铝合金锭——各类铝制品”再生铝资源全产业链。进一步推动开发区改革创新。全力深化“三化三制”改革。制定企业准入开发区条件清单，着力破解制约开发区改革创新发展的突出矛盾和瓶颈问题。继续强化开发区基础设施建设。

3. 强化科技创新驱动，利用技术创新和

规模效应形成新的竞争优势。深化科技创新。充分发挥“山西鸿深科技企业孵化器”等省级科技企业孵化器、紫金矿业省级企业技术中心、汉和中兴等省级高新技术企业、中兴实业、华茂精密铸造等省级转型创新示范企业、奥博光伏市级工程技术研究中心的引领作用，积极培育中兴华德、奥博等高新技术企业，推动制造业从以要素驱动为主向创新驱动为主转变。深化产学研创新合作。强化汉和中兴与固安汉飞思科精密机械制造公司，奥博光伏与山东大学、中南大学、中科院电子研究所，长田建材与南京玻璃设计院，恒宇天然草本公司与山西医科大学等企校合作。深化创新平台和载体建设。鼓励和支持旭泰酿酒公司与江南大学组建中国传统酿造联合研发中心、天河牧业与山西农业大学共建企业科技研发中心，加快提升核心技术攻关能力和自主创新能力。深化人才体制改革。加大科技领军人才引进和培育力度，抓好高层次人才引进配套保障、人才激励政策制定实施等工作。

（五）聚力“六最”营商环境打造，为民营经济大发展提供更优环境

支持民营经济，是关系改革发展、关系县域经济振兴崛起的大事。2018年，民营经济贡献了全县80%的GDP、74%的税收、81%的劳动就业和97%的企业数量。我们将始终坚持把发展壮大民营经济作为推动转型发展的重大战略任务，全面开创新时代民营经济发展新局面。

1. 倾力打造“六最”营商环境。深化“放管服效”改革，完善项目审批“绿色通道”。推行企业投资承诺制，继续实行统一清单告知、统一平台办理、统一流程再造、统一多图联审、统一收费管理“五统一”办理模式；落实中介服务管理等5项制度；落实政府统一服务事项实施细则等10个配套办法；落实“3545”专项改革，进一步压缩企业开办时间。新培育小微企业50户、“小升规”企业6户、“专精特新”企业6户。

2. 创造性落实支持民营经济发展政策。扎扎实实把省30条、市30条和县30条支持民营经济发展政策落地落实。在2018年减免税收1.5亿元的基础上，2019年力争减免各类税收3亿元。全面落实市场准入负面清单制度，支持民营资本参与全县战略性新兴产业项目和重大基础设施项目建设。探索建立企业评价政务服务机制，提高企业创设效率。深入落实领导干部特别是县四套班子领导联系民营企业制度，真心真情帮助企业解决实际困难和问题。

3. 全面强化民营经济发展要素保障。加强金融支持，引导银行部门畅通民营企业贷款需求通道。县财政安排不少于2000万元应急还贷资金、500万元专项技术改造资金及中小企业发展专项资金、200万元“双创”专项资金。创新采取长期租赁、先租后让、租让结合、弹性出让等方式，保障企业合法用地需求。进一步加强道路运输、电力等生产要素保障和优惠政策争取，最大限度帮助企业降低生产经营成本。优化环评服务，简化区域内项目的前置条件、总量管理等。

（六）聚力城镇扩容提质，推动城乡一体化实现更高质量发展

城乡一体化是现代化的必由之路。我们将坚定不移推动城镇高质量发展，立足一体化城乡发展布局，让我们的城镇各具特色、宜业宜居，更加充满活力。

1. 全面提升县城承载力和系统化水平。加强城镇基础设施建设。实施县城重点街道、重点区域供水老旧管网和雨污分流管网改造工程。全面强化住房保障，综合推进实

施县城、杏园、砂河等棚户区改造工程。积极推动实施金地广场、文胜花苑等高层住宅项目。合理规划和建设一些便民市场。更换重点路段LED照明路灯。实施滹源220千伏输变电站及线路建设工程。新建及改造10千伏线路41.26千米、低压线路29.20千米。巩固国家卫生县城、省级园林城市、省级环保模范城市创建成果，积极谋划省级智慧城市和国家级园林城市创建。提升城市精细化建设管理水平。全力推动城市设施、环境、交通、应急等方面常态长效管理水平不断提升。强化市政设施管理、维护意识，提高市政设施整体管理水平。提升城市公共绿地养护精细化和管理规范化水平。加强供水、供电、供暖、供气等公共服务标准化建设，建立服务评价监督惩戒机制。实行城管综合执法改革，实现城中村、城边村和建制镇全覆盖。全面强化社区治理，建立健全社区党组织、社区居民委员会、业主委员会和物业服务企业议事协调机制。强化对诚信物业等14家物业公司资质动态考核及信用评价工作。高度重视社区养老问题，以北中小区社区养老服务方式为示范，积极推行“日间照料+社区养老+居家养老”社区养老服务模式。鼓励引导新建居民住宅小区，同步配建养老服务中心和日间照料中心等社区居家养老服务设施。

2. 全力提升重点集镇发展水平。突出砂河镇和大营镇等重点集镇特色化发展。砂河镇要以经济发达镇行政管理体制改革为重点，继续巩固提升全国文明镇和国家卫生镇成果，打造晋北旅居小镇和全省经济发达重镇。依托砂河装备制造园区，建成“乡城联建、宜居宜业”的新型工业旅游重镇。依托五台山北出入口区位优势，打造旅游集散重镇。进一步提升镇区承载能力，继续实施砂河城中村改造项目。启动镇区重点街巷道维修改造和砂河镇客运站新建工程。努力把大营镇打造成为风电特色小镇。高标准实施环境整治、基础设施改善、特色风貌整治，用两年时间打造国家卫生镇。以实施国电投风电清洁供暖项目为重点，在农村地区清洁供暖方面发挥示范引领作用。以脱水蔬菜生产为依托，不断扩大蔬菜规模化种植面积，打造城镇特色主导产业。建立城乡一体化融合发展的体制机制，促进城乡在规划布局、要素配置、产业发展等方面融合发展。

（七）聚力污染防治攻坚，推动生态文明建设取得更大成效

好水好气好环境是最大的民生。我们将以更坚定的态度，坚决打赢蓝天保卫战，打好碧水保卫战，推进净土保卫战，全力打造生态宜居新繁峙。

1. 全力推进生态绿化。实施砂河北坡绿化提升、苑家地生态绿化、伯强沟生态修复等12个方面生态重点项目，绿化造林5346.67公顷。积极争取13333.33公顷低效林改造项目。全力推进生态修复，继续实施五台山风景区关闭矿山土地复垦项目，强化历史遗留矿山生态修复治理。推进绿色矿业发展示范区建设，抓好3个绿色矿山试点工作。

2. 打赢打好污染防治攻坚战。坚决打赢蓝天保卫战。坚决消除人民群众的“心肺之患”。进一步加强燃煤污染、建筑扬尘、机动车尾气、工业废气等综合治理。实施“煤改电”“煤改气”工程，力争使县城建成区清洁取暖覆盖率达到80%以上，城乡接合部达到50%以上，农村地区达到40%以上。进一步加强“禁煤区”建设，强化联片管控。建立“散乱污”企业动态管理机制，实施工业污染源全面达标行动等专项整治。强化烟花爆竹禁燃禁放措施落实，依法依规取缔县

城及其周边的烟花爆竹零售网点。坚决打赢碧水保卫战。不断提升水污染防治能力。继续推动实施滹沱河综合治理桥儿沟段和砂河段治理修复工程、赵庄河河道综合治理二期工程、马峪河综合治理工程、羊眼河综合治理二期工程。开展流域环境整治专项行动，确保源头断面水质稳定达到二类水质标准。进一步强化河长制工作责任落实，持续推进“清河行动”。坚决打赢净土保卫战。继续深化贯彻落实“土十条”，加强农用地安全利用、建设用地准入、重金属污染防治、农业面源污染控制等工作力度。

（八）聚力民生福祉改善，让全县人民得到更多实惠

民生连着民心，民心凝聚民力。我们将始终坚持以人民为中心的发展思想，使人民群众的获得感、幸福感和安全感更加充实、更有保障、更可持续。

1. 建立健全主动服务工作机制。着力建立纵向到底、横向到边的主动服务体系。各乡镇和职能部门针对群众关心的热点难点问题，有针对性地集中下沉到基层一线“报到”，面对面解决群众遇到的实际困难和问题，切实打通保障和改善民生抓落实的“最后一公里”。

2. 办好人民满意的教育。继续坚持“打造繁峙教育品牌，建设晋北教育强县”目标不动摇。持续强化教育基础设施建设。深入贯彻落实我省《关于全面深化新时代教师队伍建设改革的实施意见》，强化教师队伍建设，实行师德考核负面清单制度，继续招聘特岗教师，强化义务教育阶段师资力量建设。规范学校办学行为，全面优化校园内外环境，努力构建德智体美劳全面培养的教育体系，促进中小学生健康成长。支持职业教育、民办教育事业持续健康发展。

3. 完善医疗卫生和社会保障体系。继续深化县乡医疗卫生机构一体化改革，将县中医院纳入改革范围。进一步完善“6321”健康扶贫政策保障体系。开展“基层卫生服务提升年”活动，创建群众满意的乡镇卫生院、农村卫生室。持续推进社会保险扩面提标，完善城乡社会救助体系，实现动态管理下的应保尽保。全面落实各项优抚政策，切实解决好退役军人、优抚对象实际困难和问题。发展残疾人事业，加强精准康复服务。

4. 把稳定就业放在更加突出位置。借助“双创”基地等平台，促进高校毕业生、农民工、退役军人等群体多渠道就业创业，城镇新增就业 3200 人。继续深化全民技能提升培训，全年培训 4400 人以上。继续实施外出务工交通补贴激励政策，推动 15000 名农村劳动力转移就业。

5. 全面强化食品安全。深入贯彻落实《地方党政领导干部食品安全责任制规定》，巩固提升省级食品安全示范县和省级出口农产品质量安全示范区创建成果，加快完成市场监管机构整合，建立统一权威的食品安全监管体制，保障人民群众“舌尖上的安全”。严格落实企业食品安全主体责任，加大对农贸市场、大中型超市、城乡接合部等重点区域的专项整治，高度重视学校校园及周边食品安全工作，严厉打击食品安全违法犯罪行为。

6. 推进文化体育事业繁荣。继续免费“送戏下乡”、免费放映农村公益数字电影。推动“三馆一院”投入使用。依托国体总局扶贫优势，举办毽球、奥跑中国、定向越野等一系列国字号比赛。强化繁峙县毽球之乡特色体育运动打造，开展毽球运动进课堂和进社区专项行动。进一步强化文物保护工作。

7. 有效增加重点民生支出。进一步增加对脱贫攻坚巩固提升、乡村振兴、生态环保、民生保障等领域的财政投入。加大政府与社会资本合作模式的推广力度，深度包装和推介一批成熟的PPP项目。坚持向管理要税收，为民生保障和经济社会发展提供坚强财力保障。

在全面完成好省政府民生实事和抓好以上民生工作的同时，全力兴办以下民生实事。

1. 投资4810万元实施砂河中学综合教学楼、杏园中学综合教学楼、东城中学教师周转宿舍等教育基础设施项目。新增建设贾家井小学、元山小学全免费扶贫寄宿制学校。

2. 推动文化馆、博物馆、图书馆、影剧院、老年大学等年内投入使用、向市民开放，为广大市民提供高品质的文化服务，进一步提升县城文化品位。

3. 全面强化养老服务体系建设，投资2600万元实施繁峙县老年公寓项目、繁峙县东山医养中心建设项目、繁峙县金方圆敬老院项目，设置提供床位570张，年内建成全部投入运营。推动94个农村老年日间照料中心高质量运行。启动建设3个城市居民社区日间照料中心。

4. 推动县医院门急诊综合楼、妇幼保健服务大楼、综合检验检测中心等医疗基础设施工程年内投入使用。进一步提升繁峙县中医院、13个乡镇卫生院和239个标准化村级卫生室的医疗服务质量，有效提升广大人民群众就医获得感。

5. 投资1.4亿元实施县域农村生活垃圾治理项目，建设2个无害化垃圾填埋场和11个垃圾转运站，年内建成投用。

6. 完善提升城镇基础设施。维修改造县城、砂河镇和大营镇主要街道30.5万平方米；改造雨污分流管网工程4.5万米；改造供水老旧管网工程4.2万米。

7. 投资2842万元新建砂河镇客运站，方便砂河地区广大人民群众出行。

8. 加大清洁供暖推进力度，实施“煤改气”“煤改电”、光热供暖、集中供暖15000户。

9. 投资1000万元建设繁峙县工人文化宫。

10. 投资2亿元启动实施义兴寨村采矿避让搬迁工程，惠及义兴寨村445户1368人。

（九）聚力重大风险防控，为经济社会发展营造更加和谐稳定的社会环境

1. 坚决防范化解社会、经济和金融领域重大风险。全面提升新时代“平安繁峙”建设水平。深入开展扫黑除恶专项斗争，按照省委“十个不断强化”要求，坚持求深入、扩战果、办铁案、强综治、除隐患，在引深专项斗争上强主攻，在统一执法工作上抓协同，持续推动专项斗争向纵深发展。持续开展刑事犯罪严打整治专项行动。进一步完善禁毒工作机制，推进禁毒信息化平台建设，全面打赢禁毒人民战争。学习借鉴“枫桥经验”，探索“三治”建设新模式，深入开展信访矛盾化解攻坚。加强公共法律服务体系建设，扩大法律援助范围。统筹防范化解非法集资、金融、政府和企业债务、去产能、房地产等方面风险隐患，确保经济持续健康发展。

2. 坚决防范化解安全生产领域重大风险。全面深化安全生产应急管理体制改革发展，坚决贯彻执行地方党政领导干部安全生产责任制规定，推进应急预案和标准体系建设。实施各类矿山采空区治理项目。深化安全生产应急管理宣传教育“七进”活动。始终绷紧安全生产这根弦，强化重点领域安全监管，坚决防止重特大事故发生。深化安全

生产专项整治，彻底解决“以包代管”问题，严厉打击无证生产、取缔后生产、以勘探名义从事采矿活动等非法违法生产行为。

与此同时，我们将认真做好国防动员、双拥共建、民族宗教、人民防空以及统计、史志、档案等工作，支持工会、共青团、妇联、文联、残联、工商联等群团组织发挥更大作用，有效凝聚全县转型发展、振兴崛起的强大合力！

从严从实建设人民满意的服务型政府

为人民服务，对人民负责，受人民监督，让人民满意，是政府工作坚守的信念。我们将始终坚持恪尽职守，奋发有为，倾力打造人民更加满意的服务型政府。

（一）强化政治建设引领。始终坚持以习近平新时代中国特色社会主义思想为指引，坚持以政治建设为统领，切实增强“四个意识”，不断坚定“四个自信”，始终做到“两个维护”，不折不扣落实中央大政方针和省委、市委、县委决策部署，深入推动市委“团结战斗出活”部署要求，以一流业绩诠释对党和人民的绝对忠诚。

（二）加强法治政府建设。严格依照法定权限和法定程序行使权力、履行职责。依法接受县人大及其常委会的法律监督、工作监督和县政协的民主监督，自觉接受监察监督、司法监督、审计监督、舆论监督和社会监督。以“六最”理念引领深化“放管服效”改革，进一步深化“13710”工作制度，推进政务公开规范化标准化，不断提升工作效能。

（三）崇尚实干强化担当。更加突出实干导向，坚持说实话、谋实事、出实招、求实效，以钉钉子精神抓实抓细抓好各项工作。不断健全“责任分解、责任落实、责任追究”政府系统工作责任落实体系，推动形成主动作为、竞相发展的良好局面。大力倡导“一线落实、马上就办、真抓实干、办就办好”的工作作风，着力建设高效型政府。

（四）守住廉洁从政底线。全面落实政府系统全面从严治党主体责任，加强对重点领域、关键环节、重要岗位权力运行的监督制约。始终保持艰苦奋斗的优良作风，从严控制一般性支出和“三公”经费支出。严格落实中央八项规定精神，坚决整治形式主义、官僚主义。严肃查处侵害群众利益的不正之风和腐败问题，深化扶贫民生、涉黑涉恶腐败等专项治理，树立清正廉洁政府形象。

大事记

1月

4日，省农业厅“一村一品一主体”产业扶贫工作考核组与县政府召开座谈会，对繁峙县“一村一品一主体”产业扶贫工作进行考核指导，省农业厅畜禽繁育站站长杨连仲、县长崔峥岭及农委、财政、扶贫等有关单位负责人参加会议。

同日，省危房改造和土窑洞改造检查考核组到光裕堡乡华岩村检查指导危房改造和土窑洞改造。县长崔峥岭陪同。

5日，县委召开常委扩大会，传达学习山西省委经济工作会议精神。县委书记孔保宝解读全省经济工作会议精神，传达省委书记骆惠宁讲话精神。县长崔峥岭传达省长楼阳生讲话精神。

10日，繁峙县召开2017年度脱贫攻坚专题述职会议，会议听取了部分乡（镇）党委书记、乡（镇）长的述职报告，并对各乡（镇）过去一年的工作进行综合评价。市委组织部副部长、市委老干局局长王志荣参加会议并作具体指导。县委书记孔保宝、县长崔峥岭参加会议。

12日，繁峙县召开脱贫攻坚领导组会议，安排部署2017年脱贫攻坚工作成效考核和2018年脱贫摘帽相关工作，讨论通过《繁峙县2018年脱贫摘帽工作方案》《繁峙县2017年各乡（镇）脱贫攻坚成效考核实施办法》《繁峙县2017年专项任务部门脱贫攻坚成效考核实施办法》《繁峙县易地扶贫搬迁工作考核实施办法》《繁峙县畜牧产业扶贫政策》《繁峙县领导干部包村调整充实办法》，研究扶贫专项资金分配原则。县四大班子领导出席，脱贫攻坚领导组成员单位参加。县委书记孔保宝主持会议。

19日，繁峙县召开2018年脱贫摘帽攻坚动员誓师大会。全县四大班子领导，县直各部门、单位、乡（镇）负责人及省、市、县驻村工作队队长、第一书记等共400余人参加。会上，13个乡（镇）党委书记、乡（镇）长同时分别向县委书记孔保宝、县长崔峥岭递交《繁峙县2018年脱贫摘帽工作责任书》。乡（镇）党委书记代表、县直部门负责人代表、帮扶工作队代表、第一书记代表、村“两委”代表分别进行表态发言。

22日，繁峙县在经济技术园区现代物流园隆重举行奥博光伏（繁峙）生产基地项目投产启动仪式，忻州市副市长裴峰及县四大班子领导、各乡（镇）和单位负责人出席仪式并实地参观生产车间。

29 日，县政府在政府二楼会议室召开政府常务会议，积极谋划 2018 年政府重点工作。各分管副县长、县直各部门负责人参加会议。县长崔峥岭主持会议。

30 日，中共繁峙县非公经济组织综合党委成立暨第一次党员代表大会在兴城大酒店召开，大会选举产生了第一届中共繁峙县非公有制经济综合党委。县委常委、县委组织部部长乔震宇出席会议并讲话。县委组织部副部长、县非公和社会组织工委书记郭俊明、县工商局全体党组成员、干部职工以及各非公企业党员代表等 70 余人参加会议。

本月，山西出入境检验检疫局和山西省农业厅联合发文正式批准繁峙县成为省级出口食品农产品（蔬菜）安全示范区。

2 月

6 日，繁峙县人民政府与牧原实业集团有限公司签订扶贫战略框架协议，河南省牧原集团公司将在 2018—2019 两年时间里投资 13.6 亿元在繁峙建设 100 万头生猪养殖基地。

11 日，繁峙县专门召开扫黑除恶专项斗争工作会议，安排部署全县扫黑除恶专项斗争工作。各乡（镇）党委书记、乡（镇）长，居民办，县政法各部门、县综治委各成员单位相关负责人 150 余人参加了会议。

12 日，在山西省文明委召开的山西省精神文明建设表彰大会上，繁峙县获“山西省文明县城”荣誉称号。县委常委、县委宣传部部长郭美凤代表繁峙县领奖。

13 日，繁峙县召开脱贫攻坚领导组会议，研究 2018 年全县脱贫摘帽关于涉农产业扶贫贷款政府保障金、砂河镇异地搬迁、整村提升通村路、整村提升村级水利设施等相关问题，具体化了 2018 年脱贫任务。

23 日，县委在县公安局阶梯会议室举办全县科级干部素质能力提升培训班。县委党校常务副校长刘俊智主持开班仪式，县委常委、县委组织部部长乔震宇作开班动员讲话，全县科级领导 400 余人参加此次培训班。

26 日，副省长曲孝丽莅临繁峙县就脱贫攻坚、干部帮扶、健康扶贫等情况进行调研。省人大常委会副主任、忻州市委书记李俊明，副市长王月娥，县委书记孔保宝，县长崔峥岭等陪同调研。

3 月

1 日，繁峙县 2018 年元宵节民间文艺表演在县城滨河北大道开演，民间自发组织的 15 支表演队伍、7 辆高台演唱车和彩车、表演者 2000 余人，与全县人民共同庆祝戊戌年元宵佳节。

6 日，县委在县宣传文化中心召开县委中心组学习（扩大）会议，集中学习习近平总书记在学习贯彻党的中共十九大精神研讨班开班式上的重要讲话精神以及十九届二中、三中全会精神。县四大班子全体领导，乡（镇）党委书记，党群部门负责人，县直行政企事业单位主要负责人及党组织书记，驻繁峙单位主要负责人及党组织书记共 190 余人参加会议。

8 日，繁峙县召开县脱贫攻坚领导组第二次全体会议。研究讨论通过《关于调整繁峙县脱贫攻坚领导组的通知》《关于调整充实繁峙县脱贫攻坚总指挥部及办公室的通知》《关于调整充实各行业扶贫工作领导小组的通知》《关于下达 2018 年脱贫计划的通知》《关于下达 2018 年易地扶贫搬迁行动计划的通知》《繁峙县2018年产业扶贫政策》《产业扶贫周转金使用及贷款发放实施办法》《繁峙县易地扶贫搬迁“拉网式全覆盖”自查实施方案》《关于深入开展扶贫领域作风问题专项治理的通知》《繁峙县2018年贫困村提升工程项目资金第一批分配计划》，县长崔峥岭，县委副书记姚力山，县委组织部部长乔震宇，副县长武洪涛、梁泰刚、孙晓东、张军及脱贫攻坚领导组全体成员参加会议。县委书记孔保宝主持会议。

同日，县妇联召开庆“三八”表彰大会，表彰平安家庭、平安示范村、三八红旗手和三八红旗集体，纪念第108个国际劳动妇女节。县委副书记姚力山，各乡（镇），居民办分管领导，县妇联主席张巧香，县直妇工委主任，各部门妇女干部，省市县受表彰的先进集体和先进个人代表、部分村妇联主席和致富能手约110余人参加会议。

9日，中共繁峙县纪律检查委员会第十三届第三次全体会议在宣传文化中心召开，会议总结2017年党风廉政建设和反腐败工作，研究部署2018年工作。会议表决通过县纪委常委会工作报告，表决通过《中国共产党繁峙县纪律检查委员会第十三届第三次全体会议决议》。

同日，县委召开农村工作暨脱贫攻坚会议，会议解读了县委、县政府《关于推进乡村振兴战略的实施意见（讨论稿）》，该意见结合繁峙县具体情况，从总体要求、产业发展、新型农业、整村提升、生态建设、乡风文化等方面初步规划了全县乡村振兴战略，并确定繁峙县实施乡村振兴战略的目标任务是，到2018年，实现全县脱贫摘帽，乡村振兴规划编制完成；到2020年，脱贫成效全面巩固，乡村振兴取得重要进展；到2035年，乡村振兴取得决定性进展，农业农村现代化基本实现；到2050年，乡村全面振兴、农业强、农村美、农民富全面实现。县委书记孔保宝、县长崔峥岭出席并作讲话。

15日，在县委老干二楼会议室，县委书记孔保宝主持召开易地搬迁专题会议，全面安排部署全县易地搬迁工作，确保2018年整村搬迁42个村，为2018年决战决胜脱贫摘帽夯实坚实基础。

16日，繁峙县在县委老干二楼会议室召开全县非煤矿山企业复工复产暨3月份安全生产工作例会，对全县非煤矿山企业复工复产、冰雪消融期矿山、尾矿库安全生产工作进行安排部署。各乡（镇）乡（镇）长、居民办主任，县安委会重点成员单位分管领导、县安监局副科以上干部及股、所、站长、县聘安全专家、非煤矿山企业负责人、选矿厂企业负责人，共计110余人参加此次会议。

17日至18日，县委、县政府用两天时间对全县四大班子领导、包乡包村干部、乡（镇）主要领导、驻村工作队队长等280多人进行集中培训学习，主要学习习近平总书记在扶贫开发五次座谈会上的重要讲话精神，为扶贫干部“充电”，以提高他们打赢脱贫攻坚的能力，确保2018年决胜脱贫摘帽。

19日，岢岚县考察团到金山铺乡农发村、集义庄乡田源毛驴养殖有限公司、滨河移民小区、奥博光伏、文化产业园等地考察学习脱贫攻坚工作。

20日，繁峙县召开3月重点工程项目调度会，听取重点项目建设企业汇报项目建设进展情况，查摆问题，解决困难，积极推进各项工程项目落地实施、顺利完工。山西繁峙奥博光伏基地、河南牧原集团等30家项目建设单位汇报了项目进展及存在的困难和问题。县长崔峥岭主持会议并作总结发言。

23 日，县长崔峥岭陪同河曲县考察团到繁峙县东峪村箱包加工厂、赵庄村、楼岗村、田源毛驴养殖有限公司、杜永鑫农场、文化产业园、奥博光伏（繁峙）生产基地考察学习脱贫攻坚工作。

26 日，县公安局与教育局在繁城中学举行“做自己的首席安全官—平安校园行”主题宣传活动启动仪式。主题宣传活动通过举办知识讲座、现场教学、互动交流等形式，向学校师生传授了防诈骗、防盗抢、防校园欺凌、远离“黄赌毒”、防传销、交通安全及消防安全、反恐防爆、危险感知和应急逃生自救等方面的常识与技能，旨在不断增强师生法治意识、安全防范意识和自我防护能力，推进“平安校园”建设，确保校园平安稳定，营造全社会共同关注校园安全的良好氛围。

29 日，县委在宣传文化中心召开 2018 年度政法工作会议，回顾总结 2017 年政法综治工作，安排部署 2018 年各项重点工作任务，对在社会治安综合治理工作中做出突出成绩的单位和个人进行表彰。

4 月

1 日至 3 日，中国人民政治协商会议第十一届繁峙县委员会第三次会议在嘉盛伦会议室召开。147 名来自社会各界的政协委员参加会议。会议审议通过县政协主席钟文秀受政协十一届委员会常务委员会委托作的关于《中国人民政治协商会议第十一届繁峙县委员会常务委员会工作报告》、副主席张晋军作的《中国人民政治协商会议第十一届繁峙县委员会常务委员会提案工作报告》及王永伟作的提案工作审查报告。委员们还列席县人大十六届三次会议，听取县长崔峥岭所作的政府工作报告，法院院长荣崇明所作的人民法院工作报告、检察院检察长岳岐峰所作的人民检察院工作报告以及其他报告，并进行讨论。

2 日，繁峙县第十六届人民代表大会第三次会议在滨河小学四楼报告厅隆重开幕。大会主席团执行主席孔保宝、赵琦、姚力山、乔震宇、闫保平、王立颖、亢仁义参加。大会应到代表 165 人，实到代表 156 人。大会听取和审议繁峙县人民政府县长崔峥岭所作的政府工作报告；表决通过繁峙县第十六届人民代表大会法制委员会、财政经济委员会组成人员人选的表决办法（草案）；表决通过繁峙县第十六届人民代表大会法制委员会、财政经济委员会组成人员人选的名单（草案）；通过的法制委员会、财政经济委员会组成人员向宪法宣誓。

同日，省国土资源厅到繁峙县组织召开 2018 年第四、五批城乡建设用地增减挂钩砂河镇项目实施方案评审会。会议由省国土资源调查规划院高级工程师韩润仙主持，省厅调研员宋秀英，县委副书记、县长崔峥岭，市局总规划师帅志梅出席会议。

4 日，县委中心组召开专题学习会，集中学习全国“两会”精神，县四大班子领导参加会议，县委书记孔保宝主持会议并作讲话。

10 日到 13 日，县妇联举办“巾帼心向党，巧手助脱贫”民间手工艺展。此次展出一共收集了来自繁城、杏园、下茹越、横涧四个乡（镇）共 139 件民间手工艺品，包含剪纸、布剪、布贴、刺绣、各种小挂件等。

11 日，县委书记孔保宝到繁峙中学出席教育工作座谈会，参加座谈会的有教育局局长张占羽、党总支书记王恒志，繁峙中学校长张万恒、砂河中学校长周明国以及繁峙中学的校领导。

同日，县委在县委老干二楼会议室召开2018年“扫黄打非”工作会议，学习领会全省、全市“扫黄打非”工作会议精神，全面部署2018年全县“扫黄打非”工作任务。

12日，忻州市委副书记、市长郑连生到繁峙县旭泰酿酒、恒芪草本、铭都服饰、奥博光伏、富家庄村、田源毛驴、汉河中兴、长田建材、大营亨隆绿蔬、老泉头三泉涌冽等地调研脱贫攻坚工作。

16日，中国邮储银行总行三农事业部总经理刘利坤一行就牧原集团项目建设贷款事宜在繁峙县进行调研考察。中国邮储银行山西省分行三农事业部总经理王路平、中国邮储银行忻州市分行行长文晓东、县委书记孔保宝、县委副书记姚力山、政府副县长孔国红等陪同。

20日，繁峙县举行2018年转型项目建设年项目集中开工仪式。以牧原农牧有限公司100万头生猪养殖建设项目、润宏电力有限公司30兆瓦集中式光伏扶贫项目为代表，涉及新材料、新能源、现代农业、食品加工等多个方面的11个转型项目集中开工建设，总投资近28亿元。

21日，宁武县委副书记高建文，宁武县委常委、县委组织部部长贾建宁，副县长李俊率考察团一行90余人到繁峙县考察学习脱贫攻坚工作。考察团一行在繁城镇高升寨村就企业扶贫的新模式及脱贫攻坚资料汇编、管理和脱贫产业项目等进行了考察学习。

22日，省委脱贫攻坚第二督导组到小砂河村调研并走访贫困户；在义兴寨村调研绢花、箱包加工等手工业发展情况。县长崔峥嵘陪同。

26日，吕梁市交城县政府副县长张富平一行到繁峙县就易地扶贫搬迁等工作经验进行考察学习，并进行座谈交流。副县长王海龙陪同。

5月

10日，繁峙县帮扶干部管理工作现场会在大营镇召开，学习推广大营镇帮扶干部管理工作的经验做法，解读实行半月例会制建立履职清单的通知文件，安排部署干部帮扶、脱贫攻坚工作中需整改的事项。县委常委、县委组织部部长乔振宇，县帮扶领导小组办公室，县扶贫办人员，各乡（镇）扶贫工作站站长，副站长，干部帮扶专职工作人员，共计40余人参加会议。

11日，繁峙县召开扶贫领域突出问题整改暨第二季度脱贫摘帽工作推进会议，会议解读《关于当前全县脱贫攻坚工作中存在问题的整改方案》，传达全省易地扶贫搬迁运城现场推进会议精神，对全县脱贫摘帽工作进行了再部署，部分乡镇及部门负责人进行表态发言。县委书记孔保宝、县长崔峥嵘参加会议。

14日，繁峙县举办2018年扶贫项目集中签约仪式，共签约12个项目，总投资6.7亿元。此次签约的项目包括繁峙县万头黄芪肉牛育肥基地建设项目、繁峙县金驴养殖专业合作项目、牧原集团100万头生猪养殖项目、黄芪育肥牛项目、晨嘉能繁母牛养殖场建设项目、晋鲁诺佳蔬菜加工厂二期建设项目、丰悦华蔬菜加工厂建设项目、牧原黑枸杞种植加工项目、山西芊姿雅工艺品制造项目、铭都服装加工项目和山西森德隆皮具制造项目等。

同日，交口县县长乔劲松和临县副县长李晓春带领观摩团一行，到繁峙县参观学习交流借鉴易地搬迁工作经验。县长崔峥嵘，县委常委、常务副县长居清平，副县长王海龙陪同。

16日，省人大常委会副主任、市委书记李俊明到繁峙县农业产业园、工业企业、整村搬迁土地复垦、移民安置点等地，就产业发展、脱贫攻坚、整村提升、风貌整治等工作进行调研。市领导朱晓东、崔建新、王继明、裴峰和市直相关部门负责人参加调研。县委书记孔保宝、县长崔峥岭陪同。

17日，全省城乡建设用地增减挂钩工作现场推进会在繁峙县召开。省国土资源厅党组书记、厅长周建春，忻州市委副书记、市长郑连生，省国土资源厅巡视员王晓立，忻州市政府秘书长郭宝厚及全省各市分管国土工作的副市长、国土局长，山西转型综改示范区土地管理局局长和58个贫困县国土局局长参加会议。

20日，在第六次全国县级以上公共图书馆评估定级工作中，繁峙县图书馆荣获国家“三级图书馆”，这是繁峙县图书馆继2013年被文化部评为“国家三级图书馆”后，再次被评为“国家三级图书馆”，是忻州市6个获评“国家三级图书馆”县（市）之一。

24日，县委常委、常务副县长居清平在县委老干二楼会议室主持召开全县企事业单位公务用车制度改革动员会，安排部署全县企事业单位公务用车制度改革工作，确保全县企事业单位车改工作在2018年6月底前圆满完成。

25日，繁峙县在砂河中学开展征兵宣传进校园活动，向广大适龄青年学生宣传征兵政策，与在校学生面对面进行交流，鼓励优秀青年响应祖国号召，踊跃参军入伍，报效祖国。县委常委、人武部政委王彦清出席此次活动。

31日，忻州市委“牢记嘱托、感恩奋进”精准扶贫主题宣讲繁峙报告会在繁峙县宣传文化中心召开。

6月

4日，国务院扶贫办政策法规司副司长陈洪波到光裕堡乡红树莓种植基地，就脱贫攻坚产业发展工作开展调研，忻州市委副书记、市委政法委书记朱晓东，县委书记孔保宝陪同。

4日至5日，副省长曲孝丽一行到繁峙县就脱贫攻坚工作进行调研。曲孝丽一行先后到县脱贫攻坚总指挥部、楼岗村、赵家庄村、滨河移民小区、中心敬老院、绿源亨通等调研脱贫攻坚工作。县委书记孔保宝、县长崔峥岭陪同。

7日至8日，忻州市市长郑连生到繁峙县调研脱贫攻坚工作。市委常委、市委宣传部部长陈义青，副市长裴峰陪同。

9日，由县文化局、体育发展中心主办，县毽球协会承办的繁峙县第五届花毽大赛激情开赛。来自全县20余支参赛队伍参加。

10日，县总工会、老干局、体育发展中心在县体育场联合举办“体彩杯”2018老干部、职工健步走展示活动，此次活动的主题为“美丽繁峙、健康体魄、快乐工作、幸福生活”，300多名干部职工踊跃参与。

12日，繁峙县举行毛主席路居伯强纪念馆布展座谈会，研究毛主席路居伯强纪念馆规划、设计及布展等相关工作，汇报纪念馆布展相关工作进程，对下一步工作进行安排部署。

同日，全国妇女手工协会、繁峙县人民政府与北京蚨源紫锦服装服饰有限公司、宁波纳远服饰有限公司举行了手工产业扶贫重点项目签约仪式，共签约2个项目，设备预计投资约500万元。

14日，繁峙县召开全县汛期安全生产暨六月安全生产工作例会，通报1—5月全县安全生产情况，分析研究当前安全生产形势，安排部署近期安全生产工作。

18日，全省“践行领袖嘱托、决战深度贫困”现场推进会在繁峙召开。省委常委、省委组织部部长吴汉圣，省人大常委会副主任、忻州市委书记李俊明等119人参加会议。

19日，全省“践行领袖嘱托、决战深度贫困”繁峙现场推进会参会人员对金山铺乡农发村贫困村提升工程、集义庄乡田源毛驴养殖产业扶贫项目进行了观摩。

20日，繁峙县召开2018年度消防安全工作会议，分析全县消防安全形势，部署相关工作。会议通报2017年至2018年全县火灾形势分析情况；宣读《国务院安委办关于开展电动自行车消防安全综合治理工作的通知》。会上，县政府与各乡（镇）、有关单位签订《2018年度繁峙县消防安全工作责任书》。

22日，忻州市副市长安书田到繁峙县就国道108线神堂堡至砂河段公路改建工程进行现场办公，县长崔峥岭、副县长高清平陪同。

26日至27日，繁峙县召开脱贫攻坚总指挥部上半年工作汇报会议，听取关于扶贫工作任务破零清零、问题整改、六库建设，上半年干部帮扶、专项治理、督导检查、舆论宣传、考核、易地搬迁、特色种植、资产收益、农产品加工、光伏扶贫、生态扶贫、健康养殖、手工业扶贫、旅游扶贫、电商扶贫、健康扶贫、政策兜底、就业扶贫、教育扶贫、整村提升、危房改造、环境整治、水库建设及提升、水利建设及提升、电力建设、农村网络建设、文化扶贫、社会帮扶、扶贫资金统筹整合及使用情况的汇报，对各项工作提出了具体要求。县长崔峥岭，县委副书记姚力山，县委常委、常务副县长居清平，县委常委、县委组织部部长乔震宇，县委常委郭舜良，副县长孔国红、韩红英、武洪涛、梁泰刚、孙晓东、张军、脱贫攻坚总指挥部全体成员参加会议。县委书记孔保宝主持会议。

28日，山西省银行业金融扶贫现场推进会在繁峙县召开。省政府副秘书长刘星，省银监局党委书记、局长张安顺，忻州市副市长王月娥出席会议并讲话，省扶贫办副巡视员张伟勤、省金融办副主任王晓千及人民银行太原中心支行部门负责人，相关银行业金融机构主要负责人和扶贫牵头部门负责人，省银监局相关处室、各银监分局主要负责人等共110人参加会议。会后，全体参会人员前往金融扶贫示范点，实地观摩金山铺乡农发村贫困村提升工程和集义乡田源毛驴养殖产业扶贫项目。

29日，全市“践行领袖嘱托、决战深度贫困”现场推进会在繁峙召开并实地观摩金山铺乡农发村贫困村提升工程和集义庄乡田源毛驴养殖产业扶贫项目。

30日，中国少年先锋队繁峙县第三次代表大会在兴城酒店会议室胜利召开。来自全县的97名少先队员、少先队辅导员、志愿辅导员、县有关单位代表参加会议。

7月

2日，繁峙县在岩头乡元山村组织地震、山洪、地质灾害应急避险演练。模拟岩头乡元山村受强降雨影响突发山洪、泥石流自然灾害，施行紧急救援。恰巧，岩头乡天井村一带发生4.5级地震，导致元山村小学及部分村民房屋受损，学校东侧南坡变形开裂，发生崩滑险情，直接影响着边坡下方元山村小学130名师生及5户12名居民的生命及财产安全。随即，启动应急预案，组成应急指挥部，下设气象服务、抢险救援、医疗救护等小组，全力抢险，保证受灾群众安全撤离到应急避难处。

3日，县委召开农村（社区）基层党建重点工作推进会，会议听取各乡（镇）、居民办事处基层党建重点工作“百日攻坚”推进情况汇报，交流学习了金山铺乡农发村党建引领促进整村提升经验做法，对下一步农村（社区）基层党建重点工作进行了再安排再部署。县委常委、县委组织部部长、统战部部长乔震宇主持会议并讲话。全县13个乡（镇）的组织委员、居民办事处党务干部、组织部机关全体干部共计40余人参加会议。

4日，繁峙县召开脱贫攻坚领导组第三次全体会议，研究《繁峙县脱贫攻坚“清零、破零”专项行动实施方案》《关于进一步加强扶贫资金监管的实施意见》《繁峙县脱贫攻坚项目库建设实施办法》《繁峙县扶贫资金项目公告公示制度》《繁峙县扶贫项目管理办法（试行）》《进一步优化全县整村提升工作方案》《关于2018年度整村提升工程项目及资金管理办法》《关于扶贫专项资金、省级奖励资金、易地扶贫补助结余资金分配的原则》《关于部分扶贫项目变更、资金安排的意见》《繁峙县2018年农村街巷亮化工作方案》《关于开展第二次入户走访大排查的工作方案》《繁峙县城乡建设用地增减挂钩土地复垦项目实施方案》，研究关于申请社会救助资金、2018年脱贫摘帽工作社会兜底政策资金缺口情况、村级卫生室重新规划设置等相关事宜，原则上通过了以上各个工作方案。县长崔峥岭，县委常委郭舜良，副县长孔国红、武洪涛、梁泰刚、孙晓东、张军，脱贫攻坚领导组全体成员参加会议。县委书记孔保宝主持会议。

7日至9日，国家体育总局驻繁峙扶贫工作组携手北体大到繁峙县开展为期3天的全民健身实践活动。活动内容包括“全民健身指导”“体育师资培训”“艺术团文艺会演”3大类扶贫项目。

12日，县委组织部、县老干局组织全县组织系统、医疗卫生系统、居民办事处等150余人在县委老干二楼会议室举行了学习王焕杰先进事迹报告会。

13日，晋中市委副书记尹乃明带领晋中市9个县（市、区）委副书记、分管副县长、扶贫办主任等到繁峙县就脱贫攻坚工作进行考察学习。忻州市委副书记、政法委书记朱晓东，忻州市副市长裴峰，县长崔峥岭，县委副书记姚力山，副县长孔国红等陪同。

17日至18日，国家体育局副局长、党组成员赵勇一行到繁峙县调研脱贫攻坚工作。省政府副秘书长丁纪岗、省体育总局局长赵晓春，忻州市副市长王月娥，市文化局局长张振邦，县长崔峥岭等领导陪同。

18日，静乐县委副书记宣文晓，静乐县委常委、县委组织部部长、统战部部长王利民，政府副县长武卫东带领全县14个乡（镇）党委书记、乡（镇）长，分管扶贫的副乡（镇）长，以及现职相关部门负责人到繁峙县考察学习脱贫攻坚工作。宣文晓一行先后到繁峙县金山铺乡农发村、集义庄乡田源毛驴养殖科技有限公司实地考察调研农村整村提升工程、基层党建工作及扶贫产业发展等情况。

19日，原平市委常委、组织部部长左峰带领原平市各乡（镇）党委书记、街道党工委书记、组织部、扶贫开发中心及部分村党支部书记等有关人员共35人一行到繁峙县金山铺乡农发村、东山乡化塔村实地考察学习，就党建促脱贫方面的先进做法和宝贵经验等问题进行实地考察。

23日，县长崔峥岭，前往横涧乡前所村、滹沱河源头综合治理工程桥儿沟段，孤山水库，平型关关城，就整村提升、滹沱河源头综合治理、水库建设和环境保护、文旅产业发展等工作进行调研。县委常委、组织部部长、统战部部长乔震宇，副县长孔国红，县水利局、住建局、文化局、旅游局、交运局等部门负责人陪同。

24日，县委书记孔保宝带领国土、住建、林业、文化等部门主要负责人到神堂堡乡就移民复垦、整村提升、文旅产业发展等情况进行实地调研。

同日，县长崔峥岭先后到县污水处理厂、下茹越水库、农发村、孤山水库、滹沱河源头调研，到桥儿沟村就脱贫摘帽现场办公，还走访了贫困户刘保国、刘长胜等。

25日，副省长曲孝丽到繁峙县调研滹沱河治理和脱贫攻坚工作。省政府副秘书长张文栋，省水利厅副巡视员孟希雄，市委常委、市委组织部部长王建廷，副市长裴峰，县委书记孔保宝，县委副书记、县长崔峥岭及相关单位负责人陪同。

28日至29日，繁峙县利用双休日对全县县处级领导干部、县直单位主要负责人、各乡（镇）党委书记、乡（镇）长及各乡（镇）担负有扶贫任务的部分科级干部共270人进行了扶贫政策专题培训，并进行闭卷考试。

8月

3日，繁峙县举行扫黑除恶业务集中培训会，贯彻传达全市扫黑除恶专项斗争培训班精神，组织业务学习，交流工作情况，细化任务措施，再安排再部署，持续推进扫黑除恶专项斗争深入开展。各乡（镇），县直相关部门、县公安局、县检察院、县法院、县司法局分管领导及负责扫黑除恶专项斗争相关工作人员、扫黑除恶督导组全体成员等150余人参加培训。县委常委、县委政法委书记杨有成主持会议。

6日，县委在县委老干二楼会议室召开县委中心组（扩大）学习会议，传达学习中央《关于打赢脱贫攻坚战三年行动的指导意见》和《乡村振兴战略规划（2018—2022年)》，并结合繁峙县脱贫攻坚工作作了安排部署。县委中心组成员、各乡（镇）党委书记及农委、林业局、扶贫中心等县直部门负责人参加会议。

同日，繁峙县为了推进脱贫攻坚信息平台高质量运行，根据县脱贫攻坚领导组安排，专门邀请太原信息平台管理专家，在扶贫办三楼视频会议室，对全县各乡（镇）、局、办确定的72多名脱贫攻坚信息平台管理员进行培训。

同日，繁峙县召开清洁供暖工作推进会，听取城中村和有关单位清洁供暖工作汇报，分析问题、研究对策，加快推进全县清洁供暖工作。繁城镇、住建局、经信局、发改局、供电公司等单位负责人参加会议。

9日，县政府与河北省安新县华康金属制品厂成功签约。华康金属制品厂将在繁峙投资建设年产20万吨高科技铝合金项目。县委书记孔保宝、县长崔峥岭等县四大班子领导及安新县华康金属制品厂厂长庞同生等出席签约仪式。

14日，省妇联副主席吴波带领全省推进三晋巾帼脱贫行动助力攻坚深度贫困现场观摩培训班全体学员（其中包括全省各市妇联主席、58个贫困县的妇联主席）到繁峙县现场观摩。忻州市委副秘书长孙亮云、县委书记孔保宝、县长崔峥岭、县委副书记姚力山等陪同。

15日，在全省推进三晋巾帼脱贫行动助力攻坚深度贫困培训会议上，光裕堡村巧手手工加工厂被命名为三晋巾帼巧手脱贫示范基地。

16日，县委书记孔保宝，县委副书记、县长崔峥岭带领四大班子相关领导，各乡（镇）党委书记，部分县直单位负责人，赴朔州市右玉县考察学习脱贫摘帽的先进做法和成功经验。右玉县委书记吴秀玲，县委副书记孟福荣，副县长韩志强等陪同。

17日，繁峙县召开脱贫攻坚领导组第四次全体会议，研究《统筹整合财政资金用于精准扶贫的意见》《债券资金用于精准扶贫的分配意见》《集义庄乡净林村实施土地增减挂钩建设新村设计方案》《繁峙县资产性收益分配管理办法》以及“十三五”易地搬迁资金使用原则及部分问题的整改事宜，原则上通过了以上各个文件。县委副书记、县长崔峥岭，县委副书记姚力山，县委常委、县委组织部部长乔震宇、副县长孔国红、脱贫攻坚领导组全体成员参加会议。县委书记孔保宝主持会议。

同日，由保德县委副书记岳建斌带队的考察团一行到繁峙县考察学习脱贫攻坚工作。考察团一行先后实地考察了光裕堡乡华岩村危房改造情况、集义庄乡田源毛驴养殖产业、金山铺乡农发村党建引领促整村提升、健康扶贫、木耳种植、箱包加工等一系列帮扶模式，砂河镇铭鑫服饰加工厂和东山乡化塔村土地增减挂钩情况。

同日，由吕梁市石楼县委副书记田文军带队的考察团到繁峙县就移民后续产业及招商引资工作进行考察学习。田文军一行先后到绿源亨通有限公司、第十一扶贫工厂，铭都服装科技有限公司、第十八扶贫工厂，砂河镇铭鑫服装加工厂、大营镇亨隆绿蔬农产品有限公司等处，考察调研企业运行发展情况、手工业发展和产业带动脱贫情况等工作。县委常委、县纪委书记高瑞军，县政协副主席张晋军及相关单位负责人陪同参加活动。

18日，繁峙县在伯强村毛主席路居纪念馆广场举行了第四届“农商杯”环五台山徒步健身大赛活动。来自繁峙县和周边县市的300人参加此次比赛，这是繁峙县历届登山比赛规格最高、参与最广、人数最多的一次。

21日，山西繁峙牧原农牧有限公司在县嘉盛伦大酒店五楼会议室举行助学金发放仪式，来自繁峙县的65名贫困大学生每人收到牧原资助3000元现金，共计资助19.5万元。

22日，繁峙县召开脱贫攻坚“秋季总攻”行动动员会，要求全县广大干部群众提高政治站位、强化使命担当，全力打好“秋季总攻”关键战役，推动全县高质量脱贫、高质量发展，确保如期脱贫摘帽。

同日，忻州市政协主席刘钢柱到繁峙县调研脱贫攻坚工作及产业项目落实情况。县委书记孔保宝、县长崔峥岭、县政协主席钟文秀等陪同。

24日，副县长孔国红、县农委主任及县有关部门、乡（镇）负责人、样板村村支书等70人，赴太原市杏花岭区小返乡窑头村和中涧河乡柏杨树村进行考察学习。太原市杏花岭区副区长蔡献军陪同考察。

27日至29日，繁峙县在祥龙广场举办以“弘扬主旋律　讴歌新时代”为主题的纪念改革开放四十周年首届音乐艺术系列活动。

29 日，县委组织召开全县基层党组织书记培训暨党建工作推进会，深入贯彻党的十九大精神，扎实落实全面从严治党要求和省委、市委关于加强基层党建工作相关要求，研究部署当前和今后一个时期全县基层党建工作。县委常委、县委组织部部长乔震宇主持会议。

30 日，繁峙县扫黑除恶专项斗争领导小组召开第六次会议，听取前期扫黑除恶督导工作汇报，对近期工作进行安排再部署。县人民法院院长荣崇明、县人民检察院检察长岳岐峰出席会议，县委政法委副书记、县扫黑除恶专项斗争领导组组长居卫星作工作安排，会议由县委常委、县委政法委书记杨有成主持。

同日，县委宣传部召开专题会议，集中传达学习习近平总书记在全国宣传思想工作会议上的重要讲话精神，并研究部署全县下一步宣传思想文化工作。县委常委、县委宣传部部长郭美凤出席会议并讲话。县文化局、县新闻办、县广播电视台、县文联等相关单位领导干部 40 余人参加会议。

同日，全省农机社会化服务体系建设暨农机资产收益扶贫现场培训会在繁峙县召开，省农机局局长王进仁，忻州市农机局局长袁文斌及全省各市、县农机局局长等 150 余人参加会议。县长崔峥岭、副县长孔国红，以及县农机局领导参加。

9 月

6 日，繁峙县在县滨河文化广场举办“幸福生活在三晋”广场舞艺术节第二季海选活动，来自全县 12 支参赛队伍的 150 余名选手参加。活动最终由砂河水兵舞蹈队、和谐健身队和英姿健身队摘得前三名。

10 日，繁峙县组织召开扫黑除恶专项斗争履责集体谈话会，对扫黑除恶工作进行再培训、再动员、再部署。县委组织部扫黑除恶专项斗争工作领导组成员及下设办公室、综合协调组、宣传报道组、监督检查组、线索收集组全体成员，各乡（镇）组织委员，居民办分管副主任，34 个软弱涣散农村基层党组织驻村整顿工作组组长参会。县委常委、县委组织部部长、统战部部长乔震宇主持会议。

11 日，隰县扶贫办、国土局一行 6 人到繁峙县学习考察移民搬迁拆旧复垦土地增减挂钩项目工程。

12 日，晋城市泽州县扶贫办带领 90 多人到繁峙县学习观摩农发村贫困村提升工程和田源毛驴扶贫产业。

15 日至 16 日，2018“福益德杯”中国·繁峙毽球公开赛在繁峙县体育馆举行。本次大赛是由国家体育总局社会体育指导中心、中国毽球协会、繁峙县人民政府主办，县文化局、县体育发展中心、县毽球协会承办，国家体育总局扶贫工作组、山西毽球协会协办。比赛邀请来自山西、河南等全国各地共计 72 支代表队近 340 余名毽球选手参加。

17 日，繁峙县召开 2018 年教育工作暨第 34 个教师节表彰大会，对在 2018 年为全县教育事业发展做出突出贡献的繁峙中学等 10 所学校，张万恒、周明国等 10 名校长，郭强、吴俊升等 50 名“繁峙名师”，邓占文、郭志强等 20 名“先进教育工作者”，韩小林、马彩霞等 10 名“最美乡村教师”，石建军、王丽芳等 108 名“优秀教师”进行表彰，并安排部署全县下一步教育重点工作。

同日，县委书记孔保宝在老干二楼会议室主持召开繁峙县全面深化改革领导小组会议。会上，讨论通过《繁峙县砂河经济发达镇行政管理体制改革方案》《繁峙县委全面深化改革领导小组2018年工作要点》《繁峙县安全生产领域改革发展实施方案》。

18日，县长崔峥岭主持召开整村提升、异地搬迁、土地复垦工作推进会。副县长王海龙，县财政局、国土局、住建局、扶贫办主要负责人以及各乡（镇）书记、乡（镇）长参加会议。

21日，繁峙县召开2018年第三季度脱贫攻坚工作汇报会议，会议听取各乡（镇）、部门脱贫攻坚工作汇报，明确了脱贫摘帽的目标和标准，就存在的共性问题进行了深入探讨，并对全县脱贫摘帽工作进行再部署。

同日，繁峙县在老干二楼会议室召开贯彻落实巡视巡察工作规划推进会。深入学习贯彻习近平巡视工作思想，全面落实巡视工作规划和推进会精神。县四大班子领导及其他副处以上领导、县委巡察工作领导小组成员、县委巡察办全体工作人员，各乡（镇）党委书记、纪委书记、县直各单位负责人、县纪委副科以上干部及派驻纪检监察组组长、县委组织部副科以上党员干部等150余人参加会议。

25日，由省人民检察院党组副书记、副检察长荣彰任组长的省委扫黑除恶专项斗争第二督导组到繁峙县，分三组到基层就扫黑除恶专项斗争工作进行督导检查。县委书记孔保宝，县委常委、县委政法委书记杨有成等陪同。

同日，市人大常委会法工委调研员吕少春等到繁峙县就滹沱河流域生态修复与保护进行立法调研。县人大常委会副主任闫保平及水利局等部门负责人陪同。

27日，县委书记孔保宝在老干二楼会议室主持召开县委中心组专题学习会议。会上县委理论组组长李敏，县政府办副主任、宗教局负责人范君鹏，县委信息化中心主任赵秋水分别就《习近平总书记在全国生态环境保护大会上的讲话精神》《李克强总理在全国生态环境保护大会上的讲话精神》《中共中央国务院关于全面加强生态环境保护坚决打好污染防治攻坚战的意见》《宗教事务条例》以及省委十一届六次全会精神和市委四届五次全会精神等内容进行专题学习辅导。并重点学习了省人大常委会副主任、忻州市委书记李俊明在全会上所作报告及讲话精神，并对学习宣传贯彻落实市委四届五次全会精神进行安排部署。

28日，国家电投繁峙县200兆瓦风电清洁能源供暖项目、供热工程开工仪式在繁峙县大营镇大营村举行。该项目总投资18亿元，其中供热站投资9700万元。

10月

10日，省委脱贫攻坚督导组到岩头乡茶铺村、土岭村，集义庄乡东坡头村开展督导。

11日，省人大常委会副主任、忻州市委书记李俊明带领忻州市项目建设观摩组到繁峙县观摩指导工作。观摩组先后到繁峙县长田建材科技有限公司、万锦肉牛育肥场、大营镇蔬菜种植加工园区、旭泰北方酿酒有限公司、奥博能源电力有限公司、砂河镇下汇村及杏园乡滨河移民小区观摩项目建设、产业发展、整村提升、移民搬迁社区治理及带动就业等工作开展情况。县委书记孔保宝、县长崔峥岭陪同。

12日，省委脱贫攻坚第三督导组到繁峙县调研并召开反馈会议。

13日，繁峙县首届“滹源稻花香”农民丰收艺术节在作头村勇和生态农场举行。李素荣小组、高奇志小组、杨志德小组斩获前三名。

15 日，县委书记孔保宝在县委老干二楼会议室主持召开脱贫攻坚领导组会议。会上，脱贫攻坚领导组研究讨论《繁峙县 2018 年第四季度扶贫对象动态管理和信息采集工作方案》《关于组织行业部门对 2018 年贫困村退出进行专业评估认定和贫困县级初验的通知》《繁峙县 2018 年贫困退出工作方案》及行政村撤销事宜，安排部署 2018 年度扶贫对象动态管理和贫困退出工作培训事宜，详细解读《繁峙县脱贫攻坚档案资料规范化管理指导目录》等内容。

16 日至 17 日，县委组织召开扶贫对象动态管理工作培训动员部署会。县四大班子领导及其他副处领导，各乡（镇）书记、乡（镇）长、副书记、分管扶贫副职及负责线上录入、审核人员，有贫困人口的村相关负责人，脱贫攻坚指挥部成员单位主要负责人、指挥部下设办公室和工作组主任、常务副主任、组长及扶贫办全体成员共计 537 人参加会议。

17 日，繁峙县在碧秀公园举办第二届“强身健体、阳光生活”重阳节老年人登高徒步行活动。

同日，2018 年全国脱贫攻坚奖表彰大会暨先进事迹报告会在北京召开。繁峙县第三工程公司总经理沙万里被授予“2018 年全国脱贫攻坚奖奉献奖”，成为山西省仅有的 4 名获奖者之一，是忻州市唯一获此荣誉的来自基层扶贫战线的代表，也是沙万里继“全国劳动模范”和“全国优秀共产党员”“党的十九大代表”之后获得的又一殊荣。

同日，省委改革办副主任张荣章带领省委全面深化改革督导组一行，到繁峙县督导检查全面深化改革工作。县委书记孔保宝、县长崔峥岭及相关领导陪同。

同日，省政府常务会议研究同意设立繁峙、岚县、沁水、襄汾省级经济技术开发区。繁峙县成为忻州市第三家省级经济技术开发区。

11 月 20 日，省政府向市政府致函同意设立繁峙经济技术开发区的批复，并将其纳入省级开发区管理序列。开发区规划面积 14.7 平方公里，以装备制造、精密铸造和生物医药为主导发展产业。

18 日，来自神池、宁武、五台、五寨、代县五个县的科技副县长、农委主任及部分企业家代表齐聚繁峙县，举行忻州市中草药产业科技研讨会，助力忻州市中草药产业迈上新台阶。忻州市委组织部常务副部长王廷参加会议，县委常委、县委组织部部长乔震宇主持会议。

23 日，县长崔峥岭带领畜牧局工作人员奔赴繁峙县与河北阜平县、大同灵丘县交界处的神堂堡动物防疫监督检查站，就非洲猪瘟防控工作进行安排部署。

26 日，县公安局阶梯多功能报告厅内举行“以正义的名义”宣传贯彻宪法、监察法专题文艺巡演。

30 日，繁峙县在县委老干二楼会议室召开全县第四次安委会全体会议暨全县安全生产工作会议，对全县安全生产工作进行全面部署。县长崔峥岭出席会议并作讲话，县委常委、常务副县长居清平，全县各乡（镇）主要负责人、县安委办全体成员单位负责人及全县规模以上企业负责人等 120 余人参加此次会议。

11 月

1 日，省委书记骆惠宁带领省委督导组到繁峙县滨河移民小区第四扶贫工厂督导检查。

骆惠宁对繁峙县转型发展，引进河北劳动密集型手工业助推脱贫攻坚给予了充分肯定。

同日，繁峙县在砂河镇下汇村文化广场举行繁峙县资产收益扶贫项目收益发放主会场的发放仪式。全县13个乡（镇）分别以不同形式组织资产收益集中发放活动，共计发放资产收益分红3608万元，惠及贫困户10218户。

7日，繁峙县召开扫黑除恶专项斗争领导小组第九次全体会议。县扫黑除恶专项斗争领导组成员单位，扫黑办全体成员，各乡（镇）、居民办相关负责人90余人参加会议。县委常委、县委政法委书记杨有成主持会议。会议传达了9月27日和10月26日县委常委会议精神，解读《关于开展深挖彻查汽柴油黑窝点涉黑涉恶违法犯罪专项行动的实施方案》，通报全县扫黑除恶专项斗争工作开展情况，并安排部署下一步工作。

9日，繁峙县委中心组在县宣传文化中心会议室召开学习宪法专题会议。邀请山西大学法学院教授、硕士生导师、法学院工会主席何建华作《对人民的承诺——2018年修宪解读》专题辅导讲座。县四大班子领导、全县科级以上干部230余人参加此次会议。

同日，县委书记孔保宝在宣传文化中心会议室主持召开县委中心组（扩大）专题学习会议，传达学习贯彻省委书记骆惠宁在忻州市督导调研时的讲话精神。县四大班子领导、全县科级以上党员领导干部230余人参加会议。

10日至11日，繁峙县第一届“全民健身·助力脱贫”羽毛球混合团体赛在体育馆举行。

16日，繁峙县在政务大厅会议室召开创建全国禁毒工作示范城市推进会。县委常委、常务副县长居清平，县公安局党委书记邢静，县公安局党委委员左宏廷，各乡（镇）乡（镇）长，居民办主任，创建全国禁毒工作示范城市领导组成员单位负责人等参加会议。

16日至17日，繁峙县举办领导干部素能提升培训班，在前段时间常规培训的基础上，进一步提高领导干部培训的针对性和实效性。县四大班子领导、县直部门主要负责人、乡（镇）领导干部等共计400余人参加培训。

19日，繁峙县召开脱贫攻坚工作汇报会，安排部署全县脱贫摘帽工作。全县脱贫攻坚工作进入收尾阶段，要求各乡（镇）、各部门查漏补缺、不断完善各项工作，提升脱贫质量，推动全县高质量脱贫、高质量发展，打好“组合拳”，啃下“硬骨头”，决胜“整县摘帽”大考。

20日，繁峙县土地确权、农村集体产权制度改革工作推进会在老干二楼会议室召开，县长崔峥岭、副县长孔国红出席会议，县农委主任、各乡（镇）乡（镇）长和分管副职以及有关职能部门负责人参加会议。会上，各乡（镇）长汇报了各乡（镇）土地确权颁证工作进展情况和农村集体产权制度改革工作进展情况。会议指出了工作中所存在的问题，并对推进全县下一阶段土地确权工作和农村集体产权制度改革工作进行了部署。

22日，县委常委扩大会议在县委二楼会议室召开，县委书记孔保宝、县长崔峥岭及县委常委参加会议，政府副县长及相关部门负责人列席会议。会议研究通过《繁峙县关于加强基层宗教工作三级网络和两级责任制建设的意见》《关于坚决打赢全县脱贫攻坚战三年行动的实施方案》，传达全市组织工作会议精神、全市宣传工作会议精神，讨论通过了《关于认真履行主体责任集中整治官僚主义、形式主义的实施方案》《县四大班子领导联系民营企业实施方案》，研究了电子商务发展相关事宜。

同日，繁峙县召开脱贫攻坚领导组会议，听取关于全县整村搬迁撤村销号后户口迁移相关工作、2018年贫困退出相关情况的汇报，研究整村搬迁撤村销号后户口迁移、“十三五”期间易地扶贫搬迁资金使用、关于追加晋商银行扶贫小额贷款风险补偿金、整合扶贫资金使用相关事宜，审核2018年全县贫困退出相关情况。县长崔峥岭，县委副书记姚力山，县纪委书记高瑞军，县委组织部部长乔震宇，副县长孔国红、韩红英、张军，脱贫攻坚领导组部分成员参加会议。县委书记孔保宝主持会议。

25日至26日，繁峙县举办“全民健身助力脱贫”象棋公开赛。来自繁峙、代县60余名象棋爱好者参赛。最大的参赛选手70岁，最小的参赛选手7周岁。

28日至30日，繁峙县举办了农村第一书记和驻村工作队队长培训班，省、市、县单位派驻的277名农村第一书记、驻村工作队队长参加培训。培训内容包含农村基层党建工作、扶贫政策解读、驻村帮扶和贫困退出4个方面。

29日，原平农校副校长李科荣、刘建平带领全省乡（镇）党委副书记、组织委员示范培训班学员共计150余人，到繁峙县观摩学习农村基层党建、产业扶贫、整村提升等工作经验，县委常委、组织部部长、统战部部长乔震宇陪同观摩。

同日，县委书记孔保宝在老干二楼会议室主持召开县委中心组（扩大）学习会议。县委中心组全体成员及县工商联、经信局、国土局、环保局、发改局等相关部门、单位负责人60余人参加此次会议。会上，副县长高清平传达了总书记习近平在民营企业座谈会上的重要讲话精神和省委书记骆惠宁在全省支持民营企业发展大会上讲话精神；原忻州市中小企业局局长、繁峙县经济技术开发区特聘专家张树勋，详细解读《关于支持民营经济发展的若干意见》。

12月

3日，繁峙县在老干二楼会议室召开脱贫质量自评工作汇报会，13个脱贫质量自评工作组分别汇报了自评工作情况，并部署脱贫攻坚“迎考”准备工作。

7日，新疆建设兵团某团党委副书记、团长李玉虎率领考察组一行到繁峙县，就乡村振兴、村级基层组织民主管理、合作社经营发展、旅游资源整合开发、招商项目策划、繁峙白水大杏烘干加工等方面的先进做法和经验进行实地考察。

11日，山西大学历史文化学院副院长朱专法率领专家验收组一行，到繁峙县开展滹沱河国家水利风景区AAAA级旅游景区验收工作，并召开汇报反馈会。

19日，山西农大校领导到繁峙县查看第三方验收组工作情况，并到金山铺乡农发村调研扶贫产业发展情况。

25日，繁峙县在县委二楼会议室组织召开议军会议，县委书记孔保宝、县长崔峥岭等县四大班子领导及部分相关乡（镇）和单位负责人参加会议。会上，县委常委、县人武部政委王彦青就加强征兵工作、加强国防教育、加强民兵建设、退役士兵安置等需要讨论情况进行了逐一说明。

同日，县委中心组进行集体学习，学习领会总书记习近平在庆祝改革开放40周年大会上的重要讲话精神，切实把思想和行动统一到重要讲话精神上来，用好改革开放“关键一招”，努力开创繁峙改革开放新局面。县委书记孔保宝主持学习会，并作讲话。县委中心组全体人员参加此次会议。

同日，国家体育总局机关党委副巡视员、国家体育总局扶贫办副主任张伯友一行到繁峙县，开展国家体育总局山西扶贫组23批与22批的交接工作。

27日，中共繁峙县委十三届五次全会召开。会上，县委书记孔保宝代表县委常委会向全会报告2018年的工作，并提出2019年全县工作打算。表决通过县委常委会工作报告。县十三届县委委员、候补委员，不是县委委员、候补委员的县级领导干部和乡（镇）、县直单位主要负责人，县四大班子等100余人参加会议。

同日晚，庆祝改革开放40周年新年晚会在繁峙县宣传文化中心会议室精彩上演。县委副书记姚力山代表县委、县政府致新年贺辞。此晚会，得到山西省文联、山西戏剧职业学院大力支持。晚会旨在讴歌中国改革开放40年的伟大历程和取得的巨大成就，展现繁峙县27万人民群众决战决胜脱贫攻坚的恢宏场景，同时为全县人民送上一场精彩的文艺盛宴，丰富广大人民群众的精神文化生活。

本年，全县脱贫攻坚取得重大成效，8890户23338人实现脱贫，129个贫困村退出贫困村行列，剩余未脱贫人口534户1374人，贫困村3个。

县情概览

自然地理

【位置　面积】　位置　繁峙县地处山西省忻州市东北部，位于北纬38°58′至39°27′，东经113°09′至113°58′。县城距北京428千米，距太原190千米，距大同185千米。

面积　境域东西最大横距长75千米，南北最大纵距宽56千米，全县境域总面积2368平方千米。

（冯占军）

【地质　地貌】　地质　繁峙县境内，南部山区以太古界五台群片麻岩类居多，另有元古界震旦系白云岩及下古生界寒武系石灰岩、紫红色页岩分布。北部山区有太古界五台群片麻岩类，新生界老第三系玄武岩与第四系黄土覆盖。滹沱河阶地，为新生界第四系黄土覆盖。两边丘陵区系新生界第四系地层。

地貌　繁峙境内地形东北高，西南低，东有泰戏山，南依五台山，北靠恒山，中部是狭长的滹沱河谷地带，为子牙河系的最上游。全县由山、川、丘陵、沟壑，盘结构成。最低海拔680米，最高海拔3061米。境内多山，山梁坡洼，沟道纵横。神堂堡乡有孤山沟、宝石沟，横涧乡有狼窝沟，金山铺乡有大湾沟，下茹越乡有背堰沟，杏园乡有公主沟，岩头乡有大东沟、板峪沟、牛圈沟、南磨沟，繁城镇有前峪沟、王绪沟、石板沟、斗嘴沟、苏西沟。全县大小沟道共有319条，其中长度为1千米至5千米的有287条，6千米至11千米的有29条，12千米以上的有3条。本县三面高山，中间低洼，构成了平川区、丘陵区、石山区三类地区。

（冯占军）

【气候】　降水　全县有两个多雨区：伯强沟东西两侧及以南的五台山区，年降水量500至1000毫米；恒山部分山区，年平均降水量为500毫米左右。平川中东部为少雨区，年降水量在400毫米以下。其余丘陵区在400至500毫米之间。

全县降水分布特点是：降水量一般随海拔高度的增高而增加。全县年降水量分配极不均匀，降水量随季节变化非常明显。一般来说呈现出冬季干旱少雨（雪），夏季雨水集中，秋雨多于春雨的特点。

日照　年平均日照时数2906.5小时。最多年可达3153.2小时，最少年为2527.1小时。作物生长季4至9月份平均日照1588.3小时，约占全年日照总时数的60%。

能满足全县农作物的生长需要。平川区，一年里所得的太阳总辐射能为 144.3 千卡/平方厘米。

气温　平川区由西向东气温逐渐降低，年平均气温在 5℃至 8℃之间。1 月最冷，平均气温为-8℃至-11℃之间，极端最低气温为-26℃至-30℃之间。5 月上旬平均气温为 0℃以上。7 月最热，平均气温在 19℃至 22℃之间，极端最高气温可达 36℃至 38℃之间。10 月上旬，一般最低气温降到 0℃或 0℃以下。（冯占军）

【土地资源】　全县土地总面积为 236827 公顷，除裸露岩石、山涧沟壑、村庄、道路等非生产用地外，可供农林牧利用的土地为 172594 公顷，占总面积的 73%，其中耕地 41894 公顷。平川地 20334 公顷，沟坡地 1814 公顷，沟坝地 1627 公顷，梯田 18154 公顷。（冯占军）

【水资源】　地表水　境内河川径流水资源量 517 立方米，高于忻州市平均水平。南部山区河川径流较为丰富，但绝大部分流向外县。中部盆地平原区，由于地质原因，大部分渗漏潜流，只有北部地区利用率相对较高。

地下水　1980 年至 2011 年县内一般山丘区地下水资源量（降水入渗补给量）为 10860 万立方米/年，盆地平原的降水入渗补给量为 3721 万立方米/年，盆地平原区地下水资源量为 9865 万立方米/年，多年平均地下水资源量为 14840.8 万立方米/年。（冯占军）

【矿产资源】　全县矿产资源丰富。在县境南北两山均有分布，以磁铁矿和赤铁矿为主。已探明储量为 5 亿吨，矿石品位高达 60%。主要产地有大草坪、平型关、山角、文溪、太平沟等地，其中大草坪、平型关两个铁矿区为大型铁矿，探明储量达 3.17 亿吨。

钼矿储量居全省第一，累计探明储量 17.1 万吨。主要产于后峪、义兴寨等地。

金矿是本县优势矿种之一，在全省居重要地位。金、银、铜、铅、锌密切共生，大部分属石英脉型和热液型金，多金属矿床，可综合开采。主要产地有义兴寨、辛庄、耿庄等地。初步探明，这 3 个金矿床的黄金储量达 20 吨，伴生矿产银 171.57 吨、钼 1884.1 吨、铜 5582.58 吨、铅 36464.55 吨、锌 25399.55 吨。

铜矿大部分山区乡均有分布，矿物成分以黄铜矿为主，还有斑铜矿、辉铜矿、孔雀石等。主要产地集中于伯强、岩头、茶铺等地，宽滩、神堂堡、柏家庄、杏园、后河等地也有分布。

铅、锌矿已知矿床为多金属矿床，含量大多是贫至中等，部分较富，其主要成分为方铅矿和闪锌矿，伴生黄铜矿、硫铁矿、金、银等。主要分布在耿庄、义兴寨等地。

硫铁矿沿南山分布，主要产地集中在伯强一带。矿石类型以含铜硫铁矿为主，已探明储量 86.18 万吨，含硫量一般在 20%左右，最高达 42%。

石灰岩主要分布在童子崖及杜里坪一带，藏量较大。仅圐圙村一带储量就在 3000 万吨以上。

云母矿本县主要有白云母，其次还有少量黑云母。主要分布在庄旺、桥儿沟一带。已知矿区有庄旺、桥儿沟、元树、羊圈、西沟等处。其中庄旺、桥儿沟两个矿区初步探明白云母储量表内矿 433 吨，表外矿 2814 吨。

褐煤采掘历史悠久，总储量为 3.84 亿吨，主要集中于下茹越乡塔西沟一带。

此外，还有锰、石英岩、玄武岩、花岗岩等多种矿藏。（冯占军）

【植物资源】 繁峙山多坡广，沟壑纵横，气候类型多，故植被资源丰富。全县有植被66666.67公顷，覆盖率为28%。有植物447种，隶属于82科、316属。主要分布于南山、峨河、羊眼河、青羊河、石塘沟的深山地区，其次为滹沱河的发源地辛庄一带及平川沿河南岸。全县树木种类分为乔木树种、经济树种、灌木树种。（冯占军）

人口 语言

【人口】 据2018年人口抽样调查，年末全县常住人口277056人，比上年末增加576人。其中，城镇常住人口129910人，占总人口的比重（常住人口城镇化率）46.89%，比上年末提高1.22个百分点。全年全县出生人口3222人，人口出生率11.64‰；死亡人口1647人，死亡率5.95‰；自然增长率5.69‰。

2018年繁峙县常住人口数及其构成情况表

表1　　　　单位：人、%

指　标	年末数	比　重
全县常住人口	277056	—
其中：城镇	129910	46.89
乡村	147146	53.11
其中：男性	144612	52.20
女性	132444	47.80

（县统计局）

【语言】 繁峙县地处山西省东北部，北靠应县、浑源，南连五台山、阜平，东接灵丘，西邻代县。繁峙与周边县交界附近的居民，说话时夹杂着邻县的语音。如岩头乡茶铺村、大明烟村以及神堂堡乡盘道村的居民，由于紧靠台山，讲话时满口五台腔调。就是繁峙腹地的居民语音也不完全一致，按地区大体分为两种：东首话与西首话。习惯上把永兴桥以东地区的语言叫做东首话，永兴桥以西的语言叫做西首话。东首话语音重浊，西首话语音轻清。（冯占军）

国民经济和社会发展

【概述】 2018年，全县生产总值696611万元，按可比价格计算，比上年增长0.7%。其中，第一产业增加值55991万元，增长6.8%，占生产总值的比重8.0%；第二产业增加值368532万元，下降4.0%，占生产总值的比重52.9%；第三产业增加值272083万元，增长7.1%，占生产总值的比重39.1%。

人均地区生产总值25170元，增长0.31%，按2018年平均汇率计算为3802美元。

全年全县一般公共财政预算收入26436万元，增长10.48%。其中：税收收入16549万元，增长12.46%，非税收收入9887万元，增长7.32%；财政总收入56869万元，增长11.70%。一般公共预算支出228139万元，增长23.34%。“八项支出”150663万元，分别是：一般公共服务支出17518万元，公共安全支出9113万元，教育支出53906万元，科学技术支出954万元，社会保障支出30505万元，医疗卫生支出19844万元，节能环保支出7642万元，城乡社区支出11181万元。“八项支出”占到当年一般公共财政预算总支出的66.04%，有效地保障了全县经济社会健康发展。

全年全县城镇新增就业4236人，转移农村劳动力7682人，年末城镇登记失业率2.21%。（县统计局）

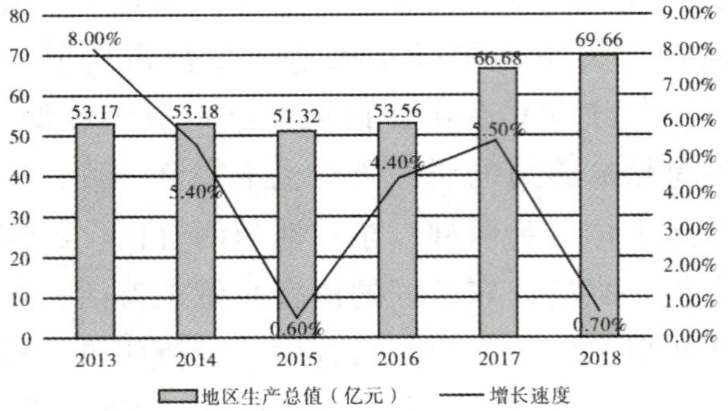

【农业】 2018年全县农作物种植面积38833.3公顷，比上年增加618公顷。其中，粮食种植面积33797.7公顷，减少363.7公顷，在粮食种植面积中，玉米种植面积17991.3公顷，增加53.9公顷；蔬菜种植面积368.2公顷，增加180公顷；油料种植面积1147.8公顷，减少316公顷。

全年粮食产量9.55万吨，增加1.13万吨，增长13.4%。其中，玉米6.92万吨，增加0.32万吨，增长4.8%。

2018年繁峙县主要农林产品产量统计表

表2　　单位：万吨、%

产品名称	产量	比上年增长
粮　食	9.55	13.4
其中：玉米	6.92	4.8
谷子	1.05	78.0
豆类	0.26	-7.1
薯类	0.29	-3.3
油　料	0.12	持平
蔬菜及食用菌	3.70	90.7
瓜果类	0.56	-29.1
园林水果	0.08	-63.6
食用坚果	0.014	-6.7
其中：核桃	0.01	100.0

（县统计局）

全年猪牛羊肉总产量16392.45吨，增长1.2%。其中，猪肉产量11171.47吨，增长0.4%；牛肉产量1043.42吨，增长112.2%；羊肉产量4177.56吨，增长2.2%。牛奶产量9990吨，与去年持平。禽蛋产量13650.9吨，增长134.6%。水产品产量210吨，下降5.0%。年末生猪存栏8.72万头，出栏13.14万头；羊存栏19.58万头，出栏22.58万头；肉牛存栏2.15万头，出栏0.75万头。

全年完成造林0.1494万公顷，下降63.9%。

年末全县农业机械总动力13.81万千瓦，增长2.2%。机械耕地面积2.974万公顷，下降7.5%；机械播种面积3.175万公顷，下降6.5%；机械收获面积2.734万公顷，增长1.0%。全县农机化服务总收入11842万元，与上年持平，其中农机作业服务收入8159万元。（县统计局）

【工业和建筑业】 2018年全县规模以上工业企业57户，与上年持平，规模以上工业增加值比去年下降4.3%。规模以上工业中，战略性新兴产业增长4.49%，占规模以上工业增加值的比重为4.01%；制造业占比比2017年提高7.8个百分点，占到规模以上工业的25.1%。

2018年繁峙县规模以上工业总产值统计表

表3　　单位：亿元、%

项　目	工业总产值	比上年增长
规模以上工业	764884	6.25
其中：轻工业	11836	-24.8
重工业	753048	6.95
其中：国有及国有控股企业	20948	5.9
其中：私营企业	743936	6.3

续表

项　目	工业总产值	比上年增长
其中：铁矿采选业	283354	–24.9
黑色金属铸造业	78614	23.9
钢压延加工业	253562	56.2
光伏设备及元器件制造业	16288	—
机床配件及附加制造业	11001	—
金矿采选业	62943	18.7
金冶炼业	26338	–6.5
风力发电业	20948	5.9

2018 年繁峙县规模以上工业

表 4　　主要工业产品产量统计表

产品名称	单位	产量	比上年增长%
铁精粉	万吨	538.9	–21.2
铁铸件	万吨	22.0	4.15
线材	万吨	69.7	35.9
生铁（中间产品）	万吨	63.9	30.0
黄金	千克	438	–1.57

2018 年繁峙县规模以上工业企业

利润总额统计表

表 5　　单位：万元

指　标	利润总额
规模以上工业	75167
其中：国有控股企业	7255.5
私营企业	67911.5
其中：集体企业	0
股份制企业	0

（县统计局）

全年规模以上工业企业实现主营业务收入 669131 万元，增长–0.26%；实现利税 106375 万元，增长 70.2%；实现利润 75167 万元，增长 198.2%。规模以上工业企业每百元主营业务收入中的成本 81.2 元，下降 7.3 元。

全年资质以上建筑企业 8 户，实现总产值 185661 万元，增长 3.3%，共签订合同额 246635 万元，增长 25.2%。房屋建筑施工面积 1004090 平方米，增长 6.8%；竣工面积 719180 平方米，下降 11.4%。　（县统计局）

【能源】　2018 年全县一次能源消费折标准煤 78.32 万吨，增长 11.6%。其中规模以上工业综合能源消费 40.16 万吨，比去年同期增长 15.13%；全县万元 GDP 能耗同比下降 3.22%。

全年全县全社会用电总量 118627 万千瓦小时。其中，第一产业用电 4793 万千瓦小时，占全社会用电量 4.0%；第二产业用电 95703 万千瓦小时，占 81.1%，其中工业用电 94196 万千瓦小时；第三产业用电 6509 万千瓦小时，占 5.5%；城乡居民生活用电 11201 万千瓦小时，占 9.4%。　（县统计局）

【固定资产投资】　2018 年全社会固定资产投资 439006 万元，增长 9.03%。其中，固定资产投资（不含跨县、农户）439006 万元。

从投资去向看，工业技改投资 61556 万元，下降 4.8%；基础设施投资 122617 万元，增长 65.5%；转型项目投资 263366 万元，增长 60.0%。

从投资登记注册类型看，内资企业和个体经营投资 439006 万元；外商及港澳台商企业投资为零。

从投资产业构成看，第一产业投资 27903 万元，下降 69.1%；第二产业投资 193706 万元，增长 60.4%；第三产业投资 217397 万元，增长 13.4%。

全县工业投资中：铁矿投资 40043 万元，非铁产业投资 153663 万元；传统产业（煤炭、焦炭、冶金、电力）投资 97315 万元，非传统产业投资 96391 万元。

全年全县在建固定资产投资项目 144 个。其中，亿元以上项目 45 个，计划总投资 2081026 万元，本年完成投资 286848 万元。

全年房地产开发投资 5478 万元，下降 58.1%。其中，住宅投资 3617 万元，下降 19.8%；商业营业用房投资 1106 万元，下降 21.9%。（县统计局）

2018 年繁峙县分行业固定资产投资（不含跨市、农户）统计表

表 6　　单位：万元

项　目	投资额	比去年增长%
总　计	439006	9.03
农林牧渔业	32984	–67.2
采矿业	42680	–38.2
制造业	94651	151.3
电力、热力、燃气及水生产和供应业	56375	302.2
建筑业	0	–
批发和零售业	3103	–83.4
交通运输、仓储和邮政业	51837	394.1
住宿和餐饮业	0	–
信息传输、软件和信息技术服务业	0	–
金融业	0	–
房地产业	10266	–21.5
租赁和商务服务业	19329	–7.9
科学研究和技术服务业	0	–

续表

项　目	投资额	比去年增长%
水利、环境和公共设施管理业	71761	12.9
居民服务、修理和其他服务业	0	–
教育	12496	38.5
卫生、社会工作	10577	91.4
文化、体育和娱乐业	13821	178.1
公共管理、社会保障和社会组织	19126	–45.5

（县统计局）

2018 年繁峙县房地产开发和销售统计表

表 7

指　标	单位	绝对数	比上年增长%
投资完成额	万元	5478	–58.1
其中：住宅	万元	3617	–19.8
房屋施工面积	平方米	549124	–10.5
其中：住宅	平方米	376666	–13.3
房屋竣工面积	平方米	23666	–63.4
其中：住宅	平方米	20079	–65.3
商品房销售面积	平方米	35629	–44.9
其中：住宅	平方米	35199	–42.3
投资完成额	万元	5478	–58.1
其中：住宅	万元	3617	–19.8

（县统计局）

【贸易】 2018 年全县社会消费品零售总额 212986 万元，增长 9.5%。按经营地统计，城镇消费品零售额 131265.4 万元，同比增长 8.7%；乡村消费品零售额 81720.6 万元，同比增长 10.9%。按消费形态统计，商品零售额 186148.5 万元，增长 9.6%；餐饮收入额 26837.5 万元，增长 8.81%。

全年全县外贸进出口总额1340万元，增长96.5%。其中：出口额1340万元，增长96.5%。（县统计局）

2018年繁峙县社会消费品零售总额统计表

表8　单位：万元、%

指　标	绝对数	比上年增长
社会消费品零售总额	212986	9.5
分地域：城镇	131265.4	8.7
乡村	81720.6	10.9
分行业：批发业	99620.7	10.2
零售业	160464	10.3
住宿业	10612.4	12.0
餐饮业	36689	10.2

（县统计局）

2018年繁峙县限额以上批发零售业零售额统计表

表9　单位：万元、%

项　目	绝对数	比上年增长
总　计	24144.3	7.9
粮油、食品类	7024.5	-2.3
饮料类	506.3	-48.6
烟酒类	556.1	-49.1
服装、鞋帽、针纺织品类	4929.4	8.1
化妆品类	767	41.4
金银珠宝类	1048	39.9
日用品类	696.9	26.8
家用电器和音像器材类	1274.3	19.9
家具类	402.2	20.9
通信器材类	687.2	34.5
石油及制品类	4350.6	9.7
汽车类	1588.4	122.7
其他类	313.4	161.4

（县统计局）

【交通、邮电和旅游】 截至2018年年底，县公路线路里程1429.12千米，其中高速公路57.57千米，国道84.13千米，省道56.9千米，县乡村道1230.52千米。

年末全县民用汽车保有量25464辆（包括三轮汽车和低速货车596辆），比上年末增长14.7%。本年新注册汽车3274辆，增长6.9%。年末轿车保有量23299辆，增长4.97%。

全年全县完成邮电业务收入15980万元，比上年下降3.2%，其中：邮政业务收入3120万元；移动业务收入7960万元；联通业务收入3300万元；电信业务收入1600万元。无线固定电话用户年末9600户，其中：移动4500户；联通5100户。移动电话年末达到249640户，其中：移动175640户；联通52000户；电信22000户。年末全县宽带接入用户达到46777户，其中：移动13377户；联通22300户；电信11000户。

全年全县接待国内旅游者305.03万人次，同比增长15.64%；国内旅游总收入28.85亿元，增长21.52%。（县统计局）

【金融】 截至2018年年底，全县各类金融合作机构人民币存款余额1409311万元，比年初增加123564万元，增长9.6%；人民币贷款余额672537万元，比年初增加147246万元，比年初增长28.0%。

全年全县保费收入14291.61万元，增长12.8%。其中，寿险业务保费收入10511.85万元，增长19.2%；健康险业务保费收入256.76万元，增长145.6%；意外险业务保费收入145万元，增长1.3%；财产险业务保费收入3378万元，下降5.5%。全年支付各类赔款及给付1669.6万元，增长42.7%。

（县统计局）

2018 年繁峙县年末
金融机构本外币存贷款统计表

表 10　　单位：万元、%

项　目	年末数	比上年增长
各项存款余额	1409311	9.6
其中：住户存款	1159588	11.4
非金融企业存款	149978	-4.4
各项贷款余额	672537	28.0
其中：短期贷款	451702	10.2
中长期贷款	220836	47.7
其中：个人消费贷款	49490	5.0

【教育和科技】　截至 2018 年年底，全县共有幼儿园 31 所，比上年同期减少 1 所；小学 114 所，与上年持平；普通初中 12 所，减少 1 所；普通高中 2 所，中等职业学校 3 所，成人高等学校 1 所，均与上年持平。全县学前三年毛入园率为 96.3%，小学学龄儿童净入学率为 99.99%，高中阶段毛入学率为 94.3%。

全年全县专利申请量与授权量分别为 25 件和 12 件，分别减少 6 件和减少 8 件；其中发明专利申请量与授权量分别为 12 件和 0 件，发明专利申请量比去年增加 2 件，发明授权量比去年减少 1 件。全年新登记科技成果 0 项。

全年全县科技型中小企业入库 2 家。国家级企业技术中心 0 家。按照国家高新技术企业认定办法，年末累计高新技术企业 2 家。全县省级科技型企业孵化器 1 家，省级工程技术研究中心 1 家。

全县共有产品质量监督检验和计量检定技术机构 1 个，监督抽查了 45 家企业 2 类 4 种 47 批次的产品和商品。全年完成强制检定计量器具 320 台件。

全县有气象台站 1 个，区域自动气象站 15 个；全县开展电话天气自动答询的台站 1 个。全县气象系统开展人工影响天气业务的单位 1 个，防雹、增雨累计受益面积 1200 公顷，增雨量 0.5 亿立方米。全县有天气预报卫星云图接收站 1 个。　　（县统计局）

2019 年繁峙县各类教育发展情况表

表 11　　单位：人、%

指标	招生	比上年增长	在校生	比上年增长	毕业生	比上年增长
中等职业教育	697	-34.9	2246	-15.8	974	19.8
普通高中	1018	-11.0	3455	-11.4	1488	-10.1
初中	3590	5.5	10040	10.9	2608	-19.6
小学	3905	-6.3	22253	-1.0	3997	7.5
学前教育	2503	-10.6	9406	35.3	3005	12.9

（县统计局）

【文化、卫生和体育】　截至 2018 年年底，全县共有文化馆 1 个，博物馆 1 个，文化站 13 个（其中：乡镇综合文化站 13 个），农村文化活动场所 287 个。专业艺术表演团体 12 个。公共图书馆 1 个。出版报纸 1 种 6 万份，各类杂志 3 种 1 万册，各类图书 10 种、3 万余册。广播电视台 1 座，调频转播发射台 2 座，一百瓦以上电视转播发射台 2 座。广播电视综合覆盖率 98.44%，其中，广播人口覆盖率 98.66%，电视人口覆盖率 98.44%。有线电视用户 7200 户。

年末全县共有卫生机构（含诊所、村卫生室）365 个，实有床位 1223 张。县属医院、卫生院共18个，实有床位数770张。全县卫生防疫、防治机构1个，妇幼保健计划生育服务中心1个。全县卫生机构共有卫生技术人员1167人。乡镇卫生院卫生技术员176人；防疫、防治卫生技术员28人，妇幼保健计划生育卫生技术人员16人。

全县有体育场1个，体育馆1个。全县销售中国体育彩票3558万元。

（县统计局）

【人民生活和社会保障】 2018年，全县居民人均可支配收入17026元，增长8.3%。按常住地分，城镇居民人均可支配收入29932元，增长6.1%，城镇居民人均消费支出16470元，增长7.4%；农村居民人均可支配收入8320元，增长10.6%，农村居民人均消费支出6771元，增长40.0%。按全县居民五等份收入分组，城镇低收入组人均可支配收入10895元，增长7.9%；农村低收入组人均可支配收入3261元，增长12.9%。城镇居民家庭恩格尔系数（即居民家庭食品消费支出占家庭消费支出的比重）24.2%，农村居民家庭恩格尔系数35.3%。

年末参加城镇职工基本养老保险29572人，增加3542人；参加城乡居民社会养老保险154929人，增加7074人；基本医疗保险参保人数234386人；城乡居民医疗保险209634人；参加失业保险9853人；参加工伤保险15497人；参加生育保险12005人。

全年得到城市最低生活保障救助人数3742人，全年共发放城市最低生活保障资金1715万元。1873人纳入农村五保供养。

年末全县综合性社区服务中心10个；社会福利院4个，共有床位770个；国家抚恤、补助各类优抚对象1402人；全年接受社会捐赠款6.1万元。 （县统计局）

2018年繁峙县城乡居民可支配收入统计表

表12 单位：元、%

指　标	绝对数	比上年增长
城镇居民人均可支配收入	29932.0	6.1
其中：工资性收入	20174.2	5.8
经营净收入	2065.3	7.1
财产净收入	3681.6	3.9
转移净收入	4010.9	9.2
农村居民人均可支配收入	8320	10.6
其中：工资性收入	3918.7	10.4
经营净收入	1414.4	9.2
财产净收入	158.1	12.1
转移净收入	2828.8	11.5

（县统计局）

【资源、环境和安全生产】 2018年年底全县4座水库蓄水总量为956万立方米。

年末全县农村饮水安全覆盖率100%。

年末全县森林面积60417.93公顷，森林覆盖率25.44%。

按《环境空气质量指数（AQI）技术规定（HJ633-2012）》评价，2018年繁峙县环境空气达标天数250天。

年末全县城市污水处理率达到97.61%；集中供热普及率达到93.08%。

全年各类自然灾害造成直接经济损失5472万元，下降36.8%；农作物受灾面积1787.7公顷，下降86.7%。其中，绝收面积406.4公顷，下降93.1%。

全年全县共发生各类生产经营性事故1起，下降14起，死亡1人。

全年共发生交通事故363起，造成17人死亡，207人受伤。直接经济损失53.65万元，比上年增加 1.7%。

全年全县刑事案件立案 630 起；治安案件立案 1024 起。（县统计局）

注释：

1. 本公报部分数据为初步统计数据。

2. 本公报部分数据由相关部门提供。

3. 地区生产总值、各产业增加值绝对数按现价计算，增长速度按不变价格计算。

4. 除注明外，所有增长或下降速度均为同上年相比较。

5. 部分数据因四舍五入的原因，存在与分项合计不等的情况。

6. 农业部分数据同比基数为第三次全国农业普查结果核定和修订的数据，与 2017 年公报对应数据不可比。

7. 森林资源数据为 2015 年山西省第九次森林资源清查结果。（县统计局）

中国共产党繁峙县委员会

重要活动

【习近平新时代中国特色社会主义思想学习贯彻】 2018年，繁峙县委把习近平总书记视察山西重要讲话精神与习近平新时代中国特色社会主义思想和党的十九大精神相结合，作为新时代、新担当、新作为的根本遵循，坚持带头学深讲话、带头用好讲话，真正以习近平新时代中国特色社会主义思想和党的十九大精神指导全县各项工作。

进一步引深学习贯彻活动，在融会贯通、武装头脑、全面覆盖、见诸行动上狠下功夫，组织开展中心组学习、“双日双评”、干部轮训、基层宣讲等多种形式的学习研讨活动，真正做到学懂弄通做实。县委中心组两次组织再学习，而且把《讲话》列入全县“支部主题党日”活动的重要学习内容，向基层延伸，党委、党组、支部书记亲自辅导、亲自讲党课，全县各级党组织对习近平总书记视察山西重要讲话的学习抓得更实。县委统一印制了《习近平总书记视察山西重要讲话学习读本》，各级党政“一把手”作为案头必备、人手一册。各单位联系工作实际学，联系党员干部的思想状况学，学思践悟，真正用讲话精神武装头脑，运用讲话精神解决改革发展和党的建设中的具体问题。在全面准确领会讲话精神的基础上，着眼于以讲话精神拓展新局，深入贯彻落实市委《关于深入学习贯彻习近平总书记视察山西重要讲话精神全力推进全面脱贫全面小康建设的决定》和县委《实施方案》，专门召开“践行领袖嘱托”脱贫攻坚现场推进会，把习近平总书记视察山西期间作出的重要指示，特别是八项攻坚深度贫困的目标任务，一件一件抓好落实。 （侯永兴）

县委办公室

【队伍建设】 2018年，繁峙县委办公室高度重视干部队伍的学习培训工作，始终坚持把学习作为办公室的重要工作抓紧抓好，积极组织开展各种理论学习教育活动，不断提高干部职工的思想政治素质和理论水平。每月组织召开“双日双评”活动，以会议的形式集体学习党的最新方针政策。创新学习方式，组织干部职工利用网络，系统灵活学习习近平新时代中国特色社会主义思想网络专题课程，充实了政治理论知识。积极沟通协调，为年轻干部提供各类讲座课程。班子领导带头，年轻队伍实干，切实提高队伍专业化水平。2018年办公室有4批次年轻干部队伍前往北京、浙江、太原、长治进行机要学习培训和专业素能提升。（侯永兴）

【重点工作】 2018年，县委办公室充分发挥县委的参谋助手职能，坚持贴近县委领导思路、把握工作规律、突出工作重点，务实创新，全面强化公文管理、综合协调、调查研究、督查信息、机要保密、会务服务等工作，各项工作取得了新进展。（1）坚持以服务县委工作为中心，求真务实，规范管理，不断提高办文办会质量，切实保证县委机关日常工作的高效运转。建立严格的县委办文件传阅制度，明确专人负责，提高发文效率，要求今日事今日毕，让领导在第一时间掌握上级文件精神，并建立完善的档案归档制度。全年接受、批转上级来文500余件，印发县委及县委办文件140份，处理各级部门文件、传真、请示、领导批示件近650份，为机关、领导干部办理查阅文件、档案1000多次。2018年共承办全县大小重要会议110多场（次），每次都能做到早安排、早部署，确保每一次会议都能圆满完成。认真做好县委常委日常工作安排，及时编制四大班子一周工作安排表，增进县四大班子成员之间的沟通协调，确保全县工作的协调、统一、有序。规范做好服务工作，同时为县直部门和乡镇做好协调、服务，确保县委各项工作部署落实到位。（2）全面提升办公室文字材料质量。在公文起草中，严把质量关，要求一切从工作实际出发，提高针对性和实效性，将材料写短写实写新，使文稿能正确传达上级精神、准确体现领导意图、如实反映基层情况。全年，起草各类讲话稿、综合材料80余篇。坚持理论联系实际的学风，围绕县委中心工作和全县经济社会发展中的难点、热点、重点问题，开展专题调研活动，经常深入基层和企业、农村调研，掌握第一手资料，并认真进行思考，将调研成果融入材料，为县委科学决策提供了有益参考。（3）尽力突出“短、平、快”的特点，为县委决策提供及时、准确的信息参考。围绕党的方针政策、上级党委的工作部署和全县的中心工作，安排专人收集经济、社会稳定、党建等领域的信息，及时采集上报，传送领导参阅，为县委和上级党委正确的决策提供依据，全年编发信息300余条。（4）坚持求真务实的作风，充分发挥办公室督促检查的作用，扎扎实实抓好落实。注重协调解决县委决策落实中的热点、难点问题、重点对县委全委会部署的各项工作、县委领导重要批示、全县各项主要经济指标任务的完成情况，做到件件有着落，事事有回音，提高了各部门对县委决策的执行力，树立了县委的威信，确保县委的每一项决策和领导的每一个批示都落到实处。一年来围绕县委重要决策、重大工作部署和重点任务推进情况，开展跟踪督查30余次。（5）加大宣传教育力度、增强保密观念，提高保密意识，不断强化机要人员的政治责任感和奉献精神，时刻保持警惕，坚持24小时在岗值班，规范保密管理。全年共收报600份，发报560份，全部做到及时、准确登记、办理、回收、保存，没有任何误发、漏发、错办电报等机要文书的责任事故发生，确保县委与上级机关的工作联系和信息畅通。（6）建立健全财务管理制度，规范财务行为，不断提高资金使用效率，有效降低行政成本。修订完善办公室车辆管理制度、司机人员管理办法，按照车辆维修、养护办法，及时对车辆进行保养、检修，保障县委领导及县委办用车安全。高质量完成各项接待任务。坚持热情、周到、节俭的原则，严格接待标准，规范接待程序，改进接待方法，做到既严格控制经费标准，又热情待客，周到服务，事事处处精心安排，圆满完成各项接待工作。全年接待上级领导和其他市、县（区）到本县调研检查、考察学习工作120余次。（侯永兴）

纪检监察

·中国共产党繁峙县纪律检查委员会·

【政治监督】 2018年，繁峙县纪委、监委坚持把党的政治建设摆在首位，加强政治督查，确保全县各级党组织和党员干部始终在思想上、政治上、行动上自觉与以习近平为核心的党中央保持高度一致。全年对全县各级党组织“双日双评”活动开展专项监督检查11次，进一步严肃党内政治生活，推动党的十九大精神学习贯彻到位。严把党风廉政意见回复关，全年回复党风廉政意见301人（次），严防“带病提拔”“带病上岗”。加强党内政治文化建设，在高速入口、进五台山道路入口、县城主要街道、人口密集乡镇制作党风廉政建设宣传标语20条；在滨河北大道东段路悬挂廉政文化牌42块，建设了廉政文化一条街；依托县党风廉政建设警示教育基地，建设“廉政文化长廊”，大力弘扬忠诚老实、清正廉洁的价值观，促使各级党员干部不断提高政治站位，锤炼党性修养，树立正确的世界观、人生观、价值观。

（张志刚）

【体制改革】 2018年，强化党的领导，完善监察体系，提升履职水平，做好改革试点“深化”文章。县委成立由县委书记孔保宝任组长的反腐败领导小组，出台《关于加强党对反腐败工作全过程领导常态化、制度化、长效化的实施意见（试行）》和反腐败领导小组3项工作规则，组织召开县委反腐败领导小组第一次会议，县委常委会和书记专题会先后12次听取反腐败工作汇报、研究部署全面从严治党工作，县委书记孔保宝批示188次，批准谈话函询43人（次）、立案审查32人（次）、处分决定24人（次），留置1人（次），县委对反腐败工作的领导更加有力具体。强化派驻监督，县纪委监委向县级党和国家机关综合派驻9个纪检监察组，增加派驻纪检监察组行政编制27名、事业编制18名，并择优选拔41名干部入编，配强派驻纪检监察组长，配齐办案办公设备，实现全县县级党和国家机关派驻监督全覆盖。深化乡镇监察，在每个乡镇设置2名监察员，并对13个乡镇划片建立4个乡镇片区监察组，由县纪委、监委班子成员直接负责，进一步打通监察监督“最后一公里”。全要素使用12项调查措施，全年谈话253人（次），讯问5人（次），询问467人（次），查询31人（次），冻结1次，调取287次，查封1次，扣押3次，搜查1次，勘验检查3次，鉴定1次，留置1人，不断用实践锤炼队伍。3月9日，河北省曲阳县纪委专程到本县学习考察监察体制改革试点工作经验。（张志刚）

【作风建设】 2018年，县纪委、监委在重要节假日节点向全县609名副科以上领导干部发送了廉政短信，通过县电视台、《今日繁峙》、户外电子显示屏等载体大力宣传市纪委“十个严禁”，营造了崇俭尚廉的良好氛围。加强监督检查，全年开展“四风”专项监督检查7次，开展公务人员工作日饮酒专项督查6次，对全县各部门办公用房使用情况进行“地毯式”督查，发现11个单位22个问题，逐一督促整改。严格执纪审查，制定《关于集中整治形式主义、官僚主义的实施方案》，对“四风”和违反中央八项规定精神问题线索优先处置、从严查办，全年立查违反中央八项规定案件13件，处理18人，同比增长200%，其中党纪政务处分13人，组织处理5人，均进行通报曝光；查纠形式主义、官僚主义问题38个，处理38人，其中党纪政务处分37人，组织处理1人，重处分2人，释放越往后执纪越严的强烈信号。狠抓长效机制建设，协助县委出台《关于进一步贯彻落实中央八项规定精神的实施细则》，作风建设成果进一步巩固拓展。（张志刚）

【纪检监察】 2018年，全县各级纪检监察机关共立案163件，同比增长64.6%；党纪政务处分157人，同比增长78.4%，其中乡科级16人，移送司法机关3人。认真办理中央巡视组移交的信访举报件，交办的10件问题线索已办结9件，办结率90%。坚持依纪、依规、依法安全文明办案，对全系统办案安全工作和“4个1”工作制度执行情况进行了全面自查自纠，建成标准化办案区和“走读式”谈话场所，会同县消防中队开展了消防安全专项演练，修订完善《“走读式”谈话工作规程》等12项工作制度。

（张志刚）

【纪律建设】 2018年，全县各级纪检监察机关共处置问题线索583件，同比增长149.1%；谈话函询243件，同比增长131.4%；初步核实307件，同比增长181.7%；运用“四种形态”处理477人次，第一、二、三、四种形态分别占比66.9%、27%、3.8%、2.3%。切实履行监督职责，健全纪律、监察、派驻、巡察“四个全覆盖”的权力监督格局，着力增强发现问题、及时纠偏的能力。2018年，全县各级纪检监察机关党纪处分142人；政务处分16人；9个派驻纪检监察组处置问题线索22件，立案12件，党纪政务处分12人，实现派驻纪检监察组办案零突破；县委2轮巡察了21个党组织。狠抓纪律教育，征订新修订《中国共产党纪律处分条例》4300余本、编印《以案说纪》和《法法衔接20讲》读本1200本并发放给全县党员干部；配合市纪委监委成功举办普法专场晚会“以正义的名义”繁峙专场，并组织全县1000余名党员干部观看；对查处的29起典型案件在全县发文通报，对6起典型案件在县电视台通报曝光，以本县查处的违法违纪案为素材制作警示教育片《雁过拔毛，终陷囹圄》，用身边事教育身边人，促使全县各级党员干部进一步筑牢思想防线，守住纪律底线。（张志刚）

【群众身边腐败整治】 2018年，县纪委、监委回应群众诉求，在整治群众身边腐败上有新举措。统筹抓好扶贫领域腐败、民生领域腐败、涉黑涉恶腐败“三个专项整治”，严厉惩治群众身边腐败问题和不正之风，坚决维护群众利益。县委成立由县委书记孔保宝任组长的整治群众身边腐败问题领导小组，出台《关于民生领域腐败和不正之风专项整治的实施方案》，建立“五项工作制度”，全年立查群众身边腐败问题112件，处理346人，同比增长686.4%；立查民生领域腐败案件121件，处理360人。县纪委在去年开展扶贫领域腐败问题和不正之风专项治理并取得阶段性成效的基础上，不停步、再部署，出台《关于对扶贫领域腐败和作风问题开展专项监督检查的工作方案》和《关于县纪委监委领导班子成员联系督导扶贫领域监督执纪问责工作方案》，县委领导牵头对全县各单位、各乡（镇）脱贫攻坚情况开展专项督查37次，发现问题68个并全部督促整改完毕，提出工作建议29条，通报了在脱贫攻坚中不作为、慢作为的干部26人（次）；对2017年扶贫领域不正之风和腐败问题专项治理进行了“回头看”，发现问题4个，全部督促整改到位；立查扶贫领域腐败案件50件，处理195人，同比增长1118.8%，重处分8人，同比增长700%；严肃问责了对脱贫攻坚责任不落实、履职不到位的221名党员干部，其中通报58人，组织处理145人，党纪政务处分18人；组织全县2378名扶贫干部对全年的扶贫资金作出了廉政承诺，为全县脱贫摘帽提供坚强纪律保障。坚决惩处涉黑涉恶腐败和“保护伞”，县纪委及时成立领导组和扫黑办公室，出台《关于在扫黑除恶专项斗争中深挖黑恶势力“保护伞”严惩涉黑涉恶腐败的工作方案》，建立“七项工作机制”，受理涉黑涉恶腐败问题线索63件，重复12件，实有51件；已办结27件，办结率52.9%；发现其他违纪违法问题7个，处理7人，重处分1人；严肃问责对扫黑除恶专项斗争重视不够、线索摸排不力的28名乡镇、单位“一把手”，其中约谈27人，给予政务处分1人，攥紧惩腐打“伞”的拳头。在严查群众身边腐败的同时，县纪委监委积极构建“大信访”工作格局、建立县委机关干部全员轮流接访工作机制，县委领导带头接访，对群众反映问题“包案”查办，对群众合理诉求积极协调相关部门及时解决，力求群众满意。2018年，全县各级纪检监察机关受理信访举报205件次，同比下降4.2%，初访112件（次），同比下降19.4%，重复访93件（次），同比下降26.1%，越级访157件（次），同比下降13.3%。

（张志刚）

【“两个责任”落实】　2018年，县纪委、监委强化压力传导，在推进“两个责任”落实上有新成效。县委书记孔保宝主持开展了“3·27”“10·24”集体约谈活动，约谈“一把手”153人（次），县委副书记、县长崔峥岭约谈“一把手”146人（次），县委其他班子成员约谈“一把手”44人（次）。在全县13个乡镇、居民办事处和67个县直部门全面推行落实全面从严治党“两个责任”全程纪实信息化管理系统，梳理主体责任清单任务2853项、监督责任清单任务512项、问题清单任务526项、整改清单任务1607项，全部督促完成，“两个责任”进一步压实压紧。8月1日，市委常委、市纪委书记、市监委主任范晋昌到本县调研系统运行情况，给予充分肯定；市纪委监委派驻市委办公厅纪检监察组、陕西省神木县纪委等9个纪检监察机关专程到本县考察学习，进一步推广系统运行经验。坚持以问责倒逼责任落实，全年问责党员干部159人（次），同比增长396.9%，其中“一把手”50人，同比增长316.7%。深化政治巡察，全年完成2轮巡察，发现问题线索51件，发现管党治党宽松软问题245个，反馈意见建议59条，逐个督促整改落实，巡察利剑作用充分发挥。

（张志刚）

【队伍建设】　2018年，县纪委、监委坚持打铁必须自身硬，加强学习教育，狠抓作风建设，从严监督管理，着力打造反腐铁军。认真开展“双日双评”活动和“学习贯彻十九大精神，持续正风肃纪，推动全面从严治党向纵深发展”征文活动，年初利用2个月时间开展工作日班前半小时集中学习活动，原原本本学习党的十九大报告和党章、党规、党纪，进一步铸牢理想信念，站稳政治立场。严肃党内政治生活，开展县纪委监委班子肃清腐败流毒专题民主生活会，进一步增强廉洁自律、拒腐防变的自觉性。努力锤炼本领，制定2018年全县纪检监察干部培训实施方案，举办全县纪检监察干部业务能力提升培训班，利用5天时间对全系统103名纪检监察干部进行全覆盖封闭式培训，组织开展17次集体学习，向全县纪检监察干部发放学习书籍800余本，以学促能，不断提高纪检监察干部业务水平。深化作风建设，深入开展“提素能、转作风、守战位、抓落实”主题活动，出台《关于纪检监察干部补短板、强作风的实施意见》，建立强化作风建设6项制度，进一步锤炼严细深实的工作作风。加强工作经验交流，全年向上级纪委报送工作信息172篇，其中中纪委采用2篇，省纪委采用9篇，市纪委采用15篇。强化自我监督，深入学习、贯彻全国纪检监察机构干部监督工作座谈会精神，充分发挥干部监督室作用，制定出台1项内部管理制度，严格把关新进纪检监察干部，严明“三条禁令”，确保队伍纯洁。

（张志刚）

·繁峙县巡察办·

【概述】 2018年，按照市委统筹安排，繁峙县委巡察办组织实施完成了2轮市县统筹巡察工作。对21个县直单位党组织开展了巡察，深入发现问题，形成有力震慑，促进管党治党取得更大实效，为实现一届任期内巡察全覆盖奠定了扎实的工作基础。共发现问题线索52件，问题245个。 （江建伟）

【十三届县委第四轮巡察】 根据县委安排部署，十三届繁峙县委第四轮巡察工作于2018年1月22日正式开启。本轮巡察，按照市委巡察办统筹安排，市委巡察办统一组建三个巡察组，分别来自五台县、河曲县、定襄县，采取“一拖三”的方式对市场和质量监督管理局（以下简称市场局）、人社局（人事）、统计局、卫计局、司法局、安监局、公安局、文化局、科技局9个党组织开展常规巡察。5月15日，3个巡察组撤点，巡察了解工作结束，6月6日，县委巡察工作领导小组全面听取3个巡察组的工作汇报并对报告分别做点评。7月31日，县委书记专题会议听取各巡察组的巡察情况报告。8月上旬，各巡察组完成了对9个被巡察党组织的反馈工作。此轮巡察，3个巡察组共发现9个被巡察党组织问题线索25件、问题98个。其中，发现“三大问题”95个，分别是党的领导弱化方面问题27个，党的建设缺失方面问题33个，从严治党不力方面问题35个。

（江建伟）

【十三届县委第五轮巡察】 根据县委安排部署，十三届繁峙县委第五轮巡察工作于2018年8月14日正式开启。本轮巡察，按照市委巡察办统筹安排，市委巡察办统一组建三个巡察组，分别来自岢岚县、保德县、偏关县，采取“一拖四”的方式对县工会、县妇联、县审计局、县供销社党组；团县委、县中小企业局、县农机中心、县畜牧中心、县交警队、县第二人民医院、县中医院、县精神病医院党支部，共12个党组织开展常规巡察。11月14日，3个巡察组撤点，巡察了解工作基本结束。此轮巡察，3个巡察组共发现12个被巡察党组织问题线索27件、问题147个。 （江建伟）

【扶贫工作】 2018年，县委巡察办按照“实事求是，因户制宜，分类指导，精准帮扶”的总体要求，以走访入户，详查细问为工作突破口，采取“帮扶整村、个人包户”工作方式，使柏家庄乡岳沿庄村扶贫帮扶工作得到有序快速推进。为柏家庄乡岳沿庄村制定“发展种植及特色养殖，完善基础设施，改善居住环境，劳务输出、带资入企、社会兜底等各项措施齐头并进”的脱贫规划；为村民联系晋中市优良蓖麻种子生产厂家，开展蓖麻种植；协调县水利局，打水井1眼，从根本解决村民饮水困难，同时在一定程度上缓解耕地浇灌难题。（江建伟）

组　织

【“双日双评”活动】 2018年，繁峙县委组织部把扎实开展“双日双评”活动作为提升组织力、强化政治功能的有力抓手，突出“三个注重”，推动“两学一做”学习教育落地见效。注重结合实际选定学习内容。将中共十九大精神和习近平新时代中国特色社会主义思想列为全年的学习主线，围绕中央最新精神、省市重要会议精神、县委重要工作部署安排学习内容，精心挑选《平语近人》《榜样》等精品视频观看学习，每次学习全县统一安排部署，各支部全年学习重要文件讲话21个、观看视频33部。

2018年，县委组织部注重不断创新活动方式。在“支部主题党日”活动“五统一、四结合、三创新”经验做法上，不断改进活动方式，减少规定动作时间，增加自选动作时间。倡导支部联合开展主题党日活动，推行三级领导干部“三下沉”讲党课。运用视频学、交流学、现场观摩学、测试学等多种方式提高“支部主题党日”活动的趣味性和吸引力。注重加大督查考核评比力度。制定督查考核评比办法，构建“五位一体”督查长效机制，逐级负责实施。用督查考核评比倒逼“双日双评”活动质量的提升。全年共组织对各级基层党组织定期不定期督查20余次。“七一”期间，开展“两优一先”评选活动，县委对评选出的98个优秀党务工作者，284个优秀党员，100个先进基层党组织进行隆重表彰。

2018年“双日双评”活动经验做法在《支部建设》第四期刊发、《忻州日报》头条整版宣传报道。（郭俊明　李鹏程）

【基层组织建设】 2018年，县委组织部加强基层组织、规范基础工作、提升基本能力是全面加强基层组织建设的有力抓手，通过实施“六大”行动，不断加强基层组织建设，取得明显成效。（1）实施阵地提档行动。县委将阵地提档升级定位为基层党组织“六个提升”的头号工程来抓，明确整村提升第一位的是提升村级活动场所档次，县委组织部采取党费奖补方式为千人以上村、确定为市级示范点村每村下拨2万元用于软件条件的改善。全年全县用于村级活动场所新建、改造、修缮及取暖设施配套资金3500余万元。（2）开展素能提升行动。建立教育培训、实践锻炼和奖惩激励三个常态化机制，实施“五大”培训工程，先后开展科级干部素质能力提升培训、实施年轻干部培养工程、领导干部素能提升培训、科级干部读书班培训、扶贫干部全员培训、“领头雁”延伸培训、第一书记、工作队长培训、党务干部集中培训，基层党组织书记全员轮训。全年分两次赴汾阳市贾家庄村举办“领头雁”示范培训。（3）实施示范引领行动。县委专门下发《借鉴贾家庄经验，全面提升

2018年，繁峙县”领头雁“示范培训班会场（郭俊明　李鹏程提供）

基层党建工作质量》的通知，对贾家庄经验做法在全县推广。制定出台《繁峙县基层党组织典型示范工程实施方案》，从农村、社区、机关、学校、非公和社会组织中选择确定52个市级、178个县级示范点。按照“打造一个、成熟一个、评估一个、巩固一个”的要求，对市县示范点分类推进、重点打造。运用观摩交流形式推进工作进度，全年组织观摩3次：组织13个乡镇党委书记、副书记、组织委员对3乡（镇）8村活动场所标准化规范化建设进行观摩；在“领头雁”培训中，组织全县394名村“两委”主干对楼岗村、农发村等5个市级示范点进行观摩；组织农村基层党建示范村及千人以上村的党支部书记赴阳曲县南留南村、录古咀村、汾阳市贾家庄村，观摩学习规范化建设先进经验。（4）推进百日攻坚行动。全市基层党建工作重点任务推进会之后，开展村（社区）活动场所标准化规范化建设“百日攻坚”专项行动，制定实施《村级活动场所规范化建设和使用标准指导手册》，按照“五个方面34有”要求规范活动场所建设和使用标准。建立部领导包片、部机关干部包点督促指导制度推进任务落实。（5）推行长效管理行动。制定出台《进一步健全完善村干部或村级管理员坐班制度》《关于在千人以上村选派村级组织活动场所管理员进一步提升农村基层党支部建设质量的实施办法》，为77个千人以上村配备管理员，对村“两委”主干提出“三个必须”要求，即必须三分之二时间在村、必须全年一半以上时间处理村级事务、必须到活动场所办公。从制度层面规范村级活动场所管理使用，保证活动场所门常开、人常在、事常办。（6）执行督查考核行动。把实施百日攻坚行动作为年度基层党建工作考核和党组织书记述职评议考核的重要内容，采取现场督查、暗访抽查、专项督导等方式推进工作进度。对未达标的基层党组织取消基层党建工作评优评先的资格。通过实施六大行动，先后涌现出繁城镇楼岗村、金山铺乡农发村、光裕堡全乡11村等一大批标准规范、功能齐全的村级组织活动场所，全县村级活动场所90%达标，剩余10%得到有效提升，得到省市领导充分肯定。全省攻坚深度贫困现场推进会在本县金山铺乡农发村实地观摩，原平农校先后3次带领全省乡镇党委副书记、组织委员轮训班学员，全省脱贫攻坚致富带头人培训学员在本县农村实训观摩。

与此同时扎实做好村“两委”换届选举后续工作，开展“四查四看”行动，对村

4月23日至26日，繁峙县赴省基层干部教育培训基地汾阳市贾家庄村举办了2018年首期农村“领头雁”示范培训班（郭俊明　李鹏程提供）

“两委”干部逐人进行了分析研判；大力整顿软弱涣散基层党组织，把扫黑除恶专项斗争与加强基层组织建设紧密结合起来，因村派出驻村工作组分类指导整顿，截至2018年年底已全部整顿转化。结合整村移民搬迁及撤并销号，同步推进党组织优化设置工作，全年撤销农村党支部51个。在机关扎实做好机构改革中机关党组织设置跟进工作。在非公经济和社会组织领域聚焦“双强六好”示范党组织创建，全县共选树“双强六好”示范党组织省级1个、市级3个、县级8个，非公和社会组织覆盖率均达到85%以上。（郭俊明　李鹏程）

【村级集体经济发展壮大】 2018年，县委组织部把发展壮大村级集体经济作为抓基层强基础、服务脱贫攻坚的重要举措，制定《全县发展壮大村级集体经济三年行动实施方案》，转变过去靠集体土地出租、重点工程、项目占地补偿、集体资产租赁等短期“破零”的发展集体经济方式，本年新拓展了六种渠道壮大集体经济。（1）光伏电站收益保底。全县有30兆瓦集中式光伏扶贫电站1座、村级电站117座、联村电站42座。可实现219个行政村村级集体经济保底收入5万元以上。（2）土地增减挂创收。把农村可利用土地作为村级集体经济持续发展的宝贵财富，全县110个老旧荒芜村庄、闲置凋敝宅基地院落纳入增减挂钩项目拆旧复垦，土地复垦交易266.7公顷，总收益6亿多元，除去补偿个户外，全部下拨乡村用于整村提升、用于发展壮大村集体经济，同时土地复垦新增耕地归村集体，可通过发包、出租等方式使村集体可获得持续稳定经济收入。全县土地增减挂涉及95个村。（3）发展手工业加工营利。与白沟、容城、雄县等地深度对接合作，引进发展以箱包加工、服装、插花等为重点的手工业，采取“支部+合作社+能人”模式发展壮大村集体经济。全县有63个村建成63个手工业加工厂，每年按照厂房占地每平方米50元和购置机器设备投资总额6%上交村集体，作为村集体经济收入。（4）实施“合作社+”模式增收。推广“党支部+龙头企业+合作社+贫困户”的集体经济扶贫方式，2017年全县统筹整合财政资金893万元，在13个村成立13个扶贫农机专业合作社，收益按照贫困户、合作社、村集体6:2:2的比例进行分配；利用第一书记项目资金，在15个村建成集体专业合作社15个，收益全部归村集体；河南牧原集团有限公司将在2018—2019年投资13.6亿元建设100万头生猪养殖基地，在5个乡镇7个村建设养殖场、饲料厂、有机肥无害化处理厂等配套场地，总计占地186.7公顷，村集体每年每亩收入50元，可持续收益10年。（5）盘活土地资源增效。鼓励具有土地、矿山、水能、山林、旅游等优势资源的村，在符合国家产业政策的前提下，开发资源，以股份合作等形式，创办集体经济实体。（6）资产性收益分配补缺。牧原集团有限公司“5+”扶贫，贷款利息差年收益2210万元；政府1500万周转金投入繁峙县农商行，全年利息收益119万元。两项资产性收益共计2329万元，年底全部分配到村，计入村集体财务。经组建专业评估小组评估验收，全县287个村集体经济全部实现破零，其中5万元以上村达到189个，占65.9%。（郭俊明　李鹏程）

【年轻干部培养工程】 2018年，县委组织部着眼于全县经济社会发展的需要，着眼于精准脱贫、精准扶贫工作的需要，坚持分层分类、重点培养、梯次储备的思路，大力发现、储备、培养年轻干部。（1）精准化分类选干部。根据班子结构配备及岗位职能需要，注重从脱贫攻坚、重大项目、重点工程一线，注重从农、林、牧、医等专业性较强的部门，注重从信访维稳、急难险重岗位上，有目的地选拔优秀年轻干部为重点培养对象。全县40岁以下各类科级干部和35岁以下、本科学历以上的公务员、参照公务员管理人员和事业单位中层正职干部纳入重点培养范围。通过干部自愿报名，单位党组织集体研究后确定为重点培养对象，全县共确定258名重点培养的年轻干部。（2）系统化培训增本领。把加强对年轻干部的教育培训作为建设高素质专业化干部队伍的重要任务来抓。全年举办各种类型培训班20多期，优先年轻干部参加。列入年轻干部培养工程的258名年轻干部，每人平均参加培训8次以上，特别是邀请国家级、省级专家教授的4次专题培训，广大年轻干部受益很大。（3）多元化实践长才干。有计划地安排优秀年轻干部参与脱贫攻坚、信访、巡察等专项工作，有目的地选派年轻干部交流轮岗。先后选派185名年轻干部担任第一书记，271名科级干部担任贫困村和有脱贫任务的非贫困村驻村工作队队长，20名新任科级干部到信访部门进行轮岗锻炼，70名干部到乡镇挂职，3名年轻干部到扶贫办挂职，7名事业干部到开发区挂职，3名选调生到村挂职。实施年轻干部培养工程，一大批干部综合素质得到提升，本年全县有5名在脱贫攻坚一线锻炼的优秀年轻干部，被市委选拔为副处级领导干部人选，其中2名是本县干部，1名省下派第一书记，1名市下派第一书记，1名市下派扶贫工作队队员。

（郭俊明　李鹏程）

【干部激励机制建设】 2018年，县委组织部激励干部担当作为。制定出台《进一步激励广大干部新时代新担当新作为的实施意见》，建立和实施“正向激励+容错纠错+反向问责”三位一体管理机制，通过“五注重五强化”激励干部担当作为，将干部精气神引导和凝聚到脱贫摘帽、乡村振兴等中心工作上来。注重思想引领，强化政治激励。坚持用习近平新时代中国特色社会主义思想武装广大党员干部头脑，树牢“四个意识”，坚定“四个自信”。累计开展各类培训班26班次，培训干部12000余人（次）。从严从实开展领导干部“一对一、面对面”谈心谈话。注重树立鲜明用人导向，强化选任激励。把树立正确的选人用人导向作为对干部最大的激励。2018年，先后从驻村工作队、第一书记和乡镇人员中提拔干部36人，将不胜任岗位工作的4名领导干部及时调整。农村“两委”换届，县委明确“两提倡一鼓励”的选任导向，换届后“一肩挑”率63.6%，支部书记连选连任的234人，283名乡土人才进入村党组织班子。注重工作考核，强化正向激励。充分发挥考核指挥棒作用，年初制定重点工作任务考核及全年目标责任考核方案，年终考核兑现，考核结果按乡镇、部门排队，全县通报，对评为优秀的乡镇、部门、单位及个人进行隆重表彰。制定《对村级组织年度工作目标责任考核实施意见》和《对村“两委”主干岗位报酬差额化发放办法》，将“两委”主干报酬与年度工作绩效考核挂钩。注重问责倒逼，强化反向激励。紧盯脱贫攻坚、生态环保、信访维稳、“三基”建设、扫黑除恶等重点工作，对失责者严肃追究相关组织及领导干部责任。2018年，累计约谈干部107人（次），通报干部70余人（次），诫勉谈话干部18

人（次），有 4 名领导干部会议做出检查，有 6 名领导干部写出书面检查。注重搭建平台，强化责任激励。县委将整村提升作为乡村振兴的头号工程来抓，推进过程中由政府提供技术指导和资金支持，将实施主体交付乡村，乡村两级充分发动群众参与整村提升工作，采取集体购料、个人出劳或集体组建工程队出工、个户买料等多种方式，按照全县统一规划整村提升，分示范引领、特色风貌、全面提升和基本达标四种类型要求，全县整村提升工程有效实施，取得明显效果。

（郭俊明　李鹏程）

【干部队伍建设】　2018 年，扎实开展县管领导班子和县管干部综合分析研判工作，抽调精干力量组成 9 个考核组，对全县 95 个单位 595 名县管干部进行分析研判。分类研究研判各单位存在的问题并提出调整优化意见，对存在问题严重的单位部门，会同纪检部门联合开展整顿。坚持好干部标准，严格按《党政干部选拔任用工作条例》选干部，发挥好党组织的领导把关作用，全年共调整干部 12 人，其中平调 10 人，免职 2 人。加大干部监督管理力度，全年县领导与 24 名县管干部进行提醒谈话，对 1 名正科干部进行了诫勉谈话。

（郭俊明　李鹏程）

【人才队伍建设】　2018 年，县委组织部深入落实《关于实施“滹源双创聚才行动计划”的意见》和“大众创业、万众创新”精神，最大限度释放各类人才创新创造创业活力，健全完善专家工作站和创业园区运行机制，着力打造创新创业平台。依托重点企业、借力专家工作站引进紧缺急需领军人才，助推全县新兴产业快速发展、传统产业升级提高。建立县委联系的专家人才动态管理制度、县领导联系人才制度，通过考核评比调整退出 23 名县委联系的优秀人才，34 名县级领导全部包联优秀专家人才，统计整理全县 6 类人才 10280 名。落实专家人才待遇，两节期间，投入 2 万余元对 58 名市、县委联系的优秀专家进行慰问。为 58 名市、县委联系的优秀人才每人订阅《中国组织人事报》一份，赠阅《习近平治国理政卷一、卷二》两本。实施人才素能提质工程，各级各部门采取多种方式，培训各类人才 7900 余人（次）。鼓励各级各类用人主体有序参与人才资源开发和引进，推动形成竞相创新创业的人才发展生动局面。　（郭俊明　李鹏程）

11 月 16 日至 17 日举办繁峙县领导干部素能提升培训班（郭俊明　李鹏程提供）

【党员队伍建设】　2018 年，县委组织部将加强党员队伍建设作为打基础、夯基础的重点，不断强化党员日常管理教育。把好党员“入口关”，按照“控制总量、优化结构、提高质量、发挥作用”的总要求，全年共发展党员 151 名。加强党内激励关怀帮扶，元旦、春节和“七一”前后，共下拨党费 53400 元，广泛组织开展集中走访慰问。组织开展以纪念“七一”为主题的系列党日活动。全县党员领导干部普遍到所联系的基层党组织中开展讲党课活动。将“山西智慧党建”作为党员教育管理的重要抓手，平台启动以来，各支部 APP 后台基本信息基本完

善。全县共计录入支部773个、党员信息9390条，发布信息3961条，通知145条，会议346条。（郭俊明　李鹏程）

【自身建设】　2018年，县委组织部倡导组工干部顾大局、守纪律、严制度、改作风、赛业绩，营造出组织工作创一流，组工干部树形象的良好工作氛围。强化学习教育，坚持每周二、周四班前学习制，部领导轮流值周，为组工干部统一购置200余本组织工作业务丛书和影视光碟学习资料，成立“三支队伍”定期交流学习，有效提升组工干部理论素养和专业能力。2018年，撰写信息70余篇，其中《山西日报》刊发1篇、《忻州组织工作》刊发4篇、《忻组信息》刊发5篇。强化实践能力，在推进党支部标准化规范建设中，建立部领导包片、部机关干部包点督促指导制度，要求每名组工干部定期到联系点督促、指导、调研基层党建工作，锻炼提升组工干部善抓党建、会抓党建、抓出成效的能力和水平。（郭俊明　李鹏程）

11月12日至24日，举办繁峙县科级干部学习贯彻习近平新时代中国特色社会主义思想读书班（郭俊明　李鹏程提供）

【扶贫工作】　2018年，县委组织部抓党建促脱贫工作。把干部帮扶作为脱贫攻坚的重要举措，从干部选派和管理上下功夫，确保干部帮扶取得实效。（1）精准选派扶贫干部。全面贯彻落实“两包三到一落实”精准帮扶联动机制，针对全县贫困村实际，坚持因村精准选派，实现单位及领导干部包村、工作队到村、第一书记到岗、结对帮扶干部到户“四个全覆盖”。全县共有117个帮扶单位、368名科级以上领导干部、344支驻村工作队（贫困村201支）、185名第一书记、6797名结对帮扶干部投身脱贫攻坚主战场，实现了“村村有扶贫工作队、户户有帮扶责任人”。（2）实行真督实查严考。健全县、乡、村三级干部脱贫攻坚责任体系，驻村帮扶干部建立履职清单，实施履职达标“六大行动”。出台《繁峙县县直单位驻村帮扶工作考核办法》《繁峙县农村第一书记管理考核办法》《繁峙县驻村帮扶工作队管理细则》《繁峙县脱贫攻坚精准扶贫工作督查方案》及半年、年终考核办法。建立县、乡、村三级帮扶督查巡查体系。坚持对驻村工作队、第一书记到岗履职情况进行督查，每周督查1至2个乡镇常态化，从严落实月巡查制度；创新运用考试督查方式；创新实施企业微信手机APP打卡考勤制度。以乡镇为单位建立微信群，工作队、第一书记在群里签到、请假、汇报工作，保证了每周“五天四夜”全脱产驻村制度落到实处。同时实行半月例会、半年测评、年终考核、通报、约谈、召回等制度。（郭俊明　李鹏程）

宣　传

【元宵节文艺活动】　2018年，元宵节期间，县委、县政府责成县委宣传部在县城举办“普天同庆歌盛事，万民齐步奔小康”为主题的一系列元宵节文艺活动，民间自发组织

15 支表演队伍、7 辆高台演唱车和彩车、2000 余人准时到达各自演出地点，载歌载舞、鼓乐喧天，与全县人民共同庆祝狗年元宵佳节。除了民间文艺表演，在府东广场，县委宣传部举办了以“讴歌新时代，共筑中国梦”为主题的繁峙县 2018 年摄影展，70 余块展板，展示了 2017 年繁峙县创新发展新成果以及收获的各项荣誉。（李晓军）

【组织宣传统战工作会议】 2018 年 3 月 26 日，繁峙县在宣传文化中心一楼会议室召开全县组织宣传统战工作会议。会议指出，组织、宣传、统战工作是党的重要工作，关系到管阵地、把导向、强队伍、促发展的成效。全县上下要全面贯彻党的十九大精神，始终保持攻坚冲刺的劲头和勇于担当的精神，不断凝聚转型动力和攻坚合力，不断推动全县经济社会高质量发展，努力在全县脱贫攻坚、全面建成小康中创造新业绩。

（李晓军）

【“扫黄打非”工作会议召开】 2018 年 4 月 11 日，本县在县老干二楼会议室召开 2018 年“扫黄打非”工作会议，学习领会省、市“扫黄打非”工作会议精神，全面部署 2018 年全县“扫黄打非”工作任务。会议要求，全县“扫黄打非”工作要紧紧围绕贯彻党的十九大精神，以高度敏锐、高度负责的态度，重拳打击淫秽色情文化垃圾和各类非法出版活动，确保文化市场健康有序和网络空间持续清朗。“扫黄打非”工作部门要牢固树立“四个意识”，坚定“四个自信”，充分认识“扫黄打非”工作的重要性。深入开展“五个专项行动”和专项整治，持续推进“扫黄打非”进基层工作。坚决查缴各类非法出版物、宣传品及有害信息，严厉打击侵权盗版行为和非法出版活动，严厉打击新闻敲诈和假媒体、假记者站、假记者，专项整治非法网站、公众号违规采编、转载时政新闻以及“黑电台”，非法卫星地面接收设备。专项整治校园周边出版物市场、非法违规网站直播平台和非法传播网络淫秽色情文学作品等。（李晓军）

【第七届“全民读书月”活动启动】 4 月 23 日，县委宣传部在府东广场举行以“读书开启文明新生活”为主题的繁峙县第七届“全民读书月”活动启动仪式。旨在全县范围内营造读书爱书的浓厚氛围，引导全县广大干部群众、青年学生爱读书、多读书、读好书，让大家在阅读中开阔视野、增长知识、陶冶情操，不断丰富精神世界，增强服务社会、推动发展的能力。（李晓军）

【省文联文艺扶贫】 2018 年 5 月 23 日，省文联到繁峙农发新村进行文艺扶贫捐书活动，紧密围绕繁峙县的中心工作、发展战略，积极探索文艺扶贫和产业相结合的精准扶贫之路。（李晓军）

【“牢记嘱托、感恩奋进”精准扶贫主题宣讲繁峙报告会召开】 2018 年 5 月 31 日，市委“牢记嘱托、感恩奋进”精准扶贫主题宣讲繁峙报告会在县宣传文化中心召开。会议强调要牢固树立“四个意识”，更加紧密团结在以习近平为核心的党中央周围，迅速掀起学习宣传贯彻落实党的十九大精神和习近平总书记重要讲话精神的高潮，牢记嘱托、感恩奋进，续写新时代繁峙发展新篇章，奋力开创百姓脱贫致富、生态美丽多彩繁峙新未来。

（李晓军）

【毛主席路居伯强纪念馆布展座谈会】 2018 年 6 月 12 日，本县举行毛主席路居伯强纪念馆布展座谈会，研究毛主席路居伯强纪念馆规划、设计及布展等相关工作，汇报纪念馆布展相关工作进展，对下一步工作进行安排部署。（李晓军）

【建党97周年表彰大会暨第七届“大杏奖”“三民”舞台艺术大赛决赛召开】 2018年6月28日晚，本县在宣传文化中心隆重举行纪念建党97周年表彰大会暨第七届“大杏奖”“三民”舞台艺术大赛决赛。活动表彰了全县各条战线上做出突出贡献和取得优异成绩的284名共产党员、98名党务工作者和100个基层党组织，分别授予“优秀共产党员”“优秀党务工作者”和“先进基层党组织”荣誉称号。随后进行了精彩的“三民”大赛决赛。（李晓军）

【“七一”书法展】 2018年6月29日，为庆祝建党97周年暨改革开放40周年，县委宣传部、县文联、县书法家协会在县体育馆共同举办书法展。书法展向全县征得130余副书法作品，经忻州市书法家协会知名专家对全县征得的作品进行审慎品评，选出优秀作品10件、入展作品20件、入选作品42件，连同特邀作品35件一起进行公开展出。（李晓军）

【文化、科技、卫生“三下乡”活动启动仪式】 2018年8月10日，县委宣传部在金山铺乡农发村举办文化、科技、卫生“三下乡”活动启动仪式。在“三下乡”宣传活动中，繁峙县委宣传部牵头组织文化、科技、卫计、司法、农委、交警、科协等部门的精干力量，组成文艺演出、科技宣传、文化服务、卫生服务、法制宣传等多支小分队，通过老百姓喜闻乐见的形式，不断延伸工作触角，深入全县13个乡镇近100个农村进行宣传，推进文化、科技、卫生等基本惠民项目与精准扶贫工作深度对接，宣传习近平新时代中国特色社会主义思想。（李晓军）

【全国第五届网络安全宣传周举办】 2018年9月17日至23日是全国第五届网络安全宣传周。根据2018年国家网络安全宣传活动周的统一安排部署，县委宣传部组织新闻办、互联网新闻宣传中心、公安局、团委、教育局和人民银行等多家单位在府东广场设立集中宣传点，工作人员通过发放宣传资料、现场讲解、展板宣传等方式，向过往群众发放网络安全宣传折页1000余册、加强网络安全意识宣传单1500余份、网络安全宣传海报500多张，网络安全环保袋200多个。（李晓军）

【首届“滹源稻花香”农民丰收艺术节举行】 2018年10月13日，由中共繁峙县委宣传部、县文联主办的繁峙县首届“滹源稻花香”农民丰收艺术节在繁城镇作头村勇和生态农场举行。此次活动由国家体育总局驻繁扶贫工作组、山西农大、县商务局、繁城镇、建行繁峙支行、县摄影家协会、县勇和农场联合协办，中国文学艺术基金会资助。（李晓军）

【庆祝改革开放40周年新年晚会】 2018年12月27日，繁峙县庆祝改革开放40周年新年晚会在县宣传文化中心会议室上演。晚会得到山西省文联、山西戏剧职业学院大力支持。旨在讴歌中国改革开放40年的伟大历程和取得的巨大成就，展现全县27万人民决战决胜脱贫攻坚的恢宏场景。（李晓军）

·理论组·

【理论学习】 2018年，县委理论组根据中央和省市精神，制定了《2018年县委理论学习中心组学习计划》，县委理论学习中心组全年集中学习 18 次，就“习近平总书记在学习贯彻党的十九大精神研讨班开班式上的重要讲话”精神、《乡村振兴战略规划(2018—2022 年)》、全国生态环境保护大会精神、《中共中央国务院关于全面加强环境保护坚决打好污染防治攻坚战的意见》进行专题辅导。

5 月 31 日，市委“牢记嘱托、感恩奋进”主题宣讲报告团到繁峙，宣讲团团长、市委讲师团团长鲁冀广和宣讲团成员谢礼清、张彦妮分别作了两场宣讲报告，全县四大班子领导、县直各单位主要负责人、各乡（镇）党委书记、乡（镇）长、全县理论骨干、城区各居委会党支部书记、城区周边村党支部书记、部分企业的领导和管理干部代表等 260 余人在县宣传文化中心主会场聆听宣讲报告，繁城镇东魏家村两委班子成员和村民代表共 60 余人在东魏家村分会场参加报告会。6 月，制定《关于在全县开展“牢记嘱托、感恩奋进”主题宣讲活动的实施方案》，县委宣传部、县委党校、县委理论组共同组织宣讲团，深入全县各乡镇和居民办事处进行了“牢记嘱托、感恩奋进”主题宣讲报告。

6 月 28 日，在第十一届县政协常务委员会第九次会议上，县委理论组对《宪法修正案》《政协章程修正案》《中华人民共和国监察法》《国务院机构改革方案》等内容进行专题辅导。（李　敏）

·新闻工作·

【宣传方案制定】　2018 年，繁峙县新闻办根据县委、县政府的工作要求部署，突出重点脱贫摘帽宣传，专门出台宣传方案，抓好系列报道，多层次、多角度宣传县委、县政府的脱贫部署、脱贫战略和脱贫措施，为本县脱贫攻坚和稳定发展营造良好舆论环境。

（乔　伟）

【专题报道】　2018 年，县新闻办遵照新闻宣传“时度效”规律，根据不同时期工作重点，适时推出重点报道、战役性报道、主题报道和成就报道，形成宣传声势，发挥新闻舆论的集群效应。2018 年，《今日繁峙》先后开设“脱贫攻坚专题”“脱贫攻坚先锋”“项目建设”“扫黑除恶”等专题栏目，报道本县脱贫攻坚、项目建设、扫黑除恶以及其他重点工作所取得的新成就、出现的新亮点、呈现的新气象。（乔　伟）

2018 年，柏家庄乡村级光伏电站（乔伟提供）

【新闻策划】　2018 年，县新闻办不断强化策划意识，响亮主旋律。《今日繁峙》不定期实行版面改版，腾出重要版面、更多版面，对县委、县政府的重大决定部署和中心工作作系列专题报道，同时结合一些重大新闻事件积极组织记者深入一线采访，掌握一手资料，刊发新闻消息，正确引导舆论，为脱贫摘帽、项目建设、扫黑除恶等重点工作营造良好宣传氛围。（乔　伟）

【精品意识树立】　2018 年，县新闻办在日常工作中，持续强化工作敏锐性，不断提升编辑能力，要求记者善于用小切口呈现大主

2018 年 3 月 27 日，繁峙县新闻办组织的《忻州日报》新成就、新思路、新作为专题宣传（乔伟提供）

题，小故事反映大变化，小视角折射大时代，让更多思想深刻、内容丰富、语言生动、制作精美的优秀作品呈现在版面上、网络上。围绕全县经济建设及脱贫摘帽情况，采编了一系列语言严谨生动、内容翔实有力的稿件。

（乔　伟）

【多方沟通报道】 2018 年，县新闻办与《忻州日报》《山西日报》《山西经济日报》《中国扶贫》杂志、《新华社山西分社》《新华网》《人民网》《山西青年报》《发展导报》《中国技术市场报》《今日头条》等各级媒体沟通，围绕繁峙县在脱贫攻坚、项目建设、城乡发展、民生保障、文旅兴县、绿色生态等各个方面所取得的成就进行宣传报道。2018 年，共计在市级以上各类主流媒体发稿 337 件，其中《中国扶贫杂志》《中国技术市场报》《人民网》《新华网》等国家级媒体发表 6 件，《前进》《山西日报》《山西经济日报》等省级媒体发表 69 件，头版 98 件。

（乔　伟）

2018 年 10 月 10 日，繁峙新闻办组织的《忻州日报》项目建设专题展示版面（乔伟提供）

【采访活动策划】 2018 年，县新闻办遇有重大活动、重要项目签约、重点项目落地，积极邀请主流媒体对外宣传，力争刊发更多的繁峙新闻，加大对外宣传繁峙力度。在山西奥博光伏生产基地项目投产启动仪式、全县扶贫项目集中签约仪式、全国毽球比赛、2018 年“寻找美丽中华”全国旅游城市定向系列赛繁峙站赛事及全省攻坚深度贫困现场推进会、山西银行业金融扶贫现场推进会、山西省城乡建设用地增减挂钩工作现场推进会等活动中，新闻办积极邀请忻州日报、山西日报、山西电视台、忻州电视台、山西经济日报、新华社山西分社等省级以上各大媒体记者来繁峙采访，强化宣传效果。（乔　伟）

2018 年，繁峙县投产的奥博光伏车间流水线（乔伟提供）

【新闻成果】　2018 年，县新闻办重点围绕脱贫摘帽目标，打响决胜脱贫摘帽新闻舆论攻坚行动，采写大量有深度、有力度、有温度、有影响力的新闻稿件。“繁峙县攻城拔寨决胜脱贫摘帽”“繁峙县脱贫摘帽誓师大会吹响总攻”“好日子越过越红火”“繁峙：下足绣花功夫，脱贫靶向发力”“繁峙县十大产业决胜整县摘帽大考”“繁峙县抓住扶贫两极忙充电”“繁峙县以超常举措打赢脱贫摘帽攻坚战”“繁峙县向贫困作最后进攻”“繁峙县易地扶贫搬迁激战正酣”“繁峙县探索生态产业助力精准脱贫新模式”“厂子建在家门口——企业带动返乡成新潮”“勠力同心‘拔穷根’”等反映全县脱贫攻坚稿件向外界展示繁峙县“不破楼兰终不还”的脱贫勇气。

“‘黄土圪梁’变身‘花果山’”“繁峙蔬菜将于 7 月摆上港人餐桌”“繁峙：毛驴养殖圆了脱贫梦”“遍地裁缝撑起脱贫半边天”“繁城镇的稻花香了”等文章投射出繁峙县扶贫产业蓬勃发展的现状，反映繁峙县将产业扶贫作为脱贫攻坚工作第一支撑的坚定决心与成就。

“贫困县县委书记的‘大块文章’”“青春在扶贫事业中闪光”“扶贫路上领头雁”“扶贫路上急先锋”“他帮乡亲们圆了脱贫梦”“争做扶贫一线尖兵”“沙万里荣获全国脱贫攻坚奖奉献奖”等一批反映帮扶典型事迹的稿件也相继在各大媒体发表，反映全县经济社会发展的重点稿件“繁峙重槌擂响 2018 经济战鼓”“繁峙：靶向发力推动转型项目建设实现新突破”“繁峙：狠抓项目建设，助推转型发展”等文章取得很好的宣传效果和社会效应。

此外，《中国扶贫》杂志 2018 年 10 期，《前进》杂志 2018 年 12 期分别刊发县委书记孔保宝署名文章“齐心协力实现繁峙如期脱贫摘帽”“用底线思维推动繁峙高质量发展”。文章用具体的数据、详尽的描述及真实事例表现出繁峙全县上下建设美好家园的清晰思路和决战决胜脱贫攻坚的坚定决心。（乔　伟）

【学习培训】　2018 年，县新闻办按照新形势下对新闻宣传工作的要求，不断加强教育培训、提升专业素养，增强大家的政治敏锐性、信息鉴别力、舆论导向力，使新闻工作者严格遵守宣传纪律，自我加压，履职思成，谋事干事，提高自身素质。（乔　伟）

【争先创优】　2018 年，县新闻办在全体采编人员中大力倡导“主动工作、积极工作、全力工作”爱岗敬业执行理念，向政治强、业务精、纪律严、作风正的高素质队伍看齐，提高新闻管理人员责任意识和效率意识。

（乔　伟）

【思想政治教育】　2018年，县新闻办增强政治素质。通过双日双评主题党日活动、微信工作群发布、采编人员集中学习、参加行业培训等形式，学习习近平新时代中国特色社会主义思想，学习中共理论和路线方针政策。（乔　伟）

【“走转改”活动】　2018年，县新闻办深化“走转改”。要求记者深入开展“走转改”活动，扛起设备，背起行囊，下基层、到一线，采编第一手鲜活资料，用群众耳熟能详的语言、喜闻乐见的形式、普遍认可的道理、有目共睹的事实，带着真情、感情写出一篇篇接地气、沾露气、冒热气的好作品。

（乔　伟）

·广播电视·

【舆论宣传】　（1）内宣工作围绕中心，全力跟进。2018年，按照县委、县政府工作要求，繁峙县广播电视台认真学习宣传、全面贯彻落实党的十九大精神、习近平新时代思想，深入报道全县“两学一做”“支部主题党日”教育活动开展情况，发掘典型，展示亮点；认真组织报道全县党代会、“两会”热点问题、产业扶贫、脱贫摘帽、乡村振兴、生态建设、重大项目建设等，促进全县各项工作扎实开展。到12月底，《繁峙新闻》共播出150期，共计960余条。（2）外宣工作积极主动，组织有力。记者站在连续五年发稿量居全市第一的基础上，不骄不躁，稳步推进，保持了在市台的领先优势。截至年底，电视台记者站在省台发稿两条，市台发稿770余条，排名全市第一，为宣传繁峙、提升繁峙知名度与影响力做出了努力。（刘炳全）

【重点工程】　2018年，“户户通”工程建设继续巩固任务，涉及全县13个乡镇。为做好这项工作，成立了由主管领导任组长的“户户通”工程维修领导小组，并制定实施方案，为广大“户户通”用户及时开展安装维修服务。有线网络不断拓展，继续以优良产品、优质服务巩固原有2万用户。

（刘炳全）

【安全播出】　2018年，县广播电视台严格按照上级要求，不断完善安全防护体系。在重要部位增设监控设施，健全统一高效的快速反应机制，坚持24小时轮班值守，确保广电用户收视安全。2018年再次实现了优质安全不间断播出。（刘炳全）

【党风廉政建设】　2018年，县广播电视台按照班子责任分工，坚持“谁主管，谁负责”原则，将党风廉政建设目标责任进行细化分解，推进了党风廉政建设各项任务目标的落实，对群众关心的党务政务，一一公开公示；严格按照党的廉洁自律准则、纪律处分条例，健全完善有关制度，使广大党员干部的言行得到进一步规范。

加大项目建设资金监管力度。按照有关规定，坚持在项目建设上集体讨论、反复论证、公开招标、民主决策；在人事任免上，实行了竞争上岗、民主推荐、集体决定、纪检监督，增强了工作的透明度。

加大行业作风建设力度。紧密联系“两学一做”、“支部主题党日”等教育活动，相继开展创建“青年文明号”、舆论引导无差错、安全播出零事故等活动，进一步强化队伍行风建设，通过活动，有效杜绝了有偿

新闻、虚假新闻等现象的发生，增强行业的影响力和公信力。（刘炳全）

统　战

【全县统战工作会议】　2018年3月26日，繁峙县统战工作会议在县宣传文化中心召开。会上，乔震宇作了题为《把握形势、凝聚力量、围绕中心、服务大局、努力开创繁峙县统战工作新局面》的工作报告，回顾总结2017年统战工作，重点对2018年全县统战工作进行安排部署。2018年全县统战工作的总体思路为：以习近平新时代中国特色社会主义思想为指引，深入学习贯彻中共十九大精神，全面落实全国、全省、全市统战会议精神和全县经济工作会议精神，充分发挥统一战线独特优势，以助推脱贫攻坚，维护民族宗教和谐稳定为工作重点，做好非公经济、新社会阶层人士等各个领域统战工作，积极凝聚人心，汇集力量，进一步开创统一战线事业新局面，为实现全县脱贫摘帽做出贡献。

2018年统战工作会议是近年来规模最大的一次统战工作会议。（张永顺）

【民主党派工作】　2018年，繁峙县委统战部实施“凝心工程”，多党合作事业有力推进。在民主党派和无党派人士中开展“不忘合作初心、继续携手前行”学习教育活动；组织召开纪念“五一口号”发布70周年座谈会；在全县经济工作会议等会议之前适时召开征求意见会；选派部分党外干部赴重庆大学进行学习培训。（张永顺）

【宗教工作】　2018年，县委统战部加强宗教管理，宗教领域呈现和谐稳定。加强了基层宗教工作三级网络和两级责任制建设。建立了13个乡（镇）和311个行政村党组织负责人为主要责任人的宗教管理网络；先后开展佛教涉藏维稳、佛教专项整治和全县宗教大排查工作，共对全县72处宗教活动场所和92处非宗教活动场所进行综合摸排；推进《宪法》、国旗、宗教条例、社会主义核心价值观为主的“四进”活动和宗教活动场所地“四禁”“四查”工作。（张永顺）

【非公经济工作】　2018年，县委统战部落实中央民营企业家座谈会精神，坚持“两个毫不动摇”，支持民营经济发展。县委书记孔保宝主持召开民营企业家座谈会；全县出台县四大班子领导联系民营企业家制度；县工商联整理印发了《支持民营企业发展文件资料汇编》。工商联于11月8日进行换届，11名非公经济人士当选工商联副主席。矿产品有限责任公司董事长黄卫东、第三建筑安装工程公司经理沙万里荣获全省“优秀中国特色社会主义建设者”荣誉称号。（张永顺）

【扶贫工作】　2018年，县委统战部实施“聚力行动”，助推脱贫摘帽成效显著。以民营企业为主体的社会力量帮扶工作全面开展，全县103个企业与147个贫困村进行结对，实现项目投资2761.71万元，扶贫捐资278.35万元，新增就业2200多人，吸收贫困户带资入股4475万元，带动了近5000户贫困户实现脱贫。（张永顺）

机构编制

【砂河镇经济发达镇行政管理体制改革】　2018年，繁峙县编办按照“接得住、能用好”的要求，对照省级赋权指导目录中381项行政职权事项逐条讨论研究，并与 13 个放权部门多次对接，下放行政职权 217 项。

以构建简约高效的组织架构为目标，创新改革体制机制，砂河经济发达镇组织架构拟按照“6+1+6”的模式设立，即 6 个内设行政机构（党政综合办公室、经济发展办公室、镇村规划建设办公室、社会事务管理办公室、综合执法办公室、行政审批办公室）、1 个事业单位（农村综合服务中心）、6 个派驻机构（砂河派出所、砂河司法所、砂河市场质量监管所、县税务局砂河分局、砂河国土所、砂河环保所）。为充实工作力量，跨层级给砂河镇增加了行政编制 10 名。（张志强）

【机构改革】 2018 年，县编办做好机构改革前期准备工作。根据《深化党和国家机构改革方案》精神，完成县级机构改革调研摸底工作。2018 年全县行政单位 53 个，事业单位 305 个，其中承担行政职能的事业单位 89 个。按照省市机构改革部署要求和时间节点，制订《繁峙县机构改革方案》初稿。（张志强）

【行政执法体制改革】 2018 年，县编办根据省、市文件精神，锁定市场监管、卫生计生、文化旅游、国土资源、农业、林业、水利、交通运输、安全生产、商务等综合执法领域编制 505 名，人员 525 人。在整合原有执法队伍的基础上，重新组建了“繁峙县商务经信粮食综合行政执法队”“繁峙县卫生计生综合行政执法队”和“繁峙县文化综合行政执法队”。（张志强）

【“放管服效”改革】 2018 年，根据省、市文件精神，本县分别以繁政发〔2018〕15 号、繁政办发〔2018〕76 号和繁政发〔2018〕51 号文件对应承接行政职权事项 4 项，取消行政职权事项 11 项（其中 1 项不涉及权责清单调整），调整行政职权事项 166 项。并督促各部门对调整更新后的行政职权事项，及时制定、完善和公布行政职权的责任清单和行政职权运行流程图、廉政风险防控图。

调整后本县权责清单行政职权事项为 3252 项，其中行政许可 163 项，行政处罚 2428 项，行政强制 111 项，行政给付 19 项，行政检查 42 项，行政确认 38 项，行政奖励 33 项，行政裁决 4 项，行政征收征用 25 项，其他权力 389 项。

中介服务事项。根据《忻州市人民政府办公厅对市政府部门行政审批中介服务事项清单进行动态调整的通知》（忻政办发〔2018〕16 号）文件精神，本县以繁政办发〔2018〕24 号文件对县政府部门 9 项行政审批中介服务事项进行了调整。其中，取消行政审批中介服务事项 1 项、依法列入行政审批中介服务事项清单的事项 8 项。调整后全县共有中介服务事项 38 项，涉及单位 11 家，并以繁政办发〔2018〕24 号文件在县政府门户网站公布了全县行政审批中介服务事项清单，接受社会监督。（张志强）

【三基建设】 2018 年，根据省市文件精神，县编办及时转发省编办文件，牵头推进“基础工作”的落实，与县委办、政府办、县委组织部、县纪委组成联合审核组，细划任务分工，对照考核细则，对全县 104 家单位上报的《基础工作目录》《管理手册》《应知应会手册》《便民服务手册》进行集中审核，并在各单位自评报告的基础上，根据验收申请，审核组分组实地验收，达标验收工作按时圆满完成，达标率达 100%。（张志强）

【机构编制云平台建设】 2018年，根据中央编办《关于同意将山西省本级及部分地市列入机构编制云平台应用地区的函》（中编电函字〔2018〕16号）文件精神。县编办采取各单位分批次集中办公的方式，从12月4日开始，到12月15日结束，机构编制云平台权责清单管理系统中的数据全部录入完成，共计录入行政职权事项3252项，其中行政许可163项，行政处罚2428项，行政强制111项，行政给付19项，行政检查42项，行政确认38项，行政奖励33项，行政裁决4项，行政征收征用25项，其他权力389项。 （张志强）

党校教育

【概况】 2018年，中共繁峙县委党校认真学习习近平新时代中国特色社会主义思想和党的十九大、十九届二中、三中全会精神，深入开展“双日双评”活动，推进“两学一做”学习教育常态化制度化，严格按照中央、省、市委《关于加强和改进新形势下党校工作的实施意见》要求，加强“三基建设”，以常规工作求创新、重点工作出精品、难点工作求突破、整体工作创一流为目标，认真履行职责，较好地完成了各项工作任务。 （刘俊智）

【重点轮训培训】 2018年，县委党校充分发挥党校干部教育的主渠道、主阵地作用。共完成干部培训11期，培训2000余人(次)，圆满完成了全县扶贫干部学习习近平总书记精准脱贫重要思想培训、全县扶贫干部精准扶贫政策培训、全县扶贫干部贫困退出培训、农村（社区）“领头雁”延伸培训、农村第一书记驻村扶贫工作队队长、大学生村干部培训、全县青年干部能力提升培训、全县县管领导干部学习贯彻习近平新时代中国特色社会主义思想读书班、全县乡镇、县直机关理论骨干培训、全县人大代表培训、全县政协委员培训、全县新任公务员培训等。还先后组织骨干教师深入机关、乡镇、企业、学校、社区，面向基层党组织和广大党员开展了“牢记嘱托、感恩奋进”主题党课宣讲，宣讲中紧密结合县实际典型事例，既有理论的阐释，又有实践的思考，既有政策的详细解读，又有现实的释疑解惑，具有很强的理论性、指导性和针对性，为全县打赢脱贫攻坚战进一步指明了方向、指出了路径、提出了要求，进一步激发了贫困群众脱贫攻坚内生动力，为全县脱贫摘帽奠定了基础。该校教师还先后深入全县十三个乡镇和县居民办事处、县直机关进行中共十九大、十九届二中、三中全会精神巡回宣讲，培训人数2000余人。多次为县委理论学习中心组进行理论学习辅导。 （刘俊智）

【教学改革及成果】 2018年，在保证完成培训任务的基础上，党校着眼于提高培训质量而不断开拓创新：（1）加强班级管理，逐步加强培训学员在党校学习期间的规范性和纪律性，保证学习时间和质量。（2）创新教育手段，在传统授课方式发挥主体作用基础上，多媒体教学、互动教学、案例教学、现场教学等不断得到运用。

科研是党校教育的基础。党校教科研工作牢牢坚持为县委、政府决策服务、为教学服务、为社会服务的方向，紧紧围绕全县经济社会发展开展调研。2017年至2018年，党校教师在县内各部门、基层乡镇、村和企业调研50多人（次），共计撰写调研文章或论文8篇。

2017年、2018年党校每年有两人被评为县优秀党务工作者，受到县委表彰。2018年全省党校（行政学院）系统每两年一次的教师赛讲，党校一名教师获三等奖，一名教师获优秀奖。（刘俊智）

离退休干部管理与服务

【离退休干部体检】 从2018年8月27日至10月10日，通过一个多月的时间，县委老干局分县城和砂河两组，对全县离退休干部进行了体检。（冯识途）

【重阳节体操大比赛】 2018年重阳节期间，县委老干部局和县老体协共同举办了老年人大型广场体操表演比赛。参赛队伍二十多支，参赛人数多达两千多人。为激发老年人加强体育锻炼，提高身体素质发挥了很大的促进作用。（冯识途）

繁峙县第六届中老年人庆国庆迎重阳体育健身展示大会（冯识途提供）

【扶贫工作】 2018年，县委老干部局在做好日常工作的基础上，紧密围绕县委、政府“扶贫脱贫”这一中心工作，严格按照上级要求，对东山乡宫黄沟村和黄草村助力扶贫。新年前，为黄草村贫困户每家送去白面和大米，进行了慰问。全年累计下乡扶贫50多人次。（冯识途）

县委、县政府、县委老干局组织离退休老干部代表观摩滹沱河源头综合治理工程（冯识途提供）

【大项观摩】 2018年10月12日，经县委、政府同意，县委老干部局组织老干部代表六十多人，对全县重大工程项目进行了集体观摩。从滹沱河源头综合治理到平型关明长城修缮，从大营蔬菜产业园到田源毛驴养殖场，从牧原农牧二十万头养猪场到滨河移民小区，一天时间，观看了十三个重大项目。（冯识途）

【银行卡（存折）的征集】 为进一步落实广大离退休干部的生活待遇。从2018年11月份开始，经过一个多月的紧张工作，老干局对全县两千多名离退休干部的银行卡（存折）信息进行了征集，年底基本完成工作任务，方便了老同志们现金存取的需要，同时也减轻了老干局现金发放的压力。（冯识途）

【春节送温暖活动】 为全面落实好离退休干部的“两个待遇”，2018年春节期间，县委老干部局全体工作人员分四个小组，为期一周，深入各乡镇，对全县离退休干部进行慰问，对特殊困难的老干部进行家访，发放慰问金，了解他们的疾苦，努力解决他们的实际困难。向全县离休干部每人发放三百元慰问金；向全县退休干部每人发放二百元慰问金；向担任过县副处以上实职的退休老领导赠送了鲜花，鼓励他们为繁峙经济社会等各方面的发展建言献策。（冯识途）

【老年书画展】 国庆期间，县委老干部局和县委组织部联合主办了以繁峙老年书画协会为主体的大型书画展，参展会员150余人，展出作品200多幅。特别是退休干部高瑾为展会创作了个人237米的书法长卷，成为展会的一大亮点。县四大班子领导亲临现场，感受了由68人集体创作的百米长卷。（冯识途）

信　访

【越级上访】 2018年，繁峙县进京非接待场所上访登记2人（次），刑事、外围处理9人（次）。接待场所上访21人（次）。赴省集体访6批（次）128人（次）。到市集体访2批（次）139人（次）。县四大班子领导干部接待来访群众289批（次）2693人（次），有效解决了群众合理诉求，维护了群众合法权益。对一些不合理的诉求，有针对性地进行耐心解释、说服，同时，开展矛盾纠纷排查化解，将排查出的75件重点案件和特殊利益诉求群体案件落实了化解责任和教育稳控责任。办结中央巡视组交办信访事项10件（协助代县办理1件）。办结中央扫黑除恶第二督导组交办案件6件。办结省扫黑办交办案件5件。办结省交办进京赴省集体访案件4件。办理领导信箱信访事项24件，办结20件，4件正在办理。办理中央、省、市转送来信35件，办结29件，6件正在办理。办理转送群众来访16件，办结14件，2件正在办理。办理网上投诉事项101件，办结93件，8件正在办理。完成全国、全省、全市“两会”和省、市重要活动信访稳定工作任务，实现“零非访”。完成视频信访系统建设，与省、市视频信访系统顺利互通。（温计福）

【非访治理】 2018年，繁峙县把治理进京赴省非访作为规范信访秩序的首要任务、重中之重。全县刑事拘留5人，行政拘留10人，警告4人。（温计福）

【社会力量参与信访工作】 2018年，积极推进社会力量参与信访工作。6名工作能力强、工作热情高，群众公认、公道正派的离退休老干部在信访接待中心协调解决信访事项。（温计福）

2018年，积极推进社会力量参与信访工作。图为离退休老干部在接待来访群众（温计福提供）

史　志

【概况】 1980年9月，成立繁峙县地方志编纂委员会，下设办公室，负责收集、整理，编纂《繁峙县志》，办公室为正科级单位，隶属于中共繁峙县委。1982年3月，成立中共繁峙县委党史资料征集办公室（简称

“党史办”），承担征集，整理、研究、编写中共地方党史和革命斗争史等工作。1986 年 8 月 25 日，根据文件精神，县地方志编纂委员会办公室为全民所有制事业单位，编制总数 3 人，其中：正职 1 人，全额财政负责，人员不足可用事业费雇用。2009 年 12 月，山西省地方志办公室分设后，繁峙县地方志编纂委员会办公室归属县政府。

2011 年 5 月 9 日，根据繁峙县机构编制委员会下发的《关于印发〈繁峙县党史资料征集办公室（县志办）主要职责、内设机构和人员编制规定〉的通知》（繁编发〔2011〕31 号）精神，中共繁峙县委党史资料征集办公室与繁峙县地方志编纂委员会办公室合并，改名为繁峙县党史资料征集办公室（县志办）。合并后的机构为正科级建制，隶属于中共繁峙县委。核定财政拨款管理人员编制 8 名，领导职数 1 正 1 副。内设 3 个股级机构：办公室、党史征编股、县志征编股，编制各 2 名，股级领导职数 1 名。

（冯占军）

【地方志编纂】《繁峙年鉴（2018）》于 2018 年 8 月由方志出版社出版，该年鉴由山西省史志印刷厂承印。是忻州市首家完成的县级年鉴。

此外，积极完成省、市交办的任务。根据市地方志办要求，办公室克服人员少、时间紧等诸多困难，通过查阅资料、深入调研等途径，深入挖掘本县特色亮点工作，全面展示本县经济、社会、政治、民生等各方面的综合发展情况，为《山西年鉴》报送繁峙县材料近 3000 字，及时高效完成省、市各项组稿任务。（冯占军）

【党史编纂】《中国共产党繁峙县历史纪事（1936—2017）》（以下简称《纪事》）通过大量的历史资料考证，上限进一步向前延伸。最终确定为 1926 年 12 月，下限不变。《纪事》记载中国共产党在本县发展的历史，较好地反映了繁峙县科学发展的历史进程。2018 年年底，该书稿已经送交出版社审稿并申请办理出版手续。

积极推进党史宣传教育工作，广泛宣传党史。通过多种途径，利用党史阵地，引导和帮助党员领导干部学习党史、研究党史。

《中国共产党繁峙县历史》编纂、整理工作正在有序进行。（冯占军）

【扶贫工作】2018 年，县史志办认真贯彻县委、县政府脱贫攻坚任务，协助本办派出到繁城镇西庄村挂职的第一书记完成扶贫工作。同时，本办其他人员全员到杏园乡鳌子头村、繁城镇高家庄村进行驻村扶贫工作。通过一年的驻村入户走访调查，帮助村两委制定可行的脱贫攻坚计划，受到精准贫困户的好评。（冯占军）

档案工作

【概况】2018 年，县档案局紧紧围绕“为党管档、为国守史、为民服务”目标，档案在服务党委、政府、服务社会经济发展中做出了应有贡献。

根据省、市档案局关于加强“三基”建设的意见，县档案局制定了 2018 年档案干部专业能力培训规划，并于 5 月 29 日举办了全县档案业务知识培训班，培训人员 150 余人。

“6·9”国际档案日之际，县档案局开展了档案法律法规宣传活动，制作 20 余幅图文并茂的宣传展板，印发档案业务知识宣传册 2000 余份。（张国文）

关心下一代工作

【概述】　2018年，根据国家、省、市关心下一代工作委员会的要求，繁峙县关心下一代工作委员会（简称：关工委）提出“125”年度工作目标（“1”抓好一批家长学校基本建设；“2”组建好使用好“五老”和“志愿者”这两支队伍；“5”做好五件事，即组织好“中华魂”读书活动、建立家庭教育指导委员会、创建爱国主义教育基地、创建“名人”少先队、为特困青少年办实事）。

（李慧英）

【家长学校】　2018年，家长教育在三个方面实现了新的突破。（1）成立“繁峙县家庭教育指导委员会”，整合教育、妇联、团委（少工委）、关工委四个部门的教育资源和管理力量，做到三个统一，即统一教学目标，统一组织授课、统一验收标准。理顺了各单位与学校对接的体制，做到了只帮忙不添乱。（2）成立家庭教育讲师团，具体安排和落实授课任务。值得一提的是，经过一年的锻炼，涌现出一大批本土家庭教育讲师，成为家长学校的主力军，受到广大家长的好评。（3）利用暑假在县城、砂河、大营三地举办家长教育大讲堂，聘请省、市家庭教育专家授课。一周时间的大讲堂，参与家长达到4000余人（次）。（李慧英）

【“五老”和志愿者队伍建设】　2018年，县关工委“五老”队伍建设扎实推进，“五老”奉献精神可圈可点，在传承红色文化、党史国史教育方面发挥了积根作用，特别是韩全虎、马克2位老干部，不分冬夏，只要关工委有活动，总是冒严寒、顶酷暑，在砂河烈士陵园、毛主席路居纪念馆、革命作家魏钢焰故居等地为青少年讲述一个个繁峙的革命故事和红色记忆，传承繁峙人民艰苦奋斗、不屈不挠的革命精神，为孩子们提供了贴近生活、真实可信的革命传统教育。在爱国主义教育基地的建设和使用，名人少先队的成立和活动中广大“五老”全面出动，发挥了积极作用，先后有20多名“五老”成员参与其中，极大地推动以爱国主义为核心的社会主义核心价值观的传承和践行。

志愿者队伍建设成绩斐然。特别是家庭教育志愿者数量和质量都有较大的提升。全县关心下一代工作社会公益活动志愿者8人，文化志愿者9人，家庭教育志愿者57人，社会各界的志愿者，缓解了关工委工作经费短缺、人才匮乏、知识老化等诸多问题，成了关工委一支不可缺少的生力军。

（李慧英）

【“中华魂”读书活动】　2018年，“中华魂”读书活动得到县委、县政府的大力支持，在县财政特别困难的情况下，拨出16.4万元为初中和小学在校学生购买了22000册读本，保证了读书活动的正常开展。各基层关工委和学校精心组织，通过读书心得展示、读书征文评比、读书演讲比赛等形式，努力让读书活动在中小学生中入心入脑，形成正确的人生观、世界观、价值观。2018年12月28日，在彩璟小学多功能会议室举办了全县青少年“中华魂”（腾飞的祖国—改革开放四十年）读书活动演讲比赛，小学组19名、初中组9名、青年组7名共35名参赛选手同台角逐，实验小学刘书蔚，繁城中学李坤晔、繁峙中学孙晓宇三位同学夺得小学、初中、青年组一等奖，并代表繁峙参加忻州市读书活动演讲比赛。（李慧英）

【家庭教育指导委员会】　2018年，家庭教育指导委员会运转良好。相关单位协作愉快，合力架起家庭与学校的“连心桥”：家庭教育讲师团的讲师，直面家长在教育孩子过程中遇到的诸多困惑和苦恼，提出全新的家庭教育理念，传授科学的家庭教育方法，每一堂课都呈现着不同的亮点和精彩，参加培训的家长由开始听课的漫不经心到聚精会神，由姗姗来迟到提前入场抢前座，由底下的交头接耳到积极参与课堂互动，这些变化，可以说是家长和学校为家庭教育事业投的一张张赞成票。（李慧英）

【爱国主义教育基地创建】 2018年，县关工委创建爱国主义教育基地初见成效。“传承红色基因，争做时代新人"，是新时期关心下一代工作的另一个重要抓手，充分利用繁峙的红色资源，创设十个爱国主义教育基地，并利用“六一”“七一”、国庆节、清明节等节日，组织青少年走进革命老区，亲临爱国主义教育基地，瞻仰革命烈士牺牲的地方，聆听先烈们英勇斗争的故事，让孩子们踏着先辈的足迹，汲取精神力量，系好人生第一粒扣子。爱国主义教育基地的创建，极大地提升了“传承红色基因，争做时代新人”的针对性和有效性。（李慧英）

【名人少先队创立】 2018年，县关工委创立名人少先队进展顺利。“六一”节前后，在全县普通少先队的基础上，选择创立了12个名人少先队，其中雷锋少先队4个，平型关少先队2个，407（毛主席路居伯强纪念日）少先队1个，赵明升少先队1个，冯斗斗少先队1个，武安民少先队1个，任刚少先队1个，杨家将少先队1个。

在名人少先队命名过程中，注重以隆重的仪式感染孩子们，以庄严的誓词引领下一代，派出“五老”成员20余人次，奔赴各乡镇学校，为名人少先队授旗，进行火炬传递，为少先队员讲名人的故事，同时让全体少先队员肃立在高高飘扬的队旗和熊熊燃烧的火炬前大声宣誓，呼喊出共同的心声：向英雄学习，向领袖、名人看齐，爱党爱国爱人民，好好读书，强身健体，时刻准备着为共产主义事业贡献。（李慧英）

【扶贫工作】 2018年，县关工委按照县委政府脱贫攻坚总要求，关注因病返贫、特殊原因致困的青少年，动员社会爱心志愿者，共同关爱这一弱势群体。全年共收到五位社会爱心人士捐款35000元，资助贫困大学生9人，贫困小学生24人。（李慧英）

【自身建设】 2018年，县关工委驻会全体人员及大部分“五老”成员、志愿者参加在本县举办的家庭教育讲座，参与爱国主义教育基地、名人少先队的创建工作。大家既是组织者，也是受教育者，在干中学、学中干的过程中，努力践行着习近平总书记及省、市、县领导对关心下一代工作的指示，尽力尽责服务青少年。同时，关工委领导和部分志愿者先后参加了太原市关工委组织的家长协会活动，全省最美家长活动，全国家庭教育培训学习及省关工委在八路军总部所在地举办的“传承红色基因、争做时代新人”主题教育培训班，进一步丰富了做好关工委工作的知识与经验。（李慧英）

繁峙县人民代表大会

重要会议

【概况】　2018年，繁峙县人大常委会召开1次人民代表大会（即县十六届人大三次会议）、8次人大常委会（即县十六届人大常委会第十次会议至第十七次会议）和17次县人大常委会主任会议。上述会议共听取和审议了“一府两院”工作报告17项，提出审议意见书12份，开展执法检查8次，进行专项调研13次，专题询问1次，开展全县重点工程建设项目视察1次，进项专项视察3次，就政府部门依法行政和服务部门的整体工作进行了年度评议和测评；依法选举任命国家机关工作人员19人次。（赵永宏）

【十六届人大三次会议】　2018年4月2日上午8时30分，繁峙县第十六届人民代表大会第三次会议在县滨河小学四楼报告厅隆重开幕。来自全县各行各业、各条战线的人大代表，肩负人民的重托，汇聚一堂，履行宪法和法律赋予的神圣职责，集思广益，凝心聚力，共谋发展。

此次全体会议执行主席有孔保宝、赵琦、姚力山、乔震宇、闫保平、王立颖、亢仁义。大会由主席团常务主席、执行主席赵琦主持。大会应到代表165人，实到代表156人，符合法定人数。各乡（镇）、居民办、县直机关等部门负责人共319人列席会议。

4月4日上午，历时三天的繁峙县第十六届人民代表大会第三次会议圆满完成各项议程，在县滨河小学四楼报告厅胜利闭幕。会议听取、审议并通过了县政府、县人大常委会、县法院、县检察院的工作报告，表决通过选举办法草案；审查批准了繁峙县2017年国民经济和社会发展计划执行情况与2018年国民经济和社会发展计划、2017年财政预算执行情况和2018年财政预算草案。

会议收到代表提出的建议、批评和意见

2018年4月2日，繁峙县十六届人民代表大会第三次会议胜利召开（陈振国提供）

共 50 件，依照地方组织法有关规定，会后分别交县政府和其他相关部门认真办理。

会议客观回顾总结了 2018 年全县各项工作的运行情况，深入分析当前的形势，精心谋划本年的发展方向和发展思路，具体部署本年各项工作的任务和措施。会议决定，2018 年，全县要以习近平新时代中国特色社会主义思想为指引，进一步落实习近平总书记视察山西重要讲话精神，加强党对经济工作的领导，坚持稳中求进工作总基调，坚持新发展理念，坚持高质量发展要求，统筹推进“五位一体”总体布局和协调推进“四个全面”战略布局，认真贯彻省委“一个指引、两手硬、三大目标”总要求，把深化供给侧结构性改革与深化转型综改试验区建设结合起来，作为经济工作的主线，按照市委“1661”发展战略部署，按照县委对经济社会发展工作的统一安排，以脱贫攻坚统揽经济社会发展全局，全力推进质量变革、动力变革、效率变革，扎实抓好各项工作，保障和改善民生，转变政府职能，加强自身建设，促进经济社会持续健康发展。

会议号召，全县人民要更加紧密地团结在以习近平为核心的党中央周围，在县委的坚强领导下，开拓创新、攻坚克难，为实现全县整体脱贫摘帽，建设美丽、幸福新繁峙而努力奋斗！（赵永宏）

常委会会议

【十六届第 10 次常委会】　1 月 18 日上午，县人大常委会副主任亢仁义主持召开十六届人大常委会第十次会议，表决通过县人大常委会 2018 年工作要点（草案）；听取和审议县人民政府关于 2017 年财政预算变更情况的报告；听取和审议县人民政府关于“两会、两节”期间全县交通秩序管理工作情况的报告；会议决定任命乔哲为繁峙县人民政政府办公室主任，刘平牢为繁峙县水利局局长，樊政伟、刘旺源为繁峙县人民法院副院长，被任命人员向宪法宣誓，县人大常委会主任赵琦颁发任命书。（赵永宏）

【十六届第 11 次常委会】　3 月 12 日上午，县人大常委会副主任闫保平主持召开十六届人大常委会第十一次会议，表决通过县人民政府关于申请将贫困村提升工程建设项目纳入《繁峙县国民经济和社会发展第十三个五年规划纲要》的报告；表决通过县人民政府关于申请将部分项目建设及贴息资金列入县财政年度预算的报告；听取和审议县人民政府关于全县工业经济发展和信息化建设工作情况的报告；听取和审议县人民政府关于全县妇幼保健和计划生育服务工作情况的报告；听取和审议县人民政府关于全县发展畜牧业工作情况的报告；表决通过张文胜、张永胜、闫志诚、孙银山、韩海亮、张斌等 6 位辞去县十六届人民代表大会代表资格申请的决定（草案）。（赵永宏）

【十六届第 12 次常委会】　3 月 19 日下午，县人大常委会副主任亢仁义主持召开十六届人大常委会第十二次会议，听取县十六届人大三次会议筹备工作情况的汇报；审议关于繁峙县十六届人大三次会议补选代表的代表资格审查报告（草案）；审议县十六届人民代表大会第三次会议有关文件（会议召开时间和建议议程、主席团和秘书长建议名单、主席台就座人员建议名单、主席团常务主席建议名单、副秘书长建议名单、列席人员名单、议案审查委员会组成人员建议名单、代表议案的提出和办理办法草案、常委会工作报告讨论稿），会议决定县十六届人大三次会议于2018年4月2日召开，正式会期三天。

（赵永宏）

【十六届第13次常委会】 5月23日上午，县人大常委会副主任王立颖主持召开十六届人大常委会第十三次会议，听取和审议县人民政府关于全县社区矫正工作情况的报告；听取和审议县人民政府关于全县行政村变更情况的报告；听取和审议县人民政府关于全县文物保护工作情况的报告。（赵永宏）

【十六届第14次常委会】 7月24日上午，县人大常委会副主任杨素珍主持召开十六届人大常委会第十四次会议，听取和审议县人民政府关于全县2018年上半年财政预算执行情况的报告；听取和审议县人民政府关于全县2018年上半年国民经济和社会发展计划执行情况的报告；听取和审议县人民政府关于全县扶贫工作情况的报告。（赵永宏）

【十六届第15次常委会】 8月7日上午，县人大常委会副主任闫保平主持召开十六届人大常委会第十五次会议，会议决定免去朱润生繁峙县人民政府副县长、公安局局长职务，任命邢静为繁峙县公安局局长，被任命人员向宪法宣誓，县人大常委会主任赵琦颁发任命书。

（赵永宏）

【十六届第16次常委会】 9月28日上午，县人大常委会副主任亢仁义主持召开十六届人大常委会第十六次会议，会议决定任命李泽青为繁峙县人民法院执行局局长，王志伟为繁峙县人民法院执行局副局长，免去韩永瑞繁峙县人民法院执行局局长职务，免去李泽青繁峙县人民法院执行局副局长职务，被任命人员向宪法宣誓，县人大常委会主任赵琦颁发任命书；听取和审议县人民政府关于2017年财政预算执行和其他财政收支审议工作情况的报告；听取和审议县人民政府关于全县高中教育发展情况的报告；听取和审议县人民检察院法律监督情况的报告；讨论通过《繁峙县人大代表联系人民群众的实施办法》（草案）。（赵永宏）

【十六届第17次常委会】 11月27日上午，县人大常委会副主任闫保平主持召开十六届人大常委会第十七次会议，听取和审议县人民政府关于全县“四好农村路”建设情况的报告；听取和审议县人民政府关于全县医疗保险工作情况的报告；听取和审议县人民法院关于刑事审判工作情况的报告；会议决定任命边海跃为繁峙县人民检察院检察委员会委员，被任命人员向宪法宣誓，县人大常委会主任赵琦颁发任命书。（赵永宏）

上级人大视察调研

【省人大视察调研】 2018年8月12日，省人大常委会会议中心办公室副主任赵龙同深圳市全国人大干部培训中心调研回访组9人一行到本县，就本县人大在深圳干部培训中心的学习情况进行调研回访，并召开座谈会。县人大常委会副主任闫保平、办公室主任韩博益等出席座谈会。（赵永宏）

【市人大视察调研】 2018年4月12日，市人大常委会主任王珍带领市人大调研组，到本县就贯彻落实全国、省、市人大会议精神，县乡人大建设工作以及人大代表作用发挥情况开展调研。市人大常委会副主任李树东、程兴利，市人大人事代表工委主任栗艳秋，县委书记孔保宝、县人大常委会主任赵琦等陪同调研。

5月8日，市人大常委会法工委主任贾宝珠带领调研组到本县开展立法调研，为《忻州市城区养犬管理办法（草案）》征求意见建议。县人大常委会主任赵琦、副主任王立颖等陪同调研。

6月14日，市人大常委会城环工委主任胡鸣钦一行8人到本县，就2017年忻州市人大环保执法检查暨忻州环保行检查发现问题的整改情况进行回访检查。县政府副县长高清平、县环保局长闫旭光、县人大常委会办公室主任韩博益等陪同检查。

8月9日，市人大常委会教科文卫工委负责人王永秀，带领市人大常委会执法检查组，到本县就科技进步法贯彻实施情况进行执法检查。县人大常委会副主任亢仁义、县政府副县长韩红英、县科技局局长贺乐天、县人大常委会教工委主任郭峰等陪同检查。

9月11日，市人大常委会副主任程兴利一行6人到本县，就2018年全市经济转型进行专题调研。县人大常委会主任赵琦、县政府常务副县长居清平、县人大常委会副主任杨素珍等陪同调研。

9月13日，市人大常委会城环工委主任胡鸣钦带领市人大常委会执法检查组就本县关于《中华人民共和国城乡规划法》《山西省城乡规划条例》的贯彻实施情况开展执法检查。县人大常委会副主任杨素珍、县政府副县长王海龙及相关部门负责人参加座谈。

（赵永宏）

人大监督

【计划预算】　加强对国民经济和社会发展计划，财政预算的审查监督是人大常委会的一项重大职责。围绕全县经济工作目标，开展了2018年上半年经济运行情况调研，听取和审议县人民政府关于2018上半年国民经济和社会发展计划执行情况的报告，向县政府提出深化农村综合改革，补齐农村设施短板，完善园区基础配套，加快产业转型升级等建议，推动抓好稳增长、促改革、惠民生、防风险各项工作，促进全县经济社会持续健康发展。听取和审议县人民政府关于2017年财政预算执行审计、2017年财政预算变更情况、2018年上半年财政预算执行情况等报告，并将监督重点延伸向支出预算和政策拓展上，督促县政府要进一步强化预算编制、预算执行和预算监管工作，更加重视财政规范、债务管理和资金绩效，优化财政支出结构，保障民生重点支出。（赵永宏）

【经济转型】　2018年，围绕积极推进“转型项目建设年”，常委会及时召开重点项目联审联批对接座谈会，协调解决19个重点项目的工程进度、审批环节、实施过程中遇到的困难和问题。组织常委会全体组成人员和部分省、市、县人大代表对砂河镇下汇村整村提升及万锦肉牛育肥项目、长田建材科技有限公司、牧原农牧公司的20万头猪养殖项目、滨河移民小区第四扶贫工厂箱包加工项目、旭泰北方酿酒有限公司的白酒和黄酒项目等6个重点项目进行集中视察，提出针对性较强的意见建议，为扎实推进全县重点工程建设保质保量完成作出积极努力。听取并审议全县工业经济和信息化发展的报告，推进全县加快转型升级，优化工业经济规划布局，加强信息基础建设和信息资源开发利用工作。（赵永宏）

【民生事业】　2018年，县人大常委会坚持以人民为中心的发展理念，始终把促进民生改善、解决民生问题作为监督工作的重中之重。围绕办好人民满意教育，听取和审议了全县高中教育发展情况的报告，并对学前教育发展进行专题调研，督促支持县政府继续加大教育投入力度，健全教师激励机制，扩大生源保障，有效促进高中教育持续健康发展、学前教育均衡发展，推动“打造晋北教育强县”战略的实施。高度关注农村公路建设，听取和审议了全县“四好农村路”建设情况的报告，为推进乡村振兴保驾护航，不断提高人民群众的满足感、幸福感、获得感。围绕医疗保健方面，听取和审议全县医疗保险、妇幼保健和计划生育服务工作情况的报告，推动政府进一步做好医保政策宣传和人员培训工作，合理配置工作机构和人员，合理调节医疗机构的作用发挥。

还听取和审议发展畜牧业、文物保护、行政村变更等情况的报告，并针对存在的问题，提出建议意见，下发审议意见书，推进相关问题的解决。（赵永宏）

【法治建设】 2018年，县人大常委会听取和审议了县人民法院关于刑事审判工作情况的报告，督促县人民法院要依法履行审判职能，提高案件审理质效，努力让人民群众在每一个司法案件中都感受到公平正义。听取和审议县人民检察院法律监督（重点是审判工作和刑侦工作）情况的报告，要求进一步增强法律监督意识，加大审判工作和刑侦工作的监督力度，使法律监督贯穿于司法活动的各个环节之中，真正做到“强化法律监督，维护公平正义”。高度关注法律实施。先后组织对种子法、消防法、药品管理法、养老保险法、传染病防治法等8部法律法规开展执法检查，针对发现的问题，提出处理意见，要求相关部门及时整改，促进了法律法规在全县范围内的有效实施，切实维护其执行的严肃性和权威性，努力为全县经济社会发展营造良好的法治环境。扎实开展备案审查工作。依法对县政府报备的4件规范性文件主动开展备案审查，坚持“有件必备、有备必审、有错必纠”，有效维护了法制统一。扎实开展立法调研。积极配合市人大对开展《忻州市滹沱河流域生态修复和保护条例》《忻州市城市养犬管理条例》的立法调研工作。（赵永宏）

【绿色环保】 2018年，县人大常委会始终坚持“生态优先、绿色发展”理念，常委会高度重视本县生态环境保护，充分利用专题询问这一创新性监督方式，在深入调研的基础上，于11月2日组织召开“污染防治工作”专题询问会。常委会组成人员就“蓝天、碧水、净土、农村人居环境”四大保卫战，围绕贯彻落实全国生态环境保护大会精神、生态环境保护监管体系和保障能力建设、当前生态环境污染防治工作措施、“煤改气”和“煤改电”完成情况、水资源保护、养殖业污染防治、交通运输污染防治等

2018年11月2日，县人大常委会召开污染防治工作专题询问会（陈振国提供）

16个方面的具体问题开展询问。县政府和各相关职能部门分别直面问题、突出重点，逐一回答，并且都拿出解决实际问题的举措，答出责任和承诺。通过开展专题询问，支持和督促政府及有关部门进一步细化职责、深化认识、形成合力，不断加大工作力度、破解工作难题，加快解决实际问题进度，改善本县人民生活环境和生态环境质量，推动全县打好打赢“污染防治”攻坚战。（赵永宏）

重大事项和人事任免

【重大事项】 2018年，县人大常委会坚持把审议决定重大事项与推进全县经济社会发展紧密结合起来，认真行使重大事项决定权，常委会在认真调研的基础上，于3月12日在十六届人大常委会第十一次会议上，审议和批准了县政府将贫困村整村提升工程建设项目纳入繁峙县国民经济和社会发展第十三个五年规划纲要的报告，审议和批准繁峙县贫困村提升工程建设项目总投资19324万元列入年度财政预算的报告，要求县政府严格按照中央、省、市、县统筹整合财政涉农资金文件精神，加强资金监管，确保资金使用效益，支持全县的贫困村整村提升工程建设。（赵永宏）

【选举】 2018年4月2日，县十六届人民代表大会第三次会议依法选举闫保平为繁峙县第十六届人民代表大会法制委员会主任委员，李永富为繁峙县第十六届人民代表大会法制委员会副主任委员，王三元、刘俐芩、杨美萍为繁峙县第十六届人民代表大会法制委员会委员；依法选举杨素珍为繁峙县第十六届人民代表大会财政经济委员会主任委员，冯力、乔晓华、刘效俊为繁峙县第十六届人民代表大会财政经济委员会委员。（赵永宏）

【人事任免】 2018年，县人大常委会按照组织法、选举法有关规定，严把“六关”，任前了解关、法律考试关、审议表决关、任职表态关、宪法宣誓关、任后监督关，认真履行任免权，先后任免国家机关工作人员19人次，实现了党委意图和人民意志有机结合。通过不断强化拟任人员依法行政、公正司法意识，增强了就职人员的责任感和使命感，为全县改革发展和法治建设提供了组织保障。（赵永宏）

创新工作

【《经典繁峙》编纂】 2018年，县人大常委会为纪念繁峙县改革开放40周年，集中反映繁峙发展、展示繁峙形象、代表繁峙文化、呈现繁峙历史、弘扬繁峙精神，常委会在做好本职工作的情况下，报请县委同意后，在县委、政府的倾力支持下，专门组织人员自主编纂《经典繁峙》一书，于2018年12月出版，该书“展示经典、书写滹源春秋，传承文明、启迪繁峙未来”，作为本县十九大开局之年和改革开放四十周年的献礼，为塑造繁峙形象、增强文化自信、提升竞争软实力，助推繁峙经济发展和社会全面进步贡献了人大力量。（赵永宏）

【“代表之家”拓展】 2018年5月，县人大常委会在全市率先制定《关于“人大代表之家”活动室开展活动的指导意见》，召开乡镇人大推进会，在2016年试点的基础上，指导各乡镇人大按照“十有”要求全面完成“代表之家”活动室建设的提档升级，并对履职平台进行拓展和延伸，建立2个村“代表联络站”，为代表在闭会期间履职学习、宣传政策、开展活动、汇集民意、服务群众夯实了基础。7月，开展了13个乡镇“代表之家”运行情况的调研，对乡镇人大的“硬件”和“软件”建设进行了一次全面的“巡视”，提出整改建议，促进乡镇人大工作规范化、制度化。2018年，各活动室组织代表以小组为单位，以“五个一”活动为载体，多次开展代表培训、联系选民、履职述职、助推脱贫、代表视察、排解信访矛盾等活动，确保代表履职常态化。精细化的工作指导、常态化的代表活动、实效化的履职实践提升县乡人大整体水平，彰显代表个人风采，受到乡村认可，赢得群众好评。3月，市人大常委会主任王珍率市人大班子成员到本县视察调研人大代表工作及党建工作时，对本县乡人大整体工作给予充分肯定和高度评价，并作为基层人大先进做法和经验，推广至全市交流学习。（赵永宏）

【代表作用发挥】　人大工作开展靠代表，水平看代表，潜力在代表。2018年，积极响应习总书记对代表提出的“五个表率”号召，常委会结合近年探索实践，讨论通过了《繁峙县人大代表联系人民群众的实施办法》，指导代表通过多种途径，广泛联系群众，积极为民代言、为民建言，让人民群众切实感受到代表就在身边，有事就能找到代表。积极运用人大网站、微信群、微信公众号等网络平台，线上线下相结合，为代表联系群众、体察民情、反映民意创造更加有利的条件。邀请乡镇人大主席和省、市、县乡代表列席县人大常委会会议、参加调研、执法检查、集体视察、专题询问等活动360人次，丰富代表活动的形式、拓宽了代表知情知政渠道，代表的作用得到充分发挥。（赵永宏）

【履职能力提升】　6月，组织常委会组成人员、各代表活动小组组长、全体机关干部共46人分两批赴深圳全国人大培训基地参加高层次业务培训，充分感受改革开放前沿城市的先进性，学习深圳罗湖区人大工作在全国的代表性，给予本县人大工作新的触发与启迪，强化了履职能力和理论水平。培训结束后及时召开学习交流座谈会，谈体会、谈借鉴、谈应用，巩固学习成果。2018年，组织各级人大代表参加上级举办的集中培训、以会代训、专题培训等共3期。继续为全县各级人大代表订送《山西人大》《人民代表报》《繁峙人大》等刊物，拓宽代表视野，强化代表责任感。各代表小组采取专题培训和以会代训的方式对县乡人大代表进行了集中培训，提高了代表整体素质和依法履职能力。（赵永宏）

【代表建议督办】　2018年，常委会始终将代表满意、群众认可作为办好议案、建议的第一标准，改进办理方式，加大办理力度。人代会后，常委会确定7个涵盖物业、城建、交通、民政和扶贫等领域的重点建议开展了重点督办、力求实效，明确须由承办单位主要领导亲自挂帅重点办理，关于移民后续产业发展、改善拓宽柏家庄到大营公路、治理县城流动商贩等建议得到较好落实，切实解决了一批事关经济社会发展的重大问题，有效解决了一批事关群众切身利益的民生问题。县十六届人大三次会议期间代表提出的50件建议，均得到较好办理，办复率100%，满意率98%。（赵永宏）

自身建设

【思想建设】　2018年，县人大常委会始终把党的政治建设摆在首位，通过开展“双日双评”活动、“三会一课”等党组织生活和每周一的机关学习会，组织机关干部深入学习贯彻党的十九大精神和习近平新时代中国特色社会主义思想，树牢“四个意识”，坚定“四个自信”，做到“两个维护”，坚持用习近平关于坚持和完善人民代表大会制度重要思想武装头脑、指导实践、推进工作，不断提高党员干部思想政治水平。同时，切实履行好党组抓党建及党风廉政建设的主体责任，始终把主体责任扛在肩上、握在手中，持之以恒推进正风肃纪，坚持不懈强抓“三基建设”，营造担当负责、干事创业的工作氛围。（赵永宏）

【制度建设】 2018 年，县人大常委会积极响应习总书记对代表提出的“五个表率”号召，认真贯彻落实《全国人大常委会关于完善人大代表联系人民群众制度的实施意见》精神，结合近年探索实践，在十六届第 16 次常委会上，讨论通过《繁峙县人大代表联系人民群众的实施办法》，促进人大代表联系人民群众制度化、规范化、常态化。（赵永宏）

【互动交流】 2018 年，县人大常委会主动接受省、市人大常委会的监督和指导，协助和配合开展立法调研、执法检查和走访代表等活动，指导乡镇人大代表小组活动按时开展并做好各项服务管理工作。加强对外交流，先后接待连云港市、偏关县、代县、天镇县等兄弟市县到本县考察人大工作的特色做法；市人大机关 6 个党支部书记到本县学习党建工作和三基建设的先进经验和创新做法。组织部分机关和部分乡镇人大主席赴大同市云州区等地学习代表工作经验，不断深化拓展对外交流，逐步提升自身实力。（赵永宏）

【人大宣传】 2018 年，县人大常委会注重传统媒体与新兴媒体有机结合，大力弘扬正能量，传递好人大声音，讲述好人大故事，塑造好人大形象。持续推进人大机关信息化建设，充分利用媒体、人大网站（http://www.sxxzfsrd.gov.cn/）、微信公众号（繁峙县人大常委会）和微信群等媒介宣传常委会和基层人大代表履职实践。本年，发行《繁峙人大》内部刊物两期，印发《人大信息》22 期，编录《繁峙人大工作纪实片》1 部，对人民代表大会、常委会会议和各项调查、执法检查、工作评议等进行宣传报道 180 余次，营造良好的社会舆论氛围。（赵永宏）

信访和扶贫

【信访工作】 2018 年，县人大常委会认真分析人大信访工作特点，不断强化信访举措，增强办理信访工作活力，人大信访工作质量进一步提高。

加强信访信息调研。在办理群众来信来访工作中，常委会十分注意信访信息研究工作，坚持每季度对群众来信来访内容进行综合分析、整理归纳，重点分析来信来访中反映全县政治、经济、社会、文化和生态文明建设中带共性的、人民群众反映强烈的、严重违法引起社会广泛关注的涉法涉诉和经核查案件事实清楚却久拖不决的案件，为开展执法检查、专项调查、视察、制定和修改规范性文件等监督工作提供参考依据。

加强协调沟通。人大信访工作具有法定性、民主性、权威性和查办方式的多层次性，人大及其常委会对“一府两院”具有监督职能，一般不直接处理信访问题，而是采取转办、交办的方式转交给“一府两院”来处理，人大主要通过督查、督办的方式，来促使有关问题的解决。因此，加强与“一府两院”的沟通协调，是做好人大信访工作的有效途径。为使“一府两院”及政府各部门高度重视，认真办理人大信访案件，形成信访工作合力，常委会建立了与“一府两院”的联系会议制度，并把研究处理信访问题情况列入联系会议的重要内容。同时，常委会领导和各工委还把协调办理人大信访件与其他工作紧密结合起来，做到一并了解情况，一并研究办法，要求一并处理落实。

加强信访办理督办。为从根本上扭转人大信访工作只转不办的被动局面，常委会坚持限期办结回复、发函催办和重点督办相结合的办法，确保信访者反映的问题得到合理解决。对一般信访件，收函单位未按规定期限反馈办理结果的，常委会采取发函催办的办法，督促相关单位迅速办理。对重大信访问题以及一些到人大机关群访和重访的信访问题，常委会通过召开主任会议讨论研究，由主任牵头或者明确分管领导牵头进行重点督办，确保信访问题依法得到解决。

2018年，把群众来信来访作为了解社情民意的窗口，坚持领导接访、带案下访、基层走访，推行及时转办、每月督办，强化与办理部门的互动，提升办理效果与水平。全年共接待群众来信来访35人（次），受理信访案件26件，全部依法依规交办并跟踪督办，促进了一批信访问题得到妥善处理，为引导社会舆论、提升人民满意度、维护和谐稳定作出了积极努力。（赵永宏）

【扶贫工作】 2018年，县人大常委会一直把脱贫攻坚作为一项重大政治任务来抓，听取和审议了关于全县脱贫攻坚工作情况的报告，对全县产业扶贫工作、危房改造和整村提升工作进行集体视察，并召开座谈会，针对产业推进和危房改造进度推进不平衡、整村提升资金拨付实施难和后续管理亟需加强等问题，提出意见建议，形成有深度的调研视察报告，为县委决策建言献策。

积极投身脱贫攻坚主战场，常委会班子千方百计协调解决所包乡村实际问题，督促弥补工作短板，确保脱贫攻坚政策措施落到实处。常委会机关倾力协助北辛庄村、仲沟村做好种植技术培训、入户帮扶等工作。先后两次组织各级人大代表、各乡（镇）人大主席、机关干部捐款，为37户贫困户免费提供18.7公顷的苦参种植，预计每公顷增收约15000元，并在两节期间开展“献爱心、送温暖”活动。

3月，组织引导四级人大代表广泛开展以“开展一次政策宣传、为群众办一件实事、提一条脱贫建议、参加一次评议活动、确实帮扶一组贫困户”为主要内容的“五个一”活动。继续深化“助推脱贫攻坚，人大代表在行动”活动，制订《聚力脱贫攻坚四级人大代表在行动》活动方案，5月，组织各乡（镇）人大主席召开行动推进会，从结对方式、结对要求、帮扶内容、帮扶成效上进行了详细的安排，并建立四级代表结对帮扶台账。其中，全县四级人大代表730名与1815户贫困户结对帮扶，10名企业家省市代表按照“一企帮一村”的要求，根据自身不同岗位、不同行业的特点和优势，通过服务引领、结对帮扶、村企共建等方式帮助贫困户脱贫致富。当中，涌现出一大批先进典型，李巨恩代表个人出资10万元为上台庄村打一眼机井，解决了该村有史以来旱地变水地问题等。全县各级人大代表齐心协力、形成合力，加大了帮扶力度，成为扶贫攻坚的重要力量，不断开创了人大扶贫新格局。

（赵永宏）

繁峙县人民政府

政府办公室

【政务信息】 2018年，繁峙县政府办公室协调县电视台做好县政府重要会议、重大活动的新闻报道工作，报道县政府全会、县政府常务会议、专题会议31次。及时总结2017年政务公开工作，印发《繁峙县2018年政务公开工作要点》《繁峙县公共资源配置领域政府信息公开实施方案》《关于推进本县重大建设项目批准和实施领域政府信息公开的实施意见》。按照政务公开的原则，主动公开市政府和办公厅公文，主动公开率达39%。 （刘 涛）

【政务公开】 2018年，县政府办公室畅通政民互动沟通渠道。县政府门户网站全年累计发布各类信息5512条，更新政务信息量3415条，政策解读332条；办理“县长信箱”189件，公开答复103件；忻州随手拍受理406件，办结368件，办结率90.6%，群众满意度评分高达4.41分（5分）。政务微博“繁峙发布”发微3420条，新增粉丝29553人，累计发布各类微博2.1万条，粉丝量达到18.3万人。严格执行应急值班工作规定，坚持24小时不间断值班，认真受理群众来电，耐心解答问题。做好重大节假日、重要时段的值班工作，确保联络畅通。

（刘 涛）

【督查工作】 对2018年省政府6项民生实事、县政府9件民生实事、《政府工作报告》中确立的315项重点工作、34项全面深化改革任务等实行分解立项和挂牌督办。认真督办国务院大督查、省政府工作报告任务分解、市长经济责任审计等7项延伸督查工作。对县政府常务会议议定的91件具体事项、县政府专题会议议定的15件事项和县长775件批示件跟进督办。办结49项人大议案、56项政协提案，办理率100%。依托“13710”电子督办平台。承办市督办件93件，办结89件，办结率95.7%。 （刘 涛）

【应急工作】 2018年，县政府办公室协调应急管理工作。重新修订《地震应急预案》，制定《重污染天气应急预案》《政府性债务风险应急处置预案》《食品安全突发事件应急预案》，专项应急预案共计30部，应急体系进一步健全。协调组织开展重大交通事故应急演练、国防动员课题演练，开展11个领域的重大风险隐患排查和防灾减灾知识宣

传。协调各方力量积极应对非洲猪瘟、寒流、地质灾害等重大自然灾害。（刘　涛）

机关后勤服务

【概况】　2018年，机关后勤服务中心深入贯彻习近平总书记系列重要讲话精神，积极推进“两学一做”学习教育常态化制度化，切实改进思想和工作作风。紧紧围绕“科学管理、依法保障、节俭服务、树立窗口”的目标，认真履行职责，以强烈的政治责任感、高度负责的工作态度和廉洁高效的服务精神，全面落实中央“八项规定”，扎实做好公务用车、办公用房、公共机构节能、县委、县政府后勤保障以及小区管理等各项工作。

（王　飞）

【党建工作】　2018年，按照《中共繁峙县委关于开展“双日双评”活动推进“两学一做”学习教育常态化制度化的意见》（繁发〔2017〕12号）文件精神要求及有关部署，以“努力加强基层党组织建设，全力助推脱贫攻坚”为主题，以“三基”建设为抓手，开展“双日双评”活动，将“两学一做”纳入“三会一课”等基本制度，推进“两学一做”学习教育常态化制度化。按照县委组织部提出的“五统一、四结合、三创新”要求进行，从2017年4月19日开始每月开展“支部主题党日”活动一次。

2018年，通过开展“双日双评”活动，基层组织全面加强，基础工作全面进步，基本能力全面提升，用“三基”建设成果检验“双日双评”活动成效，用“双日双评”活动成效推动“三基”建设取得明显进展。把学的成果、做的实践体现到日常工作中。做到中心党支部全年活动有清单、每月活动有方案、每次活动有学习资料、党员学习有笔记、活动有记录和图片（音像）资料、党员学习教育和主题实践有签到表。同时党的政治生活得到规范，党员党性意识明显增强，初心得到焕发。（王　飞）

2018年，在机关后勤服务中心开展双日双评活动（王飞提供）

【公务用车管理】　2018年，机关后勤服务中心按照繁政办〔2017〕60号文件精神和县车改办公车改革工作有关要求，中心高度重视积极采取措施，扎实有序推进机关公务用车改革工作。全县保留公务用车共计267辆，车改领导组对全县现有167辆车况良好的公务用车分了五个平台进行管理并研究制定与公车改革相配套的管理制度。依照机关公务用车领导组的分工职责，负责公车的拍卖和处置。2018年，在中心安装举报录音电话，有效地监督公车私用现象。根据《山西省党政机关公务用车管理办法》晋办发〔2018〕57号文件精神和市公车管理进度，开展公务车辆管理工作。围绕统一管理、科学调度的目标，建立高效有序的车辆管理运营模式。（王　飞）

【党政机关办公用房管理】　2018年，根据晋办发〔2018〕38号《山西省党政机关办公用房管理办法》文件精神，中心会同相关部门制定了繁办发〔2018〕82号《繁峙县党政机关办公用房管理办法》，开展办公用房权属统一登记工作、核实办公用房使用情况，建立健全党政机关办公用房集中统一管理、统一规划、统一权属、统一配置、统一处置，推进办公用房大中修和物业服务集中统一管理。下一步加大党政机关办公用房管理使用相关政策宣传力度，建立全县党政机关办公用房数据库，使全县党政机关办公用房管理逐步步入规范化道路。（王　飞）

【公共机构节能】 2018年，机关后勤服务中心全面贯彻《山西省机关事务管理办法》，按照省、市有关节能减排文件精神。多途径开展节能宣传，在县城公交电视媒体、公园广场大屏幕播放宣传片、宣传标语，提高群众的节能意识。6月13日，中心开展了以“节能降耗，保卫蓝天”为主题的节能宣传周活动，在全县范围内以发放传单的方式大力弘扬勤俭节约的好习惯好传统。同时，组织力量，认真开展全县公共机构基本信息普查，建立公共机构名录库，准确掌握公共机构数量和基本信息，并严格按照《山西省公共机构能源资源消费统计制度》，准确、全面、及时汇总数据和统计信息，并做好报送工作。完善了本地区、本单位公共机构能源资源消费统计台账，实现公共机构能源资源消耗统计信息化、网络化。（王　飞）

【服务保障】 2018年，机关后勤服务中心做好机关大院、办公区的设施、设备维修工作，及时排查和有效杜绝安全隐患，确保设施、设备正常安全运行，保证各项工作及时、高效地完成。对县委、政府办公大楼16个卫生间的暖气片进行了更换。对县委、县政府大楼和前后院的监控系统、探头进行了全部更换。对政府前院的中华灯进行了维修。对后勤中心的办公室进行了彻底整修。

开展大院环境卫生集中整治，加强日常保洁，确保大院良好的卫生环境。重点抓好机关大院的日常安保工作：（1）加强人防，开展了昼夜值班巡查机制，突出重点部门，风险岗位和隐患部位排查，做到责任到人，不留死角，不留盲区；（2）加强技防，充分利用现在的电子监控系统，加强技术监控和防治，做到有备无患；（3）加强了车辆停放秩序管理以及上下班、重要会议期间的车辆疏导。（4）积极配合维护信访秩序，全年共协助疏导15人以上的群体上访对象18批430人（次）。2018年，安全保卫工作实现零火灾、零偷盗、零事故，确保了办公区各部位的安全。（王　飞）

【扶贫工作】 2018年，机关后勤服务中心在集义庄乡常胜村帮扶，该村共479户，总人口1220人，总面积209公顷，耕地面积48公顷，五保户12人。村内有1所小学，1个卫生室，1个乌鸡养殖场。建档立卡贫困户143户，411人。帮扶人员按照各自所包贫困户，入户走访，根据贫困户实际情况，精准施策，制定扶贫措施进行产业覆盖，具体情况为带资入企田源毛驴11户、牧原养猪8户、个户光伏发电16户、养殖乌鸡9户。资产收益分红：村级光伏发电带动45户、乌鸡养殖带动20户、箱包加工带动42户等。通过带资入企、资产收益分红和务工补贴提高贫困户收入。完成常胜村贫困户建档立卡、动态管理、收支测算、贫困户退出及整村脱贫档案。在2018年元旦期间，开展了“大走访、送温暖”活动，为全村在册384户农户，每户送去大米1袋、白面1袋。

2018 年，县机关后勤服务中心在常胜村开展扶贫工作（王飞提供）

中心始终将村支部阵地建设纳入帮扶计划，始终把村基层组织建设作为建设扶贫的首要任务和第一责任，不断加强基层组织建设，充分发挥党组织的战斗堡垒作用和党员的先锋模范作用。召开大小会议 20 余场（次），现场培训 6 次，参会群众共 300 余人（次）。通过大力开展“不等不靠、艰苦奋斗”“精准扶贫不是养懒人”等思想培训会，不断增强贫困群众脱贫致富的信心。中心出资改善常胜村村委办公条件，创建党建引领示范村，建造新的卫生室 1 处、整合日间照料中心 1 处，添置电脑 1 台、打印机 1 台、办公桌 6 张、办公椅 16 把。档案柜 3 个、档案盒 200 个，宣传标语等用品，共计 2 万余元，为常胜村村委村民活动提供了便利。（王　飞）

脱贫攻坚

【脱贫摘帽目标完成】 2018 年，繁峙县委、县政府全面贯彻落实习近平总书记关于扶贫开发的重要论述，坚持精准方略，把提高脱贫质量放在首位，以打不赢脱贫攻坚战就对不起这块红色土地的决心和勇气，举全县之力，下足绣花功夫，坚决打好打赢脱贫攻坚战，脱贫攻坚工作取得明显成效。当年，贫困村退出 129 个，贫困人口退出 8879 户 23309 人。五年累计退出 208 个贫困村，减贫 60557 人，贫困发生率下降至 0.58%，达到了贫困退出标准，并顺利接受了贫困县退出省级专项评估检查。（姚宏伟）

【组织领导】 2018 年，繁峙县调整充实县脱贫攻坚领导组、县脱贫攻坚总指挥部及各行业扶贫工作领导小组成员及其办公室。县脱贫攻坚总指挥部设立 16 个专项扶贫办公室，下设 15 个工作组。25 个专项扶贫领导组实行分管扶贫领导和分管行业领导“双组长”制。全县形成了脱贫攻坚统揽格局。

（姚宏伟）

【责任落实】 2018 年，繁峙县组织县、乡、村签订脱贫攻坚“双签”责任状，建立县乡村三级负责制。县委、县政府主要领导遍访全县贫困村，每名县级领导联系一个乡、帮扶 1 个贫困村、3 户贫困户，1 个月最少走访 10 户贫困户，起到示范带头作用。乡（镇）党委书记、乡（镇）长和村支部书记、村委主任遍访所有贫困户，扶贫工作队和第一书记全部蹲点驻村。（姚宏伟）

【政策落实】 2018 年，繁峙县以精准扶贫、精准脱贫为基本方略，以《关于坚决打赢全县脱贫攻坚战三年行动的实施方案》为总纲，《繁峙县“十三五”脱贫攻坚总体规划》《繁峙县“十三五”易地搬迁总体规划》2 个规划为蓝本，以脱贫摘帽 7 大工程 30 个专项行动为抓手，出台精准识贫、精准施策、精准退出等系列政策文件，全面构建“1+2+N”政策支撑体系。出台《繁峙县农村第一书记管理考核办法》《繁峙县县直单位驻村帮扶工作考核办法》《繁峙县脱贫攻坚精准扶贫工作督查方案》等考核督查办法，将脱贫攻坚纳入领导干部目标考核体系。

（姚宏伟）

【工作落实】 2018年，繁峙县召开6次县委常委会、18次政府党组常务会、12次领导组会议、45次各类专题会议，研究脱贫攻坚工作。创新“弄通基本政策、吃透基本情况、掌握基本力量、培养基本骨干、打好基础底色、做实基础工作”“六个基本基础”工作方法，建立抓基础、抓重点、抓亮点、抓作风、抓纪律、抓培训“六抓”工作机制。县扶贫开发中心牵头，全面推进数据库、资料库、政策库、项目库、专家库、案例库“六库”建设。建立指挥部工作周汇报制度，合力推进脱贫攻坚各项工作。

（姚宏伟）

【动态调整】 2018年，繁峙县制定《繁峙县关于建档立卡人口实行常态化动态管理的实施意见》《繁峙县2018年度第四季度扶贫对象动态管理和信息采集工作方案》《繁峙县2018年度扶贫对象动态管理监督检查工作方案》等一系列文件，推动动态管理常态化。，整户识别241户616人，整户出列147户365人，人口自然增加1578人，人口自然减少1638人，单人清退及重复人口清退10人，做到应纳尽纳、应清尽清、应退尽退，实现户内、线上、线下三统一。

（姚宏伟）

【易地扶贫搬迁】 2018年，本县把易地扶贫搬迁作为打赢脱贫攻坚战的“头号工程”，坚持精准识别对象、新区安置配套、旧村拆除复垦、生态修复整治、产业就业保障、社区治理跟进“六环联动”，进一步突破制约易地扶贫搬迁全过程的人、钱、地、房、树、村、稳7个问题，确保搬得出、稳得住、有产业、能致富。搬迁1270户3198人，“十三五”易地扶贫搬迁6370人任务全部完成。拆除119个整村搬迁村433公顷，复垦复绿116个村，土地增减挂钩交易607公顷，收益6.97亿元。（姚宏伟）

【扶贫产业】 2018年，本县配套政策强扶持。出台特色种植、健康养殖、光伏扶贫、手工业等13大类67项产业扶持政策，县级综合投入14.7亿元用于扶贫产业。十大产业全覆盖。坚持一乡一业、一村一品、一户一策，坚持脱贫产业多元化、差异化，因地制宜，因户施策，培育壮大十大脱贫主导产业。全县211个贫困村全部有脱贫主导产业，有劳动能力的贫困户产业覆盖率100%，贫困户户均产业覆盖2.5个以上。利益联结带农户。坚持以贫困户增收脱贫为核心，不断创新贫困户与产业项目相互联结的利益机制。主要是以“1+X”的模式（1代表贫困户，X代表龙头企业、合作社等各类新型市场经营主体和政府、金融、保险等各种生产要素），将贫困户有效嵌入到产业链上，创新“资源变资产、资金变股金、农民变股东”的产业扶贫利益联结机制，真正实现贫困户“务工有工资、利润有分红、收入有保障”。全县共发展农副产品加工龙头企业147家、合作社1041个、种养大户543户；有17192户贫困户通过利益联结共获得资产性收益6752万元，户均增收3927元，形成“百企千社带万户”的可喜局面。（姚宏伟）

【特色种植】 2018年，本县以打造全省优质农副产品加工出口基地为抓手，成功创建省级出口食品农产品质量安全示范区，加快推进种植业由增产导向转向提质提效导向，打造特色小杂粮、蔬菜等13个特色种植加工基地，优质特色种植面积发展到27733公顷，带贫1.85万户，户均收入5183元。制定胡萝卜、茴子白、土豆、洋葱等标准化种植规程，努力打造繁峙的“国字号”质量标准体系。“繁峙大杏”“繁峙黄米”“繁峙胡麻”三个地理标志产品申报成功。

（姚宏伟）

【中药材种植】　2018年，全县中药材种植面积达到13337公顷以上，带贫3950户。“繁峙黄芪”地理标志成功认证。千亩以上集中连片规范化中药材种植基地9个5万亩，认证无公害中药材基地5万亩。成为全县近期可助推脱贫，中远期可富民强县的主导产业。（姚宏伟）

【健康养殖】　2018年，全县以供粤、港、澳活牛、肉兔出口、京津冀肉猪、鸡蛋、羊肉供应等七大养殖园区为引领，5年累计投入9.7亿元发展健康养殖产业。培育32家龙头企业和240个养殖专业合作社，全县牛、驴、羊、猪、鸡、兔发展总规模分别达到4.72万头、1.31万头、30.8万只、27.6万头、151万只、7.6万只，带动1.6万户贫困户增收，占全县贫困户总数的67.4%。万锦肉牛育肥场成为晋北第一家活牛供港供澳企业；田源毛驴养殖科技发展有限公司是全国十大金驴示范县龙头企业。富云牧业蛋鸡养殖超过70万只，直接供应北京等国内大中城市。天河牧业引进世界先进肉牛繁育体系澳大利亚BPM公司技术，建设安格斯肉牛冻精生产线，具有繁峙地域特点的安格斯肉牛品种通过改良和选育已初步形成。绿洲兔业繁裕园牌兔肉远销蒙川渝等地。（韩　智）

【农副产品加工】　2018年，以繁峙县经济技术开发区农业生物园区为引领，大力发展农副产品加工产业。推动“购销企业+农户+订单”一体化发展，鼓励和支持绿源亨通、宏钜大磨坊、宝山鼎盛等31个龙头加工企业以订单种植、定向收购、劳务用工等方式与贫困户建立紧密、半紧密的利益联结，全县农产品加工龙头企业销售收入达到4.85亿元，带贫4225户，户均增收4365元。特别是发展蔬菜种植基地2333公顷，晋鲁诺佳食品有限公司等企业生产的脱水蔬菜产品已远销日本、韩国以及中国香港等地区。绿源亨通食品有限公司等企业胡萝卜、洋葱、土豆等产品专供香港百佳超市300家店铺。

（韩　智）

【电商扶贫】　2018年，以繁峙县“双创”产业园电商园区为引领，成功申创全国电子商务进农村示范县，打造“滹源味道”繁峙特色食品农产品区域电商推广品牌。培育优秀电商企业5户，网络销售企业（合作社）33家，发展电子商务平台7个，个体网店经营户283家，网络店铺823个，农村电子商务物流覆盖率达到100%，全县农副产品电商交易额达到1220万元，带贫1229户。

（韩　智）

【生态扶贫】　2018年，以赵庄白水大杏、神堂堡苹果、核桃、光裕堡乡红树莓等三大园区为引领，大力发展生态林果产业。坚持在一个战场打赢两场攻坚战，通过退耕还林补助、生态治理劳务补贴、生态管护扶贫、经济林提质增效、特色林业产业扶贫等五措并举，带动贫困户11782户。（韩　智）

【光伏扶贫】　2018年，以打造面向京津冀的清洁能源输出基地为抓手，以山西奥博光伏生产基地为引领，大力发展光伏发电新能源产业。全县集中电站、村级电站、屋顶光伏等各类光伏扶贫发电装机容量达到

63.725MW，总收益 830.58 万元，惠及贫困户 6427 户。（韩　智）

【旅游扶贫】　2018 年，本县依托独特的区位优势和丰富的旅游资源，紧密对接黄河、长城、太行三大板块发展契机，着力打造晋北文化旅游集散地。打造滹源景区、平型关景区、大智镜圆景区、灵岩山景区、伯强红色景区。积极引进“全国毽球大赛”等国家级赛事，打造“体育+扶贫”新高地。培育涉旅企业 16 家、农家乐 34 家，通过乡村旅游业的发展，带动贫困户 771 户。（韩　智）

【消费扶贫】　2018 年，本县在稳步发展扶贫产业的基础上，以“政府引导、全民参与”为抓手，建立绿色通道，打通贫困村农产品销售渠道，让贫困群众直接受益，强化益贫带贫效果。积极参与参展北京特色农产品展销会、忻州杂粮展销会、榆次大学城“五进”对接会等大型销售活动，实现贫困村农产品的外销，累计成交 16.9 万元，签约额达 108.5 万元。推动县内企业、机关食堂、学校食堂等优先采购贫困村农产品，累计成交 513 万元，签约额达 500 万元。通过电商网络平台，扩大贫困村农产品销售规模，带动贫困人口 1915 人。（韩　智）

【手工业扶贫】　2018 年，本县紧抓京津冀一体化发展、雄安新区建设、劳动密集型产业外迁机遇，以打造融入京津冀的箱包、衣帽集散基地为抓手，发展手工业扶贫工厂 63 个，其中已投产 57 个。手工业产品涉及 6 大类 23 个系列，销往国内各大市场及美国、巴西、俄罗斯等 30 多个国家和地区。手工业扶贫工厂覆盖全县 13 个乡镇 75 个贫困村（移民安置点），带动 7162 名农村劳动力实现稳定就业，人均年收入 15000 元以上，实现家门口就近就业，实现家庭稳定脱贫。（韩　智）

【培训就业】　2018 年，本县健全“技能培训+劳务基地”机制，实施“全民技能提升工程”，完成全民技能提升培训 5523 人，农村进城务工人员培训 3683 人。叫响叫亮“繁峙绣娘”“繁峙巧姑”等特色劳务品牌，贫困劳动力转移 15052 人。（韩　智）

【健康扶贫】　2018 年，本县动态识别 4656 户 11259 名因病因残贫困对象，建立健康扶贫动态管理信息化平台，健康扶贫“双签约”实现全覆盖。落实“三保险、三救助”政策，实行一站式结算服务。为建档立卡贫困人口代缴基本医保和补充保险 9483.5 万元，共有 6737 名贫困人口享受保险救助政策，住院合规费用 3549.1 万元，医保救助总额 3052.4 万元，贫困人口住院自付费比例为 9.16%。新改扩建标准化村级卫生室 239 个，全县标准化村卫生室、乡镇卫生院、门诊部、服务点覆盖 251 个行政村。全县 60 周岁以上贫困人口城乡居民养老保险参保率达到 100%，贫困人口城乡居民医保参保率达到 97%。（韩　智）

【资金保障】　2018 年，本县创新资金筹措机制，充分发挥财政资金的牵引作用，撬动更多金融资金、社会资本投入到脱贫攻坚中。全年综合投入 38.78 亿元，其中财政专项扶贫资金 1.27 亿元，统筹整合其他各类资金 302 亿元，教育和社会兜底资金 1.3 亿元，扶贫小额贷款 2.43 亿元，产业扶贫贷款 1.96 亿元，整村提升贷款 1.93 亿元，城乡建设用地增减挂钩收益 6.96 亿元。同时，严格扶贫资金绩效管理，确保在脱贫攻坚工作中项目安全、资金安全、干部安全。（韩　智）

【民政兜底保障】 2018年，本县坚持应保尽保、分类保障、动态管理原则，将农村低保标准统一上调至3518元，实现“两线合一”。对没有劳动能力的13260名建档立卡贫困人口给予农村最低生活保障，对1226名农村特困人员全部纳入五保供养范围，五保低保保障范围中贫困户占比达到69.3%，建档立卡人口兜底保障率达到23.4%。全力推动建设73所老年人日间照料中心和新建2所敬老院，最大限度保障鳏寡孤独老年人实现“老有所养”。 （韩 智）

【教育扶贫】 2018年，本县全覆盖资助贫困家庭学生22645人次，资助金额2117.7万元，全覆盖所有贫困家庭学生。对全县162所贫困村学校进行标准化建设和“全面改薄”，在104村实施“一村一园（班）”工程，高标准创建义务教育均衡发展县，全县适龄儿童入园率96.3%，义务教育阶段学生入学率、合格率、巩固率均为100%。

（石培军）

【整村提升工程】 2018年，本县实施“四提升、一整治”整村提升工程，大力改善农村人居环境。按照“示范引领村”“特色风貌村”“全面提升村”“基本达标村”四个类型，加大投入，强化引领，分类推进。实施农村公路提升工程，建设乡村路133条255.97千米。实施安全饮水提升工程，完成98个村的饮水安全工程，涉及贫困村58个，贫困人口2.11万人。实施农村电网提升工程，改造10千伏线路31.1千米，低压线路41.55千米。实施农村网络提升工程，提升122个村宽带进村工程。开展以“一整、二清、三改、四化、五治”为主农村环境整治专项行动，完成残垣断壁整治工程288千米；开展“清洁家园、清洁水源”活动，清洁家园水源2790处；完成改圈、改厕、改厨1.95万处；绿化美化51万平方米，亮化2965盏路灯；治理污水乱泼、粪土乱堆、杂草乱垛、畜禽乱跑5616处、垃圾乱堆5.5万立方米。通过整村提升，实现水、电、路、网、文化活动场所对所有贫困村和有贫困人口村庄高标准全覆盖，垃圾定点存放清运率100%，村容村貌彻底改善。 （石培军）

【精神扶贫】 2018年，本县坚持扶贫与扶志、扶智、扶德相结合，全面强化精神扶贫。着力在扶志上下功夫，深入开展“自强、诚信、感恩”主题实践活动，以“我脱贫我光荣、最美儿媳、勤劳创业户、养牛能手、公益标兵、致富能手”等评选活动为引领，激发贫困群众自主脱贫动能。着力在扶智和扶德上下功夫，通过技术培训会和成效点评会等手段和“群众说、乡贤论、榜上亮”等道德评议方式，采取生产扶持倾斜和致富机会优先考虑等办法激励奖励，推动群众观念转变。全县272个行政村成立道德评议会，1284人成为道德评议员，评定星级文明家庭3900个。着力创新精神扶贫载体，把村集体经济收益、政府投入资产性收益的发放与农村公益岗位的薪酬结合起来。通过群团组织和帮扶单位在贫困村设立“爱心超市”，凭借爱心积分卡，奖励激励有一技之长、主动寻求致富门路的致富能人。

（石培军）

【社会扶贫】 2018年，本县有效凝聚社会帮扶合力，动员县内108家民营企业与270个贫困村结对，799名人大代表、125名政协委员与3441户贫困户结对。在基础设施建设、就业帮扶、公益帮扶、技能帮扶等方面投入社会资金4亿元。国家体育总局定点扶贫繁峙县，筹集资金和物资折合275万元，引进帮扶资金20万元，完成大型体育赛事和活动6项，培训干部400余人次，培训技术人员80人次，消费扶贫下达内部采购计划100万元，帮助销售农产品20万元。团县委为42名留守儿童提供关爱资金3万多元。县妇联通过“两癌”筛查为13000多名建档立卡贫困户妇女发放救助金98万元。

（石培军）

【干部帮扶】 2018年，本县采取县“四套班子”领导包乡包村帮扶方式，每名县级领导挂点一个乡，包村帮扶一个重点贫困村，组织、协调、统领、监督所包乡和村的脱贫攻坚工作。选派202个省、市、县驻村工作队进驻全县194个贫困村和有贫困人口的非贫困村，185名第一书记、6797名帮扶干部投身脱贫攻坚主战场，对全部贫困人口实行结对帮扶，形成了领导有力、推进有力、势头强劲的工作局面。（石培军）

【舆论宣传】 2018年，本县坚持团结稳定鼓劲、正面宣传为主的方针，紧紧围绕全县脱贫攻坚各项重点工作，积极组织，主动作为，精心撰稿，在各级主流媒体上发表了大量反映繁峙脱贫攻坚工作的优秀新闻作品。全县累计发布扶贫稿件675件，日均发稿2.02件。其中：在市级以上报刊发表扶贫稿件151件（其中国家级报刊发稿4件，省级报刊发稿35件）；繁峙新闻播报扶贫工作新闻277条，《直通县市区》栏目发稿121条，《忻州新闻》发稿58条；《今日繁峙》编配扶贫专版12期，县电视台播出扶贫专题56期。东山乡化塔村、宫黄沟村、沟南村搬迁案例入选全省《百村搬迁案例》。繁城镇楼岗村脱贫案例入选全省《百村脱贫案例》。一系列有力的宣传报道，为全县脱贫攻坚工作营造了良好的舆论环境。（石培军）

【评选表彰】 2018年，全国劳模、全国优秀共产党员、党的十九大代表、繁峙县第三建筑安装工程公司经理沙万里获得全国脱贫攻坚奉献奖。2名村第一书记、4名驻村工作队长、2个帮扶单位获全省脱贫攻坚优秀表彰。6个乡镇、34个部门获得全县脱贫攻坚先进表彰。4个乡镇、4个部门获得全县易地扶贫搬迁先进表彰。（石培军）

【重要活动】 2018年1月19日，召开全县脱贫摘帽动员誓师大会。2月6日，县政府与牧原集团签订扶贫战略框架协议。2月26日、7月25日，副省长曲孝丽到本县调研脱贫攻坚工作。3月9日，召开县委农村工作暨脱贫攻坚会议。3月17日，召开繁峙县扶贫干部学习践行习总书记扶贫论述专题培训班。4月12日，市长郑连生在本县恒芪草本、铭都服饰、奥博光伏、富家庄村、田园毛驴、大营亨隆绿蔬等扶贫项目点调研。5月14日，举办2018年扶贫项目集中签约仪式。5月16日，省人大常委会副主任、市委书记李俊明深入本县农业产业园、工业企业、整村搬迁土地复垦、移民安置点等地调研。5月17日，召开全省城乡建设用地增减挂钩现场推进会。6月18日，召开全省“践行领袖嘱托、决战深度贫困”现场推进会。6月28日，召开全省金融扶贫现场推进会。6月29日，召开全市“践行领袖嘱托、决战深度贫困”现场推进会。7月17日，国家体育总局副局长、党组成员赵勇一行在本县调研脱贫攻坚工作。8月14日，全省推进三晋巾帼脱贫行动助力攻坚深度贫困培训班到本县观摩。10月10日，召开全市2018年项目观摩现场会。11月15日，国家体育总局副局长、党组成员杨宁到本县调研脱贫攻坚工作。12月17日至23日，接受贫困县退出省级专项评估检查。（石培军）

中国人民政治协商会议繁峙县委员会

综　　述

【理论学习】　2018年，繁峙县政协以习近平新时代中国特色社会主义思想为指引，进一步坚定“四个自信”，牢固树立“四个意识”，做到“两个维护”，牢牢把握团结和民主两大主题，围绕中心，服务大局，认真履行政治协商、民主监督、参政议政职能，充分发挥政协优势和作用，为全县胜利脱贫和各项事业展现新局面贡献智慧和力量。根据市政协提出的重点研讨参考题目，先后形成30余篇有分量的研究成果，其中《贯彻习总书记新思想，实现政协工作新作为》《提高人民政协的履职能力》等多篇理论文章，作为经验成果得到省、市政协的高度重视。（1）把县委决策部署贯彻落实到政协履职全过程各方面。县政协常委会把自觉接受党的领导作为政协工作最根本的政治规矩，坚持在县委的统一领导下，依据宪法和新修订的政协章程开展履职活动，全年共召开3次政治协商会、2次协商议政会，2次情况通报会，4次常委会，先后组织10次视察、调研活动。履职中始终与县委目标同向、工作同步、思想同心，做到同唱一台戏，共谋一盘棋。坚持重要工作报告制度，重要问题及时向县委请示，重要活动征求县委意见。2018年，主动向县委汇报县政协年度协商计划，经县委常委会研究通过，县委书记孔保宝批示后，以文件印发。随后，印发《繁峙县政协协商工作责任制》《繁峙县政协系统反映社情民意信息工作考核及奖惩办法》等相关文件，并向相关部门转发《关于进一步激发脱贫攻坚内生动力打好精神扶贫主动战的实施方案》的文件，努力把县委县政府的重大决策部署，转化为全体政协委员和社会各界人士的广泛共识和自觉行动。（2）按照省、市、县的部署要求，县政协继续把“两学一做”主题教育和“双日双评”专题教育作为重大政治任务抓紧抓好，每月第三周的周三下午集中开展学习，通过开展“双日双评”专题教育，提升党员的“身份感”，增强党员的“责任感”。并组织引导政协委员和党员干部在日常工作和生活中发挥模范带头作用，严格执行“支部主题党日”和“党员先锋行实践日”活动，每位领导干部认真讲党课，并撰写心得体会，切实推进“两学一做”学习教育常态化制度化。

（刘锐峰）

【议政建言】 2018年，县政协先后组织本县部分市、县政协委员参与市政协组织的历次调研活动。分别是：5月下旬，市政协秘书长王志刚带领调研组一行6人深入本县农发村、紫金矿业、田源毛驴、滨河移民小区等地实地就“乡村振兴”以及关于“省委第70次常委会议议定事项开展“全市安全生产重点工作”推进情况进行详细调研。8月22日，市政协主席刘钢柱一行4人到本县长田建材科技有限公司、繁峙县铭鑫服饰有限公司、东山乡化塔村整沟治理、繁峙县伯强景区红色旅游、山西奥博能源电力有限公司、山西旭泰北方酿酒有限公司、作头水稻种植项目，楼岗、赵家庄白水杏和整沟治理项目进行调研。9月6日，市政协副主席王庆荣一行14人到本县围绕“突出转型项目建设，助推高质量发展”进行调研，先后深入到繁峙县长田建材科技有限公司、山西奥博能源电力有限公司、山西旭泰北方酿酒有限公司进行实地调研，并召集发改局、重点办、经信局和三个企业负责人座谈。12月11日，市政协副主席王庆荣带领调研组到紫金矿业集团就企业目前面临的困难和问题进行专题调研。县政协按照年初的调研安排，组织了“突出项目建设，助推高质量发展”“农村幼儿班提升工程”和“农村特色学校建设工程”以及“围绕乡村振兴战略，实施整村提升工程”等专题调研，形成高质量的调研报告：《关于突出项目建设，助推高质量发展的调研报告》《关于乡村振兴实施整村提升工程的调研报告》《关于“一村一园（班）”幼儿教育提升工程和两所全免费寄宿小学办学情况的调研报告》《关于紫金集团企业目前面临的困难和问题的调研报告》。此外，2018年，还向县政府提供了省政府关于民生实事的2条建议，分别是：《建议繁五砂应高速路应尽快开工》《建议再为农村培养一些“赤脚医生”并真正发挥其作用》。

（刘锐峰）

【环境创优】 2018年，县政协把民主监督职能贯穿于政协工作中，务实开展行风政风监督活动，选派20余名委员积极参加法院庭审旁听，促进阳光司法、公正执法。

（刘锐峰）

【社情民意工作】 2018年，县政协共编发上报社情民意60余篇（条），其中省采1篇（条）、市采4篇（条）。在2018年市政协全会期间，本县社情民意工作继续受到表彰，获得“年度政协信息工作先进单位”荣誉称号，位列全市第三名。

（刘锐峰）

2018年3月，县政协对优秀社情民意工作者进行表彰（刘锐峰提供）

【扶贫工作】 2018年，县政协围绕大局，从领导干部、政协委员、机关干部三个层面抓起，严格按照《关于政协委员结对帮扶助推脱贫攻坚工作方案》的相关要求，力求发挥政协领导的“示范作用”、政协委员的“主体作用”、机关干部的“骨干作用”，深入落实“委员进村入户活动”和“六帮六送”等扶贫济困活动，把活动不断推向纵深，实现了投入力量“全覆盖”、出谋划策

“多角度”、扶贫帮困“广参与”、助推脱贫“常态化”。2018年，共有119名政协委员参与结对帮扶，占委员总数的73.9%，共捐资232.72万元，其中产业扶贫捐资221.95万元，送温暖2.25万元，政协机关领导干部按处级干部每人500元，其他人员每人300元的标准共捐资6000余元，为北龙兴村贫困户每户送1袋白面、1袋大米。真正做到了帮有成果，扶有实效。其中比较突出的有沙万里、黄卫东等11名企业家委员，此外，张月来、李三有、刘奇、陈晓勇等县政协委员为小砂河、冻冷沟、常坪、卤城等村也进行了送温暖活动。

政协领导还参与了所包乡村脱贫攻坚的一系列工作，主席钟文秀联系县农业综合开发办、油坊村第一书记和企业家黄卫东，共同为油房村建设30千瓦屋顶分布式光伏扶贫发电项目。收益的80%用于贫困户脱贫增收，20%作为村集体支配，既推动了脱贫攻坚，又实现村集体经济破零。同时为忻州南苑铝业协调解决征地立项事宜。

副主席张晋军主抓本县手工业发展的招商引资和项目落地工作。2018年，对接项目，外引内联，全年发展箱包加工、服装、绢花、刺绣、包装、文体工艺类等扶贫工厂63个，覆盖全县13个乡镇，可带动7000多人就业，能使2000多个贫困家庭稳定增收脱贫，真正实现了农民在家门口就业的梦想，实现了经济效益和社会效益的双赢。

副主席邬春生对所包茶铺村实施茶铺村肉牛养殖项目棚圈建设，帮助16户贫困户申请天河牧业养牛项目，9户贫困户参加牧原集团小额贷款养猪项目，帮助32人解决了劳务输出。同时负责本县招商引资工作，带领精准招商小分队先后赴京津冀及雄安新区等地进行招商引资，青岛奥博等一批项目现已投入生产，南苑铝业等项目正在建设当中。

（刘锐峰）

重要会议

【县政协十一届三次全体委员会议】 2018年3月底，县政协在嘉盛伦召开县政协第十一届三次全体会议。会议期间，委员们紧紧围绕《政协繁峙县委员会常务委员会工作报告》《政协繁峙县第十一届委员会关于十一届一次会议以来提案工作情况报告》和“一府两院”工作报告，进行了认真讨论协商，特别对繁峙县转型发展、乡村振兴、脱贫攻坚巩固提升、社会稳定、招商引资等重要问题提出了许多有价值的意见和建议，并向县委书记孔保宝、县长崔峥岭报送了政协委员讨论意见建议整理稿，共21条。得到了县委、县政府的高度重视，切实履行政协参政议政职能，发挥参谋助手的重要作用。

（刘锐峰）

2018年3月底，县政协在嘉盛伦召开第十一届三次全体会议（刘锐峰提供）

【县政协十一届七次常委会议】 2018年3月23日，县政协十一届七次常委会在嘉盛伦二楼会议室召开。县政协主席钟文秀，副主席张晋军、高玲玲、郑宇利、邬春生出席。会上，常委们就《政府工作报告》和《政协繁峙县委员会常务委员会工作报告》《政协繁峙县第十一届委员会关于十一届一次会议以来提案工作情况报告》进行讨论；并协商决定周志强为政协第十一届委员会常委，并增补冯占军、李亚丽为政协十一届委员会委员；最后，会上宣读《关于表彰2017年度社情民意工作先进的决定》和《关于表彰十一届二次会议优秀提案的决定》。

（刘锐峰）

【县政协十一届九次常委会议】 2018年6月20日，县政协十一届九次常委会议在县新田村镇银行三楼会议室召开。县政协主席钟文秀，副主席张晋军、高玲玲、郑宇利、邬春生出席。会议邀请县委理论组李敏和县委党校贺利平讲授《中华人民共和国宪法修正案》《中国人民政治协商会议章程修正案》《中华人民共和国监察法》《国务院机构改革方案》和俞正声在全国政协十三届一次会议上所做的常委会工作报告、汪洋在全国政协十三届一次会议闭幕会上的讲话以及中共忻州市委关于加强人民政协协商民主建设的实施意见、习近平关于加强人民政协工作的有关讲话精神；会议协商通过政协繁峙县委员会2018年度协商工作计划、政协繁峙县委员会2018年协商工作责任制和关于县政协深入开展习近平总书记加强和改进人民政协工作的重要思想学习研讨活动方案；最后还通报社情民意、提案和扶贫情况和关于繁峙文史征编事宜。 （刘锐峰）

【县政协十一届十次常委会议】 2018年12月4日，县政协十一届十次常委会议在繁峙中学会议室召开。县政协主席钟文秀，副主席张晋军、高玲玲、郑宇利、邬春生出席，部分委员参加了会议。会议学习省委书记骆惠宁在省委十一届六次全会上的讲话精神；传达学习了市政协“关于加强委员队伍建设的意见”和“关于政协委员履行职能的考评办法”；通报县政协关于编纂繁峙县整体移民村相关资料的方案及工作进度；法、检两院向政协常委会通报了工作；最后，通报了委员扶贫情况及政协社情民意信息工作。

（刘锐峰）

专门委员会工作

【提案委员会】 2018年，十一届三次会议以来，参与撰写提案的委员共142人，占委员总数的88%，县政协共收到提案70件，经过梳理、汇总，作为信函处理的6件，可立案的64件。经对内容相近、涉同一部门的12件提案并为4件后，共立案56件。县政协专门召开提案交办会，向政府提交了64件政协提案。及时将立案的提案呈送相关单位研究处理，对没有立案的提案，也以信函的方式转交相关单位参考，并将提案办理情况及时答复委员，并对办理落实情况进行了跟踪督办。 （刘锐峰）

【经济委员会】 2018年，围绕县政协协商工作计划开展调研，通过调研、视察，就本县“突出转型项目建设，助推高质量发展”“围绕乡村振兴战略，实施整村提升工程”等专题调研，并提出了意见建议，收集整理后提交政协全会的“政协委员建言录”，为党政决策提供参考。 （刘锐峰）

【教科文卫体委员会】 2018年，组织文化、医卫、科技、教育、社科等界别的委员，开展调研活动，就“农村幼儿班提升工程”和

“农村特色学校建设工程”进行了视察调研，形成相关调研报告，并提出意见建议呈报县委、政府。（刘锐峰）

【法制与文史委员会】 2018 年，不断加强对全县文史资料的挖掘、收集和整理。为进一步丰富本县史料库藏、繁荣地域文化、扩大对外宣传和促进经济社会各项事业发展。2018 年，完成《繁峙文史第十四辑·漫录正觉寺》和《繁峙文史第十五辑·历代咏繁峙诗词赋选注》的出版工作。正在进行《繁峙文史第十六辑·长城专辑》和《繁峙文史第十七辑·整体移民村搬迁》相关资料的收集整理。（刘锐峰）

民主党派

民革支部

【概况】 2018 年，民革繁峙县支部有正式党员 22 名，预备党员 2 名，在民革忻州市委和中共繁峙县委的正确领导下，认真学习贯彻中共十九大精神和习近平总书记系列重要讲话，开展多种形式的调研活动，广泛反映社情民意，积极参政议政，取得可喜的成绩。 （郭文华）

【重要会议】 2018 年 8 月 3 日，民革繁峙县支部在兴城商务酒店召开第六次党员大会。民革忻州市委专职副主委杨培旺，中共

2018 年，民革繁峙支部在兴城商务酒店召开第六次党员大会（郭文华提供）

繁峙县委常委、县委组织部部长、统战部部长乔震宇，县政协副主席郑宇利，市委统战部一科科长邢小建，民革忻州市委秘书长王美霞，中共繁峙县委统战部常务副部长辛岗，副部长任义等出席本次大会。

会议听取并审议了郭文华代表上一届民革繁峙县支部所作的工作报告，选举产生了民革繁峙县支部委员会新一届委员会，郭文华当选主任委员，贺玉军当选副主任委员。会上，郭文华代表新一届支部委员会聘请王海龙为支部名誉主委。 （郭文华）

【自身建设】 2018 年，民革繁峙县支部根据民革章程，继续做好党员发展工作，本年度共发展党员 3 人；建立党员信息库，对全县 22 名党员信息进行核对更新，为支部的科学化和规范化建设奠定了基础。

2018 年 9 月 17 日，在中共繁峙县委、县政府召开的教育工作暨第 34 个教师节表彰大会上，民革繁峙县支部主委、繁峙二中副校长郭文华被授予“先进教育工作者”荣誉称号；繁峙中学教师侯贵荣（民革党员）被授予“繁峙名师”荣誉称号。

10 月 16 日，支部主委郭文华赴哈尔滨参加了为期一周的由民革山西省委组织的

2018年，郭文华参加民革山西省委组织的综合能力提升培训班（郭文华提供）

“民革山西省第八期中青年代表人士综合能力提升培训班”。（郭文华）

【参政议政】 2018年，民革党员积极参加中共繁峙县委、县政府组织的座谈会、通报会、调研会，就全县经济建设，社会发展中的重大决策开展政治协商，提出了许多切实可行的意见建议。党员中的人大代表、政协委员积极参加人大、政协组织的视察、考察和调查。民革支部把为本县精准脱贫和经济社会和谐发展建言献策作为参政议政的重点，紧紧围绕农业农村、教育文化、医疗卫生、资源和环境保护以及其他社会发展问题，积极提交提案5篇，社情民意15篇。其中民革党员贺玉军的《保障教师进修合法待遇》、侯贵荣的《加快职业教育发展的几点建议》提案被市政协采用。（郭文华）

【调研活动】 2018年4月17日至18日，民革繁峙县支部协同民革市委调研组到本县，就扶贫工作中如何激发贫困群众脱贫内生动力开展专题调研。2018年9月28日，民革繁峙县支部协同民革忻州市委进行了“长城与抗战”的主题调研活动。（郭文华）

2018年，民革繁峙县支部协同民革忻州市委进行“长城与抗战”主题调研（郭文华提供）

【扶贫工作】 2018年，全县脱贫攻坚冬季决战阶段，民革繁峙县支部有8名党员，担负着38户贫困户的帮扶任务。根据不同情况，制定帮扶措施，帮助贫困户想办法、谋出路、求脱贫，并向贫困户详细宣传解说本县精准扶贫相关政策。2019年元旦前夕又积极捐款捐物，开展“送温暖”活动，购买白面大米入户慰问贫困户。（郭文华）

民进繁峙小组

【概况】 2018年3月，两会前组织全体会员深入全县各乡（镇）进行社情民意调研。

7月15日，民进忻州市委组织全体会员学习新会章。

7月15日，民进繁峙小组全体会员和忻州师院物理系社会活动小组成员在横涧乡平型关村共同进行反邪教宣传活动，并对平型关小学的学生进行了小制作辅导。

8月3日，集中学习新会章及会史。

9月7日，组织全体会员召开庆祝第34个教师节座谈会。

12月30日，邀请中共繁峙县委统战部领导参加了纪念中国民主促进会成立73周年座谈会。（李银所）

群众团体

总工会

【概况】 2018年，全县14个乡镇、居民办工会联合会主席全部由乡镇党委副书记或人大主席担任，常务副主席由县工会聘用的社会化工会工作者担任，并增添了兼挂职副主席3名，经审委主任、女工委主任、53个机关工会委员会主席全部由机关同级副职担任，57户规上企业的工会主席由企业支部委员或副书记担任。全年新组建村级工会141个，规模以上企业工会35个，行业性、区域性工会2个，发展会员7527人。在财政预算紧张的情况下，为全县53个机关工会拨缴经费320余万元，乡镇工会在省总补贴5000元的基础上，县总工会补贴5000元，每年至少有1万多元的经费，为职工活动提供有效保障。

2018年，全县职工演讲比赛（韩旭娟提供）

2018年，县农业技术推广中心主任杨芳荣获“山西省五一劳动奖章”。（韩旭娟）

【争先创优】 2018年“五一”期间，开展了“五一劳动奖章”“五一劳动奖状”的评选活动，全县各行业共推荐评选出10个“五一劳动奖状”，40个“五一劳动奖章”，并就这些先进事迹制成展板，举办“迈进新时代，聚力新征程”劳模风采展示，本县胡耀山被评为忻州市最美职工。（韩旭娟）

【“四季四送”活动】 2018年春节期间，全县共救助困难职工1229名，其中生活救助1155名，大病救助49名，领导慰问25名，救助金达到86.84万元。在春送岗位活动中，共发放宣传资料15000份，为1600余人提供了免费服务，组织了专场招聘会1场，跨地区有组织劳务输出226人，成功介绍25名农村劳动者就业。夏送清凉活动的开展为1145名环卫工人、交巡警、企业一线职工送去了毛巾、清凉油、水杯等防暑用品，发放安全知识书籍1200册，并为奋战在酷暑下的交警购置了 5 把遮阳伞，总投入达到 9 万元。金秋助学活动中，共为 26 名考入二本 B 类以上院校的困难职工家庭子女进行了帮扶，其中报送市总帮扶 10 名，县总工会通过企业赞助等形式帮扶 16 名，帮扶资金 7.8 万元。

（韩旭娟）

2018 年，夏送清凉活动（韩旭娟提供）

【文体活动】 2018 年，在春节、元宵节期间，县工会组织 680 人参与的职工文艺小分队，深入 6 个企业，13 个车间班组，一个贫困村开展文艺慰问演出，把欢乐送到基层，让职工在自家门口感受到文化盛宴，通过“中国梦、劳动美”工会品牌，先后举办职工象棋赛、职工篮球友谊赛、职工健步走比

2018 年，元宵节送文化下基层活动（韩旭娟提供）

赛等活动，参加了全市职工毽球赛，丰富了广大职工的业余文化活动。（韩旭娟）

【扶贫工作】 2018 年，县工会组织动员各级劳模投身全县脱贫攻坚主战场，助力脱贫攻坚。根据县委、县政府动员社会力量，助力脱贫攻坚的有关精神，结合本县历年国家、省、市、县各级劳模的特点，多次组织以全国劳模沙万里为代表的劳模报告会，劳模助力脱贫攻坚座谈会，积极组织劳模投身全县脱贫攻坚主战场。按照县委脱贫攻坚十大产业的布局，根据全县手工业产业发展迅猛，从业人员需求多的特点，参加了全市举办的困难职工技能培训。培训后 135 名学员与繁峙骏凯皮具有限公司签订就业协议，38 名学员与繁峙县晋绣坊文化产业发展中心签约家庭绣娘，实现培训一人，就业一人，脱贫一户的“多赢”目标。（韩旭娟）

2018 年，千人培训计划——箱包、刺绣培训（韩旭娟提供）

共青团繁峙县委

【概况】 2018 年，团县委建成高标准党员活动室，规范党内组织生活，促活机关党建工作，开展希望工程圆梦行动、同心助学活

动共资助贫困学生23名，争取团中央、团省委项目支持，在“五四”等时间节点开展形式多样的活动72场，共计服务青少年2万余名，创新开展“六帮六破”助力脱贫攻坚，各项工作取得了一定成效。被县委评为“2018年度先进基层党组织”，被省人社厅、省扶贫办授予“全省干部驻村帮扶工作模范单位”称号，是山西省报送国务院扶贫办15家典型帮扶单位中，忻州市唯一一家。

（袁绍华）

【“三基”建设】 2018年，按照“抓党建、带队伍、强基础、争一流”的工作思路，团县委高标准建设了100平方米的党员活动室，以“双日双评”和班前学习活动为载体，规范、活泼机关党建工作。 （袁绍华）

【助学行动】 2018年，为帮助本县家庭贫困的优秀大学生顺利入学，团县委积极开展2018年“希望工程圆梦行动”，从宣传、申报、走访、申领等各个环节严格把关，圆满完成13名品学兼优的贫困大学生的资助活动5000元/人，共计65000元。

联合“明日之星”公益基金管委会在本县开展“同心助学”精准帮扶助学活动，对全县义务教育阶段中小学捐赠6台3D打印机、60台平板电脑，500多套文房四宝等学习用品，另外还对本县齐城、兴旺庄两所留守儿童比较集中的小学，额外捐赠10台学生学习平板电脑，并为两个学校各5名建档立卡贫困户学生发放每人300元的助学金，共计3000元。 （袁绍华）

【团省委项目支持】 2018年，通过争取团省委项目支持，团县委在繁城镇、金山铺乡分别建成了示范型青年之家和标准型青年之家。共开展活动24场，涉及扶贫助学、心理咨询、青年大学习、关爱留守儿童等方面。

完成6个重点青少年宣传教育服务项目，由繁中、繁二中、砂中、砂二中、砂四中和宝山中学承接，相继开展禁毒防艾专题讲座和宣传活动。

完成“阳光自护”困境青少年心理健康与安全教育服务项目，由繁峙县心理教育咨询协会承接，共向全县8所中小学开展了33场团体心理辅导和安全教育课程。（袁绍华）

【主题活动】 2018年，团县委认真组织实施“共青团在你身边”——2018年“青年之家”主题活动。2018年12月15日在繁城镇青年之家举行“不忘初心跟党走”青年学习会，服务青年28人（包括学校和各农村团干团员）。

2018年12月31日在嘉盛伦酒店五楼会议室举办“心动青春　你我相约”青年交友联谊活动，服务单身青年111人。

在繁峙县中兴集团团员活动室举办返乡青年创业就业座谈会，服务返乡就业创业青年24人。

5月4日在县职业中学开展“以我青春之名传递中国梦想”成人礼仪式，共有来自400多名学生和学生家长参与了活动。

6月1日前后，以“我的梦·中国梦”为主题，在全县各小学组织开展形式多样、精彩纷呈的庆祝“六一”国际儿童节活动，同时团县委、少工委在滨河小学、实验小学、神堂堡小学等11所小学的少先队进行少先队命名仪式，让孩子们深切缅怀革命先烈的光辉业绩，牢记先辈的谆谆叮嘱，传递绵延不断的红色薪火。

7月1日，在县综合职业学校组织开展“庆祝中国共产党成立97周年暨中国工农红

军长征胜利 82 周年”文艺会演活动，增强全体师生的爱国热情。（袁绍华）

【法治宣传】 2018 年，团县委向团省委成功申报了东石龙社区、繁城镇赵庄村、东山乡联兴村 3 个“双零社区”试点。组织开展了多场心理辅导活动，对留守儿童和家长进行免费授课，参与群众达 3000 多人（次）。深入乡镇、社区、学校进行法治安全教育宣传活动，邀请检察院、法院行业人员进行法治宣讲，发放预防犯罪宣传手册 4000 本、宣传资料 3000 份。11 月初东石龙社区已申报省级“双零社区”示范点。（袁绍华）

【少工委换届】 2018 年 6 月 30 日，中国少年先锋队繁峙县第三次代表大会选举产生了中国少年先锋队繁峙县第三届委员会委员 9 名，选举产生少工委主任刘心田，副主任（兼职）崔文龙、郎嘉林（女）。（袁绍华）

【扶贫工作】 在 2017 年帮扶东山乡兴胜村完成搬迁销号基础上，2018 年团县委调整帮扶柏家庄乡万民庄村。团县委根据万民庄村委会闲置多年的实际情况，坚持“给钱给物不如给个好支部”的理念，自筹 6 万多元帮助万民庄村建设好了党支部、村委会、党员活动室和扶贫工作站，并购置了电脑、打印机、办公桌椅等设施，解决了万民庄村两委多年来场所不足、设备短缺等难题。

针对部分贫困户养殖资金不足的实际，以“青联委员助力脱贫攻坚”品牌创建为契机，积极动员金融系统青联委员、县农商行行长张磊，为万民庄村贫困户养殖项目授信 60 多万元，惠及贫困群众 30 户 100 余人。

2018 年上半年，受玉米价低滞销影响，万民庄村农户春耕缺资。团县委多方动员有关企业，以每斤高于市场价 4 分钱的价格，上门入户收购全村共计 297105 千克滞销玉米，惠及群众 43 户 129 人，每户平均 6909.5 千克、收入 12161 元。

争取到市红十字会“小天使”项目。对“三甲”以上医院诊断为患有先天心脏病、白血病的 14 周岁以下儿童，给予 3 万元/人救助基金，限额 10 名，可随时上报；并积极争取省青基会德伟爱心公益基金，对患有上述同类型疾病的 18 周岁以下青少年给予 1 万元/人救助基金，现已成功资助 6 人。

组织动员县农商行全体职工发起关爱行动，为 42 户农村留守儿童提供 800 元/人关爱资金，共计 33600 元。同时，以暑期大学生实践为契机，动员山西财经大学华商学院师生捐衣捐物，向 70 户 150 名贫困群众捐赠衣物 150 套，向村委会捐书 300 册。

团县委动员省青联委员、大李牛村文殊寺住持释觉弘委员捐款捐物筹建了“万民庄爱心超市”，群众可通过劳动、善事、义举等方式获得积分，兑换米面粮油被褥等几十种生活物品，以此激发贫困群众树立“有劳有得，不劳不得”，“守贫可叹，安贫可耻”的价值观。（袁绍华）

妇　联

【概况】 2018 年，繁峙县妇联以习近平新时代中国特色社会主义思想为指引，认真学习宣传贯彻中共十九大精神和习近平总书记视察山西重要讲话精神，深入学习习近平总书记关于妇女和妇女工作的重要论述和中国妇女十二大精神，牢牢把握增强政治性、先进性、群众性的工作目标，紧紧围绕全县中心工作，务实创新、忠实履职、积极作为，引领全县妇女为建设富裕文明美丽新繁峙贡

献了力量。被山西省人力资源和社会保障厅、山西省妇联授予山西省妇联系统“先进集体”荣誉称号。（张巧香）

【政治建设】 2018年，县妇联始终把学习宣传贯彻中共十九大精神和习近平新时代中国特色社会主义思想作为一项首要政治任务，在全县组织开展的“双日双评”活动中，坚持把思想教育放在重要位置，一个动作不减，一次活动不落，教育引导机关全体党员不断改造自己，提高思想政治觉悟，提高学习教育的自觉性和主动性。组织开展“五个一”巾帼大宣讲活动；举办新时代妇联干部学习培训班；开展“中国妇女十二大精神”专题宣讲会。（张巧香）

【扶贫工作】 2018年，县妇联开展巾帼扶志行动，增强贫困妇女自主脱贫信心。举办“脱贫最美女性”励志故事分享会，教育引导贫困妇女发扬自尊自信自立自强精神，坚定改变贫困落后面貌的信心和决心；选派4名家政能手参加忻州市巾帼脱贫家政服务技能大赛并全部获奖，增强她们自主脱贫信心；选树农发村喜梅木耳种植基地、砂河铭鑫服饰手工扶贫工厂和晋绣坊巾帼双创扶贫基地为全县巾帼脱贫典范，接受全省推进“三晋巾帼脱贫行动”助力攻坚深度贫困现场观摩培训班的观摩，得到省、市、县领导的一致好评。

继续全力打造出“繁峙绣娘”品牌，举办绣娘培训2期200人；继续传承中华手工文化，开展妇女创新创业民间手工技能培训2期90人；着力培养懂农业、爱农村的新型职业女农民，举办了“乡村振兴巾帼行动”素质提升培训班1期100人。

帮助贫困妇女寻找就业门路。以繁峙县“春风行动”为契机，广泛宣传就业政策，发放宣传资料1800份，免费提供政策咨询260余人（次）；进一步扩大“春风行动”声势，联合繁城镇东城街村委会，组织30余名基层妇女到繁城镇东峪村箱包厂和雁头村帽子厂参观，寻找就业机会；举办“巾帼心向党，巧手助脱贫”民间手工艺展，挖掘、发现优秀民间作品，拓宽增收渠道；充分发挥自身优势，引进北京蚨源紫锦服装服饰有限公司服装生产加工项目签约繁峙，为更多农村妇女提供就业机会和平台。

在建档立卡贫困户中开展寻找、培育“三最”活动和创建“三好家庭”活动，对评选出的胡鲜梅、王玉香等9户“三好家庭”、3名“三最人物”进行隆重表彰，激发贫困妇女想脱贫、争脱贫、比脱贫的热情。

（张巧香）

【家风家教活动】 2018年，县妇联认真落实习近平总书记“注重家庭、注重家教、注重家风”重要指示精神，继续深入开展寻找“最美家庭”活动，寻找推荐出包括孝老爱亲、热心公益、自立自强、爱岗敬业等各类家庭8户，并进行了隆重表彰。

开展“最美家庭、最美女性”故事分享活动，用身边“最美”典型事迹，引导、营造全社会关注、参与、向往“最美”的良好社会氛围。

成立家庭教育指导委员会和家庭教育讲师团，设立“家庭教育指导服务站”，命名“家庭教育指导中心”和“亲子阅读体验基地”。在全县各中小学校开展各类家庭教育公益讲座共50余场，受益人数上万人（次）。开展了“相伴共读　书香润德”亲子阅读活动。促进社会主义核心价值观落地生根。

（张巧香）

【妇女儿童服务】 2018年，县妇联为33名

“两癌母亲”和22名特困妇女发放总价值35.2万元的救助金。

开展“暖心助学”活动和“情系儿童·爱暖童心”走访慰问活动，为35名孤儿、单亲孩子、留守儿童送去总计10600元的资助金，为137名品学兼优的孩子送去学习用具大礼包，也送去对他们的关怀和温暖。

开展“义诊进乡村，温暖入人心”活动。联合繁城镇卫生院为村民免费义诊，仔细询问村民的病史病情，耐心细致解答村民的健康咨询，现场为有慢性病的患者提出诊疗建议，并根据村民自身身体状况提出科学合理的健康指导。

圆满完成农村妇女“两癌”免费检查工作。为15770名农村妇女进行“两癌”免费检查，超任务0.02%，提高了全县农村妇女宫颈癌和乳腺癌的早诊早治率，降低“两癌”死亡率，增强农村妇女的健康水平。

（张巧香）

【合法权益维护】 2018年，注重源头维权，建立乡镇婚姻家庭纠纷人民调解委员会，开展婚姻家庭纠纷大排查活动，开展法律、妇女维权知识进校园、进社区、进家庭宣传活动，开展“平安家庭”创建活动，开展“建设法治中国，巾帼在行动”活动，发放《坚持男女平等基本国策，保障妇女儿童合法权益》《反家暴宣传资料》，以及《中华人民共和国婚姻法》《中华人民共和国未成年人保护法》（节选）等宣传资料；举办宪法知识讲座，进一步弘扬宪法精神，维护宪法权威，引导妇女群众学法遵法、守法用法，依法维权，共建文明和谐、美丽新繁峙。

【基层妇联组织建设】 2018年，县妇联巩固乡镇妇联区域化建设、村妇代会改建妇联工作成果，拓展新领域、新群体、新组织的覆盖面，组建成立繁峙县税务局、繁峙县心理协会等妇委会；创建了聚宝新区居委会、繁城镇南城街、光裕堡乡光裕堡村、下茹越乡下茹越村、砂河镇义兴寨村五个“妇女之家”示范点，加强了组织妇女、引导妇女、服务妇女和维护妇女儿童合法权益的的阵地，丰富了展示妇女风采的平台。加大对妇联干部和妇女工作者的培训力度，切实增强和丰富妇联干部做好妇女群众工作的本领和经验，真正让党开展妇女工作的阵地更加坚强、更具活力，让妇女群众的“娘家”更具魅力、更加温暖。

（张巧香）

科　协

【概况】 2018年，繁峙县科协全面贯彻中共十九大精神，以习近平新时代中国特色社会主义思想为指导，认真开展“两学一做”活动，严格履行“四服务”职责定位，用务实谋发展，以创新求发展，靠作为赢地位，团结引领广大科技工作者积极开展科技创新，弘扬科学精神，普及科学知识，传播科学思想和方法，推广先进适用技术，为促进全县科技进步、经济繁荣、社会发展、提高全民科学素质做出了积极贡献。 （郭俊廷）

【全民科学素质工作】 2018年，县科协充分发挥全县全民科学素质工作领导组办公室的组织协调作用。起草印发《“十三五”中后期繁峙县全民科学素质行动工作要点》组织带动各成员单位开展形式多样的提高公民科学素质工作，形成县委、县政府领导，有关部门密切配合，社会各界广泛参与的社会化科普工作格局。 （郭俊廷）

【校园科技活动】 2018年，县科协激发青

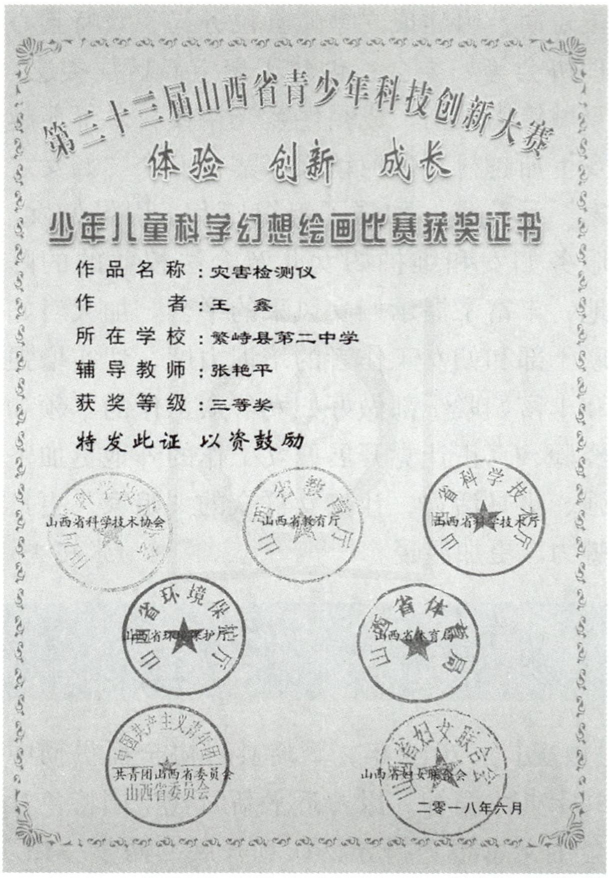
第三十三届山西省青少年科技创新大赛
体验 创新 成长
少年儿童科学幻想绘画比赛获奖证书
作品名称：灾害检测仪
作 者：王 鑫
所在学校：繁峙县第二中学
辅导教师：张艳平
获奖等级：三等奖
特发此证 以资鼓励
山西省科学技术协会
山西省教育厅
山西省科学技术厅
山西省环境保护厅
山西省体育局
共青团山西省委员会
山西省妇女联合会
二零一八年六月

2018 年，王鑫同学创作的科学幻想画“灾害监测仪”获得市三十三届青少年科技创新大赛一等奖（郭俊廷提供）

少年创新热情。从繁峙二中选出 8 幅科学幻想画参加了忻州市第三十三届青少年科技创新大赛并获奖。其中，由王鑫同学创作的科学幻想画“灾害监测仪”获得一等奖，同时被推荐参加山西省第三十三届青少年科技创新大赛获得三等奖，繁峙县科协获得优秀组织奖。（郭俊廷）

【网络知识竞赛】 2018 年，县科协为深入实施《全民科学素质行动计划纲要》普及科学知识、倡导科学方法、传播科学思想、弘扬科学精神、适应信息化时代要求，按照省、市科协的安排部署，于 2018 年 7 月至 9 月在全县范围内动员全社会公民积极参加“2018 年山西省公众科学素质网络知识竞赛”活动。为充分营造讲科学、爱科学、学科学、用科学的浓厚社会氛围，县科协工作人员走机关、进社区、到企业、入学校、下乡村，经广泛宣传全面动员，全县共有 3700 余人参加网络科普知识竞赛，手机答题 13000 余人（次）。（郭俊廷）

【流动科技馆巡展】 2018 年，县科协为组织实施中国流动科技馆巡展工作，县科协联合县教育局在彩璟小学成功举办了以“体验科学”为主题的中国流动科技馆繁峙县第二轮巡展。巡展从 11 月 20 日起向县城中小学生及家长免费开放 30 多天。由 50 件科普活动展品、科学表演、科学实验，以模块化设计的展览和活动组成。为中小学生零距离接触科学、体验科技、开阔眼界、增长知识搭建了平台。巡展期间参观人数达到 3000 多人（次）。（郭俊廷）

2018 年，中国流动科技馆繁峙县第二轮巡展（郭俊廷提供）

【科协系统改革工作】 2018 年，县科协为深入贯彻中央、省委、市委和县委群团工作会议精神，结合本县实际情况以县委办公室文件印发《繁峙县科协系统深化改革实施方案》（繁办发〔2018〕17 号）积极推进本县科协系统改革。按照中央、省、市科协《关于开展“3+1”建设提升基层科协组织力的通知》精神，繁峙县科协系统“3+1”（“3”指吸纳“三长”即医院院长、学校校长、农技站站长进入县乡（镇、居民办）科协领导机构兼职发挥作用，“1”指加强上级科协指导）建设工作在县委、县政府领导的高度重视和大力支持下，在市科协的直接指导下，县乡两级科协吸纳“三长”进入县乡（镇、居民办）科协领导机构兼职工作于2018年年底基本完成。（郭俊廷）

【扶贫工作】 2018年，为贯彻落实《山西省科技助力精准扶贫工程实施方案》围绕本县脱贫摘帽攻坚目标和扶贫先扶智的根本要求，以科普惠农服务为先行，营造浓厚的社会氛围，县科协充分发挥科普惠农中心服务站的优势，全年共组织开展“科普惠农大讲堂”“科技助力精准扶贫培训会”等大型科普活动6场（次），参加培训人员达到800余人（次）。结合全国科普日和食品安全宣传周及“三下乡、四进社区”等活动，共印发《公民科普知识读本》《玉米、高粱栽培技术》《糜黍、谷子、大豆栽培技术》等科普助力精准扶贫宣传册1万余册。

2018年，繁峙县全国科普日科技助力精准扶贫培训会（郭俊廷提供）

科普e站建设是推动科普信息化和实现科普惠农的有效举措。2018年在省市科协的大力支持下，全县首个科普乡村e站在金山铺乡农发村建成并使用。科普e站是应用互联网+科普惠农的具体举措，是打造农村综合服务体、开展农技推广与服务、农村创新创业、购销服务，以及健康生活、科普文化活动等线上线下相结合的农村科普服务阵地。（郭俊廷）

残 联

【概况】 繁峙县残疾人联合会（以下简称县残联）是政府批准的由残疾人及其残疾人工作者组成的人民团体，是全县各类残疾人的统一组织。县残联具有“代表、服务、管理”三种职能：代表残疾人共同利益，维护残疾人合法权益；团结教育残疾人，为残疾人服务；承担政府委托的任务，发展和管理残疾人事业。2018年，县残联有编制7名，实有工作人员7人，理事长1人，主任科员1人，副理事长1人，其他干部4人。内设办公室、康复科、综合科。二层机构有县残疾人劳动就业服务所，编制3名，实有工作人员1人。（单俊恩）

【组织建设】 2018年，通过参加县委开展的“两学一做”学习教育活动，县残联党员干部的思想得到提高，全心全意为残疾人服务的意识进一步加强；分片举办2期残疾人专职委员培训班，不断提高全县残疾人专职委员的业务能力和服务水平。（单俊恩）

【扶贫工作】 2018年，根据忻州市民政局、市残联、市财政局联合下发的《关于印发忻州市困难残疾人生活补贴和重度残疾人护理补贴实施方案的通知》（忻民发〔2016〕9号）精神，县残联为符合条件的一、二级重度残疾人发放每人每月50元的护理补贴，第一、第二季度各2277人，共发放资金68.31万元；第三季度2331人，共发放资金34.585万元；第四季度2367人，共发放资金35.505万元，全年共发放护理补贴资金138.4万元。

为44户贫困残疾人家庭实施“农村基层党组织扶贫工程”，每户帮扶资金3000元，共计13.2万元。

县残联在“全国助残日”期间，对23户贫困残疾人进行慰问，每户发放大米、白面、油等约200元的慰问品。

为5名驾驶机动轮椅车的残疾人发放了每人每年260元的燃油补贴。

对185名农村残疾人进行种植、养殖实用技术培训。（单俊恩）

【宣传教育】 2018年，利用全国爱耳日、助残日、爱眼日、盲人节和聋人节等重大节日，广泛开展宣传活动。在县电视台飞播残疾人事业宣传标语25条、印发宣传单2000份、宣传手册200份。全年订购《中国残疾人》27份、《三月风》27份、《残疾人研究》3份。

（单俊恩）

【康复工作】 2018年，县残联为100名白内障患者免费实施了手术；为3名肢体残疾人免费安装了普及型假肢；免费配发各种残疾人辅助器具584件；为2526名有需求的残疾人提供了康复服务。先后为38人次0—6岁残疾儿童实施了抢救性康复救助项目。

（单俊恩）

文联

【省文联文艺志愿服务活动】 2018年1月20日，山西省文联扎根生活沃土服务基层群众文艺志愿服务活动走进繁峙开展写春联送春联活动。（王爱中）

【繁峙县五台山佛乐研究会成立】 2018年1月23日，繁峙县五台山佛乐研究会成立。为促进本县五台山佛乐的快速发展，在县文联、县民政局等有关部门的大力支持下，由繁峙五台山佛乐爱好者发起，成立繁峙县五台山佛乐研究会，并召开研究会第一次大会。

（王爱中）

【台湾文化创意产业联盟到繁峙考察】 2018年2月3日，台湾文化创意产业联盟李永萍一行到本县考察。他们先后到繁峙县综合职业学校听取了民族音乐班的教育教学情况汇报并观看师生们的表演；到公主寺实地查看国家级文物保护单位的管理保护情况；到砂河镇了解特色小镇的建设规划，并观看北山旅游区开发项目和经济技术开发园区宣传片，了解项目规划设计、建设进展、基础设施配套建设等情况；到文化产业园参观了晋绣坊、五台山金石雕、双英精绣等产业项目，品味刺绣、金石雕刻等传统文化韵味。

（王爱中）

【繁峙县举办首届春晚】 2018年2月8日，本县举办“春满滹源、情暖万家”首届春晚。本届“春满滹源、情暖万家”繁峙县2018年春节联欢晚会暨表彰大会由县委宣传部、县文化局和县文联承办，得到了省文联、山西戏剧职业学院大力支持。晚会呈现精彩节目的同时，还对全县2017年项目建设先进集体，服务项目建设先进单位，脱贫攻坚优秀乡镇和单位，优秀村第一书记、驻村工作队队长；省、市、县优秀帮扶单位，易地扶贫搬迁工作优秀乡镇，年度目标责任制考核优秀乡镇和单位进行了表彰。（王爱中）

【“我的中国梦”大型影展举办】 2018年2月28日至3月16日期间，县文联举办“我的中国梦”大型影展，70块展板。观影展人数达十万人（次），大力宣传社会主义核心价值观，脱贫攻坚等，营造了繁峙发展的良好氛围。（王爱中）

【繁峙县书法家协会第一次代表会召开】 2018年3月13日，在滨河小学召开繁峙县书法家协会第一次代表会，民主选举产生县书协第一届主席团成员，王蓉当选第一届主席。（王爱中）

【脱贫攻坚摄影大赛】 2018年4月，繁峙县“农商银行”杯脱贫攻坚摄影大赛征稿。（王爱中）

【改革开放40周年书法展举办】 2018年6月29日，本县举办庆祝建党97周年暨改革开放40周年书法展。（王爱中）

【微电影文学剧本培训】 2018年7月24日至7月27日，县文联举办繁峙县微电影文学剧本创作及制作第一期初级研修班培训，特邀山西省影协主席杨志刚授课。（王爱中）

【首届音乐艺术节系列活动举办】 2018年8月27日至29日，为纪念改革开放40周年，回顾壮美征程，展望光明前景。县文联在祥龙广场举办以“弘扬主旋律　讴歌新时代”为主题的纪念改革开放四十周年首届音乐艺术节系列活动，全县党员干部在思想上和心灵深处受到了洗礼，增强了党组织的凝聚力和向心力。（王爱中）

【首届“滹源稻花香”艺术节开幕】 2018年8月18日至19日，繁峙县首届“滹源稻花香”艺术节盛大开幕，在作头村稻田农耕场，举办了别开生面的文体娱乐活动。内容丰富多彩，从不同视角，以不同形式，带给游客多重感受，领略了滹源大地稻花香文化。（王爱中）

【繁峙县美术家协会召开第三次会员代表大会】 2018年9月25日，繁峙县美术家协会召开第三次会员代表大会，参加代表42人，选举产生了新一届主席团领导。（王爱中）

【外出培训】 2018年9月9日至15日，县委常委、县委宣传部部长郭美凤，县文联主席王爱中，去浙江大学华家池校区，参加山西省宣传文化系统“四个一批”人才和社会宣传骨干社会主义核心价值观培训班。10月25日至11月1日，县文联主席王爱中去重庆参加为期九天的中国文联第15期全国市县级文联负责人研修班。（王爱中）

【《繁峙画报》创刊】 2018年11月底，由县文联编印的《繁峙画报》创刊号面世。画报从不同角度展现了繁峙县人文历史、旅游风光、新闻要闻、兴农产业以及扶贫事迹。（王爱中）

【《脱贫攻坚群英谱》编印完成】 2018年12月，繁峙县文联历时1年。组织作协和摄协有关人员，编印《脱贫攻坚群英谱》。将扶贫攻坚先进人物的事迹作为一笔宝贵的精神财富，珍视之，发扬之，并贯穿到今后的工作实践中，特别是在巩固脱贫成果，实施乡村振兴，全面建成小康社会的进程中，以发挥其应有的作用。（王爱中）

工商联

【概况】 2018年，繁峙县工商联实施“百企帮百村”工程，建立“百企帮百村”精准扶贫行动台账管理系统，全县103家民营企业积极与147多个贫困村对接，部分重点企业脱贫攻坚社会捐资捐赠累计达3927.26万元。项目投资2761.71万元；土地流转投资887.2万元，流转面积887公顷，带动贫困户1542户4325人；社会捐资278.35万元。（李万新）

【重要会议】 2018年11月7日，繁峙县工商联召开第十二次会员代表大会，109名会员代表参加大会，大会选举产生32人组成的第十二届执行委员会。11月8日执委会选举李万新为主席，张众益为秘书长及11位副主席和18位执委。

11月，县工商联连续召开三次执委会议，认真学习习近平总书记支持民营企业的讲话精神，县委书记孔保宝、县长崔峥岭多次组织召开民营企业家座谈会，听取民营企业家对本县企业发展的困难与意见，并出台了本县支持民营企业的30条措施。（李万新）

【获奖情况】 2018年10月17日，繁峙县第三工程公司总经理沙万里被国务院授予“2018年全国脱贫攻坚奖奉献奖”，成为山西省仅有的4名获奖者之一，是忻州市唯一获此荣誉的基层扶贫战线的代表。

11月21日，繁峙县鼎森元生态旅游开发有限公司董事长黄卫东、繁峙县第三工程公司总经理沙万里被山西省委、省人民政府授予“山西省第四届优秀中国特色社会主义事业建设者”称号。

11月，天河牧业总经理刘六六被授予“2018年全省脱贫攻坚奖奉献奖”。

12月，山西省繁峙县天河牧业有限公司、繁峙县田源毛驴有限公司被评为“省级龙头企业”。

12月，繁峙县锐力农林牧专业合作社、繁峙县绿洲獭兔专业合作社被评为“省级扶贫农民专业合作社”。（李万新）

军　事

强军工作

【“传承红色基因，担当强军重任”主题教育】　2018年3月，根据上级统一部署，繁峙县人武部党委机关全面筹划“传承红色基因，担当强军重任”主题教育。军分区部署后，及时召开党委会进行研究讨论，并组织现役官兵、专武干部、职工党员进行再动员再部署，对教育活动开展情况进行具体安排，采取与机关异地同步、邀请专家辅导、外出观摩见学的方式，扎实开展“传承红色基因、担当强军重任”专题教育。认真组织　“学规矩、定规矩、用规矩、守规矩”作风纪律专题教育整顿；积极开展“和平积弊大起底大扫除”活动，通过学习整顿使大家清醒地认识到职责、使命与担当的重要性。（王　震）

【党员落实承诺践诺活动】　2018年，县人武部党委机关每名党员紧密结合自身实际，研究规划承诺内容，召开党员大会，组织党员公开亮诺，让普通党员和广大群众监督承诺内容高标准有效落实。通过开展各项活动，有效促进了学习教育内容的深入落实，增进了党组织的内部团结，增强了强军兴军的热情和政治自觉。（王　震）

【战备工作】　2018年6月11日至20日，县人武部机关5名干部参加了上级组织的岗位练兵比武，取得了优异成绩。以军分区对全区专武干部考核为契机，10月中旬组织教练员开展教学法集训，砂河镇武装部部长韩兴旺被省军区评为优秀教练员。通过组织法规学习、业务辅导、军事技能和政治理论等科目的学习，提升了各级各类人员的军政素质，激发了基层武装工作者的工作热情。

（王　震）

2018年，县人武部开展群众性岗位练兵（王震提供）

【国防教育】 2018年，县人武部抓住创建省级双拥模范县这一有利时机，做好“四有一队工作”（即：县有国防教育广场、乡镇有国防教育专栏、村和社区有国防教育文化墙体、学校有国防教育宣传阵地、全县有一支相对稳定的兼职国防教育队伍）。3月初，县人武部依托“互联网+”开设繁峙国防教育微信公众平台，通过微信平台发布新闻20余条，激发广大干部群众关心国防、支持国防、建设国防的热情；6月组织人武部干部职工联合居民办事处，开展国防教育进社区活动，制作展板10块，走访社区10个，用时12天；7月依托征兵宣传，开展国防教育进校园活动，制作展板12块，走访学校4个，人员聚集地3处，用时15天。8月底，结合学生军训工作，发放国防教育宣传手册，在训练间隙，充实爱国主义和国家领土意识的教育宣讲，由专职国防教育宣讲员在4个学校，授课10次；在国防文化氛围建设方面，结合县域特点，在各乡（镇）依托宣传栏和文化墙体建立国防教育专栏13个、国防教育墙体彩绘50余条，使国防教育宣传融入人民生活，也为创建全国“双拥模范城”营造了良好氛围。

（王　震）

2018年6月，县人武部开展国防教育进社区活动（王震提供）

【议军会议】 2018年12月20日，县人武部协调政府召开议军会议，解决人武部工作中存在的问题，提高艰苦边远地区义务兵的优待优抚，为2018年批准入伍的10名繁峙籍进藏义务兵在原来的基础上另增加5000元优抚金；增加基层武装部征兵工作经费，各乡（镇）征兵工作经费由农业人口数每人0.5元增加为1元预算，居民办事处征兵工作经费按2万元列入财政预算；建立国防教育主题公园，依托滨河公园双拥路段，建设国防教育主题公园，由县委宣传部、人武部和滨河公园管理处负责落实；退役士兵安置，按照政策规定安置在部队服役12年的退役士官9名；会同退役士兵安置一并落实接管县人武部4名超龄、不适宜继续担任民兵武器库管工作的人员。

（王　震）

【不明空飘物搜寻工作】 2018年2月19日12时43分，县人武部收到横涧乡民兵连指导员李建军报告，在横涧乡朴子沟村繁峙县平型关铁矿有限公司院内，发现不明物体残留物，疑似不明空飘物。14时05分，人武部政治委员王彦清带队赶往朴子沟村进行现地核实。15时30分，赶到现地，通过3G通信系统将现地画面传回军分区作战值班室，人武部组织民兵划设警戒区域，对周边进行搜寻，对现场进行保护，共计搜索到不明空飘物3件。军分区副司令员李领国连夜赶赴现场查看了疑似不明空飘物，初步判明该疑似不明空飘物系橡胶材质、淡黄色、部分呈条絮状，落点周围经扩大搜索范围未发现其他可疑物品。18时40分，根据省军区指示将该疑似不明空飘物暂时带回县人武部保管，2月20日下午17时人武部按要求将空飘物上交省军区后，由省军区集中送往中部战区。

（王　震）

民兵工作

【民兵整组工作】　2018年3月，在繁峙县民兵整组工作大会上，对本年度整组工作进行重点安排。联合县政府制定下发《2018年度整组工作指示》和《民兵调整改革实施意见》，确保整组工作有章可循、有据可依。4月中旬，县人武部组织基层人武部针对民兵分队整组情况进行检查，及时指出存在问题和不足，明确整改措施。5月上旬，接受忻州军分区民兵整组检查，对应急连进行点验，各级软硬件做了检查。11月，结合军分区整组验收完成民兵整组和基层营连部建设。

（王　震）

【应急分队组建】　2018年4月，县人武部根据上级指示，统筹县域应急力量资源，按照“功能多样、建设规范、指挥高效、常备常用”的原则，依托县森林防火专业队编组成立繁峙县常态民兵应急分队，担负繁峙县党政目标巡逻警戒、突发事件备勤和森林防火、防汛抢险、应急维稳等多样化任务。

（王　震）

【征兵宣传】　2018年，县人武部对于征兵工作提前着手，协调县委宣传部，开辟国防专栏，扩大征兵宣传工作的覆盖面。采取多种形式开展宣传活动，组织了优抚金集中发放，与民政部门共同开展为退役军人、军属送温暖活动，督促乡镇专武部长，通过悬挂条幅、张贴公告、散发传单、开通微信群等

2018年7月，县人武部开展征兵宣传进校园活动（王震提供）

方式广泛开展征兵宣传，共计印制公告200份、宣传单2万份、征兵条幅20条，制作征兵宣传展板12块，对县域内4所学校3处人员密集地，开始为期1月的征兵宣传工作。

（王　震）

【扶贫工作】　2018年，县人武部组织官兵开展“双百双十”和“军民共造一片蓝天”植树活动；广泛开展为退役军人、军属送温暖活动；与西义小学开展“一对一”助学活动；特别是帮助所结对帮扶的贫困村集义庄村，投资84万元，兴建占地1200平方米的箱包加工厂，提供120个就业岗位；成立畜牧专业合作社，由畜牧局和农委派专业技术人员进行指导；落实38户光伏发电；对集义庄村有劳动能力但缺资金、缺技术的贫困户协调政府组织劳动就业培训，协调驻繁企业对建档立卡户实施以企带户的惠民帮扶措施，实现户户帮扶有措施，家家脱贫有项目，2018年，集义庄村148户贫困户整体脱贫。

（王　震）

政法委及综治

·中共繁峙县委政法委员会·

【概况】　2018年，繁峙县政法系统深入开展“扫黑除恶”专项斗争，集中开展治安整治，不断推进“平安繁峙”和“法治繁峙”建设，扎实开展政法队伍集中整肃专项活动，政法各项工作都取得明显进步。

（赵　攀）

【扫黑除恶】　2018年，县委政法委把扫黑除恶专项斗争作为重大政治任务和民生工程，及时制定繁峙县《关于开展扫黑除恶专项斗争方案》，确定17类打击重点，先后召开7次常委会、7次政府常务会、2次专题会、3次动员部署会、1次推进会、9次领导小组会，研究部署扫黑除恶专项斗争。成立了由县委政法委牵头，31个县直部门参加的扫黑除恶专项斗争领导小组，成立专职工作机构扫黑办。共打掉黑社会性质组织1个、恶势力团伙4个、恶势力集团1个，破获涉恶刑事案件40起，抓获恶势力犯罪嫌疑人40人。

（赵　攀）

【平安繁峙建设】　2018年，县委政法委严格落实综治责任制，加强综治工作考核机制，继续深入推进平安乡（镇）、平安村、平安单位、平安医院、平安家庭等系列创建活动，2018年8月，繁峙县被省委政法委授予“省级平安县（市、区）”荣誉称号。深入推进“雪亮工程”建设，制定了《2018—2019年“雪亮工程”建设总体规划》，规划两年内将新建一类高清监控摄像机128路，实现对过往人员、车辆视频轨迹的实时采集和识别检测对比。继续强化县、乡（镇）、村三级调解网络建设，大力推广学习新时代“枫桥经验”，本县被省委政法委列入全省第一批（忻州市共两县）先行先试县，居民办事处被列为全省第一批先行先试乡镇，繁城镇笔峰村、下茹越乡瓦磁地村等10个村（社区）被列入全省第一批先行先试村（社区）。繁城镇等5个乡镇、笔峰村等25个村被列为市级先行先试乡（镇）村。岩头乡元山村的具体做法被全省作为学习经验材料，居民办事处东石龙社区的经验做法被全市作为学习经验材料。

（赵　攀）

【政法队伍建设】　2018年8月下旬开始，全县政法系统深入开展政法队伍集中整肃专项活动，坚持问题导向，强化整肃意识，以

“八查八整”为抓手，从学习教育、问题整改、建章立制等方面扎实开展工作。组织全体干警参加省委政法委组织的“学习贯彻习近平新时代中国特色社会主义思想”主题宣传答题活动，并取得优异成绩，县委政法委获得优秀组织奖（全省仅有5个县市区政法委获此殊荣）。（赵 攀）

·繁峙县社会治安综合治理委员会办公室工作·

【维护国家安全和政治稳定】 2018年，县委政法委贯彻总体国家安全观，以确保政权安全、制度安全为核心，严密防范危害国家安全的违法犯罪活动。（1）县综治委（办）将国家安全人民防线建设工作纳入2018年度综治（平安建设）工作责任书，强化全县各级各部门安全防范责任。（2）加强境内五台山周边寺院涉藏维稳工作，在繁峙境内设卡，建立外来人员上山登记制度，对三座涉藏寺院进行整改。（3）实施“反间防谍”工作制度，对全县机要涉密岗位工作人员严格落实政治安全审查、密码通信保密、机要文件管理、收发、值班等工作制度，落实出国（境）团组、人员行前教育和回访制度。（4）加强国保重点人员和重点场所管控。对辖区内89名邪教“法轮功”人员全部登记在册并录入邪教人员管理信息系统，确保不失控、不漏管；同时开展审查解脱工作，办理解脱手续31人。对全县53座佛教寺院、17处基督教场所全部建立管理台账。（5）开展了“全民国家安全教育日”和国家安全人民防线大型宣传教育活动，发放《中华人民共和国国家安全法》《中华人民共和国反间谍法》《中华人民共和国反恐怖主义法》《中华人民共和国境外非政府组织境内活动法》《中华人民共和国网络安全法》《公民举报间谍行为线索奖励办法》等各类宣传资料3.5万余份，接受群众咨询840余人（次），“反间防谍”维护国家安全的意识更加深入人心。（居卫星 王太平）

【扫黑除恶专项斗争】 2018年，按照中央和省、市部署，本县将扫黑除恶专项斗争作为重大政治任务和民生工程，精心组织，全民动员，高位推进。（1）扛起政治责任，精心组织部署。县委、县政府自觉履行主体责任，先后召开7次常委（扩大）会、7次政府常务会、2次专题会、3次动员部署会、1次推进会、9次领导小组（扩大）会，研究部署和推进专项斗争。制定《关于开展扫黑除恶专项斗争方案》，确定17类打击重点。县财政安排227万元专项经费，全力保障办案、举报奖励和工作运转。各级各部门深入广泛宣传党中央惩治黑恶势力的坚定决心和政策部署，不断增强宣传的针对性实效性，营造扫黑除恶全民参与的浓厚氛围。（2）坚持深挖彻查，严惩黑恶势力。截至12月15日，共收集涉黑涉恶线索113条，核查办结79条，其中75条查否，4条以恶势力犯罪立案。政法机关严格执行“五个必须”，打掉黑社会性质组织1个、恶势力集团1个、恶势力团伙4个，其中黑社会性质组织由市公安机关提级侦办；破获涉恶刑事案件20起，抓获恶势力犯罪嫌疑人40人，其中判刑21人，在审11人，在侦7人，外地侦办1人。纪检监察机关严格执行“两个一律”“一案三查”，彻查黑恶势力背后的“关系网”“保护伞”。（3）强化行业监管，夯实基层防线。坚持有黑扫黑、无黑除恶、无恶治乱的原则，开展涉黑涉恶集中治乱专项行动，整治行业监管漏洞76个，打击违法犯罪人员46人。加强村级基层组织建设，集中整顿32个软弱涣散村党组织，对村“两委”换届选举“回头看”，对涉及村干部违法乱纪、涉黑涉恶的杏园村、华岩村“两委”进行了调整和重点整顿，为铲除黑恶势力滋生土壤提供坚强组织保证。（4）坚持系统整改，补齐工作短板。贯彻落实中央第2督导组与省委两次工作对接会、督导山西情况反馈会精神，按照省委“十个进一步”“十个不断强化”“五个整改到位”要求，对照中央督导组指出的“4+8+6”共18个方面问题、省委督导组指出的10个方面问题和省、市领导指出的一系列问题，坚持立行立改、真改实改、系统整改，制定了“5+6”边督边改工作方案和《关于落实中央和省委督导要求全面整改扫黑除恶专项斗争存在问题的工作方案》，补齐短板不足，以整改落实的实际成效推动全县扫黑除恶专项斗争向纵深发展。（居卫星　王太平）

【基层基础建设】 2018年，（1）积极开展“雪亮工程”建设，提高社会治安防控智能化水平。县委、县政府高度重视“雪亮工程”建设，主要领导作出专门批示、指示；统筹推进各项建设任务。按照高起点、高标准要求，制定《2018-2019年“雪亮工程”建设总体规划》和年度方案。2018年，共安装视频监控摄像机5976路，投资102万元，改造高清摄像头226个，新建治安卡口2个；建成了视频监控综治应用平台，接入公安平台视频监控492路。（2）加强综治中心建设和网格化服务管理。大力开展综治中心县级“一厅三室一所”、乡级“一厅四室一站”、村级“五室一站”标准化建设和网格化服务管理中心建设，县、乡、村三级综治中心实现全覆盖。网格长聚焦平安建设，综治中心发挥“分流指派、协调督办”功能，三级综治中心共受理处置上报事件18222件。（3）强化基层综治队伍和群防群治队伍建设。14个乡镇（居办）共配备综治办专职主任3名、专职副主任11名，配备专职综治员16名，配备政府购买服务性质的工作人员16名。全县297个村（社区）配备“两会一队”人员1465名、网格长377名，网格长补助按城镇每人每月200元、平川大村每人每月100元、山区小村每人每月50元列入财政预算全额保障。招聘六大领域平安志愿者150人，县财政按每人每年100元缴纳意外伤害保险。50个治保重点单位全部组建专职保卫机构，配备专职人员50人。通过集中培训、分级培训、以会代训、日常指导等方式，努力提高综治队伍业务素质。

（居卫星　王太平）

【特殊人群服务管理】 （1）强化社区矫正工作。县司法局召开全县社区服刑人员集中报到暨警示教育大会，加强手机定位监管，严格外出请销假和思想汇报制度，实现全天候动态监管，确保不脱管失控。2018年以来，全县接收社区矫正对象84人，累计接收741人，累计解除552人，在册社区矫正对象189人。（2）强化安置帮教工作。按照“帮教社会化、就业市场化、管理信息化、工作职责规范化”的工作思路，全县已形成县、乡、村三级帮教组织网络，2018年共接收刑释人员78人，全部落实了帮教责任。（3）强化吸毒人员服务管理。推进社区戒毒社区康复工作，5个重点乡镇建成了社戒社康中心。推进吸毒人员网格化服务管理，1398名吸毒人员全部纳入网格管理。（4）强化精神障碍患者服务管理。严格落实易肇事肇祸精神障碍患者排查管控“十项重点工作”，28名重症精神障碍患者监护人奖补资金列入财政预算。（5）强化重点青少年服务管理。积极推进不良行为青少年阳光矫治工作。深入开展青少年法治宣传教育，加强青少年毒品预防、网络素养等教育。在全县中小学校推广“阳光校园”预防欺凌示范课，从源头上预防和减少青少年犯法犯罪。2018年，结合扫黑除恶专项斗争，团县委和县综治委预青工作专项组开展了重点青少年集中清查行动，共摸排重点青少年165人。（6）强化重点人群心理服务。开展“重点人群心理服务体系建设示范创建”活动，推进重点人群心理服务疏导和危机干预工作，对全县综治干部开展心理服务疏导知识、技能培训，组建具有三级以上心理咨询师资格的8人专业团队，深入乡村开展心理服务工作。（居卫星　王太平）

【防范化解社会矛盾风险】　2018年，为打赢打好防范化解重大风险攻坚战，积极防范和化解各类社会矛盾风险。（1）聚焦重点领域，防范化解重大矛盾风险。研究制定《关于在全县开展重大社会矛盾风险防范化解专项行动的实施方案》，聚焦16个重点领域，集中开展防范化解专项行动，确保全县社会大局持续稳定。（2）规范矛盾化解平台建设，推动实体运作。继续推动县、乡、村三级矛盾纠纷调解中心（室）规范化建设，筑牢基础平台。在征地拆迁等9个矛盾纠纷多发领域建立完善专业性、行业性人民调解委员会，做实专业平台。推进诉调、警调、检调、政调、访调对接工作，实现常态化运作，规范对接平台。人民法院以调解方式办结民商事案件144件，调解率为15.7%，撤诉144件，撤诉率为15.7%，总调撤率为31.4%。实现综治信息平台“矛盾纠纷网上流转”，有效应用信息平台。开展为期两年的“矛盾纠纷多元化解机制建设运行示范活动”，本县申报了“市级示范县”，繁城镇、居民办事处和笔峰村、东石龙社区申报“市级示范乡镇（居办）”“市级示范村（社区）”，并确定38个县级示范创建单位，稳步推进创建活动。（3）强化源头预防，建立排查预警机制。认真落实重大决策社会稳定风险评估制度，县综治办作为评估主体，对城区棚户区改造项目进行了社会稳定风险评估，着力从源头上预防矛盾纠纷发生。坚持县一月一次、乡半月一次、村一周一次排查制度，发挥基层网格长日常排查作用，提升矛盾排查实效，做到早发现、早报告、早预警、早处理。（4）落实调处制度，有效化解各类矛盾。按照“属地管理”和“谁主管谁负责”原则，实行分级负责、归口调处制度，把调处责任落实到具体单位和责任人。落实协调调度制度，对矛盾纠纷进行统一登记、审查甄别、分类处置。落实矛盾纠纷排查调处工作协调会议制度，县每月一次、乡每半月一次坚持定期召开协调会议，集中调处突出矛盾纠纷。2018年共排查各类矛盾纠纷919件，调处799件，调处率达86.94%。（居卫星　王太平）

【提升基层社会治理水平】　2018年，县委政法委印发《关于学习推广新时代“枫桥经验”提升全县城乡基层社会治理现代化水平的实施意见》，全县上下学习推广新时代“枫桥经验”，积极推进以基层党建为统领，以人民为中心，自治、法治、德治相结合的现代基层社会治理体系建设，大力提升基层社会治理水平。召开学习推广新时代“枫桥经验”推进会，积极推动工作。本县被省政法委列入全省第一批先行先试县，居民办事处被列入第一批先行先试乡镇、元山村等10个村（社区）被列为全省第一批学习推广新时代“枫桥经验”重点培育的先行先试地区。另有繁城镇等5个乡镇、笔峰村等25个村（社区）列为全市重点培育的先行先试地区。岩头乡元山村“学习‘枫桥经验’创新调解模式”经验入编省委政法委编写的《枫桥经验在山西》（基层典型经验选编），在全省学习推广；居民办事处东石龙社区“学习推广新时代‘枫桥经验’打造平安和谐社区”经验在全市新时代“枫桥经验·忻州实践”推进会上作了交流，并以“繁峙县学习推广新时代‘枫桥经验’打造平安和谐社区”为题发表在省委政法委主办的《山西政法》2019年第1期。县委组织部大力加强新时代农民讲习所建设，开展了“讲理念、讲政策、讲技术、讲经验、讲道德、讲故事”“六讲”活动，厚植基层社会治理基础。司法行政部门大力推进“七五”普法，广泛开展了法律“六进”活动。同时，按照“谁执法、谁普法”的原则，相关部门不断加大普法工作力度，提高人民群众法治意识。

全面推进基层平安创建活动。制定《2018年平安繁峙建设工作方案》《关于深入推进平安乡村建设的实施方案》，全方位开展以平安乡村建设为重点的基层平安创建活动。全县平安乡镇（居办）、平安村（社区）、平安单位、平安校园、平安医院等创建达标率达85%以上。成功申报了2017年度省级平安县。制定《繁峙县大力提升群众安全感和满意度的实施方案》，成立“工作领导小组”，认真落实提升群众安全感的9项措施和提升群众对执法工作满意度的5项工作措施。加大平安建设宣传力度，通过开展扫黑除恶、综治宣传月活动、“国际禁毒日”“宪法宣传日”等集中宣传活动，大力营造平安繁峙全民共建、繁峙平安全民共享的浓厚氛围。推进“一村（社区）一法律顾问”工作，已签订聘请法律顾问协议的村达278个，“一村（社区）一法律顾问”覆盖率达到69%。依托三级综治中心，建设法学会法律服务平台，积极为群众提供法律咨询、法律援助，开展法治宣传教育和矛盾纠纷调解工作。（居卫星、王太平）

公　安

·综　述·

【基层基础建设】　2018年，繁峙县公安局顺利完成杏园派出所搬迁、使用工作。大营派出所新建工程全面竣工，2019年完成搬迁。东山派出所主体建设基本完成，预计2019年5月投入使用。县公安局档案室于2018年5月完成标准化建设，并正式启用。公安业务技术大楼新建工程手续已全部完善，正在开工建设，预计2019年10月完成主体工程。（霍元恒）

2018年，县公安局局长邢静和党委成员视察派出所建设现场（霍元恒提供）

【队伍教育管理】　2018年，县公安局以“双日双评”活动与党建工作有机结合起来，结合《关于开展“双日双评”推进“两学一做”学习教育常态化制度化实施方案》，采取党委带头学、支部民警自行学、参观活动深刻学、专题教育帮助学、专题讲座辅导学、知识考试检验学、交流讨论相互学、严格要求督促学等措施，深入学习习近平总书记系列重要讲话和治国理政新理念新思想新战略。学习中在公安专网开设“学习园地”专栏，促进党员之间学习交流。局党委层层组织召开民主生活会，局党委带头、各单位积极参与，发动全体党员对照学习教育活动找问题、针对问题找根源、分门别类抓整改，对查摆出的执行力不够、纪律性不强、作风不实等问题逐一明确整改措施和要求，切实把全局党员民警的思想和行动统一到学习教育活动的要求上来。（霍元恒）

2018 年，政法队伍整肃大会现场（霍元恒提供）

【党风廉政建设和反腐败工作】 2018 年，局党委主要领导严格落实“四个亲自”要求，突出抓好党风廉政建设责任制工作。制定《2018 年繁峙县公安局党风廉政建设和反腐败工作意见》，列出责任清单，将 6 个方面 40 项具体任务逐项分解到责任领导和牵头单位。与党委委员和各部门负责人签订党风廉政建设责任书，层层传导责任压力。修改完善《2018 年党风廉政建设和惩防体系任务分工》，进一步细化考核细则，把党风廉政建设落实情况纳入季度目标考核，对考核不合格的单位实行“一票否决”，取消分管领导及单位负责人当年工作的评先评优。不合格或多次发生违纪违法问题的分管领导和负责人在党委会上作剖析反思和检查。紧紧抓住春节、国庆、中秋等重要节点，通过印发通知、重申禁令、督察提醒、发送廉政短信等方式，提醒大家清廉过节。围绕廉政准则和纪律条例等廉洁从警的警纪铁规，认真开展党风廉政学习教育、警示教育，强力推进队伍纪律作风建设，狠抓中心工作的督察落实，确保政令警令畅通，营造铁腕治警的氛围，增强对法纪的敬畏感，推动民警严守铁规禁令。全年，共组织全体民警开展廉政集中学习 5 次、警示教育 4 次、观看警示教育片 8 次；按照“四种形态”继续加大正风肃纪力度，紧紧围绕群众反映强烈的执法突出问题，充分发挥由纪检、政工、督察监督巡查工作机制，强化监督责任，通过专项检查、突击检查、明察暗访等形式，重点对全局民警政治纪律、组织纪律、宣传纪律、群众工作纪律执行情况等方面的进行监督检查，坚决查处违反中央八项规定、“四风”等问题的案件。同时，紧盯元旦、春节、端午、中秋等节庆假日为时间节点，下发纪律通知，做到早提醒，早打招呼。纪检和督察不定期开展明察暗访工作，通过网上

2018 年，党建工作中党员宣誓现场（霍元恒提供）

监督平台，重点检查民警在岗在位、值班备勤、内务卫生、警容警纪、枪支管理、警车使用、服务群众等情况，促进民警提高工作效能。

深入开展纪律作风整肃活动，紧紧围绕遵纪守法、工作作风、工作纪律、办公秩序、会风等5个方面18个重点整顿的内容开展了问题查摆工作，全年共组织开展各项专项督察8类次、明察暗访基层所68次、明察暗访22次、网上巡查430次，出动督察警力165余人次，查纠问题13个，网上巡查430次；制发通知、通报文件32份，正名告知书4人。（霍元恒）

·社会民生服务·

【减证便民行动】 2018年，县公安局按照上级要求，继续深入推进减证便民专项行动，让更多群众享受改革红利。对32项行政审批事项156条前置申请材料（行政许可12项61条，行政确认3项8条，其他权力16项87条）进行了梳理，共清理前置申请材料的行政审批事项有17项31条，其中行政许可清理11条，其他权力清理19条，行政确认清理1条。精简梳理县级公安机关行政审批事项12项，开通了11项“一窗通”、3项“一网通”、3项“一证通”事项和便民支付服务。（霍元恒）

【户籍改革制度】 2018年，县公安局全年共办理二代身份证18164个、临时身份证1300个、主项变更149项、出生登记2640人、死亡注销992人、迁入登记5164人、迁出登记5867人、补录300户口人。办理异地身份证139人，签收异地身份证539人。为本部门提供查询3000余次，为其他部门和群众提供查询15000余次。全县受理出境人员2770人，其中办理护照1645人，办理港澳通行证1016人，办理台湾通行证109人。“三清”工作新摸排重点人口369人，流动人口登记录入1768人，办理居住证223个，解决贫困户无户口人员294人。（霍元恒）

【“扫黄禁赌”行动】 2018年，县公安局在“9+7”行动开展的基础上，进一步加大了对宾馆、歌舞厅、洗浴中心、美容美发等易藏污纳垢公共场所的排查整治力度，先后在全县范围内开展治安大清查专项行动5次，全力挤压“黄赌”滋生空间，切实解决影响群众满意度的突出治安问题，共办结赌博刑事案件3起，办理赌博行政案件92起。办结涉黄刑事案件7起，办理涉黄行政案件16起。（霍元恒）

【“缉枪治爆”专项行动】 2018年，县公安局全年排查涉爆单位100余次，下发限期隐患整改通知书12份，全部监督落实整改。排查涉爆企业15家、小区48个、土产日杂门市13家，废旧厂房、闲置院落、养殖场等可能私制私存爆炸物品的场所26处、村庄50个、居民小区57个，共收缴制式炸药850公斤，制式雷管1458枚，导爆索410米，迫击炮弹2枚，收缴各类枪支26支、子弹1619发，办理涉枪违法犯罪案件1起，收缴气枪1支，行政罚款1人。进一步深化涉爆从业人员安全管理，全县涉爆从业人员信息采集率达到了100%。（霍元恒）

【扫黑除恶工作】 2018年，县公安局共打掉恶势力团伙4个、恶势力犯罪集团2个，抓获犯罪嫌疑人38人，破获各类刑事案件28起，依法铲除了一批群众反映强烈的恶势力团伙，为净化全县社会治安环境做出了突出成绩。（霍元恒）

【打击盗抢骗犯罪工作】 2018年，县公安局全年共接“盗抢骗”警情1230起，其中，盗窃类警情1163起，入室盗窃240起，盗窃电动、摩托车447起，其他盗窃476起。“两抢”类警情18起，诈骗类警情49起。共破获盗抢骗案件297起，移送起诉四类侵财案嫌疑人46人，判处5年以上4人。共破获电信诈骗案件11起，取得良好的社会效果。

（霍元恒）

2018年，县公安局党委班子成员参加“利剑”七号专项行动视频会（霍元恒提供）

【禁毒工作】 2018年，县公安局共破获毒品刑事案件21起，抓获犯罪嫌疑人21人，其中100克以上的毒品案件4起。缴获各类毒品7432余克；办理毒品行政案件266起，行政处罚266人，其中强制隔离戒毒131人，行政拘留153人。全面推进吸毒人员动态管控工作，现有登记在册的吸毒人员共1416人，信息采集率100%。（霍元恒）

【食药执法】 2018年，县公安局共侦破食药刑事案件2起，办理全国食品药品刑事案件协查14起，移送案件1起，配合其他单位检查32次，制作询问材料46份，调取固定证据9份。（霍元恒）

·刑事案件侦破·

【命案侦破工作】 2018年，全县共发命案1起，破获1起。命案的发案水平再次下降至历史最低点，命案防控工作成效突出。

（霍元恒）

【打击经济违法犯罪】 2018年，县公安局共破获各类经济案件68起。其中：破获合同诈骗案48起，组织领导传销案1起，非法吸收公众存款案3起，信用卡诈骗案7起，贷款诈骗6起，电信网络诈骗9起。全年办理案件挽回经济损失500余万元。

（霍元恒）

【全警追逃利剑行动】 2018年，县公安局在全县展开全警追逃利剑行动，共抓获县公安局网上逃犯62名，其中抓获外省逃犯13名，本省外市11名，本地逃犯38名。

（霍元恒）

【典型案件】 2018年11月，县公安局民警通过长期侦查，掌握了一条重要的贩卖毒品案件线索。11月6日晚，收网时机成熟，局长邢静第一时间向市局主要领导汇报，市公安局党委书记、局长杨梅喜作出重要指示，要求繁峙县局立即部署确保万无一失。邢静迅速抽调20余名精干警力成立“11·6”专案组，连夜召开会议，部署收网抓捕行动，制定了详细的抓捕行动计划。专案组民警按照局党委部署要求，立即展开行动，按照各自分工，连续作战，经过近13个小时的连续蹲守跟踪，在原平市太平街附近，当场抓获正在进行毒品交易的犯罪嫌疑人3名，当场缴获毒品海洛因260余克，缴获毒资10余万元、银行卡7张、手机5部、作案车辆1台，后从犯罪嫌疑人黄某体内提取毒品海洛因90余克，是本县历史上第一次

11月6日，在毒品案件中缴获的毒品和现金（霍元恒提供）

破获通过人体藏毒的方式运输、贩卖毒品的典型案件。（霍元恒）

·消防工作·

【消防安全监督】 截至2018年10月9日，县公安消防大队共接警111起，其中火警95起，抢险救援16起，出动消防车222辆（次），出动警力1332人（次）。共检查社会单位744家、发现火灾隐患870处、督促整改火灾隐患865处、下发责令改正通知书474份、下发行政处罚决定书14份、临时查封6家、三停6家、罚款15.1万元，拘留1人。开展人员密集场所联合检查5次。深入学校、医院、养老院、商场等场所进行消防安全知识讲课20次，在全县大型LED屏播放《119对你说》警示教育片，散发消防宣传单2000余份，同时，大队通过微信、手机短信平台发送消防宣传知识150余条，组织消防志愿者服务队开展活动4次。2018年10月9日，繁峙县公安消防部队正式移交应急管理部门。（霍元恒）

·交通管理·

【交通事故】 2018年，全县共发生事故196起，死亡23人，受伤238人，直接经济损失607070元，四项指数同比增加125%、减少78%、增加183%、增加30%，交通肇事逃逸案件14起，侦破14起。（侯立恒）

【车管业务】 2018年，县交警大队办理机动车注册登记业务3265笔，电动自行车注册登记业务19笔，补换牌证合格标志507本，补换登记证书24本，核发检验合格标志3323枚，驾驶证补证换证业务2949笔，驾驶证审验业务3107笔，组织驾驶员科目一考试93人（次）。（侯立恒）

【交通秩序整治】 2018年，县交警大队开展统一行动51次，出动警力2896人，出动警车580辆，检查车辆70150辆（次），教育驾驶员8392人（次）；共查处各类交通违法行为97709例，其中超速59516例，现场简易程序处罚25459例；查处无证驾驶410例，行政拘留171人，酒后驾驶206例，醉驾8例，毒驾9例；查处非机动车闯红灯21例，机动车实线变道加塞16例，行人与乘车人违法行为405例，机动车不礼让斑马线为12例。（侯立恒）

【宣传教育】 2018年，县交警大队在各网络媒体发文390篇，微信公众平台发布信息835条，微博发布信息1817条，发布安全提示、警示短信14228条；开展交通安全宣传教育“七进”活动127次，发放大队自制书籍5000余本、宣传单13500余份、读本手册8800余本，张贴海报1560余张，悬挂宣传条幅101条，出版了12期《繁峙交警》。（侯立恒）

【科技建设】 2018年，完善建设13处测速设备及卡口，新建滨河红绿灯两套，更换向阳路与滹源街路口红绿灯一套，安置县城街道隔离护栏2000米。交通执法站依托公安交通集成指挥平台，开展稽查布控中共登记“两客一危”15275次，出警拦截13925次，成功拦截13240次，现场处罚2713起，被公安部交管局通报表扬4次。（侯立恒）

【危化品运输车管理】 2018年，春运工作刚刚结束，又恰逢全国“两会”交通安保工作，繁峙交警全体干警克服连续作战的厌战情绪，认真贯彻落实上级领导关于“加强危化品运输车管理”的指示精神，立足辖区实际情况，突出管控重点，对危化品运输车辆持续保持高压严管态势，迅速开展隐患排查，加强路面违法整治工作，广泛开展安全宣传教育，防患于未然，全力做好“两会”期间危化品运输车交通安全管理工作，为本县交通安全、有序、畅通提供保障。（1）加强组织领导，严格责任落实。为加强对此项工作的领导，大队专门召开由班子成员出席的队务会议，研究制定《繁峙县公安局交通警察大队关于危化品运输安全隐患排查治理工作方案》，成立了由大队长殷建伟任组长，其他大队领导任副组长，各股、室、所、办、中队负责人为成员的工作领导组。对全县危化品运输车辆进行拉网式的排查整治，彻底消除安全隐患，坚决遏制重特大事故的发生。（2）落实值班备勤，严格车辆管控。大队高度重视全国“两会”期间交通安保工作，由于国道108线从砂河至神堂堡路段因修路禁行，对过往危化品车辆一律禁行（除本地生产生活用车），大队要求辖区神堂堡中队、砂河中队、大营中队等路面执勤中队加强对国道108封闭路段闯禁行危化品车辆的打击力度，24小时专人值守，严禁非本地生产生活的危化品车辆通行，一经发现，严肃追责。（3）加强源头管理，全面摸底排查。为实现危化品运输车辆的全过程管理，大队从源头入手，深入辖区危化品生产、储存、运输企业，开展安全隐患排查。各部门明确责任分工，由秩序股牵头，各中队具体负责，对各自辖区危化品企业、加油站、加气站及危化品运输车辆进行摸底并建立台账。规定今后所有进入本县的危化品运输车辆，必须提前到辖区交警中队报备，对没有提前报备，不按规定路线、时间通行的，一律按规定进行劝返处罚。（4）利用稽查布控，加大路面查处。大队依托108国道金山铺、神堂堡两个稽查布控系统卡口，对过往车辆进行24小时监控，调出闯禁行的过境危化品车辆，对其进行非现场处罚，并与路面执勤中队相互配合，加大对闯禁行危化品车辆违法信息的采集力度。同时，利用各类交通违法整治活动，采取定点执勤和流动巡逻相结合的形式，对危化品运输车辆超速、疲劳驾驶、安全设施不全等交通违法行为保持高压严管不放松的态势，有力的打击危化品运输车辆交通违法行为。（5）强化部门协作，加强联勤联动。大队积极与消防、交通、安检等部门联系，制定危险化学品车辆运输突发事故处置联动预案，切实提高各部门的协作能力，确保一旦发生危险化学品运输交通事故，能够及时、有效施救，保障人民群众生命财产安全，把事件造成的人员伤亡和经济损失减少到最低限度，提高快速、超前、联动处置能力。（6）强化舆论宣传，营造良好氛围。大队充分利用“双微”平台、百度贴吧等多种媒体，发布有关危化品车辆管理信息，加大对危化品运输车辆严重违法行为的曝光力度，并积极联系电视台进行宣传，使广大群众充分认识到危化品运输的特殊性，切实提高防范意识。同时，大队组织民警、辅警深入危化品运输企业，与企业负责人、车主、驾驶人等开展面

2018年，县交警大队对国道108封闭路段阎禁行危化品车辆进行检查（侯立恒提供）

对面的安全教育，宣传普及危化品运输事故应急处置知识，提高危化品运输车辆驾驶员的交通安全意识和自救能力，做到防疲劳、防事故，筑牢安全运输危化品的思想防线。

（侯立恒）

检察院

【国家和社会公益保护】　2018年，县人民检察院围绕促进依法行政、保护国家和社会公共利益，全面开展公益诉讼工作。全院办理公益诉讼案件57件。其中在生态环境和资源保护领域立案6件；在食品药品安全领域立案49件；在国有财产保护领域立案1件；在国有土地使用权领域立案1件，拆除违法建筑一栋，起到“办理一案，警示一片”的效果。

（高星所）

【社会稳定维护】　2018年，县检察院依法严厉打击危害人民群众生命财产安全的各类犯罪，全力维护社会稳定。共批准逮捕各类刑事案件133人，提起公诉190人。认真贯彻宽严相济的刑事政策，最大限度地减少和化解不稳定因素，共决定不批准逮捕32人，不起诉21人。以推行“阳光接待”工作为载体，深化各项便民利民措施，规范群众涉法涉诉行为，积极引导上访人员依法维权、理性表达。加强与公安、法院的协调配合形成“维稳”合力，依法批准逮捕1名无理违法缠访、闹访人员。受理控告举报线索8件，办理申请国家赔偿案件1件，司法救助案件6件，为7名受害人发放司法救助金5.9万元。

（高星所）

【民生服务】　2018年，县检察院从严批捕起诉贪污挪用扶贫资金犯罪，受理涉农扶贫领域职务犯罪案件3件3人，追赃扶贫特定款物21万元。加大对涉及农民工、残疾人、老年人等弱势群体合法权益保护力度，帮农民工讨薪20多万元；关注舌尖上的安全，扎实开展饮用水水源保护区污染防治专项活动，对全县21口水源井逐一进行排查，已立案6件，通过召开安全隐患整改联席座谈会，督促相关部门积极履职，解决饮用水水源的污染问题。此外，针对校园周边食品安全和网络餐饮安全，向县食药监局发出检察建议49份，督促该局对校园周边的三小经营点及网络餐饮服务展开全面整治，取得良好的社会效果。

（高星所）

【营商环境优化】　2018年，县检察院认真开展“支持和服务企业家创新创业营造良好法治环境”专项活动，组织企业家代表召开座谈会，虚心听取意见与建议，帮助企业解决遇到的法律问题和困难。严厉打击危害民营企业的违法犯罪活动，全年办理涉企案件3件5人。

（高星所）

【立案侦查监督】　2018年，县检察院在刑事立案监督中，重点监督纠正有案不立、有罪不究和刑讯逼供、暴力取证等违法行为。监督公安机关立案6件，监督行政执法机关立案1件，监督撤案4件。纠正漏捕3人，追诉漏犯14人，追诉漏罪7人，提前介入命案现场3件，发出检察建议4件。

（高星所）

【刑事审判监督】 2018年，县检察院综合运用检察建议、刑事抗诉等手段，坚决纠正定罪不当、量刑严重失衡、审判程序违法等问题。提起抗诉2件，向法院提出量刑建议112人。（高星所）

【民事行政监督】 2018年，县检察院准确把握民事行政诉讼监督的法律属性，构建多元化的法律监督格局。共开展审判活动监督18件，支持起诉50件，执行活动监督25件。（高星所）

【刑事执行监督】 2018年，县检察院积极开展社区矫正检察监督，受理羁押必要性审查案件9件，立案8件，向公安、法院发出变更强制措施检察建议8份，变更7件。向公安机关发出纠正违法通知书21份，向法院发出财产刑执行纠正违法通知书6份，对社区矫正监管部门发出纠正违法通知书13份，向代县法院发出超期羁押纠正违法通知书1份。（高星所）

【未成年人犯罪检察工作】 2018年，县检察院进一步推进未成年人检察工作专业化建设，严格落实未成年人刑事诉讼特殊程序，充分保障未成年人合法权益。全年共批准逮捕10件20人，追捕漏犯1人；起诉10件18人，追诉漏罪3人，发出纠正违法通知书2份。

（高星所）

【扫黑除恶专项斗争】 2018年，自中央部署扫黑除恶专项斗争工作以来，县检察院及时跟进县委对专项斗争的各项部署，成立办公办案机构，明确职责分工。通过进村入户讲政策、发放宣传手册、电视台专题演讲等形式广泛宣传，发动群众积极检举黑恶犯罪。与监委、公安、法院等部门密切配合，联合制定联席会议制度和提前介入侦查制度，依法从重从快办理一批涉黑涉恶案件。办理5个恶势力团伙犯罪案件。其中批捕26人，起诉25人，收到判决14人，提前介入案件2件。移送县扫黑办线索3件，县监委会线索1件。（高星所）

【监察体制改革】 2018年，监察体制改革后，县检察院共受理职务犯罪案件5件5人，其中忻州市人民检察院指定管辖2件，县监察委员会移送3件。注重与监察委员会、人民法院的协调配合，现已收到法院有罪判决3件3人。其中张某某涉嫌贪污罪案件，县检察院派出检察官提前熟悉案情，在受理案件第二日决定逮捕犯罪嫌疑人；在审查起诉阶段，通过和犯罪嫌疑人家属做工作，对贪污所得进行退赃，取得良好的政治效果、法律效果和社会效果。对办案中发现公职人员的违纪违法线索，及时移送同级监察委员会处理，共移送案件线索4件。

（高星所）

【司法体制改革】 2018年，县检察院健全检察权力运行机制，执行新的案件分配、办案模式、工资改革、绩效考核等制度机制，充分运用信息化平台，对案件流程节点进行全程留痕、动态跟踪，把检察权牢牢关在制度的“笼子里”，从源头上杜绝“人情案”“关系案”和“金钱案”。检察长和员额检察官全部到一线办案，4名入员额的院领导均亲自办理案件。（高星所）

【队伍建设】 2018年，县检察院坚持以党建带队建，持之以恒抓检察队伍建设，努力打造对党忠诚、服务人民、执法公正、纪律严明的过硬检察队伍。通过开展红色主题教育、党的宗旨教育、重温入党誓词、观看警示教育片、人人讲党课、人人谈体会等形式，使党员干部在思想上更加清醒，在政治上更加坚定，在行动上更加自觉。支持鼓励干警参加岗位培训、干部在线学习及各类专项培训，构建员额检察官承办案件、检察辅助人员协助办案、司法行政人员做好保障的“铁三角”新模式。坚持教育熏陶、模范引领、实践养成相结合，教育引导全院干警恪守“坚定理想信念、执法为民、捍卫法治、坚持公平正义、廉洁如水”的检察职业良知，激发检察人员的职业尊荣感、进位争先的工作热情。

把“两个责任”拿在手上，放在心上，落实在行动上，推动管党治党持续走向“严紧硬”。制定《繁峙县人民检察院关于进一步规范机关工作纪律的通知》，每天上、下午人脸识别签到，紧盯“八小时以外”，坚决纠正“四风”突出问题，大力整顿干警的不规范、不扎实行为。 （高星所）

【扶贫工作】 2018年，县检察院认真落实县委部署，向东山乡砂垚沟和山羊会村派驻第一书记，向砂垚沟、正沟、黄草、苏家口村派驻驻村工作队，要求全体帮扶干警奔赴脱贫攻坚第一线，通过召开座谈会、入户访谈、实物慰问等方式，为168户建档立卡贫困户讲政策、解难题、送温暖。 （高星所）

法　院

【概况】 2018年，县人民法院认真贯彻落实习近平新时代中国特色社会主义思想和中共十九大精神，牢牢把握司法为民、公正司法的工作主线，持续加强“三基”建设，深入推进“两学一做”学习教育常态化制度化，紧紧围绕执法办案第一要务，以“上水平、创一流”为目标，攻坚克难、奋力拼搏、创新争先，推动法院各项工作保持良好的发展势头。先后被中共繁峙县委评为“先进基层党组织”，被省高级人民法院评为“全省法院党建工作先进集体”，被最高人民法院评为“全国优秀法院”。 （张克豪）

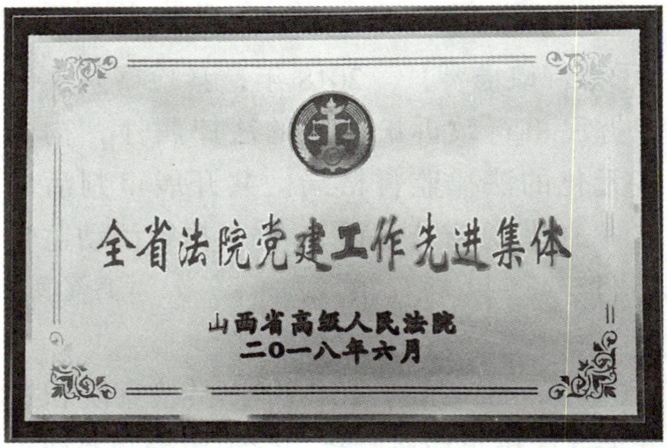

2018年6月，县人民法院被省高级人民法院评为“全省法院党建工作先进集体” （张克豪提供）

【审判工作】 2018年，县人民法院共受理刑事案件164件，审结163件，审结率达到99.39%，对涉及的被告人按照各自的刑事责任判处了有期徒刑、拘役、罚金等刑罚，对犯罪情节较轻或获得被害人及家属谅解的不具有社会危险性的被告人依法适用了缓刑，做到了宽严相济、罚当其罪。

积极发挥民商事审判疏导职能，快速、有效地化解各类民商事纠纷。全年共受理各类民商事案件1042件，审结1042件，审结率达到100%。在诉讼案件中，以调解方式结案158件，调解率为15.16%；撤诉160件，撤诉率为15.36%；总调撤率为

30.52%；判决结案 817 件，以其他方式结案 79 件。（张克豪）

【民商案件执行】　2018 年，县人民法院为彻底打赢“基本解决执行难”战役，坚持目标导向，通盘谋划，综合施策，充分发扬拔钉子、敢碰硬的精神，举全院之力坚决打好执行攻坚战、决胜仗，努力让每一个胜诉当事人在执行案件中感受到公平正义。开展“执行攻坚　飓风行动”，加强对拒不执行判决、裁定行为的惩治；大力推进执行规范化，用足用尽执行强制措施，加强对失信行为的联合惩戒，分六批向社会公布 224 名失信被执行人；设立“一案一账户”，与中国工商银行繁峙县支行合作，在一个执行专户下开立多个子账户，确保执行案款到户后及时准确发放。2018 年，执行案件共立案 558 件，已执结 528 件，执结率为 94.62%，终本合格率为 100%，在全市法院执行质效考核中位居前列。（张克豪）

2018 年 9 月 30 日至 10 月 1 日，县人民法院开展“执行攻坚　飓风行动”（张克豪提供）

【司法体制改革】　2018 年，县人民法院积极树立全院工作一盘棋的司法思维，较早地建立起立案、审判、执行协调运行机制，将解决执行难工作贯穿于整个诉讼过程。

科学调配和高效运用审判资源，依法快速审理简单案件，严格规范审理复杂案件，实现简案快审、繁案精审。

在全市率先探索庭审实质化改革试点工作，充分发挥庭前会议功能，同时将非法证据排除和证据合法性问题贯穿到整个案件审理流程，促进了司法水平新的提升和司法文明质的飞跃。

牢固树立“四个意识”，积极配合监委做好各项工作，认真开展学习研讨，努力探索可复制、可推广的工作经验；建立线索及时移送机制；健全完善工作规范，编制《繁峙县人民法院支持配合监察委员会查办案件工作制度》，职务犯罪案件办理规范、流程。（张克豪）

【诉讼服务中心建设】　2018 年，县人民法院新建诉讼服务中心投资 163 万元，建筑面积 307 平方米，安装门禁系统，真正实现立案区、审判区、办公区“三分离”，改善了服务群众的条件，强化了诉讼安全。

在认真抓好新建诉讼服务中心项目土建、装饰工程的同时，采取到安徽合肥蜀山法院、浙江台州法院等全国信息化建设和诉讼服务中心建设先进法院考察学习，向专业公司征询方案意见等方式，加快推进新建诉讼服务中心信息化项目建设，包括安检系统、导诉系统、调解系统、访客管理系统、自助服务系统等在内的基于华宇公司开发的整套诉讼服务中心信息化建设项目经公开招标已完成施工，现已投入使用。（张克豪）

【扫黑除恶】　2018 年，县人民法院数次召开扫黑除恶专项会议对扫黑除恶专项斗争工作进行专题研究部署，严格落实政治责任。

着力抓好“五个到位”：抓思想认识到

位、组织保障到位、监督管理到位、宣传发动到位、沟通协调到位。

组织人员对县人民法院案件进行两轮“回头看”发现线索；建立起线索发现移交机制；对涉黑涉恶案件做到“两个一律”，问题线索及时移送纪检监察机关；建立起行业管理漏洞通报机制。

2018年，县人民法院受理涉黑涉恶案件6起，现已全部审结。冯某华等8人恶势力犯罪团伙和左某等3人恶势力犯罪团伙成员均已被依法严惩，该两个恶势力犯罪团伙被彻底摧毁；以被告人郑某杰为首的8人恶势力犯罪集团成员分别被判处2—9年有期徒刑。

健全完善矛盾纠纷多元化解机制；为相关行政部门提供法律方面的指导；深入各地宣讲，加大法治宣传教育工作力度。

以“双日双评”活动为载体，查摆问题；按照“八查八整八提高”要求，抓好作风建设；稳步推进创先争优活动。

2018年9月18日，县人民法院扫黑除恶领导小组赴东山乡开展“黑恶必除　除恶务尽”宣传活动（张克豪提供）

【信息化建设】　2018年，县人民法院在标准化机房建设方面，基于2017年完成机房整合搬迁、增设温控和消防设施的基础，经公开招标部署了等级保护系统项目，现已建设完成。

同时，县人民法院还完成库藏档案数字化项目建设。对2017年1月1日之前的各类诉讼案卷、执行案卷和行政文书等库藏档案全部实施了数字化，现已完成项目验收。

另外，县人民法院强化诉讼安全信息化保障。对全院的监控探头进行升级改造，全部加装同步录音录像模块，并在机关大院、门口新增同步音视频监控探头12部，将全院各处均置于安防监控当中，对规范法院干警和当事人的言行、防范安全风险、提高诉讼安全保障水平都起到良好的促进作用。（张克豪）

【扶贫工作】　2018年，县人民法院按照县委的统一工作部署，本院对东山乡李庄村、太平沟村、岭底村进行扶贫帮扶工作，积极更新完善223户贫困户的个人信息，核实并填写收支测算表，并确保每一户贫困户了解到最新的扶贫政策、措施。同时，在年底组织扶贫干部捐款送温暖活动，为贫困户送上大米、白面等生活物资，缓解贫困户生活压力，提升自身幸福感。在助力脱贫攻坚工作中，每一位干警都能做到深入基层、深入群众、深入一线，了解贫困户生活疾苦，能够将政策送到贫困户手中，将声音听真、将问题挖真、将扶贫工作做真。（张克豪）

司法行政

【概况】　2018年，繁峙县司法局设置规格为科局级单位。内设局机关办公室、政治部、法制宣传教育股、基层股、法律援助中心、社区矫正中心、繁峙县公证处。下辖13个司法所，1个律师事务所，10个法律服务所。有编制43名。其中：政法专项编制为31名（局机关14名，司法所17名），事业编制10名（法律援助中心6名、公证处4名），工勤编制2名。现有干部职工31人，其中：公务员24人，工勤人员1人，管理人员7人。男16人，女15人。本科21人，专科9人，中专及高中1人；法律专业10人，其他专业21人。35岁以下4人，36至40岁5人，41至45岁13人，46至50岁4人，51以上5人。（刘 星）

【组织建设】 2018年，县司法局继续推进"两学一做"学习教育常态化，以开展"双日双评"推动"两学一做"学习教育活动为载体，把深入学习中共十九大和习近平总书记系列讲话及省、市、县委精神列为党支部、党员培训学习的重要内容。引导基层党员树立正确的世界观、人生观、价值观，扎牢抵制各种错误思想腐蚀渗透的思想防线。丰富思想教育形式，根据全局实际制定学习计划，保持对党章、宪法的深度学习，保证学习效果，实现思想教育经常化、生活化。（刘 星）

【党风廉政建设警示教育活动】 2018年，县司法局党支部有计划、有重点地开展党风廉政建设警示教育，组织司法行政干警参观警示教育基地接受廉政教育，让司法行政干警更加深刻地了解中央至地方坚决打击腐败的决策和决心，汲取各地落马官员逐步走向深渊的沉痛教训，通过会议、讨论、座谈等各种形式的学习，提高党员干部对加强党风廉政建设的重要性的认识，提高党员干部自觉遵守廉政纪律、反腐倡廉的自觉性，干部职工爱岗敬业、廉洁从政，进一步转变思想作风、工作作风、学风和生活作风，党建工作取得明显成效。（刘 星）

【法治文化广场建设】 繁峙县法治文化广场于2018年建成，坐落在滹源风景区，遵循"法治、平安、和谐"的理念，在广场景观中注入大量的法治文化元素，是一个融法治元素与文化元素为一体的主题广场，设计中添加具有法治意义的名言警句、法治地雕、景观石及法治长廊等，提高居民法律素质，增强法治文化的渗透力和感染力。（刘 星）

【国家宪法日法治宣传】 2018年，县书法协会开展"12·4"国家宪法日法治宣传书法展。（刘 星）

【"扫黑除恶"专项宣传】 2018年，县司法局组织各司法所工作人员、律师、公证人员、基层法律服务工作者深入农村、社区、企业，积极开展全国"扫黑除恶"专项斗争会议精神的宣传工作，大力宣传刑法、刑事诉讼法等与扫黑除恶专项斗争密切相关法律法规，通过讲解法律、说明危害，努力提高群众对扫黑除恶专项斗争的认识。共出动宣传车26辆（次），悬挂宣传横幅52条，张贴通告和致全县社区服刑和安置帮教人员的公开信1500余张，发放"扫黑除恶"、刑法、宪法、法律援助条例、法律知识便民手册、法律进农村等法律宣传小册子40000余份，法制购物提袋8000余个，法制围裙20000余个，法治宣传笔10000余支，现场解答法律咨询300余人次。努力营造扫黑除恶专项斗争的浓厚法治氛围。（刘 星）

【法律联合宣传活动】 2018年，县司法局分别与妇联、综治办、工商局、残联、环保局、公安禁毒队等部门联合，在县府东广场于"3·8""3·14""3·15""5·21""6·26"

“8·10”“12·4”开展了“妇女维权日”“综治宣传月”“消费权益”“助残日”“国际禁毒日”文化科技卫生“三下乡”“宪法宣传日”等法律宣传活动，共发放各种宣传资料13000余份，法制围裙1800余个、法制提袋2300余个，解答法律咨询169余人次。（刘　星）

【公证工作】　2018年，繁峙县公证处以科学发展观为指导，认真执行司法工作方针政策，围绕中心，突出重点，开拓创新、扎实工作，积极发挥公证工作证明、监督、服务、沟通的职能作用，取得较好成绩，为促进城市经济发展提供了优质高效的公证法律服务。全年办理各类民事案件共计303件，其中小额继承公证192件，协议（合同）26件，其他各类民事案件85件。收费共计39850元。（刘　星）

【人民调解】　2018年，县司法局加强人民调解员培训，不断提升人民调解员的调解业务水平。践行“枫桥经验”积极开展矛盾纠纷排查调处工作，把矛盾纠纷化解在基层，消灭在萌芽状态。完善大调解机制，筑牢第一道防线。为加大矛盾隐患排查化解力度，完善重大矛盾纠纷隐患稳控和调处机制。全年，共受理人民调解案件231件，调处成功227件，调处成功率达98%。排查矛盾纠纷115次，预防矛盾纠纷40起，挽回经济损失30余万元，有效防止群体性和上访事件发生。（刘　星）

【法律服务规范】　2018年，县司法局规范法律服务市场，完善律师事务所、法律服务所机构建设，健全执业律师、法律服务工作者从业机制管理。全县法律服务所共代理诉讼法律事务124件、非诉讼78件、调解各类纠纷102件、法律援助38件、代写法律文书200余份，解答法律咨询500余人次，避免和挽回经济损失400余万元。（刘　星）

【社区服刑人员警示教育】　2018年2月13日下午3点，县司法局组织全县社区服刑人员分繁城、砂河两片开展集中报到暨警示教育大会。全县应到社区服刑人员170人，实到168人。未到2人均为下肢瘫痪，无法到场；会上宣读最高人民法院、最高人民检察院、公安部、司法部《关于依法严厉打击黑恶势力违法犯罪的通告》、中央扫黑险恶打击的类型；社区矫正人员做思想汇报，并签署“扫黑除恶”期间责任保证书。

9月4日，县司法局在繁城镇会议室召开“扫黑除恶”集中警示教育会。县司法局社区矫正中心工作人员、国家二级心理咨询师张丽霞为全县191名社区服刑人员开展了以“阳光心态　筑造美好人生”为主题的心理矫正知识讲座。鼓励“两类人员”检举揭发，发现涉黑涉恶线索及时报告、及时打击。同时要求全县所有社区服刑人员务必做到：（1）自觉遵守社区矫正相关法律规定，增强服刑意识，服从司法所管理，按时进行日、周、月报告，积极参加教育学习和社区服务；（2）严格遵守请销假相关规定，未经批准不得擅自离开辖区；（3）明确在矫服刑意识，珍惜机会，时刻警醒，争取早日融入社会；（4）结合正在开展的“扫黑除恶”专项活动，及时向局社矫股提供涉案线索、深挖余罪，争取立功表现；（5）严禁参与任何形式的黑恶势力活动，遇到不法事件要第一时间报公安机关依法解决，并将情况上报司法局；（6）严禁参与黄赌毒活动，严禁酒后驾车；（7）无重大特殊事项不准

请假外出；（8）定位手机保持24小时畅通，严禁出现人机分离情况。（刘 星）

【律师代理涉黑涉恶案件工作指导】 2018年，县司法局加强律师执业道德教育，强化行业监管。组织台峰律师事务所律师认真学习《律师事务所管理办法》和《律师执业管理办法》，通过谈话提醒等方式，加强正面教育引导，教育、引导律师讲政治、顾大局、守纪律，忠诚履行律师职责，确保法律效果、政治效果和社会效果相统一。建立健全律师办理涉及扫黑除恶案件请示报告制度，明确律师事务所主任是案件办理第一责任人，完善律师事务所接案审查、集体讨论、请示报告和责任追究等制度。加大对办理涉黑涉恶犯罪案件辩护代理工作的指导、监督和协调，规范律师代理行为。对律师代理涉黑涉恶案件实行月报制，及时掌握涉黑涉恶案件情况。（刘 星）

【律师事务工作】 2018年，台峰律师事务所有执业律师9人，实习律师1人，为搭建专业化、规模化的律师服务工作团队奠定了基础。为贯彻落实中共中央、国务院发出的《关于开展扫黑除恶专项斗争的通知》，以及忻州市司法局扫黑除恶专题培训会的会议精神，先后数次组织全所律师举办扫黑除恶专项培训，建立关于扫黑除恶案件的工作制度，对律师办理黑社会性质组织案件的接案管理、请示报告、集体研究、档案管理等方面制定了工作方案，所内每位律师均签署了责任状。（刘 星）

【社区矫正工作】 2018年，县司法局接收社区矫正人员97人，解除社区矫正人员69人，在册人数188人，其中缓刑180人，暂予监外执行5人，管制2人，假释1人。（刘 星）

【帮教工作】 2018年，县司法局按照“帮教社会化、就业市场化、管理信息化、工作职责规范化”的工作思路，健全安置帮教组织，多措并举，加强特殊人群服务管理工作。对三年内回归人员全面进行了核查，截至2018年年底，全县共有安置帮教人员96名，所居住的村（居）已全部落实帮教措施。（刘 星）

财政　税务

财　政

【财政收入】　2018年，全县一般公共预算收入累计完成26436万元，占全年计划25650万元的103.06%，超收786万元，比2017年的23929万元增收2507万元，增长10.48%。财政总收入累计完成56869万元，比2017年的50914万元增收5955万元，增长11.7%。

2018年，全县一般公共预算收入增幅为10.48%，原国税、地税和财政比去年增长幅度分别为13.56%、11.25%和7.32%。

（张建业）

【财政支出】　2018年，全县一般公共预算支出228139万元，比2017年的184966万元多支43173万元，增长23.34%。其中：专款支出102155万元，比2017年的79128万元多支23027万元，增长29.1%；地方财力支出125984万元，比2017年的105838万元多支20146万元，增长19.03%。

2018年全县“八项支出”150663万元，占到一般公共预算支出228139万元的66.04%。其中：一般公共服务支出17518万元、公共安全支出9113万元、教育支出53906万元、科学技术支出954万元、社会保障支出30505万元、医疗卫生支出19844万元、节能环保支出7642万元、城乡社区支出11181万元。

（张建业）

【涉农资金整合】　2018年，全县继续按照《国务院办公厅关于支持贫困县开展统筹整合使用财政涉农资金试点的意见》（国办发〔2016〕22号）和《山西省人民政府办公厅关于统筹整合使用财政资金实施精准扶贫的意见》（晋政办发〔2016〕101号）文件精神，将纳入统筹整合范围的各类资金在“大类间打通”、“跨类别使用”，进一步提高整合的深度和质量，出台了《繁峙县2018年统筹整合财政资金推进精准扶贫实施方案》（繁政发〔2018〕37号）文件，并向省、市统筹整合领导组进行项目报备，且在县政府门户网站进行了公示。

2018　年统筹整合用于精准扶贫的财政涉农资金总规模为44679.59万元；实际整合44571.267万元，整合率为：99.76%，其中：扶贫专项资金12870.9万元，中央彩票公益金2000万元，以工代赈资金295万元，县级配套6290万元，其余各部门项目资金23115.367万元。

（张建业）

【财政监管】 2018年，全县进一步加强非税收入监管，严格执行“收支两条线”管理，强化票据管理力度，规范各执收单位的收费行为。加强行政事业单位国有资产管理，积极开展清产核资工作，严格执行国有资产购置、处置的法规政策，提高国有资产的使用效率和管理水平。按照实施全面规范、公开透明预算制度的要求，积极督促各预算单位公开部门预决算和“三公”经费预决算，严格执行《党政机关厉行节约反对浪费条例》，按照中央和省、市、县关于控制一般性支出，尤其要控制“三公”经费预算支出的要求，全县各预算单位严控“三公”经费开支。加强扶贫资金绩效管理。采取委托第三方机构的方式，对2018年统筹整合资金项目开展绩效评价，根据财政部要求对纳入扶贫范围内的资金进行动态监控，明确对使用中央42项资金、省级40项资金、市级17项资金的扶贫项目进行绩效监控，确保每一笔扶贫资金投入都产生实实在在的效果，花更少的钱，办更多实事。认真组织财政检查。2018年8月，经县脱贫攻坚总指挥部专题会议研究通过，成立扶贫资金监督检查规范小组，由财政、扶贫、审计部门抽调工作人员，对全县2016年后统筹整合资金使用情况及各级审计纪检检查发现的问题进行监督检查，对检查结果认真梳理填写，对存在的问题责令整改并及时反馈结果，确保资金使用的合理性和时效性，有效促进了财政资金管理和廉政建设。 （张建业）

【学习教育】 2018年，县财政局加强机关作风建设，认真开展“双日双评”学习教育活动，组织财政干部原原本本学习党的十九大报告和党章等重要文件，系统学习党的十九大提出的一系列新的重要思想、重要观点、重大判断、重大举措，切实在全面系统学习中把握精神要义、在联系财政实际学习中谋划思路举措、在学以致用中指导提升财政各项工作，引导广大财政干部进一步增强“四个意识”，坚定“四个自信”，切实把思想统一到党的十九大精神上来，始终保持财政改革发展的正确方向。要牢固树立全心全意为人民服务的宗旨，为党、为国家、为人民当好家、理好财，把日常工作与党风廉政建设结合起来，坚决预防和杜绝职务犯罪。持之以恒地加强法纪政策和专业知识学习，解决“本领恐慌”问题和提高拒腐防变能力。打造一支学风浓厚、作风优良的学习型、廉洁型机关。

（张建业）

【扶贫工作】 2018年，县财政局所包贫困村是大营镇小庄村、西三泉村，派出工作队队长1名，村第一书记2名。在村两委的大力支持和密切配合下，认真开展调查研究。通过召开村两委座谈会和工作会商讨研究集体经济、项目建设、民生工程。通过走家串户，了解村民生产、生活和存在的困难。元月16日，与帮扶人员雷智斐一道探访无父母的小女孩黄雅丽，到她家询问了具体情况，雷智斐捐助了衣物。3月29日上午及时走访了赵长命家，对他于3月28日晚因丢牛引起的痛苦，进行及时安抚，并向财政领导汇报情况发动职工捐款4200元，同时还帮助他争取民政救助5000元。5月19日五保户一级残疾杨成拴，通过财政帮扶领导和工作人员共同努力和多次协商，入住县城敬老院，圆了他多年想进敬老院的梦想。5月10日与村两委干部实地丈量调查张满满与杨三道土地纠纷问题。12月17日联系砂河精神病医院为李爱莲、李高才、张柱柱、杨四厚、谢三廷5户贫困户的家中患者进行体检治疗。

（张建业）

税　务

【税收情况】　2018年，市税务局下达县税务局全年税收计划为48300万元，实际完成税收51067万元，完成计划的105.73%，上年同期完成45131万元，同比增长13.15%，增加5936万元。其中：中央级预算收入计划23090万元，实际完成24061万元，完成计划的104.20%，上年同期完成21710万元，同比增长10.83%，增加2351万元。

省级公共预算计划25210万元，实际完成27007万元，完成计划的10109.29%，上年同期完成23421万元，同比增长15.31%，增加3586万元。

县级公共预算税收计划16400万元，实际完成16549万元，完成计划的100.91%，上年同期完成14716万元，同比增长12.45%，增加1833万元。（张小军）

【国地税征管体制改革】　2018年，县税务局在深入学习领会总局、省、市局机构改革动员部署会议精神的基础上，于7月20日顺利为新机构挂牌。9月30日，县人社局已经将正在实施的市、县级社保费各险种征缴政策和本局办理了第一次交接。

按照省、市局统一部署，于10月25日顺利完成“三定”，10月30日各派出机构正式挂牌成立。2018年年底，县税务局设置内设机构15个，派出机构9个。（张小军）

【税收营商环境优化】　2018年，县税务局纳税服务厅和政务大厅实行“一厅通办”、最多跑一次等多项便民措施，并不断简化税务注销流程，提升纳税人满意度。同时“12366”纳税服务热线同步实现了涉税业务“一键咨询”。

县税务局先后召开3次“问需求、优服务、促改革”税企座谈会，共计邀请127户纳税人代表，对纳税人提出的涉税堵点难点问题积极予以解决。（张小军）

【税收优惠落实情况】　2018年，县税务局共减免税款2987万元，其中增值税减免1690万元，企业所得税减免1280万元，车船税减免5万元，房产税减免12万元。

对国家重点扶持的高新技术企业共减征企业所得税204万元；对科技型企业减免企业所得税110万元；对9户盈利的小型微利企业进行税收减免，共减免企业所得税8.87万元。（张小军）

【入企服务和大调研大走访活动】　2018年，按照市税务局要求，县税务局积极组织开展入企服务，各入企小组深入企业答疑解惑，宣讲最新税收政策：包括新个税政策、税收优惠政策等。本局共走访民营企业89户，共有145名税务干部参加入企服务工作。民营企业反映问题35个，其中现场解决25个、限时解决问题8个、需上级局解决2个。收集民营企业意见建议14条，其中已采纳9条，正在研究5条。（张小军）

【扶贫工作】　2018年，县税务局主要帮扶集义庄、果园、小宋峪、水峪、西庄、作头6个村，共结对帮扶贫困户581户1651人，累计投入资金40余万元用于村级提升工程和扶贫项目落地。发展帮扶产业项目16个，如水峪村麻黄种植项目，已进入推广阶段。积极配合乡镇政府做好整村提升工程，筹资8万元改造从108国道到集义庄村委会200米的道路硬化工程，彻底改善村“两委”的办公环境。（张小军）

经济管理

发展和改革

【概况】 2018年，全县地区生产总值完成69.7亿元，增速0.7%；全年固投完成 43.9亿元，增长9%；服务业增加值27.21亿元，增速7.1%；转型项目投资完成额占固定资产投资比重60%。在区域经济转型升级考核限制开发的重点生态功能县域中，繁峙县在全市排名第二。在全市重点工程考核中，繁峙县获得一等奖。 （王玉盒）

【转型项目建设】 2018年，本县全力推进“转型项目建设年”，集中谋划一批转型项目、集中招商一批转型项目、集中办理一批项目前期手续、集中开工一批转型项目、集中推进一批省市重点工程。县政府成立由县长崔峥岭任组长、各副县长任副组长，发改、经信、国土、住建等26个部门负责人为成员的转型项目建设年工作领导小组。建立县四大班子领导包联项目机制，成立繁峙县2018年省市重点工程项目及重大产业考核项目推进领导组，将任务分解到各个部门、乡镇，明确“五包一”工作机制。通过积极开展“项目集中开工月”、“进工地、到一线、解难题”等活动，把本县的转型项目建设工作引向深入。全年共实施重点项目170个，总投资216.83亿元，2018年计划投资91.55亿元。46个重点建设项目总投资127.69亿元，年度计划投资42.52亿元，全年完成投资30.24亿元。其中，39个转型项目总投资106.97亿元，年度计划投资36.96亿元，实际投资额占全年固定资产投资43.89亿元的60%。13个省、市重点工程项目总投资74.64亿元，年度计划投资25.27亿元，全年完成投资22亿元，占年度计划的91.67%。 （王阅兵）

【新能源产业】 2018年，全县已建成投产风力发电19.8万千瓦，分别为国电投云雾峪风电场和华能韩庄风电场。正在建设的风力发电项目共29.9万千瓦，分别为国电投云雾峪三期10万千瓦风电项目、国电投繁峙金丰清洁能源供暖9.9万千瓦项目、繁峙协合乔家窑10万千瓦风电项目。已核准的风力发电项目为国电投繁峙金丰清洁能源供暖项目二期项目、太原重工繁峙砂河镇风电项目，各10万千瓦。光伏发电。“十三五”第一批光伏扶贫项目117个共25.5兆瓦村级电站、30兆瓦集中式电站、

1579户8.07兆瓦户用光伏电站，均于2018年6月30日前全部建成并网发电。全县三类扶贫电站总装机规模63.57兆瓦。与县扶贫开发中心编制上报《繁峙县“十三五”第二批光伏扶贫计划》，计划建设6个联村电站，总规模30兆瓦，扶持贫困户4500户。光伏全产业链发展。山西奥博电力有限公司投资建设的“奥博光伏（繁峙）生产基地”，1吉瓦光伏组件生产线500兆瓦一期工程于2018年2月建成投产，总投资1亿元。太阳能光热取暖。投资1800万元在繁城镇雁头村实施采用太阳能槽式集热技术取暖示范项目，集热面积8000平方米，为全村438户村民和学校、村委会等公共场所提供冬季取暖。（孟　铭）

【上级资金的争取】　2018年，国家重大项目库在库项目12个，其中新建项目5个（老年公寓、2018年农村饮水安全工程、东城中学运动场及附属设施、2018年京津源风沙治理项目、2018年坡耕地水土流失综合治理项目），续建项目7个，总投资共计2.1679亿元，争取中央资金1.6066亿元，累计完成投资1.6884亿元，完成支付1.1375亿元。（齐国樑）

【企业投资承诺制改革】　2018年，本县结合实际，积极推进企业投资项目承诺制改革试点工作。经县政府常务会议审议通过，印发《繁峙县企业投资项目承诺制改革试点方案》（繁政发〔2018〕26号）实施方案及相关配套制度。相关部门做到改革事项清楚，改革路线明晰，改革方向明确，改革内容明白，改革措施到位。在政务大厅三楼设立承诺制窗口，公示办理流程图，安排工作人员为企业提供服务，进一步缩短项目审批时间。经县政府批准印发《繁峙县人民政府办公室关于印发繁峙县固定资产投资项目建设常态化工作机制的通知》（繁政办发〔2018〕54号）。县委书记、县长等县领导召开推进会，召集相关部门负责人和企业负责人，研究探讨审批事项办理过程中发现的问题，进行集中解决办理，为企业赢得早日开工的时间。2018年，本县已经试运行牧原七场、牧原八场、丰悦华、晋鲁诺佳、鑫富茂、长田等9个项目。（齐国樑　陈　洪）

【事业单位和国有企业车改】　2018年，为全面贯彻落实中央关于厉行节约、反对浪费的总体要求，继2017年全面完成党政机关公务用车改革后，2018年开启对事业单位和国有企业公务用车改革。经县政府常务会议研究通过，印发《繁峙县人民政府办公室关于印发繁峙县事业单位公务用车制度改革实施方案和繁峙县国有企业公务用车制度改革实施方案的通知》（繁政办发〔2018〕42号）。在事业单位和国有企业车改推进会上，常务副县长居清平安排部署车改有关工作。年底，各事业单位和国有企业车改工作全部结束。（闫利民）

【扶贫工作】　以工代赈。2017年，上级切块下达繁峙县以工代赈资金500万元，其中中央以工代赈资金430万元，省农村公路建养补助资金70万元。根据统筹财政涉农资金实施精准扶贫有关政策，下达的资金安排以工代赈两类3个项目，其中农田水利建设项目2个，总投资430万元，该两项目于2018年6月竣工并验收，除质保金20.7万元外，其余资金全部拨付项目实施单位；乡村道路建设项目1个，总投资70万元，该项目已完工并于11月22日组织验收，除质保金3.3万元外，其余资金全部拨付项目实施单位。2018年上级切块下达繁峙县以工代赈资金295万元，根据全县脱贫攻坚领导组会议研究将切块下达的资金安排到2个农田水利建设项目，涉及4乡镇4村。2018年横涧乡西连仲村农田水利工程和东山乡茶坊村农田防护工程已竣工并组织验收。其余两村正在实施中。2018年，共计拨付项目资金219.7万元。

光伏扶贫。全年重点任务是推进三类光伏电站的建设和及时将发电收益发放到村到户。2018年6月30日前，三类光伏电站全部建成并网发电，获取收益。30兆瓦集中式电站每年可获取300万元发电收益用于扶贫；117个25.5兆瓦村级电站可使117个贫困村、108个“十三五”整村搬迁村村集体增加集体经济，带动3793户贫困户稳定增收；分布式户用光伏扶贫项目在全县开展，因国家发改委823号文件对分布式电站补贴做出新的调整，本县决定暂停建设，全县共建设1579户8.07兆瓦，带动1521户贫困户和48个贫困村村集体稳定增收。2018年年底，户用电站共发放收益4748673.64元，村级电站收益分配计划已下发收益2024480.45元，集中式电站发放收益150万元，三类电站共计发放8273154.09元。（闫利民　孟　铭）

2018年，东山乡伯强村级电站全貌（闫利民、孟铭提供）

重点工程

【概况】　繁峙县重点工程及项目办公室（简称县重点办），正科级建制，隶属于繁峙县人民政府。主要职责为宣传和贯彻落实国家和省市有关重点工程建设的法规、政策和方针。组织和协调各部门、各乡镇（街道办事处）项目的建设、施工、设计、监理等。建立和完善重点工程管理、监督、协调、服务和奖惩等有关规定并组织实施。

繁峙县重点工程及项目办公室负责为国家和省、市在本县境内建设的重点项目实行全过程服务，组织和协调各乡（镇）、各有关部门解决重点工程前期建设过程中出现的各类矛盾和问题，保证重点工程建设顺利进行。负责督促检查全县重点工程进度质量，建立重点工程信息统计工作，及时准确地向市重点工程领导小组及县委、县政府和有关部门报告重点工程进展情况和存在的问题，为领导提供决策依据。

根据繁峙县重点工程及项目办公室职责，县重点工程及项目办公室设两个内设机构。1. 综合科，综合协调机关的日常工作，负责文秘、档案、接待、保卫、会务、信访、后勤管理等工作；负责制定机关各项主要工作制定并监督执行，保证机关正常运转。编制两名，股级领导职数1名。2. 统计科，负责省市重点项目、县考核项目的统计工作。编制两名，股级领导职数1名。

（花锦芳）

【项目工作】　2018年，县重点办深入开展项目工作“大推动、大落实”行动，草拟《繁峙县转型项目建设年（2018）实施方案》，并制定《繁峙县2018年度重点工程项目及责任分解表》，定期督促项目单位加快重点项目的建设进度，定期收集、汇总、通报项目的实施进度、资金到位情况、存在的问题等，及时帮助项目单位解决在建设过程中遇到的困难和问题，无法解决的及时反映上报；配合各个检查组做好全县项目的迎检工作，并指导项目单位按照检查组提出的要求，及时整改。（花锦芳）

【重大项目建设】 2018 年，县重点办共实施重点项目 170 个，总投资 216.83 亿元，至年底，已开（复）工项目 145 个。其中，上报市转型建设项目共 46 个，总投资 127.69 亿元；省、市重点工程项目共 13 个，总投资 74.64 亿元，至年底完成投资 22 亿元，完成了全年的目标任务；新开工重大产业项目共入库 15 个项目，总投资 80.18 亿元，至年底完成 19.77 亿元。2018 年，本县积极谋划储备项目，全年完成储备项目出库 142 个，出库额达 265.23 亿元，超额完成了年初市下达本县的任务。（花锦芳）

【项目建设成就】 2018 年，县重点办获“忻州市 2017 年度产业项目考核一等奖第 2 名”“忻州市 2017 年度重点工程工作综合考核第 1 名”“繁峙县 2017 年度目标责任考核优秀单位”“繁峙县 2017 年度服务项目建设先进单位”。（花锦芳）

经济信息化

【概况】 根据中共繁峙县委、繁峙县人民政府《关于印发〈繁峙县人民政府职能转变和机构改革方案〉的通知》（繁发〔2014〕38 号），设立繁峙县经济和信息化局，挂繁峙县商务局、繁峙县粮食局牌子，正科级建制，为县人民政府工作部门。内设综合股、行政审批服务办公室，单位设在财政大楼四楼。（周明亮）

【经济运行】 2018 年，县经济信息化局面对复杂严峻的经济形势和很多年少有的困难，紧盯年初市县下达的工作目标，主动适应经济发展新常态，坚定不移推进供给侧结构性改革，加快产业集聚和结构调整，加大干部入企服务力度，千方百计促企业复工复产，全县工业经济运行总体呈现低位企稳、稳中有进、稳中向好的态势。

2018 年，工业总产值比上年同期增长 6.2%；工业增加值比上年同期增长-4.3%；实现利税增长 70.2%；制造业占比累计提高 8.7%；万元 GDP 能耗累计完成下降 3.22%。（周明亮）

【项目建设】 2018 年，续建项目 2 个。（1）河北神邦矿业有限公司年产 120 万吨烧结球团建设项目（总投资 1.5 亿元，现已建设完成 60 万吨球团生产线 1 条，完成投资 0.8 亿元）；（2）山西许氏维雅建材有限公司古建砖瓦木石加工雕刻生产项目（总投资 1.3 亿元，预计于 2019 年 5 月份投产）。

技改项目 5 个。（1）山西宝山矿业有限公司年产 120 万吨球团及 200 万吨烧结矿技改项目因市场等原因暂未上马，2019 年待安评、环评办理后开工；（2）繁峙县中兴实业有限公司年产 15 万吨矿岩棉板项目未开工；（3）忻州华茂精密铸造有限公司技改升级环保达标及企业标准化建设项目（总投资 2.3 亿元）2018 年原料场封闭、企业文化广场等工程建设已完工；（4）山西旭泰北方酿酒有限公司年产白酒 5000 吨 1000 吨功能酒的生产线项目（总投资 2.3 亿元）；（5）繁峙县宏基矿业有限公司干选车间年产 30 万吨铁精粉技改项目（总投资

5800万元），已投产。

新开工建设项目5个。（1）繁峙金程矿业有限公司年产240万吨球团厂建设项目一期120万吨碱性球团项目已投产（总投资2.01亿元）；（2）繁峙县大鑫建材有限公司年产10000万块煤矸实心（空心）烧结砖项目已投产（总投资0.23亿元）；（3）繁峙县泰兴新型墙体节能建材有限公司年产8000万块煤矸实心（空心）烧结砖项目已投产（总投资0.14亿元）；（4）繁峙县恒煜节能环保建材有限公司年产12000万块煤矸实心（空心）烧结砖2000万块烧结仿古青砖项目，预计最早于2019年3月可投产（总投资0.5亿元）；（5）忻州南苑铝业有限公司年产20万吨再生铝项目一期预计于2019年5月正式投产，一期总投资2亿元。

（周明亮）

【扶贫工作】　2018年，按照县委、县政府统一部署，县经济信息化局就结对帮扶的岩头乡下峨河村、堂子沟村51户（死亡1户1人）贫困户基本信息开展入户调查（包括贫困户家庭基本情况、家庭收入来源、脱贫致富需求和愿望），并有针对地制定了帮扶措施，全面按照脱贫攻坚这个中心，按照“四项社保、24条政策、十二项产业发展、九项驻村政策”做到精准施策、帮扶到户，同时制定全县工业企业参与扶贫攻坚的实施意见。（周明亮）

【科研项目】　2018年，本县积极培育一产、三产项目，加大科研经费的投入，2018年年底，规上企业又新增6户，分别是繁峙县溶泽矿产品有限公司、繁峙县神邦恒盛矿业有限公司、繁峙县咏鑫铁选厂、繁峙县国鑫铁选厂、繁峙县晋鲁诺佳食品有限公司、繁峙县中环铸业有限公司。（周明亮）

【信息化建设】　2018年，本县第三批电信普遍服务工程覆盖共计122个，截至年底，已全部完工，由本局组织移动公司相关人员进行验收，并出具了相关验收报告，实现全县所有行政村宽带接入有效覆盖，全面提升宽带网络服务水平，让老百姓享受到方便实惠，让人民群众有更多的获得感。

（周明亮）

【信访工作】　2018年，县经济信息化局认真贯彻执行县信访联席会议办公室各项工作安排，对所属国有工业企业领域的信访隐患和矛盾进行了认真梳理、排查，对水泥厂、化肥厂和改制企业托管人员退休缴费及停产多年的国有工业企业人员退休缴费负担重等重点信访问题进行积极协调、化解，对涉及12户企业的67名退役士兵、“两参人员”做好稳控、接访、劝访工作，信访工作总体平稳。（周明亮）

收费管理

【概况】　2018年，县收费管理局立足对涉铁、涉金企业规费集中征收这项职能，积极开展规费集中征收，为全县经济的发展做出一定的成绩。（赵　攀）

【规费征收】　根据国家费改税有关规定，从2017年12月1日起水资源费停止征收，从2018年1月1日起，排污费停止征收。2018年规费征收项目只剩下“水土保持补偿费”一项。面对规费征收项目减少和全县涉铁企业生产形势依然低迷的形势，一方面，对2018年正常生产的企业，严格按照相关规定足额征收规费，做到应收尽收；另一方面，加大对旧欠的清缴力度。2018年，共征收规费146.83万元，其中涉铁规费111.77

万元、涉金规费 35.06 万元。同时，严格执行收支“两条线”规定，对企业上缴的所有规费收入，责成专人及时上缴国库，确保资金的安全运转。（赵　攀）

审计管理

【概况】　2018 年，繁峙县审计局共完成审计项目计划 5 大类 28 项。其中：预算执行审计 10 项、政府性投资审计 5 项、经济责任审计 10 项、企业审计 1 项及稳增长、促改革等政策措施落实情况的跟踪审计 2 项。审计共查处违规资金 36.78 万元，管理不规范金额 1791.79 万元，审计做出处理处罚金额 57.5 万元，出具审计报告 28 份，发现非金额计量问题 49 个，提出审计建议 31 条，核减工程造价金额 192.52 万元。县审计局被评为年度先进基层党组织。（张少敏）

【财政审计】　2018 年，县审计局组织对本县财政局、地税局、公安局、政府办、交警队、工商局、质监局、残联、水利局、妇联 10 个单位的县本级 2017 年度财政预算执行和其他财政收支情况审计，重点关注财政三公经费、税体制改革深化、财政金融风险防控等内容。（张少敏）

【政府投资建设项目审计】　2018 年，县审计局组织对砂河镇富民路、和谐西街、金光街维修改造工程建设项目、繁城镇整治镇区景观道环境建设项目、县道应繁线公路改造工程项目、2016 年制播能力建设工程项目、砂河线至公主农村公路改造工程建设 5 个项目进行了审计，密切关注工程进度、质量、效益等状况。（张少敏）

【经济责任审计】　2018 年，县审计局组织对原工商局局长弓宝珠、原政府办主任刘平牢、原交警队队长张喜明、原砂河镇镇长张斌、原东山乡书记韩海亮和乡长张巍、原残联理事长马吉兵、原金山铺乡乡长武培勇、市场和质监督管理局局长高玉国、原水利局局长高国斌 11 名党政主要领导干部开展经济责任审计，紧盯重大决策部署落实情况，揭露领导干部权力运行过程中的不作为、慢作为、乱作为等问题，紧盯权力运行，落实领导干部经济责任任前告知制度、领导干部经济责任年度报告制度，深化领导干部离任交接制度，增加重大事项和干部选拔任用情况交接。（张少敏）

【中央和省市重大决策部署落实情况的跟踪审计】　县审计局组织对县财政局 2018 年第二季度、县人社局、农业委员会第三季度国家重大政策措施落实情况的跟踪审计，针对跟踪审计报告中提出的问题，各单位现已积极组织相关单位进行了整改。（张少敏）

【企业审计】　县审计局对繁峙县磷肥厂截至 2018 年 8 月底资产负债情况进行审计，对审计中发现的问题已责令其在规定时限内进行整改。（张少敏）

【配合市、县纪检委及其他部门审计项目】
2018 年，县审计局配合市纪检委检查各县公务接待费支出情况，配合县纪委巡查组赴定襄、神池、五寨县进行第四、五轮政治巡查；配合县住建局调查全县供热面积检查情况，配合县财政局调查县出租公司燃油补贴和砂河供暖情况；配合扶贫、财政部门核查各乡镇扶贫资金管理使用情况。（张少敏）

【县委县政府交办的项目】 2018年，县审计局组织审计了金山铺乡苑家地整村搬迁项目工程造价测算、滨河移民小区项目收支情况、东山移民小区项目费用核实情况、县委组织部清缴党费使用情况、县道砂高线公路改造工程结算、县实验小学办公楼及操场建设项目竣工结算、县南关片区保障性住房建设项目竣工结算。（张少敏）

【内审工作】 （1）积极探索新形势下的全县内部审计工作，建立健全全县内审工作，从而为促进本县经济社会的发展和维护社会稳定奠定基础。2018年，共有30个单位设立内部审计机构，配备内部审计人员32名，其中专职5人，兼职27人。（2）开展全县内审人员继续教育和培训工作，联系邀请审计专家授课，制定相关学习内容，使各单位内审人员尽早熟悉各项审计法规，有序发挥内部审计职能作用。（张少敏）

统计管理

【概况】 2018年，繁峙县统计局按照县委、县政府总体安排部署，持续深入开展“双日双评”活动推动“两学一做”学习教育常态化制度化，并根据中央《关于深化统计管理体制改革提高统计数据真实性的意见》要求，不断深化统计改革创新，夯实统计基层基础，提高统计数据质量，为县委、县政府科学决策提供全方位的统计数据服务。

（赵兴华）

【第四次全国经济普查工作】 2018年，繁峙县第四次全国经济普查工作开展以来，县政府常务会议研究部署全县第四次经济普查工作，印发《繁峙县人民政府关于认真做好繁峙县第四次全国经济普查工作的通知》，成立了以县委常委、常务副县长居倩平任组长的领导小组。县经普办以张贴海报、发放宣传单、在主要街道和场所悬挂条幅、电视字幕飞播、发送经普通知短信等形式开展宣传活动，极大地提高经普知晓率。8月7日，召开全县第四次经济普查工作会议，对繁峙县第四次经济普查工作进行动员部署。9月初，县经普办骨干对690多普查指导员和普查员进行业务培训。全县共清查法人和产业活动单位3857户；清查个体经营户5390户。圆满完成繁峙县经济普查任务。

（赵兴华）

工商行政管理

【概况】 繁峙县工商行政管理局内设办公室、财务股、人教股、法制股、企业股、经检股、市场股、消保股、商广股、非公股10个股室；下设城关、砂河、大营、岩头4个工商所；个体劳动者协会、消费者协会、私营企业协会3个协会。实有工作人员68人，其中公务员55名。（姜晓鹏）

【商事制度改革】 2018年，县工商局扎实开展商事制度改革，不断加强事中事后监管，全力服务经济社会发展，从3月1日起，全面实施简易注销改革，企业办理注销登记，办理环节由改革前的5个工作日减为2个工作日，提交材料由10项减少为4项，办理时限由5个工作日缩短至3个工作日内。

9月1日起，顺利完成涉及38个部门、综合56个事项的多证合一、一照一码改革，实行一套材料、一次申请、一窗受理、一站办结的受理模式。根据省政府要求，将后置审批事项由194项削减为183项，核减率为9.4%，进一步扩大了先照后证范围；将涉及的后置审批事项列入双告知范围，推动市场主体登记信息在工商部门与审批部门、行业主管部门间共享应用、互联互通。实施企业名称登记制度改革，全县企业注册登记全程电子化市场主体办照手续缩短到3个工作日以内；1月至11月全程电子化93户，全程电子化变更18户，注销企业90户。

（姜晓鹏）

【事中事后监管】 （1）2018年，全面启动双随机一公开。年报工作及查处无证无照全市排名第三，年报率达到95.86%，打击传销、被市政府评为无传销县城，全市排名已纳入一类，县工商局深入落实中共十九大精神，坚持放管结合、宽进严管，全面推行“双随机、一公开”工作机制，通过信息化手段实现不同抽查类型、抽查对象及执法人员的随机匹配，规范监管行为，提升监管效能，实行工商业务的综合抽查，建立事中事后监管联席会议制度，建成涉及38个部门的一单两库，2018年分别对2户发布广告登记单位、5户广告经营企业、对248户个体户、123户企业进行了双随机抽查，已经检查完毕并全部录入到双随机抽查系统。

（2）涉企业信息归集公示工作及双告知工作全面完成。县工商局信息归集涉及行政许可6617条，行政处罚174条，抽查检查信息637条，联合惩戒77条。各单位涉企信息归集总数12973条，其中行政许可8535条，行政处罚1142条，扶持小微企业2559条，抽查检查信息646条，联合惩戒信息77条，其他行政事项信息14条，涉企信息归集率达到99.81%。县工商局双告知通过工商业务系统精准推送837条，各单位共推送数量1671条，已签收1509条，退回161条，已全部处理。

（3）市场主体数量明显增长。全县共注册公司及分公司1809户、个人独资及个人独资分机构689家、合作社1038户、集团2户、国有集体86户、个体工商户7444户、合伙企业1户，企业比上年增加28.23%，合作社增加0.09%，个体户减少0.16%。

（姜晓鹏）

【消费者权益保护】 2018年，县工商局以12315指挥中心为支点，带动4个工商所、全县316个消费者投诉站、工作流程不断规范，工商维权服务“一会两站”“五进”行动继续深入。2018年，县工商局共受理消费者申诉73件，成功调解71件，调解成功率98%，为消费者挽回经济损失3.237万元。

（姜晓鹏）

【市场监督管理】 2018年，县工商局以整顿行业格式合同、违法广告、强化日常监管、取缔无照经营行为、查处黑加油站、打击传销等为重点，全年共检查各类广告17条次，查处违法广告12条次，查处无证无照黑加油站1个，抽检加油站8家，共17个样品，检查各类市场经营户570户次，发放限期整改通知书48份，查处无照经营户13家，查处销售不合格成品油案件2起，罚款4.64万元（已上缴财政），有效维护了消费者合法权益。 （姜晓鹏）

【扫黑除恶专项斗争】 2018年，为深入贯彻落实习近平总书记对扫黑除恶专项斗争的重要指示和全国为期三年的扫黑除恶专项斗争电视电话会议精神，按照县扫黑办的安排部署，县工商局高度重视，制定工作方案，召开专项会议，深入开展宣传，开通举报电话、设立举报箱、在各大商场悬挂标语、发放问卷调查等形式对全县集贸市场、120家汽车维修点及各类市场主体进行了全面细致的摸排，确保市场无欺行霸市、强买强卖、敲诈勒索，针对与人民群众生产生活息息相关的民生行业问题，全面掌握市场中可能存在的黑恶势力，依法查处黑恶势力经办的企业。（姜晓鹏）

【非公党建】 2018年，为更好发挥党组织作用，狠抓基层党组织规范化建设，推进非公企业党组织工作。让党员有自己的活动舞台，县工商局通过摸底调查，分别在繁城镇、砂河镇、大营镇、岩头乡打造8个联合集中学习活动点，按照《忻州市非公经济组织和社会组织党员活动室规范化建设和使用标准（试行）》为标准，为其配备了电脑、投影仪、会议桌、椅、制度牌等硬件设施。组织其他无党员活动场所，和有场所但无活动与设施制度不健全的企业党员统一组织学习活动。在企业中广泛开展“双强六好”“践承诺、作表率”“党员示范岗”等活动，引导企业党员通过学习讨论，建言献策等方式发挥话语权。通过以上工作，党的组织和工作覆盖面进一步扩大，骨干队伍建设进一步加强；党组织作用得到进一步发挥；基础保障水平得到进一步提升。截至10月底，全县共有在册非公企业2100户，共组建党组织160个，其中单独组建66个，联合组建95个，党组织覆盖率达到86.05%。

（姜晓鹏）

【扶贫工作】 2018年，县工商局按照县委、县政府的总体安排及要求，结合县工商局职能，选派金建平（神堂堡乡挂职副乡长兼韩庄村工作队长）、张迎国（神堂堡乡韩庄村第一书记）常驻帮扶对象韩庄村，选派52名干部，结对帮扶东山乡天岩村181户贫困户。金建平和张迎国连续2年被评为优秀扶贫干部。

神堂堡乡韩庄村多年来一直是县工商局帮扶对象，精准扶贫开始后，在册贫困户17户，43人。局长韩海亮及其他局领导和驻村干部深入群众，访民情、察民意、重民生，为群众宣传党的政策，为脱贫致富出谋划策，为改善村容村貌，提高村民居住条件做了大量工作，得到群众的信任。

韩庄村有真好汉旅游公司产业扶贫，17个贫困户参与入股，人均收入500元，农家乐1座，3个贫困户入股，人均年收入1000元，采摘园1座，人均年收入300元。

韩庄村山坡绿化2公顷，维修残墙断壁1220.56立方米，抹白墙1229.5平方米，建化粪池50立方米，铺设下水61米，护栏336米，铺街990米，新建广场砌石43立方米，危房拆除32间，安装大门9个，新建活动室140平方米，护村坝200米，新建厕所32平方米，室内装修17间，包括油漆门窗。危房改造4户。

县工商局52名帮扶责任人在东山乡天岩村帮扶181户贫困户，为深度融入脱贫攻坚工作中，县工商局组织相关人员培训3次，扶贫政策考试1次，全局帮扶责任人多次进村入户帮扶贫困户。（姜晓鹏）

食品药品监督管理

【群众关切突出问题的集中整治】 2018年，专项整治突出“四个重点”：（1）突出重点品种食醋、酒类、乳及乳制品、肉及肉制品、豆制品、食用植物油、包装饮用水、保健食品等品种，深入整治制假售假，非法添加等问题；药品上抓住疫苗等特殊药品、中药材和中药饮片、中药注射剂、无菌和植入类医疗器械等品种，集中整治不按质量管理规范生产经营等问题。（2）突出重点区域。以批发市场、集贸市场、农村地区、城乡结合部、城中村、学校周边为重点，集中整治销售假冒伪劣、过期变质食品、回收药品等行为，坚决取缔黑工厂、黑作坊、黑窝点。（3）突出重点单位。加强学校食堂、农村集体聚餐、旅游景区饭店和农家乐、建筑工地食堂、中央厨房、集体用餐配送单位、大中型餐饮企业等聚集性就餐单位整治，严防群体性食物中毒事故发生。强化小作坊、小摊贩、小餐饮整治规范，消除隐患和潜在风险。（4）突出重点行为。组织开展掺假售假、虚假宣传、非药品冒充药品、篡改保质期、过期翻新、违法添加、规避检查等违法行为专项整治，消除监管盲区和漏洞，深挖严打潜规则问题。累计全年共出动执法人员 4089 人（次），下达责令整改 96 家，立案查处各类违法案件 175 件，处罚、收缴违法所得 17.8 万元，切实维护了广大人民群众“舌尖上的安全”。（樊爱清）

【风险隐患排查】 2018 年，县食药局排查风险，消除隐患，企业要负主责首责，监管部门要督促企业自查、真查。要通过强化监管，落实企业自查责任，督促其主动发现和消除安全风险。每次自查都要列出问题清单，提出整改方案，挂账销号，对重大问题隐患及时报告属地监管部门，对不认真开展自查、不履行自查责任的要公开通报，给予警示，并列为重点检查对象。其次是组织开展隐患排查。落实网格化管理的责任，对辖区内食品药品生产经营企业的基本情况、风险程度、薄弱环节、群众举报等，做到底清数明。把源头严防、过程严管、风险严控的“严”要求，落实到全过程中。

在完善网格化管理的同时，开展了 2018 年食品生产企业风险分级管理工作，对辖区全部持证食品生产企业进行企业信用等级评定，同时于 6 月开展了为期一月的专项整治：（1）对重点经营单位在食品加工过程中是否使用非食品添加剂和滥用食品添加剂的情况进行摸底调查；（2）指导教育经营单位食品加工人员正确使用食品添加剂，严防超量、超范围使用食品添加剂；（3）做好食品添加剂采购索证索票及台账登记，严把食品采购关。（樊爱清）

【区域性综合检验检测中心项目建设】 2018 年，繁峙县区域性综合检验检测中心建设项目于 2016 年 7 月正式通过省发改委批复立项。项目拟改造实验室面积 1544.00 平方米，总投资 1400 万元，其中申请中央资金 900 万元。按照国家、省、市提倡的对农产品检测、质量检测等相关检验检测资源实施整合的文件精神和具体要求，本着因地制宜、整合资源的原则，2018 年 8 月，经省发改委批复，将新建的繁峙县农产品检验检测中心办公楼用于繁峙县区域性检验检测中心，将大大增加区域性检验检测中心实验室面积，改善检验检测条件，而且可以最大限度满足日益增加的食品及农产品检验检测任务的需要。建设地点变更后，二次装修的设计正在进行当中，设备采购正在进行中。（樊爱清）

【食品流通环节监管】 2018 年，县食药局组织开展元旦、春节、端午、中秋、国庆节期间食品安全大检查工作。开展食品、保健食品欺诈和虚假宣传专项整治。开展校园及其周边“五毛食品”整治工作。为应对“非洲猪瘟”疫情，按照省、市、县安排部署，开展了防控非洲猪瘟冷库和冷冻生猪产品清理专项行动及餐厨剩余物专项整治，抽派人员配合参加神堂堡，大营、砂河，繁城 4 个临时动物检查站工作，加强对进入繁峙县市场的生猪产品管控。共检查各类冷库30余家，封存7000千克冷冻生猪产品，配合县畜牧部门对15个批次的产品进行了非洲猪瘟病毒抽样送检（目前结果尚未出）。组织开展食品监督抽检工作。2018年1至10月，共完成流通环节食品抽检313批（次），抽检结果全部合格。（樊爱清）

【餐饮服务环节监管】 2018年，县食药局餐饮服务环节出动检查人员1000余人(次)，被检查单位318余户，检查发现问题要求整改160户（次），已经完成整改140户(次)，共立案14起，结案14起，罚没款1.5万元。针对节日食品消费的特点，开展大中型餐饮店、单位食堂等行业的专项整治工作，有效控制了群体性食物中毒事件发生，确保人民群众节日饮食安全。量化分级管理动态应评定81家，已评定71家，量化分级评定率达到87.7%；已实施明厨亮灶35家。（樊爱清）

【药品和医疗器械监管环节监管】 2018年，县食药局采用与日常监督检查相结合的方式，开展药品医疗器械日常监管和专项检查。1-10月，共出动执法人员456人（次），检查医疗单位21家，零售药店76家，医疗器械经营单位26家，药品、医疗器械使用单位21家；并与相关单位签订了药品安全生产责任状，保障了全县人民用药用械安全。

（樊爱清）

【保健食品和化妆品监管环节监管】 2018年，繁峙县保健食品生产企业1家，持证经营保健食品经营户50户，化妆品经营户71户，相对集中在化妆品专卖店、大型超市、美容美发店。本年1至10月出动检查人员326人(次)，检查保健食品化妆品生产经营企业122户，检查覆盖率100%。（樊爱清）

【药械不良反应监测】 2018年，县食药局继续完善县药品不良反应监测中心、药品不良反应监测站（点）、监测联络员的药品不良反应监测网络，进一步规范加强药品不良反应日常监测报告工作。全年共接收审核药品不良反应报告123份，医疗器械不良事故报告31份，化妆品不良反应报告26份。

（樊爱清）

国土资源

【概述】 2018年，繁峙县国土局紧紧围绕全县发展战略和年度重点工作任务，以加快推进城乡建设用地增减挂钩助力脱贫攻坚为契机，进一步转变作风，增强完成工作的责任感和紧迫感，坚持目标导向，细化任务，压实责任，各项工作稳步推进，取得了较好成绩。

（梁　栋）

【土地报批】 2018年，县国土局通过转变服务方式，加快用地报批进度。第一批次建设用地37.9855公顷，其中占农用地36.1218公顷（含耕地31.1009公顷）上报省国土资源厅获得批复；第二批次建设用地拟涉及的工业园区南苑再生铝等24个项目，正在组卷上报。

（梁　栋）

【土地出让】 2018年，县国土局通过提高节约集约用地，保障土地资源有效供给。本县全年供应国有建设用地13宗，其中：挂牌出让土地12宗，协议出让土地1宗，出让面积21.02公顷；全年国土收益9737万元。2013—2017年度批准农转征项目平均供地率达88.9%，全县重点项目、民生用地等需求得到优先保障。（梁　栋）

【增减挂钩】 2018年，本县将城乡建设用地增减挂钩与脱贫攻坚、乡村振兴工作深度融合。全县第一至第八批（次）增减挂钩项目涉及 13 个乡镇 122 个村庄，拆旧区总面积 432.6 公顷，可新增耕地 309.8 公顷。一至五批次拆旧区总面积 278.9 公顷，新增耕地 207.87 公顷，第一批（次）项目已竣工验收，第二至第五批（次）已全部完工，等待市级验收；第六至第八批（次）拆旧区总面积 153.67 公顷，新增耕地 106.93 公顷，完成了规划设计、实施方案编制等任务。积极推进增减挂钩节余指标易地流转和有偿交易，全年完成 202.87 公顷指标易地交易，其中第一、二、三批（次）72.2 公顷全部流转于综改区，第四、五批（次）133.67 公顷分别流转于平遥、清徐两县，总收益 45646 万元，全部用于脱贫攻坚。（梁　栋）

【土地开发】　2018 年，县国土局加大土地开发力度，努力完成本县耕地占补平衡任务。全年完成了土地开发项目 7 个，其中：县级（杏园乡天成村、泽萌泉村）土地开发项目 1 个，总规模 85.3174 公顷，新增耕地 46.1609 公顷，项目总投资 781.56 万元；社会自筹资金土地开发项目 6 个，总规模 97.3882 公顷，新增耕地 69.3981 公顷，项目总投资 1557.47 万元。已验收入库。积极推进占补平衡指标有偿交易，繁峙县与晋城市国土资源局开发区土地分局和晋中市国土资源局开发区土地分局进行指标交易 83.535 公顷，指标收益 10024 万元；与大同市城际铁路综合开发有限责任公司交易 13 宗耕地 63.9823 公顷，指标收益 2783.23 万元，为实现乡村振兴奠定了资金保障。（梁　栋）

【矿产管理】　2018 年，县国土局按照省厅下达的《关于保护区与重叠矿山要求关停》的文件精神，繁峙县与自然保护区、泉域保护区重叠的 17 家矿山企业已退出，推动绿色矿业发展。全县绿色矿山创建工作全面展开，已有 47 家矿山企业投入资金 4159.35 万元，通过实施边坡治理、采坑回填、渣坡平整、土地复垦、植树种草等多种治理方式，完成治理面积 118.0192 公顷，生态国土建设迈出新步伐。（梁　栋）

【地灾防治】　2018 年，县国土局及时编制发布地质灾害防治方案和应急预案。向受地质灾害威胁的群众发放“防灾明白卡”和“避险明白卡”共 380 份，发放率达 100%。建立气象、国土、水利等多部门雨情会商机制，并通过手机短信、气象微信等方式及时发布气象预警预报信息，提前采取相应防范工作措施，实现了全年零伤亡。7 月 2 日在岩头乡元山小学举办地质灾害应急避险演练，260 余人参加了演练和观摩，增强了人民群众对地质灾害安全防范能力。（梁　栋）

安全生产监督

【概况】　2018 年，全县累计发生各类事故 5 起，死亡 5 人，受伤 1 人，直接经济损失 1.2 万元。与 2017 年同期相比事故起数减少 10 起，下降 66.7%，死亡人数减少 2 人，下降 28.6%。其中，交通事故 2 起，死亡 2 人，受伤 1 人，经济损失 1.2 万元；铁路事故 2 起，死亡 2 人（不纳入考核指标）；采矿业事故 1 起，死亡 1 人。2018 年，县政府下达的亿元 GDP 死亡率为 0.1，而本县亿元 GDP 死亡率为 0.089，安全生产控制指标总体控制在市政府下达指标之内。（张国壁）

【安全生产主体责任落实】　2018 年，县安委会按照市委、市政府要求，制定《繁峙县贯彻落实〈地方党政领导干部安全生产责任制规定〉实施办法》的通知（繁办发〔2018〕74号），明确党委、政府及部门主要负责人应该履行的安全监管职责，对相关党政领导班子及领导干部责任进行明确；要求县领导每月深入基层或企业检查安全生产不少于1次，建立安全生产工作台账，认真记录履职情况，督促和支持各行业主管部门履行安全职责。按照全县统一部署，县政府印发《繁峙县政府及县政府班子成员及有关领导安全生产职责清单》，进一步健全安全生产管理体系，严格落实安全生产目标管理责任制和行政责任追究制。全县13个乡（镇）、1个居民办事处、23个安委会成员单位、273家重点监管生产经营单位签订安全生产责任书，明确安全生产监管职责和年度考核目标。县安委会各成员单位、各乡（镇）、居民办督促所辖企业认真履行安全生产法定责任和义务，切实做到安全责任、安全投入、安全培训、基础管理、应急救援“五到位”。督促企业按照新修订的《山西省安全生产条例》设立安全管理机构，配齐配强安全管理人员，建立全员岗位安全责任清单，完善安全生产制度。（张国壁）

【安全生产大检查】 2018年，县安委会始终将安全生产大检查工作作为一项制度化、常态化的工作机制，贯穿于各行业领域、各重点时段和政治敏感期。按照全省的统一安排部署，及时印发大检查方案并在全县重点行业领域开展整治活动。其间，县安监局针对非煤矿山企业共出动检查人员620余人（次），379余车（次），抽调专家158余人（次），检查企业263多家（次），依法查处安全生产违法企业16家，共计罚款146万元。

（张国壁）

【采空区治理】 2018年，县安委会将采空区治理工作稳步推进，全县16家地下矿山企业编制了《采空区调查报告》，15家矿山企业编制了采空区治理方案（其中根据调查报告认定金鼎矿业不需要治理方案）。并且本局聘请省级专家3人，县级专家2人成立评审小组，对治理方案进行评审。截至年底，已有13家企业完成采空区治理工程，剩余1家企业采空区治理工程正在完善中。

（张国壁）

【宣传教育】 2018年6月14日上午，县安委会结合安全生产宣传教育“七进”活动，组织安监、国土、住建、消防、质监等20多个安委会成员单位和各乡（镇）在农行广场举行了全国第17个“安全生产月”繁峙启动仪式。向群众散发各种安全宣传资料3万余份，在各乡村、街道和企业悬挂宣传条幅200余条，累计播放视频200余次，受教育群众达5万余人（次）。（张国壁）

【固定资产投资项目建设】 2018年，县安监局固定资产投资目标任务2.3亿元，截至12月底已全部完成。（张国壁）

【防汛工作】 2018年，县安委会做出专题部署，印发《关于印发2018年全县尾矿库汛期安全大检查工作方案的通知》，成立了全县尾矿库汛期安全生产大检查工作领导组，切实加强对尾矿库的巡查力度和应急值班值守，严格落实领导带班制度和24小时值班制度。经过各乡（镇）各单位的全力配合，顺利平安地度过了汛期。其间，安监局共出动检查人员289人（次）、347车（次），调用专家167次，共检查企业367家（次），发现一般隐患216条，整改216条。

（张国壁）

【防火工作】 2018年，县安委会为进一步防控火灾事故，印发《关于在全县范围内开展易燃易爆场所消防安全联合检查的通知》，联合县商务局、质监局、公安局、电业局、消防大队，在全县范围内迅速开展易燃易爆场所消防安全联合检查，出动156人（次），89车（次），检查各类场所356家，排查火灾隐患231处，责令立即整改195处，限期整改26处。（张国璧）

【危化品运输管理】 2018年，县安委会印发《关于做好全县危险化学品安全隐患大排查大整治的通知》，县安监局成立专项检查组，出动89人（次），56车（次），调动专家58人（次），对全县加油站、液氧站、乙炔气厂、烟花爆竹等危险化学品经营单位隐患排查整治，并对全县矿山企业加油储罐进行摸排，严格管控危化品运输使用。（张国璧）

【两节两会期间安全生产监管】 2018年，为保证两会期间本县非煤矿山安全生产，县安监局高度重视，召开专题会议，印发《关于在“两节两会”期间开展全县安全生产集中检查的通知》，按照县委、县政府指示，要求6个安监站、4名专家节假日全天无休息，全力排查隐患。其间，共出动了432人（次），86车（次），集中对全县所有非煤矿山企业进行全覆盖检查，排查出一般隐患338条，已整改312条。并在春节、元宵两个人员流动大的节点，联合消防、公安等部门现场执勤，紧急下发《关于做好元宵节期间各项安全工的紧急通知》。（张国璧）

【年终考核】 2018年12月21日，本县迎接了省政府安全生产考核组的年终目标责任考核。全年各项安全生产工作安排部署及时，采取措施有力，贯彻落实到位，得到考核组的一致好评。（张国璧）

工业经济

中小企业

【概况】 根据系统直报数据，2018年全县民营企业（法人单位）2086个，比上年同期增加432个；从业人数31163人，比上年同期增加10013人；完成营业收入823565万元，同比增加6.24%；应缴税金46843万元，同比增加8.75%.

2018年年底，增加值完成234476万元，其中工业增加值完成173142万元；现价总产值完成873403万元；工业总产值完成725222万元；营业收入完成 823565万元；利润总额完成74845万元；劳动者报酬完成95887万元。（杨美萍）

【企业成长工程】 2018年，全县成功培育“小升规”入库工业企业6个：繁峙县中环铸业有限公司、繁峙县镕泽矿产品有限公司、繁峙县晋鲁诺佳食品有限公司、繁峙县国鑫铁选厂、繁峙县咏鑫铁选厂、繁峙县神邦恒盛矿业有限公司。根据任务目标，县中小企业中心承担的区域经济转型升级指标任务为“小升规”工业企业3个，已完成“小升规”企业6个，超额完成全年“小升规”企业任务数。

推动全县民营经济转型升级，培育成功“专精特新”企业2个：星河银业有限公司、晋绣坊文化产业发展中心。

推荐繁峙县中小企业优秀总经理赴北京大学学习：为落实好省委“培养造就一支宏大的企业家队伍，是促进山西转型发展的一项重大战略任务”的指示精神。结合本县实际，决定推荐原连生、孙瑞卿等7名中小企业优秀总经理赴北京大学参加“北京大学山西省忻州市中小企业总经理研修班”学习培训。

入园企业培训情况：晋绣坊培训绣娘共计385人，双英精绣培训500人，星河银业培训100人。（杨美萍）

【技术创新】 2018年，全县发明专利申请量12项，拥有量12项，申报实用新型6项，外观专利6项。（杨美萍）

【安全管理】 2018年，根据《繁峙县人民政府安全生产委员会关于开展全县安全生产大检查的通知》（繁安委办〔2018〕5号）文件精神，县中小企业局制定《繁峙县中小企业服务中心关于开展安全生产大检查的实施方案》，按照文件要求，中小企业中心认真开展安全生产大检查工作。此次安全大检查共出动检查人员30人次，发现安全隐患10条，其中8条已整改完毕，2条正在整改中。（杨美萍）

【扶贫工作】 2018年，按照县委、县政府关于精准扶贫工作的安排部署，县中小企业中心成立工作组，驻村帮扶岩头乡土岭村。土岭村位于岩头乡东南部，距乡政府10千米，全村耕地面积19公顷，林地面积183公顷。全村以种植、养殖为主，主要种植玉米、土豆等，主要养殖羊、驴、牛等。全村现有户籍人口77户214人，常住人口12户25人，村两委干部共7人，全村党员共9名，无女性党员。全村建档立卡贫困户28户59人（动态调整后数据），其中低保贫困户22户46人，一般贫困户6户13人。2014、2015年度通过社会保障、劳务输出、种植养殖、易地搬迁等脱贫16户28人；2016年通过社会保障、劳务输出、种植养殖、政策帮扶等脱贫7户18人；2017年通过社会保障、劳务输出、种植养殖政策帮扶等脱贫户4户10人，2018年通过劳务输出、光伏电站带动、政策帮扶等脱贫1户3人。（杨美萍）

【干部队伍建设】 2018年，县中小企业中心坚持个人自学与集体学习相结合，累计参加“双日双评”活动12次，班前学习8次。根据县委安排部署，巡查组于2018年8月3日对中小企业服务中心班子运行及县管干部进行了细致的考察，听取了主任侯志敏述职报告，职工面对面、一对一反映了问题。

（杨美萍）

电力工业

【概况】 繁峙县供电公司隶属于国网山西省电力公司忻州供电公司。公司根据“三集五大”体系的机构设置规范，下设综合管理部、财务资产部等7个部门，调控运行班、市场班等10个班组，杏园、下茹越等8个供电所，岩头、光裕堡等4个电工组。现有职工257人，其中全民工101人，集体工6人，业务委托农电用工150人。承担着繁峙经济社会发展和3镇10乡401个行政村27万人的供电服务任务。

全县境内拥有220千伏变电站1座（220千伏繁峙变电站），容量48万千伏安，在建220千伏滹源变电站1座；110千伏变电站5座（110千伏甘泉变电站、110千伏石龙变电站、110千伏砂河变电站、110千伏小屯变电站、110千伏古家庄变电站），总容量42.3万千伏安；35千伏变电站4座（35千伏岩头变电站、35千伏金山铺变电站、35千伏伯强变电站、35千伏神堂堡变电站），总容量5.66万千伏安，10千伏开闭所一座（10千伏东地开闭所）。公司负责运行维护110千伏输电线路2条43.96千米、164基杆塔；35千伏输电线路8条130.98千米、602基杆塔；10千伏配电线路92条（公用线路42条、开闭所联络线4条、专线46条），低压架空线路1394.36千米。公司负责运行维护35千伏变电站4座、10千伏开闭所1座。辖配变2791台，其中公用变台1205台、专变1586台。2018年公司年售电量10.26亿千瓦时，直接服务客户11万余户。

2018年，县供电公司紧紧围绕县内经济发展主要任务，将党建工作与中心工作进一步融合，扎实开展安全生产、电网建设、农网改造、优质服务、精准扶贫等各方面工作，公司和电网发展取得新成效。公司获繁峙县“五一劳动奖状”等多项荣誉称号，党支部获中共繁峙县委“2018 年先进基层党组织”荣誉称号。（王竹韵）

【电网规划建设】 2018 年，县供电公司牢牢把握“十三五”国网、省公司加快配电网发展的重要机遇，以规划为引领，扎实开展电网规划建设“三年夯基”工作。组织发建、运检、农电专责人集中办公，开展绘制地理接线图等工作，真正做到了全面动员和运检、营销等专业人员深度参与。

深度调研本县城网运行现状及未来几年发展规划，计划新建城西开闭所一座，实施 10 千伏 837 城镇四回线等 7 条线路联络及网架结构提升工程，通过实施城网线路改造，将改善和提升城区配电网架结构，提高设备健康水平，使繁峙县域城网更加完善，城市配网供电能力得以提高，满足繁城镇的用电需求。在公司的精心组织与大力推动下，组织设计院、发展建设部、园区管委会对工业园区 110 千伏变电站进行论证，推动选址工作快速落地实施。（王竹韵）

【光伏扶贫项目建设】 2017 年 12 月，国家能源局、国务院扶贫办下达繁峙县 112 个村级电站、5 个联村电站建设任务，总规模 2.55 万千瓦，电站本体由山东奥博能源有限公司建设。山西省电力公司批复配套并网工程 2 项，投资 2739 万元，电杆 719 基，新建及改造 10 千伏线路 31.1 千米，配变 122 台/4.2 万千伏安。繁峙公司积极落实市公司和县委、县政府要求，主动对接县发改局等部门，发挥行业优势，主动承担沟通协调、技术指导等方面工作，早部署早安排，多方协调，上下沟通，统筹安排施工计划，强化施工过程管控，增强内外协作能力，2018 年 6 月 30 日前安全高效快速完成了光伏扶贫配套并网工程的建设任务和 30 兆瓦集中式光伏扶贫项目、117 个光伏村级电站、1584 户户用光伏的并网任务，帮扶 163 个贫困村 6377 户贫困户。（王竹韵）

【配电网建设】 2018 年，继光伏扶贫电站配套并网工程之后，县供电公司开展常规农网工程共 3 个批次 5 项工程，2015 年结余资金项目 2 项（忻州繁峙 10 千伏 837 城镇Ⅳ回线路改造工程、忻州繁峙 10 千伏 826 城镇Ⅲ回线改造工程），2018 年第一批中央资金项目 2 项（忻州繁峙 10 千伏 833 云雾峪线改造工程、本县前所村等低压线路及台区改造工程），新建及改造 10 千伏线路 37.1 千米、改造低压线路 41.5 千米、新建及改造配电变压器 54 台 7100 千伏安，年底已全面完工。

2018 年“煤改电”配套电网建设工程 1 项，新建电杆 3 基，新建及改造 10 千伏线路 0.74 千米、400 千伏安配电变压器 1 台，工程已竣工。（王竹韵）

【安全生产】 2018 年，县供电公司组织各层级人员专题学习安全快报，500 余人次参与安全生产“七进”活动，利用安全培训、学习、讲座的机会讲安全，安全理念深入人心。鼓励申报安全奖励基金，引导一线人员发现隐患、及时消除。推进集体企业安全与主业实现“同质化”管理，初步建立健全组织机构和相关流程机制。

落实“关键人”责任制度，加大“两长到岗到位”考核。签订“十不干”知晓书 223 份，严格作业现场标准化，严格执行“两票三制”和“风险防范执行卡”，大型施工作业提前审核施工、人员、机械、停电计划等方案，管理人员到岗到位112人（次），安全督（纠）察76次，现场作业平稳有序。

滚动完善46条10千伏线路“一线一案”，合理分配运维资金，开展高跳闸线路治理等专项隐患排查治理活动，更换重过载变压器30台、综配箱25台，新增开关16台、客户侧开关12台，重新整定235台分段开关的保护定值，妥善处理隐患缺陷746项，治理“三变”台区1407次，更换、加装1839组避雷器等老旧设备，岩头太钢专线与公线交叉等一批多年积累的交叉跨越隐患得到彻底处理，大营525文溪干线、534青峰寺支线、金山铺571跨高速对地距离不足等一批安全距离不够、杆塔破损倾斜、档距不足的隐患得到治理，城网829、826、837等一批路径、负荷分配不合理的高低压线路得到绝缘化改造和负荷重新切改，设备安全基础得到提升。治理停电200分钟以上停电线路线段，PMS数据准确率由38.81%上升为52.99%，设备台账准确率大幅提升。10千伏线路掉闸同比减少195例，降低67.71%，全省排名第3。

修订应急预案，强化应急队伍，通过省公司应急能力评估。排查交通、消防、网络和信息安全隐患，圆满完成省委主要领导调研等18次县域内高规格保电任务，实现5405天安全生产长周期记录。（王竹韵）

【经营管理】 2018年，县供电公司坚持练内功、强管理，拓市场、提质效，经营业绩实现新突破。狠抓线损治理。集中攻坚线损率在15%以上的高损台区，线损合格台区达标率由年初90.5%提升到98.74%，位于省公司前列，配电线路日线损合格率最高84.21%，较年初52.63%提升31.58%。深化依法从严治企。开展营业执照普查，注销了公司供电所营业执照，公司健康发展得到保障。集体企业运营进一步规范。健全集体企业经营和服务体系，对勘测设计、物料供应、核心施工分包队伍全部实行框架招标，并逐步实行协议库存相匹配模式。所有政府扶贫工程全部进行招投标，严格工程全过程管理。（王竹韵）

【电力服务】 2018年，县供电公司新增高压用户130户，接电时间平均提速30%。省节能公司已与辛庄金矿等7家企业签订售电合同，保证了增量配电市场占有率。

积极宣传推广微信、支付宝、掌上电力APP智能缴费等业务，97.94%的低压居民用户实行智能费控，线上缴费率达64.11%。以杏园供电所为示范，打造大营、砂河2个四星级、集义庄等3个全能型供电所，以点带面提升“全能型”供电所建设水平。

网格服务覆盖全县1198个公变台区，严格执行故障抢修服务规范，开展台区经理工作业务精益管理活动。95598报修、投诉工单实行“一工单一分析五清楚”流程，电话回访、实地走访372户敏感客户与意见工单客户，快速响应能力持续提升。加强台区报修、投诉工单考核激励力度，下发《降报修考核办法》，逐月对14个班所、97名台区经理排名考核。全年故障报修732例，较去年1733例同比减少57.76%，位居全省第3名。投诉39例，较上年72例同比减少45.83%。（王竹韵）

【扶贫工作】 2018年，县供电公司定点帮扶西沿口村和义兴寨村，加大驻村帮扶、精准扶贫工作力度，积极迎检各层级脱贫成效检查，扶贫工作卓有成效。加快推进117座光伏扶贫电站并网，助力60余户手工业等产业落地，推进8个移民小区、保障房及商住房小区完善电力配套工程建设。全力支持贫困村提升工程，电力扶贫全方位融入县委、县政府脱贫摘帽攻坚战中。 （王竹韵）

【党建工作】 2018年，县供电公司"'6+X'模式助推'亮旗夺标'"项目入选省公司2018年第二批重点项目，党建工作与中心工作不断融合。全面实施"三本六盒一证"和"一室一栏一群"五个标准化建设，召开12次"双日双评"支部主题党日活动，加强党员活动标准化管理。强化"两个责任"和"一岗双责"，班子成员从自身做起，严格执行中央八项规定精神。开展供电所、营业厅行风明察暗访15次，纪律作风全面加强。

（王竹韵）

农林水利

农　业

【概况】　2018年，繁峙县不断深化农业供给侧结构性改革工作，继续加大资金的扶持力度，并制定相应奖补政策，巩固玉米调减成果，鼓励农户继续调减籽粒玉米面积；发展特色农业种植，推进高粱、水稻、杂粮（黍、谷、豆类、藜麦）、薯类、黄花、油料作物（胡麻、向日葵、油菜）、蔬菜（胡萝卜与茴子白）、中药材及红树莓等特色农业产业的发展，扩大其种植面积，提高种植比例；稳步推进设施蔬菜产业发展，优化区域布局，促进农业现代化发展。2018年，籽粒玉米面积调减到14200公顷，特色种植农业发展面积26800公顷，特色农业面积所占比例有所提高。同时2018年全县粮食总产达9万吨，增幅在7%以上，是近年来增产幅度较大的一次。（杨　芳）

【农业转型升级及种植业结构调整】　2018年，为加快农业转型升级及种植业结构调整进程，促进全县特色农业产业发展，本县积极组织并创建马铃薯、脱水蔬菜等特色种植基地。

马铃薯起垄栽培高产示范片位于大营镇马庄村北，由繁峙县新天地种植专业合作社创建。自建社以来，在县农技中心的引领带动下，该社不间断地试验示范农作物新品种、新技术、新材料，并进行大面积推广。2017年县农技中心引进马铃薯起垄二次覆土技术，即在马铃薯90%出苗，苗高达到5厘米时进行第一次培土，厚度5—8厘米，把已出土的马铃薯幼苗全部覆盖，培土目的是壮苗，让马铃薯发出两层根系并且结两层土豆，同时把垄沟和垄上的草锄掉；在马铃薯达到20厘米以上进行第二次培土，但这次培土不能盖住土豆株苗，主要目的还是为了锄草。该社大胆尝试该项新技术，当年示范面积13.3公顷，品种为晋薯16号、青薯9号，获得平均亩产2000千克、亩产值达3200元的好收成。2018年，在试种成功的基础上，该社扩大种植规模，示范面积达33.3公顷，平均亩产3500千克，较常规种植亩增产1500—2000千克，亩增收1500—2000元，效益十分显著。

大营镇老泉头村立足种植结构调整的形势，探索农业转型升级，积极发展茴子白、胡萝卜等蔬菜，同时以大营镇蔬菜种植加工基地为中心，依托境内脱水蔬菜加工企业——繁峙县晋鲁诺佳食品有限公司和繁峙县丰悦华农林牧发展有限公司，采用“基地+合作社+农户”的经营管理模式，大力创建特色农产品优势区，已发展脱水蔬菜2000公顷。

随着种植规模的发展和市场需求，繁峙县晋鲁诺佳食品有限公司于2017年投资1600万元新建脱水蔬菜加工厂1座，安装脱水蔬菜生产线2条，投产后可消化处理胡萝卜、茴子白5.8万吨，生产脱水蔬菜4500吨，年产值5400万元，利润800万元。2018年，在当地政府的支持下，公司加大投资力度，新建标准化自动生产线2条、冷库1200平方米、建冻库800平方米、污水处理设备，同时蔬菜种植基地发展到333.3公顷左右，本年预计加工蔬菜出口销量达到1500吨。

（杨　芳）

农业综合开发

【概况】 2018年农业综合办重点围绕年初经济工作会议安排，结合本县农业综合开发任务创新工作，深入贯彻落实农村工作会议精神，大力推进现代农业，加快转变农业发展方式，着力加强农业供给侧结构性调整，提高农业综合生产能力，进一步提升全县农业综合开发的水平和效益。（冀建华）

【高标准农田建设项目】 2018年，按照《国家农业综合开发办公室关于土地治理项目计划编报事宜的通知》和《山西省人民政府办公厅关于统筹整合使用财政资金实施精准扶贫的意见》，繁峙县人民政府印发《繁峙县2018年统筹整合使用财政资金用于精准扶贫方案》中整合农业综合开发中央资金740万元用于实施大营镇、光裕堡乡高标准农田建设项目526.7公顷。依据《关于申请繁峙县2018年度国家农业综合开发高标准农田建设项目部分工程计划调整的请示（备案）报告》（繁农发〔2018〕16号）文件，全县2018年国家农业综合开发高标准农田建设项目建设任务为526.7公顷，项目总投资744.19万元（统筹整合财政资金740万元，自筹资金4.19万元）。项目涉及大营镇河南村、老泉头村、马庄村、小店村、左所村和光裕堡乡光裕堡村、大木瓜村7个行政村。其中开挖疏浚渠道0.41千米，衬砌渠道0.57千米，埋设管道1.5千米，渠系建筑物27处，喷灌381.5公顷，微灌86.5公顷，田间道路12.65千米，防护林6327株（4公顷），科技示范推广1项60公顷。

2018年，国家农业综合开发高标准农田建设项目大营镇的田间道路和防护林　（冀建华提供）

项目完成后，新增和改善灌溉面积520公顷，新增节水灌溉面积100公顷，年节约水量96.95万立方米，项目区原亩产480千克（粮食），项目充分发挥效益后，每年新增种植业产值1210.57万元。每年农民纯收入增加544.76万元。年直接受益农户3571户，年直接受益农业人口数9630人，使项目区402户贫困户1306人通过农业综合开发治理直接或间接受益。（冀建华）

【乡村振兴战略试点项目】 2018年，大营镇南洪水村农业综合开发乡村振兴战略试点项目，涉及面积为201公顷，计划总投资600万元。按照《繁峙县人民政府关于印发〈繁峙县2018年统筹整合使用财政资金用于精准扶贫实施方案〉的通知》（繁政发〔2018〕37号）文件精神，由本办实施乡村振兴战略试点项目中的高标准农田建设部分，投资421.34万元。主要用于水利措施：衬砌渠道6.75千米，埋设涵管100座，地埋低压线200米，架设高压线600米，80千伏安变压器1台，喷灌66.6公顷，配电室1座，公示牌1座；农业措施：施有机肥66.6公顷；田间道路：4米砂石路7千米；林业措施：栽植紫穗槐2700株，樟河柳350株。

通过实施2018年农业综合开发乡村振兴战略试点项目，改善灌溉面积150公顷，新增灌溉面积40公顷，新增粮食生产能力402万千克，新增种植业总产值208.36万元，项目区净增效益83.11万元。（冀建华）

【扶贫工作】 2018年，县农业综合开发办公室作为帮扶单位，帮扶村为岩头乡油房村和鹿骨崖村，通过走访农户、召开村委会等形式，了解贫困村的现状，结合两个村的实际情况，本办强化组织领导，制定具体的工作计划、实施方案和目标责任，层层分解落实目标任务，落实责任，结队帮扶，“精准扶贫”。

2018年，在繁城镇安家山村为油房村建设的30千瓦太阳能光伏发电项目（冀建华提供）

鉴于对岩头乡油房村进行扶贫支助，由县农业综合开发办公室出资8万元、岩头乡油房村第一书记扶贫项目资金3万元、企业家黄卫东出资7万元，三方共同出资18万元，在繁城镇安家山村为油房村建设了30千瓦太阳能光伏发电项目，项目由繁峙县安家山农业综合开发有限公司负责实施和管理。项目所产生的利润用于对岩头乡油房村扶贫支助。所有设备已安装，并与6月底并网。2018年项目产生的收益9000元，20%用于项目的管理维护，80%用于对岩头乡油房村的扶贫资助。油房村现有建档立卡贫困户32户70人，对光伏扶贫发电项目所得收益，按年度核算，其中的20%作为村集体经营性收入，存入村集体指定账户；剩余的80%按当年实际贫困人口数计算，平均分配给全村当年在册的每位建档立卡贫困人口。

（冀建华）

农业机械

【概况】 2018年，繁峙县统筹整合财政涉农资金92万元，其中用于农机资产收益扶贫项目30万元；玉米全程机械化解决方案示范区创建项目15万元；藜麦全程机械化技术示范区创建项目20万元；新型职业农民培训15万元；农产品加工产后处理及初加工装备示范项目12万元。资金整合后原渠道实施农机资产收益扶贫工作。

2018年，全县农机拖拉机保有量达到1179台，农机装备总动力达到13.8万千瓦。全县农业机械化综合水平达到83.9%，主要农作物机械收获水平超过71%。农作物综合机械化率达83.7%，玉米综合机械化水平达95%。

2018年，全县农机专业合作社数量达到35家。（王月英）

【农机社会化服务】 2018年，全县农机社会化服务（农机资产收益扶贫项目），实施地点东山乡山会村，实施单位真诚农机专业合作社；项目共投资80万元。利用统筹资金30万元补助购置烘干机1台，作为固定资产移交真诚农机合作社，合作社将固定资产60%的比例作为20户贫困户股金。合作社开展生产作业产生利润，贫困户从中获得资产性收益。其余40%的资产作为合作社的股份，壮大农机合作社的发展能力。由财政扶持资金形成的农机固定资产实行单机核算，以作业面积计算收益额度。在此基础上，按股份比例实现联动贫困户分红，确保贫困户分红底线。烘干机采取竞争性磋商，通过政府采购中心采购，确定由山西省沃尔达丰科技有限公司供货。（王月英）

【现代农机推广】 2018年，全县现代农机推广项目有：1. 玉米全程机械化解决方案示范区创建项目。示范区进行玉米机械化耕整地、播种、植保、收获、烘干及秸秆处理等技术集成应用示范；引进植保、收获、烘干及秸秆还田等机具，形成适合当地生产、可复制、可推广的玉米生产全程机械化技术集成模式、机具配备方案和技术路线。实施地点砂河镇后河村，由永益农机专业合作社实施；利用统筹资金15万元，其中12万元补助购置烘干机附属设备一台，开展烘干作业，带动5户贫困户收益分红，每户1000元，3万元用于项目实施及技术推广费用。

项目实施以后，经济效益：玉米平均产量为750千克/亩，比传统耕作平均增产玉米70千克/亩，增产率10%；玉米价格按每1.6元/千克计，平均每亩增收112元。示范面积667公顷，增产增收224万元；保证贫困户分红收益。

2. 藜麦全程机械化技术示范区创建项目。示范区内进行机械化耕整地、精量播种、收获等全套技术的应用示范，带动藜麦产区机械化水平提升。实施地点金山铺乡，实施单位玄睿农机专业合作社。实施面积33.3公顷。利用统筹整合资金20万元，补助购置中联重科谷物收获机1台及项目实施及技术推广费用。带动贫困户10户，每户收益分红1000元。

3. 新型职业农民培育项目。培育对象以农业机械作业服务为主要产业，从业稳定性较高并自愿参加培训的农业从业人员。利用统筹整合资金15万元，培训人员150人，其中培训贫困户50人；培训内容主要是农业机械基础知识，机械结构性能的操作技能、农业机械使用维修保养、农业机械田间作业技术规范、农业机械化法律和经营组织管理，农村有关政策及市场理念。培训两期，每期7天、75人。分别在农机修造厂、龙河宾馆培训。并经考核合格后，颁发全省统一印制的《新型职业农民证书》。

4. 冷榨技术推广。由憨山冷榨食用油专业合作社开展杏仁榨油技术及杏仁油加工试验示范，利用统筹整合资金12万元，补助引进烘干机1台，榨油机1台，变频螺旋上料机1台，过滤储油设备5台。带动贫困户5户，每户收益500元。通过该项目的示范推广，为杏仁深加工创造了条件，提供了方便，并且该低温榨油机榨制的杏仁油品质高、营养丰富，不含有任何添加剂。

5. 玉米杂粮膜侧单粒播种机由省农科院

玉米研究所研发，山西裕农农业机械有限公司 2016 年开始小批量生产，在本省许多地方使用效果较好。膜侧播种不用抠膜省工省力、地膜不与根茬缠绕也可回收、单粒播种节约经济等特点有很好的推广价值。2017 年山西裕农公司与本县农机修造厂签订协议进行合作生产。两年生产 730 台，除农机购置补贴每台补贴 1500 元外，使用本县整合资金，每台累加补贴 1000 元，贫困户支付部分资金可获得一台播种机，与周边小四轮机主作业对接，即可使每个建档立卡贫困户形成产业。

2018 年，春季作业创收脱贫后形成稳定收益，继续争取使用整合资金，全年推广达到 500 台，可使 500 个建档立卡贫困户形成产业，脱贫后形成稳定收益。膜侧播种机的推广可以从根本上改变本县农作物播种技术、防止地膜污染。（王月英）

【农机购置补贴】 2018 年，按照省农机局进一步突出主要粮食作物和经济作物生产全程机械化机具装备的要求，县中心对深松整地、粮食烘干、免耕播种、秸秆粉碎还田等机械设备实行应补尽补。严格按照补贴操作程序，组织购机者申请报名、确定补贴对象、购机者自主购机、机具核实、申请补贴资金结算、资金兑付，切实做好档案管理工作，确保补贴信息档案完整。坚持公开、公正、透明的原则，实行补贴机具品种、性能、价格目录全公示。2018 年，省市下达本县农机购置补贴资金 379 万元。截至 2018 年年底，全县已完成申请报名补贴机具 285 台（套），受益农户 208 户，补贴总额达 379 万元。（王月英）

【安全生产】 2018 年，农机安全生产工作坚持常抓不懈，积极开展农机化技术培训，规范农机牌证办理手续及流程，积极开展“送检下乡”服务活动。严格按照农业部《拖拉机登记规定》《拖拉机和联合收割机安全监理检验技术规范》文件要求，做到人、车、证“三见面”，严把安全技术检验关。截至年底，由于购置补贴办理开网迟，全县共新办驾驶证 56 个，大中型拖拉机、联合收割机注册登记 106 台；共审验各类农业机械 300 台。

查处变型拖拉机驾驶人员的无证驾驶、酒后驾驶、违法载人、超速超载、未按规定参加年检等行为。共执法 15 次，出动执法人员 50 人（次），查处一般农机隐患排查 8 起，全部依法依规进行了整改。（王月英）

【重要会议】 2018 年 8 月 29 日至 30 日，由省农机局、市农机局、县人民政府共同举办的全省农机社会化服务体系建设暨农机资产收益扶贫现场培训会在砂河镇召开。会议旨在贯彻落实党的十九大精神，总结交流各地在农机社会化服务体系及农机资产收益扶贫取得的成效和经验，安排部署下一阶段全省农机社会化服务工作任务。

会议期间，参会人员现场观摩繁峙县丰收农机合作社、老梁农机合作社、真诚农机合作社、玄睿农机合作社及本县部分扶贫亮点工程。（王月英）

【重点项目管理】 2018 年，繁峙县真诚农机合作社使用统筹整合资金购置引进的华南农业大学生产的 5HP—50 粮食干燥设备，烘干技术国内领先，可同时烘干玉米、谷子、豆类等多种农作物品种。破损率低效率高耗能低无污染。

烘干设备投资 70 万元，附属设备（仓

库、装载机械、称重设备、场院硬化、道路施工等）投资约 440 万元。

立项后，在山西省农机局的大力支持下，合作社与华南理工大学签订技术合作协议，与山西沃尔达丰有限责任公司签订烘干设备采购协议。（王月英）

【生物制料技术设备引进】 2018 年，全县引进中联重机集团生物制料技术，实施农作物秸秆、畜禽粪便资源化高效利用项目，生产优质有机肥、生物有机肥、有机无机复合肥，进行秸秆的饲料化、肥料化、基料化、无害化处理。探索推进生物制料资产收益扶贫方式，带动贫困户增收脱贫。购置中联集团生产的生物制料机 2 台、制粒机 2 台，以及配套作业农业机械，建设生物制料生产车间 7200 平方米及附属设施设备。由繁峙县玄睿农机合作社牵头，分金山铺、大沟两个作业点实施。年可生产上述三种有机肥 2400 吨，带动 68 户建档立卡贫困户，每户年分配收益 1200 元（收益分配折合有机肥 1 吨）。另外示范基地生产可收集使用 600 多户贫困户玉米秸秆，按照每户 3 吨、市场价每吨 200 元计算，户均增收 600 元。引进推广省农科院研发的“玉米杂粮膜侧单粒播种机”，使用整合资金在购机补贴基础上每台累加补贴 1000 元，面对全县贫困户推广。

（王月英）

畜牧业

【概况】 2018 年，繁峙县畜牧兽医中心以畜牧产业脱贫工程、省级现代农业产业园创建、标准化规模养殖园区建设和乡村振兴产业作为农村产业结构调整、农民脱贫致富的突破口和重点来抓，以培育现代畜牧龙头企业为依托，结合畜牧产业精准扶贫的实施，积极推广科学养殖模式，着力强化重大动物疫病防控，努力保障畜产品质量安全，不断加快产业化进程，全力推进畜牧业转型跨越发展。全县畜牧业综合生产能力再攀新高，生猪存栏 140185 头，出栏 131429 头，牛存栏 31100 头，出栏 16100 头，羊存栏 195761 头，出栏 225814 头，鸡存栏 928000 只，出栏 518000 只，驴存栏 23781 头，出栏 7303 头，兔存栏 13700 只，出栏 51600 只。肉、蛋、奶产量分别达到 2.43 万吨、1.365 万吨、0.999 万吨。规模化饲养量占到畜禽总饲养量的 75%，畜牧业产值为 63472.5 万元，占到农业总产值的 58.8%。（姚晓军）

【畜牧产业脱贫工程】 2014 至 2018 年“六畜”产业脱贫工程总计投入 98204.7375 万元，其中各级财政资金投入 9909.7375 万元，金融扶贫贷款资金 45425 万元，民间资本投入 42870 万元。

2016 年，利用财政整合扶贫资金 357.2 万元，其中奖补繁峙县辰翔牧业 300 万元，绿洲兔业 20 万元，实施铡草机补贴 37.2 万元，带动 177 户贫困农户；利用金融扶贫资金和社会资本投入 6750 万元，带动 460 户贫困农户。

2017 年，利用各级财政整合扶贫资金 1345.574 万元，带动贫困户 617 户，其中①实施产业补贴投入 240.574 万元，其中对 788 头能繁母牛进行产业补贴投入 174.148 万元，涉及贫困农户 235 户；对 146 头能繁母驴进行产业补贴投入 46.866 万元，带动贫困农户 41 户；铡草机补贴投入 19.56 万元，带动贫困农户 120 户；②实施畜牧资产收益类投入 1105 万元，带动贫困农户 221 户；利用金融扶贫资金和社会资本投入 18840 万元，带贫困农户 728 户。

2018 年，利用财政整合资金 4587.2935 万元，其中投入 3659 万元，用于肉牛、土鸡、肉猪收益扶贫项目，共带动贫困农户 1490 户，户收益分红从 500 元~3250 元；投入 818.546 万元用于标准化棚舍建设补贴，共带动 279 户贫困户；投入 109.7475 万元对贫困户购买的 271 头能繁母牛和购买及代养的 300 头能繁母驴进行补贴，共带动 192 户贫困农户。

利用金融扶贫资金和社会资本投入 52985 万元，其中以“5+”模式为牧原集团落实贫困农户政策性小额贷款 17025 万元，带动贫困农户 3432 户；通过政府推动为牧原集团落实产业贷款 2 亿元，牧原集团资助繁峙县 300 万元产业扶贫资金，以 500 元~5000 元不等的收益分红模式带动 2501 户贫困农户脱贫。

饲草订单种植共带动 65 户贫困农户种植全株青贮玉米 392 公顷，增加收入 213.3 万元。畜牧“六畜”产业养殖企业（合作社）共带动 650 人贫困人口打工，增收 353.2308 万元，实现贫困户“一人打工，全家脱贫”。

同时在全县畜牧产业脱贫工程中创新五种带贫模式，即：资产收益分红模式、饲草料订单种植、增加收入模式、劳务用工增加收入模式、土地流转解放劳力增加收入模式、“5+”模式。

畜牧产业脱贫工程已成为全县农民脱贫增收的主导产业。2018 年本县“六畜”产业，牛、驴、羊、猪、鸡、兔饲养量分别达到 4.72 万头、1.31 万头、30.8 万只、27.6 万头、151 万只、7.6 万只，畜牧业总产值占全县农林牧渔业总产值将达到 60%左右。“六畜”产业带动全县 1.6 万户贫困户脱贫，占全县贫困户总数的 67.4%。（姚晓军）

【畜牧龙头企业】 2018 年，全县以提高畜牧业综合竞争力为核心，加快畜牧业生产方式、经营方式、服务方式、监管方式转变，率先建立现代畜牧产业体系、新型发展模式、融合发展机制，努力打造成全省畜牧业转型升级示范区。全县涌现出如富云牧业有限公司 75 万只蛋鸡养殖园区、天河牧业有限责任公司 1000 头安格斯肉牛养殖园区、晋北最大的毛驴养殖基地田源毛驴养殖科技发展有限公司 2000 头毛驴养殖园区、绿洲獭兔养殖专业合作社年产 1500 吨兔肉制品的养殖屠宰加工园区、辰祥牧业有限公司 20 万只肉羊养殖屠宰园区、万锦肉牛育肥场供港澳活牛出口基地、银河畜牧发展有限公司 2000 头奶牛养殖园区及牧原集团 100 万头生猪养殖基地等一大批具有地方特色的畜牧产业龙头企业。

特色品牌方面，2016 年辰翔牧业注册“三晋辰翔”品牌羊肉，绿洲兔业注册“繁裕源”品牌兔肉，其产品已成功上市，形成具有地域特色的自主品牌，保证了产业链条的延伸，为产品的销售奠定了坚实的基础。（姚晓军）

【生态建设】 2018 年，按照生态文明建设的总体部署和省委、省政府、市委、市政府的相关要求，全县以种养结合、循环利用为主要推广模式，加快推进畜禽养殖废弃物处理和资源化，加强畜禽规模养殖场粪污处理利用设施建设，通过布局调整、源头控制、综合治理，持续提高畜禽粪污综合利用率，推进畜牧业生产和生态环境保护协同发展，加快全县现代畜牧业步伐和生态文明建设。通过采取干清粪工艺进行畜禽粪污尿干湿分离，建设防渗、防溢、防雨的堆粪场和尿液存储池等粪污存储设施，将干粪集中堆沤并经过处理用于农田施肥，将污水经排污管道收集并进行沉淀发酵处理后用于周边农田灌溉，使养殖业和种植业实现有机结合，最终达到畜禽粪污资源的综合利用。

2018 年，全县规模养殖场粪污处理设施配套率达到 82.25%，畜禽粪污综合利用率达 73%，提前完成忻州市规定的 2018 年畜禽粪污资源化利用率达 70%和规模养殖场粪污处理设施配套率达80%的目标任务。

（姚晓军）

林　业

·京津风沙源治理·

【概况】　2018 年是繁峙县京津风沙源治理二期工程启动的第五年，京津风沙源治理办公室（简称县治沙办）依据省级下达的年度计划，按照县委、县政府的统一规划，全年项目重点安排在全县 11 个乡镇，各实施局严格按照批复的年度作业设计认真组织，精心施工。（贯　洁）

【工程建设】　2018 年，省下达繁峙县治沙任务：林业工程人工造林（乔木）1133.3 公顷；水利工程小流域治理 2000 公顷、水源工程 30 处、节水工程 30 处，总投资 3713 万元，其中：中央投资 2865 万元，地方配套 848 万元。

任务下达后，县治沙办组织各实施局专业技术人员深入工程第一线，科学设计、严格审查，结合当地的气候特点，组织专业队伍在伏天进行造林预整地，雨季、秋季栽植；组织专业技术人员入驻工地，现场指导、监督。

（贯　洁）

【党建工作】　2018 年，县治沙办认真贯彻落实省、市、县有关会议精神，精心谋划部署，创新实践载体，“双日双评”活动迅速展开。县治沙办党支部开展了以“支部主题党日”“党员先锋日”“党员评优”为抓手的“双日双评”活动。把开展“双日双评”活动作为一项重大政治任务和 2018 年党建工作的龙头任务，摆上重要日程，安排分管机关的副职专门负责，制定具体实施方案，用心用力，抓细抓实。注重健全党建工作制度，着力强化基层党组织整体功能。通过在本单位进行一次党员组织关系集中排查，摸清党员情况，理顺党员组织关系，确保每名党员都纳入党组织有效管理，参加学习教育。同时充分利用报刊、微信、电视和网络媒介等及时推送丰富多样的学习资源；引导党员利用网络自主学习、互动交流，扩大学习教育覆盖面，取得较好的效果。

（贯　洁）

【扶贫工作】　2018 年，县治沙办高度重视扶贫包村工作，按照县委要求选派出 1 名党员干部到村任职，担任驻村工作队队长兼第一书记，重点深入扶贫包村加强党的政策宣讲、开展社情民意调研、排查化解社会矛盾、切实解决突出问题、抓好民生结对帮扶、强化基层党建落实、做好精准扶贫工作。

通过不懈努力，北大沟村脱贫攻坚取得明显成效，基础设施改善，村容村貌大为改观；产业项目不断发展壮大，既增加了农民收入，又积蓄了发展后劲，整村 2018 年脱贫。

（贯　洁）

·县属林业·

【概况】　2018 年，县林业局圆满完成各项工作任务，全县森林覆盖率 25.44%。森林火灾率控制在 1%以下，林业有害生物成灾率控制在 4.5‰以内，无公害防治率达到 93%，测报准确率达90%以上，种苗产地检疫率达到100%。2018年8月国家人力资源社会保障部、山西省林业厅授予繁峙县林业局“山西省林业工作先进集体”。（郭　枫）

【生态建设】　2018年，本县造林任务1133公顷，完成3067公顷，完成投资3710万元。1. 完成国省项目1133公顷，投资850万元。其中：京津风沙源治理人工造林667公顷在赵庄河流域实施；省级区域造林467公顷（含浅山区特色经济林200公顷）赵庄河流域实施267公顷，11个乡镇实施特色经济林200公顷。2. 完成与五台局合作造林467公顷，投资780万元。3. 完成县滹沱河源头人工造林333公顷，投资250万元。4. 完成赵庄河河道两岸绿化2.3千米，投资980万元。5. 11个乡镇完成浅山区特色经济林1133.3公顷，投资850万元。（郭　枫）

【资源管护】　2018年，全县完成省级公益林划界工作。护林员队伍实现全覆盖，森林防火工作中，县委、县政府高度重视，先后多次召开繁峙县护林防火会议，认真落实省、市森林防火工作会议精神，深入贯彻“预防为主、积极消灭”的森林防火方针，早谋划、早安排、早准备、早部署，加强领导、强化措施、严格管理。具体工作中，继续按照县政府出台的《关于实行县乡干部包村开展防火巡查的通知》文件，全县副科以上干部下乡包村巡查；针对清明、“十一”等重点祭祖时期容易发生火灾的情况，要求各乡（镇）对全县重点林区坟头进行摸底登记，明确责任人和祭祖人员，有效预防森林火灾的发生；对违反野外用火的人员，执法部门现场进行查处打击，并制作森林防火警示片在县电视台黄金时段播出，在全县范围内起到很好的警示教育宣传效果。广播和电视无法覆盖的地区，通过车载广播、散发防火手册等措施来加大森林防火宣传。采取多项防火措施，增强全民森林防火意识，形成齐抓共防的社会氛围。2018年全年实现森林火灾“零发生”。（郭　枫）

【国有林场改革】　本县县属一个林场：繁峙县国有辛庄林场，位于横涧乡辛庄村，共有职工9人（其中：编制数9个，在职职工4人，离退休职工5人），经营总面积840公顷，林业用地面积693公顷，单位性质为财政补助事业单位。为了做好国有林场改革工作，成立由县长任组长、分管副县长任副组长的全县国有林场改革工作领导组。同时，出台《繁峙县国有林场改革方案》。按照方案要求有序地推进国有林场改革，林场单位性质确定为公益一类事业单位，在职职工定为财政定补人员，社会保险全部保额，做到财政预算保障到位，实现职工“五险一金”全覆盖。（郭　枫）

【扶贫工作】　2018年，按照“统筹生态民生、协调增绿增收”的林业脱贫思路，本县继续通过林业“五个一批”措施（退耕还林助推一批、生态治理带动一批、生态保护稳定一批、干果经济林提质增效扶持一批、发展林业产业促进一批）带动贫困户脱贫，把生态治理的过程变成农民增收脱贫的过程。2018年在全县11个乡（镇）利用国、省项目发展特色经济林1333公顷，涉及1526户贫困户505公顷，按照300元/亩的政策兑现贫困户补助2273187元。

2018年，特色经济林产业兑现贫困户补助3167306元，涉及贫困户2182户，贫困户户均收入1451元。

通过生态扶贫五措并举，2018年，贫困户直接收入16357092.55元，惠及贫困户8566户，贫困户户均增收1909元。（郭 枫）

·五台山国有林管理·

【概况】 地理位置。五台山国有林管理局（简称林局）辖区位于山西省东北部，北纬38°9′—39°23′东经112°45′—113°56′之间，行政区划以繁峙县为中心，涉及3市12县。即忻州市的忻府区、定襄县、五台县、繁峙县、代县、原平市，朔州市的朔城区、山阴县、应县，大同市的浑源县、灵丘县、广灵县。整个地域，处于由暖温带到温带和由半湿润半干旱草原地带到干旱草原地带的交汇点上，为典型的黄土高原土石山区。

资源状况。全局林地总面积148333公顷，其中非林用地480公顷、林业用地147853公顷。全局活立木总蓄积456.98万立方米。主要树种有华北落叶松、云杉、油松和白（红）桦、山杨等。其中，华北落叶松和云杉林集中分布于五台山北坡东段繁峙县南山一带，林相整齐，生长迅速，材质优良。此外，臭冷杉、椴树、柞树、千金榆、鹅耳栎等树种亦有分布。臭冷杉为全国分布最南端的珍稀物种。

机构设置。全局下设11个国有林场（包括伯强、庄旺、宽滩、金岗库、门限石、豆村、茹村、紫荆山、枣林、雁门关、平型关中心林场）、两个副处级代管单位（山西省五台山树木园、山西臭冷杉省级自然保护区管理局）以及山西省林业有害生物防治检疫局五台山分局、设计队、消防队、资产管理中心；所属森林公安分局1个；局机关内设13个科室（包括办公室、党委办公室、人事科、计划财务科、森林资源管理科、营造林科、科技科、保护利用科、基础设施建设科、内部审计室、天保公益林管理科、纪检监察室、社会保障和离退休人员工作科）。（王建军）

【营林生产】 2018年，林业局完成新造林8933公顷，完成封山育林7007公顷，完成历年造林补植7006.7公顷，其中2018年林局与繁峙县政府共同实施羊眼河流域砂台线两侧及环毛主席路居纪念馆荒山绿化提档升级合作造林工程，工程规模467公顷+18千米道路两侧绿化，共计573公顷。完成2019年度造林预整地4893公顷，秋季完成2019年度预计划任务340公顷。（王建军）

2018年，砂台线造林一角（王建军提供）

【资源管理】 中幼林抚育。2018年，林局共完成抚育任务6420公顷，其中补贴制抚育5600公顷，天保抚育773公顷，在伯强林场太平沟营林区建立精准森林抚育样板示范430公顷。

资源管护。2018年林局完成林业有害生物防治面积8333公顷，常态化监测森林面积1万公顷，林业有害生物成灾率控制在3.5‰以内，伯强、宽滩、豆村、平型关4个林场就落叶松鞘蛾危害获得理赔，茹村林场就未知病虫害获得预理赔，全局累计收到理赔款147.2万元。全局共划定永久性公益林134300公顷（国家级35500公顷，省级

98800 公顷），确立了生态保护红线；实施未成林工程化管护 5867 公顷，公益林围网 47 千米；排查林地逆转疑似图斑 27 个；森林公安办理各类森林案件 181 起（刑事案件 14 起、行政案件 2 起、林政案件 165 起）行政处罚 165 人次，收缴罚没款 28.1037 万元，挽回直接经济损失 40 余万元；自筹资金 137.4 万元，对近几年形成的 22900 公顷新造林、未成林进行苗木保险。全局共签订集体公益林托管面积 15407 公顷，其中：宜林荒山 7313 公顷，未成林地 7207 公顷，有林地 887 公顷。森林防火实现连续 14 年无重大森林火灾的好成绩。（王建军）

2018 年，未成林管护（王建军提供）

【林业产业】　种苗建设。继续实行“全额投资、目标考核、单科记账、独立建档”十六字管理方针。2018 年，全局育苗总投资 1147.28 万元，完成种苗建设 75.8 公顷。全局苗圃已形成“12+3”格局，即 11 个林场及保护区家家都建立了 50~100 亩的保障性苗圃，集中建立了 3 个中心苗圃：庄旺、茹村、平型关。苗木时空梯次结构已经形成，规格齐全，针阔搭配合理，针叶类 7 个，阔叶类 11 个，造林苗木基本实现了自给。

2018 年庄旺中心苗圃航拍图（王建军提供）

森林旅游。全局第一批确立 13 个康养目标基地，其中金岗库林场南梁沟基地被列入全省率先启动的森林康养五大基地名录之一，并聘请第三方机构完成了基地景观资源价值评估，评估值 3.9 亿元，10 月，该基地被国家林业产业协会授予“国家森林康养基地建设试点单位”。林场太平沟康养基地进行了探索性自我开发，修建康养步道、长廊 1050 米，购置建设康养木屋的木材加工设备 2 套、储备烘干木材 100 立方米。（王建军）

2018 年，林局建成的太平沟森林康养基地（王建军提供）

【人事工作】　2018 年，林局制定出台《五台林局场长任期目标责任制考核办法》，并与场长签订《国有林场场长任期目标责任书》。重新选派 6 名驻村第一书记，留任 1 名驻村第一书记。对 2017—2018 年 7 名新调入的干部办理编制手续。2018 年补发从 2017 年开始的在职人员艰苦边远津贴工资，人均增资 823 元。

（王建军）

【财务管理】　2018 年，林局完成公务用车改革，改革后全局共保留公务用车 7 辆，取消公务用车 20 辆，同时清退全部借调及临时司勤人员。

完成财会岗位干部专业基本能力无纸化测试，参加测试的 44 名财会岗位干部全部通过测评。

举办 2018 年财务管理培训班，局属各单位负责人、会计、出纳、资产管理员和机关财务人员共 70 余人参加了培训。（王建军）

【党建工作】 2018 年，林局坚持以政治建设为统领，制定出台《五台山林局党委五项规定》。强力推进标准化党支部建设，全局 21 个党支部实现标准化创建工作，其中伯强林场支部被授予全省林业支部建设标兵单位。全面推行了党员目标管理，设立党员先锋岗，开展支部书记讲党课活动。年内共有 9 名预备党员转为正式党员，10 名入党积极分子被吸收为预备党员。（王建军）

【纪律检查】 2018 年，林局开展民生领域腐败和不正之风专项整治活动；深入基层各单位就营造林工程、未成林管护、森林抚育、安全生产、职工履职五大领域开展“夏季五项行动”。（王建军）

2018 年，标准化党支部建设（王建军提供）

【文化建设】 2018 年，林局在全省农林水系统“五小”竞赛中获“优胜单位”荣誉称号，索道运苗技术、翼式集流蓄水覆膜抗旱保水一体化整地集成技术在竞赛中摘得两个三等奖。《山西日报》在 6 月 8 日发表题为《誓让荒山变青山》专题报道； 10 月 22 日发表题为《“全国绿化模范单位”：山西省五台山国有林管理局》三篇文章，大力宣传了林局绿化荒山、巩固造林成果的事迹。举办全局职工第六届“健身月文化季”活动。在省林草局首届羽毛球、乒乓球“五台山杯”职工运动会上，林局获“特殊贡献奖”、羽毛球团体第六名奖、混双第二名奖、男单第八名奖。树木园、门限石、豆村、庄旺、伯强、宽滩、枣林林场通过忻州市级文明单位验收。拍摄《林海扬帆破浪行》专题片和微电影《一生的守护》。（王建军）

2018 年，五台山林局改革开放书画摄影展（王建军提供）

【民生工程】 健康体检。2018 年，拨出专项医疗经费 30 万元，联系省人民医院为全局离退休人员、在职职工、消防队员进行普惠式健康体检。

基础设施建设。2018 年，林局对局机关办公楼实施门厅亮化、会议室修缮、网络改造升级工程、对机关宿舍楼、餐厅进行水暖

2018 年，为全局离退休人员、在职职工、消防队员进行普惠式健康体检（王建军提供）

整修；对平型关、宽滩林场场部和高洪口、茶铺管护站进行维修。

扶贫帮困。2018 年，持续开展“金秋助学活动”，向十名考取二本以上职工子女发放助学金，为 2 名符合条件的学子申请到省级资助。在“八一”期间，对全局范围内退役军人、现役军人及其遗属和家属进行走访慰问。 为平顺县站道村实施 10 公顷特色造林项目，主要栽植大果榛、连翘、山桃三大乡土特色树种，同时筹措资金 10 万元扶持站道村发展土鸡养殖项目。为繁峙县下双井村种植沙棘 12 公顷，全部收益归村集体和村民所有，同时为下双井村捐赠椽材 240 根，用于改善村级提升工程。为繁峙县下永兴村贫困户注入乌鸡产业股金 1.5 万元。

（王建军）

水　　利

·县属水利管理·

【贫困人口安全饮水“全覆盖”】 2018 年，繁峙县安全饮水工程经与乡镇充分对接核实。确定完成 13 个乡镇 126 个村 4.11 万户 11.29 万人的人饮安全巩固提升工程，其中：贫困村 81 个，贫困户 1.09 万户、贫困人口 3.15 万人，工程总投资 4499.07 万元。本年度 129 个拟退出贫困村全部符合农村饮水安全标准，全县农村饮水安全人口达标率已达到 100%，已高于全省平均水平 94%六个百分点。

（金雁华）

【水土保持工程】 （1）深入推进坡耕地改造项目：2018 年度工程总投资 1360 万元，其中国补资金 1000 万元，自筹资金 360 万元。位于后河村、后窑村、上双井村、孙庄村、上小沿村，可带动 5 个贫困村、594 户贫困户、1702 贫困人口，改造总面积 493.3 公顷，生产道路 0.51 千米，截至 2018 年年底已全部完成，预计亩均可增收 200 元。（2）高标准实施京津风沙源治理：总投资 1675 万元，建设小流域治理 3000 公顷，水源工程 10 处，节水 4 处。涉及 32 个贫困村、1157 户、3545 人，其中贫困户 668 户、贫困人口 2004 人。小流域治理项目造林地大部分为靠天吃饭的坡耕地，每年粮食产量亩均 150 斤，收入 100 元左右，而经济林建成后亩均收入可达 1000 元左右。在工程建设中，最大限度吸纳贫困人口参与工程建设管护，预计此项目可为贫困农民支出 55 万元劳务费用。（3）实施义兴寨流域沟地坝治理：工程总投资 200 万元，总土地整理面积 20.1 公顷，生产坝 17 座、护地坝 608 米，生产道路 456 米。通过本工程的实施，可增加水浇地 9.6 公顷，带动 1303 人其中贫困人口 362 人，人均可增加收入 226.5 元。（4）开展水土保持工程建设以奖代补试点：2018 年本局按照晋水保〔2018〕92 号文件安排，确定繁峙县娘娘山小流域综合治理为水土保持工程建设以奖代补试点。项目总投资 1747.30 万元，全部为社会投资，项目完成并验收合格后，给予项目实施主体1000万元中央奖补资金。项目综合治理面积32.29平方千米。项目区共涉及2532人，其中贫困户240户、贫困人口773人。项目措施全面实施后，项目区内每年人均粮食增产137.1千克，人均每年增收274元。黄花菜种植两年后全部分给当地贫困户，每户可分0.24公顷，每户每年增收1万元。另参与工程建设的149名贫困群众，平均每人增加收入2800元。 （金雁华）

【水资源管理】 2018年年初，对新建、扩建、改建项目严格实施水资源论证和取水许可制度，新批取水项目必须安装计量设施，对超计划用水严格核定用水量。本年底全县共安装计量设施65台，其中工业45台、城区自备井19台、农业1台。本年度完成14眼水井的审批工作，新发证5家，换证31家。并于本年度组织召开了水资源费改税工作会，下发《关于开展用水户及现有企业基本情况调查的通知》（繁水字〔2018〕14号），切实做到取用水必须依法缴纳水资源费和资源水费，违法取水必须依法处理，确保地下水开采量不减。同时优化水资源全城化配置规划正在编制中，为下一步水资源管理与利用、水资源税改工作、水生态修复与保护工作提供决策性数字依据，为全面推进资源节约和循环利用提供坚实保障。

（金雁华）

【防汛】 2018年6月21日，繁峙县召开防汛抗旱工作会议，与全县13个乡（镇）、住建、教育、安监、国土等签订防汛责任状。同时为确保汛期安全，3至5月，县水利局组织人员对全县河道设障、采砂情况进行多次巡查，对乡镇及水库防汛准备工作进行了督查。同时多次专门召开会议具体安排防汛工作，落实资金，积极补充、储备防汛物资，为防汛抗洪提供物资保障。7月2日上午，联合国土、地震、教育等单位在岩头乡元山村组织地震、山洪、地质灾害应急避险演练，切实提升各级各部门对突发山洪、地质灾害应急处置能力，增强群众防灾意识，最大限度保障人民群众生命财产安全。

（金雁华）

【滹沱河综合治理】 滹沱河综合治理工程于2017年7月开始实施，总投资6501.69万元，其中砂河段治理投资4777.47万元，范围起于代堡村过水路面，终于大石线砂河桥，治理长度3.362千米。桥儿沟段治理段投资1724.22万元，范围起于滹沱河发源地泰戏山下，终于桥儿沟村北，治理长度2.5千米。工程实施后，可提高治理段河道行洪能力，改善河道生态环境，保护两岸人民生命财产安全。同时带动周边贫困村旅游产业发展。本年底完成沟道综合治理2.5千米、绿化2.5平方千米、河道清淤8万立方米，河道基础开挖300米，完成投资2024.22万元。

（金雁华）

【河长制推行】 2018年，县水利局对县内50平方千米以上的19条河流编制“一河一档”“一河一策”、公示牌设立工作及河长名录更新工作，现全县共设立公示牌24块，“一河一档”“一河一策”已全面完成。对全县辖区内流域面积50平方千米以上的19条河流、4座水库5个灌区范围内土地、林带进行勘测、调查、核实，完成划界登记，设立界桩、界牌、公示牌和保护标志等，确定归属，确权办证，建立数字化档案。年底前已完成羊眼河制导线规划工作。并出台了县级河长制成员单位工作规则、河长巡查工作等相关制度，为实施河长制提供制度保障，从而实现水生态环境整体改善。同时，为进一步加强河道管理，维护河流健康生命，根据省、市要求在全县范围内深入开展“清四乱”专项清理整治行动，年底前共下乡执法100余次，其中下发《清障令》10多份，河道清障整治13处，动用机械60台（次），做过水路面80立方米，清淤总长度1195米、清淤量12030立方米。为进一步改善防洪能力和水环境，促进水质持续提升创造良好条件。（金雁华）

【扶贫工作】 2018年，县水利局所帮扶贫困村为：孙庄、桃园、地卜沟3村。涉及958户2884人，其中贫困户386户，1205人。主要帮扶工作有：组织村“两委”学习党的十九大精神，同时积极开展“双日双评”活动，改变软弱懒散状态，增强战斗力。对所有贫困户进行走访，根据走访结果确定帮扶计划并积极实施。全面进行扶贫政策宣传，有效实施“一村一品一主体”工作及光伏发电、危窑改造项目、农副产品加工产业等。给予孙庄、桃园、地卜沟三村光伏发电集体产业项目每村出资2.3万元，村集体每年各增加收入7000元。为孙庄村新建护村护地坝1700米，实施坡耕地改造300公顷，种植玉露香6000余株。并向孙庄村100余户贫困户发放2万元藜麦种子，可种植100公顷。为桃园村箱包加工出资2.3万元，人饮改造提升投资64万元。相关带贫效果如下：

1. 孙庄村：利用村级电站带动42户，利用户用光伏发电带动贫困户18户，利用贷资入企扶持贫困户25户，小额贷款扶持贫困户38户，劳务输出55户95人。种植黄花菜8公顷，带动贫困户5户20人。种植优质杂粮、薯类63公顷，补贴23973元，带动贫困户121户398人。发展规模养牛带动44户。种植玉露香6000余株，带动贫困户20户。利用5+贷款53户。

2. 桃园村：利用村级电站带动18户，利用户用光伏发电扶持贫困户15户，箱包加工带动15户，利用贷资入企扶持贫困户56户，小额贷款扶持贫困户31户，劳务输出113户224人，双签约20户21人，危房改造60户。

3. 地卜沟：利用村集体光伏发电扶持贫困户2户；带资入企项目21户，劳务输出45人，种植干果经济林带动32户贫困户，5户5人纳入“双签约”，采取“政府+公司+贫困户+银行+保险”的“5+”发展模式，带动2户贫困户。（金雁华）

【水生态环境违法犯罪专项行动开展】 2018年4月，本着“有黑扫黑，无黑除恶，无恶治乱”的工作目标，县水利局及时成立打击破坏水生态环境违法犯罪专项行动领导组，落实责任分工，制定相应工作方案，深入开展“严格开展非法取水专项整治、严厉查处水土保持违法行为、推进河道整治、打击破坏渔业资源及其生态环境行为、加强水利工程管护力度、加强水资源保护”6项工作为任务的打击破坏水生态环境违法犯罪专项斗争，对未经批准擅自取水的下发责令停止违法通知书34份，并于本年度安装取水计量设施22家，坚持管网配套和环境执法软硬一起抓，严控开发建设活动造成的人为水土流失，从2018年5月起对全县11家相关企业或项目下达了执法检查意见及整改措施。全力开展以“清理河道淤积、清除河道违建”为重点的“河道清理专项行动”。严厉打击破坏渔业资源与水域环境违法犯罪活动，对重要水域，开展不定期执法巡查。建立健全护库、护坝、护堤、护线、护闸等各项安全管理制度，同时积极完善农村水利工

程维修养护基金制度，确保农村饮水安全工程建得成、用得起、长受益。（金雁华）

【党建工作】 2018年，县水利局紧紧围绕“抓党建，凝合力，促发展”的总体思路，从加强分工管理、“一岗双责”入手，成立党建工作领导小组，每月召开一次党建工作会，总结布置党建工作、通报业务工作情况、商讨群众反映的热点、难点问题及解决处理的办法和措施。同时从水利工作实际出发，立足基层，制定《2018年全年党建工作要点》，明确党建工作任务与责任，实行三级联动的“三包”责任制，即：党组成员包抓下属支部，支部领导包抓党员，党员包抓非党员。同时严格落实“三会一课”制，把党章党规、中共十九大精神、习总书记系列讲话，以及中央、省、市、县重要会议精神作为重要学习内容，并在广泛交谈心的基础上，全面理清问题清单和责任清单。（金雁华）

·忻州市下茹越水库管理·

【概况】 忻州市下茹越水库，每年6月开始就进入防汛工作主汛期，一直持续到10月1日。（郑　星）

【北干渠渠道修建】 2018年8月27日，县水利局开工新建梯形混凝土渠道400米。工程总投资50万元，工程建筑39.75万元，临时工程2.55万元，独立费用5.33万元，预备费2.38万元。（郑　星）

【党建工作】 县水利局根据县委《关于开展“双日双评”活动推进“两学一做”学习教育常态化制度化的意见》精神和《繁峙县“双日双评”活动领导组办公室关于落实“双日双评”活动的要求》安排，每月第三周周三下午准时进行学习活动。

同时，成立了三基建设领导小组。结合自身特点，定员定岗，人尽其才。在各项具体工作中看担当、比作为，激发干部干事创业的热情，历练处理复杂问题和矛盾的能力，真正造就一批能干事、想干事、会干事的年轻干部队伍。（郑　星）

环境保护和城乡建设

环境保护

【大气治理】 2018 年，繁峙县全面完成环境空气质量改善目标。全县空气质量优良天数目标比例达到 70.4%，完成市政府下达任务，细颗粒物 $PM_{2.5}$ 目标任务平均浓度达到 38 微克/立方米，1 至 12 月 $PM_{2.5}$ 平均浓度为 44 微克/立方米，与去年持平，二级以上天数 250 天。

主要大气污染物总量减排指标。二氧化硫排放量较 2015 年下降 10.2%，任务为 643 吨，到年底已完成减排任务。氮氧化物排放量较 2015 年下降 9.6%。任务为 144 吨，已完成 122.8 吨减排任务。完成了阶段性任务指标，年度目标任务年底全面完成。

（闫旭光）

【水污染防治】 2018 年，全县断面水质情况。桥儿沟、茨沟营优良水质断面分别达到或优于Ⅲ类标准。

主要水污染物总量减排指标。根据忻州市水污染防治领导小组办公室《关于分解下达 2018 年主要水污染物排放总量控制指标的通知》（忻水防办发〔2018〕13 号）文件精神；全县 2018 年减排任务为：COD 在 2015 年基数 4032 吨基础上下降 11.03%为 444.73 吨，氨氮在 2015 年基数 358 基础上下降 12.08%为 43.25 吨；（闫旭光）

【土壤污染防治】 2018 年，县环保局根据《全国土壤污染状况总体方案》和《山西省土壤污染防治工作方案》要求，对全县重点行业、企业用地状况委托第三方进行调查和信息采集，按要求有序推进。（闫旭光）

【加油站改造】 2018 年，全县共有 38 家加油站，中石化、中石油系统 15 家由市局统一调度，剩余 23 家，已完成双层罐改造 10 家，拆除 2 家，停业 1 家。完成改造共 10 家，对未完成双层罐改造的加油站进行依法处罚。（闫旭光）

【专项行动】 2018 年，县环保局按照市政府安排部署，开展秋冬季大气污染综合治理攻坚行动：（1）砖瓦等企业整改情况。先后共拆除砖瓦企业 26 家、取缔繁城镇水峪村南土炼油厂 1 家、大营镇小庄村烧木炭企业 1 家、大营镇固庄村、涧头村烧制煤矸石散乱污企业 4 家。（2）10 蒸吨及以下燃煤锅炉“清零”情况。集中力量共拆除 61 台

(其中县城建成区38台，砂河镇19台，杏园乡4台)，建成区10蒸吨及以下燃煤锅炉实现了全部“清零”。(3) 3498户清洁能源替代完成情况3498户清洁能源替代任务共完成3471户，其中“煤改气”333户，集中供热替代3138户。(4) 高架源在线监控安装运行情况。对6家(1家钢铁，1家铸造，4家供暖)排气口高度超过45米的高架源企业安装了自动监控设施。5.柴油货车和散装物料运输车污染治理情况。

县环保局制定《关于集中开展柴油货车排放达标治理监督检查联合执法专项行动工作的通知》，截至10月26日，对9家柴油货车销售公司、3家运输公司进行摸排，采集数据，了解新购柴油货车情况，对两家排放检验机构进行监督检查30次，未发现篡改数据弄虚作假等行为。(闫旭光)

【环境监察】 截至2018年11月12日，县环保局对涉及大气、水、固废、建设项目等违法排污和建设企业实施了环境行政处罚62起，罚款351万元，其中按日计罚1起，行政拘留7人，在全县形成了依法打击环境违法行为的高压态势和环境执法震慑力。(闫旭光)

【生态保护红线划定】 繁峙县划定的生态保护红线《征求意见稿》总面积为636.03平方千米，占县域国土面积的26.77%。主要分布于行政区南部五台山等植被覆盖良好的区域，涉及岩头乡大部、杏园乡南部、光裕堡乡南部、集义庄乡东南部、东山乡东南部、东山乡中南部、神堂堡乡大部、横涧乡中南部等区域。县委常委会和县政府常务会先后召开五次会议研究决定，初步确定全县划定生态保护红线问题清单，已上报山西省生态保护红线领导组。(闫旭光)

【农村环境综合整治】 2018年，全县共设8个乡(镇)30个村的整治工作，按方案正在推进中。(闫旭光)

【中央、省环保督察“回头看”整改落实情况】 中央、省环境保护第二督察组对本县督察后，根据反馈意见梳理出3方面的问题，省环境保护第一督察组督察后，按反馈意见梳理出34项具体问题。中央督察组反馈的3个方面的问题，已有2个方面完成整改任务，达到销号标准，报市领导组销号备案，另外1个方面仍在立行立改，长期坚持中；省督察组反馈的34项问题，已有8项完成整改，达到销号标准，报市领导组销号备案，其他整改任务均达到序时进度，坚持立行立改，长期坚持。中央环境保护第二督察组交办的5起案件中，3起不属实，市局认定2起属实，在“回头看”中，2起属实案件整改工作已取得阶段性成果。对中央、省环境保护督察组交办的环境问题，逐件落实责任，确保整改落实到位。(闫旭光)

【污染源普查】 2018年，县环保局入户清查工业源711家、农业源171家、集中式4家、生活源114个、入河排污口6个，同时完成以上五类源清查表格的填写、进行了数据系统录入并通过软件的规范性审核，按照上级要求的时间节点及时完成上报工作。(闫旭光)

【环境影响评价】 2018年，全县新建项目22个全部通过环境影响评价批复，执行率100%。(闫旭光)

【宣教法制】 2018年“6·5”世界环境日，县环保局在县城府东广场进行了环保知识宣

传，发放资料35000余份，在各居民小区醒目位置张贴《关于在县城建成区内禁止燃放烟花爆竹通告》280余份。（闫旭光）

城乡建设

【概况】 县住建局成立于1979年，是县政府主管住房保障和城乡建设的职能部门，担负着全县城乡规划、城市建设、村镇建设、工程建设、建筑业、房地产业、市政公用事业的管理职能。内设办公室、财务室、城市规划股、村镇规划股、建管股、法制办、安全综合监管办、纪检监察室、建筑节能股、信息股等10个股室，下设滨河公园、房地产管理局、环卫中心、污水处理中心和城建监察大队5个副科建制单位；下设市政管理所、建筑工程安全管理站、建筑质量监督站、供气供热服务中心、园林处、节水办6个股级单位和两个企业（建筑工程公司、自来水公司）。（付宇鸿）

【城市供水】 2018年，县住建局完成供水166万吨，销售水量148.2万吨，收费306万元，总用水户达到了14661户。人口近10万人，用水普及率达98.8%，水质合格率达100%，管网压力合格率达95%，管网维修率达95%以上，实现了安全优质供水。

（付宇鸿）

【城市园林绿化】 2018年，县住建局完成新增绿化面积9.4万平方米，主要包括县城市综合体景观工程绿化面积0.2万平方米；和谐广场项目工程1.42万平方米；“三馆一院”项目工程绿化面积0.17万平方米；北城街公园绿化面积1.95万平方米；圣水头绿地公园及苗圃绿化面积5.1万平方米；东风路绿化面积0.26万平方米；金龙路绿化面积0.3万平方米。完成投资2764.2万元。

（付宇鸿）

【市政基础设施建设】 2018年，全县新建改造城市道路4.226千米，具体包括纵一路、纵三路、光华街东延伸、万里路南延伸、凌云路南延伸、兴城街东延伸工程3.176千米，城市道路改造维修1.05千米。完成投资6433万元；新建供气管网5.32千米，煤改气管网建设10千米，供热管网5.05千米，改造3千米，新建供水管网4.6千米。共计27.97千米，完成投资3491.4万元。

（付宇鸿）

【农村危房改造】 2018年，全县将继续加大农村危房改造力度，计划实施“四类重点对象”危房改造2755户，已全部完成竣工验收。同时对于部分“非四类重点对象”特殊困难危改户，安排各乡（镇）结合整村提升工程给予适当补贴，实现全县农村危房全面清零，应改尽改。（付宇鸿）

【城市清洁卫生】 2018年，全县实施县域农村生活垃圾治理PPP项年底期手续，项目总投资1.42亿元，建设2个无害化垃圾填埋场和11个垃圾转运站。县市容环卫中心累计发放城乡爱国卫生清洁运动宣传资料7000余份，修整和粉刷县城街道墙壁900多平方米，清理违规电子屏86块、违规广告牌匾273块，清理非法小广告4838处、污水402处，整治乱设摊位、店外经营、“伸舌头”、高音播放等市容乱象120余处，无害化处理生活垃圾5万余吨、渗滤液7000余吨。

（付宇鸿）

【政策性住房建设】 2018年本县棚户区改造共完成征迁453户，建成453户，完成投资11828万元。并已全部录入山西省保障性住房监管平台。共受理保障性住房各类申请

3291户，分配入住公租房596套。配合市局积极开展房地产企业资质动态考核及信用评价工作，继续做好房地产开发企业暂定资质审批工作。2018年年底共办理新建商品房交易备案140套。（付宇鸿）

住房公积金管理

【概况】 2018年，全县归集住房公积金7639.44万元；本年向72户干部职工发放个人住房贷款2389万元；贷款余额为6439.76万元，个贷风险总体可控。（高建军）

【条例宣传】 2018年，本县全面贯彻《住房公积金管理条例》，坚持行之有效的方法措施，稳定资金来源。管理部持续加大《条例》宣传力度，使住房公积金制度深入人心。坚持归集目标责任考核制、通过清欠补漏等一系列切合本县实际的方法和措施，巩固现有归集基础，同时充分利用工资自然增长、规范缴存比例的有利因素，促进住房公积金归集额较快增长。（高建军）

【规章制度建设】 2018年，县管理部按照市公积金中心要求加大了规范管理的工作力度，健全完善规章制度，实现队伍专业化、工作标准化、管理制度化的目标。强化部门监管和社会监督，加强与财政、审计等部门的沟通交流，接受政府职能部门的监管。按照有关规定，提高公积金管理信息透明度，主动接受社会公众监督。（高建军）

【风险防范】 2018年，县管理部健全风险控制机制。以加强内部控制为重点，完善岗位责任制和责任追究制，优化业务流程，对重点部门重点岗位实行重点监控，进一步提高抗风险能力和规范化管理程度，确保资金安全运行。积极探索操作与管理分离、管理与监督分离的业务办理新模式，形成较完善的内部监控体系。（高建军）

【党风廉政建设】 2018年，管理部一直把加强党风廉政建设，防范资金风险放在重要位置。深入开展警示教育活动，构筑资金安全和拒腐防变的思想防线。管理部结合上级通报的有关领导干部腐败案件、开展警示教育活动，组织大家认真学习，做到警钟长鸣，坚守底线，筑牢思想上的反腐防线。认真落实责任制，结合警示教育活动，组织职工评议，接受群众监督。组织全体干部职工进行廉政知识竞赛活动，并对优胜者给予表彰。（高建军）

交通运输

省道国道公路管理

【概况】 2018年1月，繁峙县公路段被繁峙县政府授予“安全生产宣传教育七进活动先进单位”。2月，被山西省精神文明建设委员会授予“2016–2017年度山西省文明单位”。同时，被繁峙县政府授予“脱贫攻坚2017年度优秀帮扶单位”。3月，被繁峙县政府授予“2017年度平安创建工作先进集体”。3月，被忻州公路分局授予“2017年度目标完成先进单位”“2017年度美丽公路建设先进单位”。同时，授予龙池河道班为“标兵道班”，下茹越道班为“先进班组”；曲秀平、赵林娥“2017年度先进个人”；李和平“2017年度安全生产先进个人”。6月，被山西省公路局党委选树为“党支部规范化建设典型”。并将党支部规范化建设典型事迹材料收纳《中共山西省公路局委员会“奋斗书写光荣”主题实践活动阶段性成果汇编》。6月，段党支部被忻州公路分局党委授予“先进基层党组织”。7月，段党支部被繁峙县委组织部授予“先进基层党组织”。

（赵永宽）

【党建工作】 2018年3月，县公路段“双日双评”活动中，每季度结合中心工作确定一个主题，采取“3+1”模式，组织开展“党员先锋行实践日”活动。（1）明身份，要求全体党员工作时一律佩戴党徽，敢于亮形象、比奉献。（2）加压力，本着“按需设岗、因事设岗、以岗定责、责任到人”的原则，根据工作需要和党员素质能力，将党员放在急、难、险、重工作岗位，对党员提出更高要求。（3）亮承诺，办公桌上设置党员先锋岗牌，一线党员精心打造党员示范路，明确职责、亮出承诺。（4）建品牌，在自选动作中，先后开展“推进‘八比八看’我是党员我先行”“建设‘美丽公路’我是党员我先行”“创建文明单位，我是党员我先行”等主题实践活动。支委一班人身体力行，带头组织深入生产一线和施工现场，不断创新思路，坚持因地制宜，对标一流，全力加强路域环境治理、公路绿化美化和公路标准化建设。通过活动的开展，使广大党员进一步增强“我是党员我带头”的自信，激发工作热情，真正做到一个党员一面旗帜，影响和带动全段职工一道爱岗敬业，创新发展，有力地促进各项工作的高效开展。

4月17日，县公路段组织召开2018年公路工作会暨十七届二次职工代表大会、安全生产工作会议和党的建设暨党风廉政建设工作会议。30名职工代表参加会议。

6月29日，县公路段党支部组织开展纪念中国共产党成立97周年“庆‘七一’·颂党恩”主题党日活动。全段党员、团员青年和机关人员参加活动。（赵永宽）

【调研工作】 2018年4月20日，省局党委书记雷天才、局长惠高峰等深入繁五线、108线、王大线调研督导。

6月13日，省公路局副局长郭晓军一行深入县公路段进行调研督导。（赵永宽）

【“美丽公路”建设】 2018年7月，在“美丽公路”建设中，（1）对全线路域环境进行了集中整治，打造轮胎宣传景点3处，铺砌边坡花砖2.4千米，对国道108线k416—k430段路面车辙安全隐患进行了处治，路域环境得到较大改善。（2）加强公路绿化美化，打造绿色景观长廊。充分利用绿化季节，采用“花、草、乔、灌”相结合的方式，全面展开绿化苗木种植、补植，力争绿色全覆盖。整理绿化平台8千米，沿线种花2万余株，植树350多棵。同时利用花砖、轮胎等因地制宜砌筑花池2.4千米。（3）对路面病害进行处治，有效提升路况质量。省道繁五线采用5厘米的ATB—25沥青稳定碎石处治原路面病害9672平方米后加铺4厘米沥青面层6千米；108线完成1厘米大颗粒罩面4万平方米，加铺4厘米沥青砼2千米；王大线用RPT微罩面处理路面病害800米；对108线永兴大桥桥面铺装层进行了维修。

（赵永宽）

【省局重点工作推进会召开】 2018年9月13日，省公路局2018年重点工作推进会在砂河镇召开。由省局党委书记雷天才、局长惠高峰带队，公路局相关处室人员及各公路分局有关领导与会，深入本段国道108线砂河至神堂堡一级路改建重点工程和王大线“美丽公路”建设路段进行了现场观摩。忻州市副市长安书田出席会议并参与现场观摩。（赵永宽）

【污染治理】 10月，在环境污染治理中，龙泉大酒店锅炉被拆除。因本段地处集中供暖末端，供暖公司无法保证本段正常采暖。为此，结合实际，经研究决定，段机关办公楼及餐厅、会议室、后院机械队采用电磁变频蓄热采暖设备供暖，同时，对老化的暖气管道实施了改造，共投资41.4万元。

（赵永宽）

【扶贫工作】 2018年1月18日，县委组织部安排副段长杨永红为东山乡杨林村驻村工作队队长，开展脱贫帮扶工作。（赵永宽）

县乡村道路管理

【概况】 2018年，繁峙县交通局坚持以习近平新时代特色社会主义思想为指导，认真贯彻落实习总书记关于“四好农村路”的重要指示精神和全县脱贫摘帽誓师大会精神，以脱贫摘帽为目标，以“四好农村路”建设为重点，紧紧围绕脱贫攻坚所承担的任务，主动作为，积极工作，行业扶贫任务圆满完成。全县保留建制村287个，年内实施农村公路306.873千米，投资16728.4万元，已全部符合通车条件。其中：农村班线客车通村的有239个，采取电话预约或定期通客车的村有48个，针对电话预约或定期通客车的建制村与村委会签订预约协议，并在村口醒目位置喷写预约电话 0350—5512177，由并州运业繁峙公司接到预约电话后负责派车接送，实现通村公路硬化率达到 100%，建制村通客车率达到 100%，为贫困户、贫困村退出和贫困县如期脱贫摘帽，提供更好的交通运输保障。（刘国兵）

【公路养护】　2018 年，县交通运输局立足行业特点，结合全县交通实际，坚持“建养并重、统筹发展”的管养理念，坚持属地管理、分级负责的原则，县道县养，乡道乡养，村道村养，明确县、乡、村三级对辖区农村公路养护的主体责任，进一步加强县乡村公路的日常养护工作。特别在汛期，增加养护队员，加大养护巡查频次，修复加固路基、清理公路滑坡落石、修补治理路面坑槽、清淤排水渠，集中治脏、治污、治险，路容路貌显著改观。

投资 275.4463 万元，对金砂线、神阜线、龙砂线、东石线、应繁线、赵花线、云雾峪至横涧路段、国道 108 至天岩路段，实施了养护大中修，更换喷涂里程碑 67 块，安装交通标志 32 个，整修路基 7000 平方米，水泥混凝土拦水带 70 米，C15 水泥混凝土基层（厚 20 厘米）420 平方米，粘层油 41735 平方米，4 厘米沥青混凝土 41735 平方米，挡土墙（高 1.5 米，顶宽 0.5 米，底宽 0.875 米）71.16 立方米，热熔标线 3666.71 平方米，挡土墙（高 2.5 米，顶宽 0.6 米，底宽 1.225 米，长 50 米）114.06 立方米，回填土方（砂砾夹土）1400 立方米，日常养护 59.208 千米。（刘国兵）

【危桥改造】　2018 年，县公路局投资 224 万元，改造西沟桥、代堡桥、华岩桥。（刘国兵）

【安保工程】　2018 年对农村公路侧险路段安装了防护栏 10 千米，投资 70 万元。（刘国兵）

【扶贫工作】　2018 年，县公路局投资 121 万元，实施西连仲村通火车站的公路（东庄—西连仲）2.3 千米，实施村南堤坝路 1000 米×4.5 米；硬化村委会门前大路 300 米×4.5 米；硬化村委会大院 1200 平方米。在农村公路项目建设中与施工单位签订用工合同，在同等条件下优先雇用贫困户，对西连仲村有劳动能力的贫困户进行了劳务输出，其中实施东庄至西连仲村路段，雇用贫困户 8 人，有效增加贫困户收入；积极与企业、用人单位联系，组织劳务输出，为没有技术的中老年劳力提供就业机会，促进贫困户稳定增收。全村劳务输出 462 人，其中贫困户 233 人，贫困户享受交通补贴 85 人；县交运局动员本单位的帮扶干部，给贫困村西连仲捐款 5400 元；开展“送温暖、献爱心”社会捐助活动，县交运局为西连仲村的 90 户贫困户和“五保”户、15 户老党员，每户送去 1 袋面、1 袋米。（刘国兵）

道路运输管理

【党建工作】　2018 年，县运管所继续开展“双日双评”活动，基层组织全面加强，基础工作全面进步，基本能力全面提升“双日双评”活动的开展，强化了基层组织建设、党风廉政建设和干部作风建设，提高了党组织的凝聚力和战斗力，为道路运输发展提供了坚强的政治保障和组织保证。2018 年县运管所被中共繁峙县委评为“先进基层党组织”。（高小白）

【道路运输年审】　2018 年，县运管所在车辆年审时派专人现场查验车辆，逐项进行审验，确保车辆审验质量。在企业质量信誉考核时，严格各项指标数据的考核，对道路货物运输企业质量信誉等级进行了初评，其中繁峙县有生冀东汽车连锁销售有限公司运业分公司、繁峙县三全汽车运输队、山西省繁峙县路宝汽车运输队、繁峙鸿茂祥运输有限公司、繁峙县亚通运输有限公司、山西省繁峙县快易通运输有限公司、繁峙县金洋邦达科技物流有限公司、繁峙县月明山运输有限公司、繁峙县安信科技有限公司、繁峙县拓兴煤炭物流贸运有限公司为AAA级，繁峙县元川汽贸有限公司为AA级。在车辆年审和质量信誉考核的同时健全了企业质量信誉档案和业户、车辆等档案，做到档案内容完整、准确。

2018年，共完成旅客运输车辆73辆的年审，覆盖率100%，年审合格率100%。

（高小白）

【质量信誉考核】 完成2017年度机动车维修企业和机动车综合性能检测机构质量信誉考核工作。依据《中华人民共和国道路运输条例》《机动车维修企业质量信誉考核办法（试行）》，对维修企业和综检机构提交的质量信誉情况进行核实，对辖区内申报的维修企业和综检机构质量信誉等级的各项考核数据进行初评，上报市运管局，并进行公示。

（高小白）

【运政稽查】 2018年，根据市政府和县人民政府、县交运局“打非治违”文件安排部署，县运管所在全县范围开展“打非治违”百日专项整治工作行动。

通过专项整治，严厉打击“黑客车”非法营运乱象，进一步改善了全县客运市场经营环境，维护合法经营者、从业人员和广大乘客的合法权益，营造良好的道路旅客运输市场秩序，确保全县道路旅客运输行业安全稳定。

（高小白）

【大气污染防治】 2018年，县运管所持续开展道路运输行业大气污染防治专项行动，坚决打赢蓝天保卫战。

组建执法队伍。按照县委、县政府和交通运输局要求，抽调精干人员组建专项行动执法队伍。出动稽查人员51人，做到领导到位、人员到位、装备到位、责任到位、队伍集结到位。

8月30日零点行动后，县运管所稽查大队与交警、环保配合出动执法人员168人（次），出动执法车辆84辆（次），检查货运装载源头企业3家。劝返过境货运车辆357辆。在繁峙西高速口检查点，本所稽查人员积极配合交警部门与环保、公路联合昼夜执勤对重型柴油货车和散装物料运输车进行管控。

集中开展柴油货车排放达标治理。（1）加强柴油货车市场准入环节监管。严把营运类柴油货车市场准入关。对拟进入道路运输市场的柴油货车进行严格审核，凡是未通过尾气排放检验、安全技术检验、燃料消耗量核查的车辆，一律不予核发道路运输证。（2）加强在用柴油货车监管。严把营运类柴油货车年度审验关。对未通过环保部门年度环保检验和公安交警部门年度安全技术检验的道路运输柴油货车，一律清退道路运输市场，注销道路运输证。（3）开展道路运输车辆燃料消耗量核查工作监督检查。进一步规范道路运输车辆燃料消耗量核查工作，统一核查表格样式，严格核查工作要求；组织开展综合性能检测机构燃料消耗量核查工作检查，对核查不严、弄虚作假的综检机构予以通报并抄告质检部门。

集中开展道路抛洒扬尘治理。（1）加

强散装物料装载治理。强化源头治理。坚持散装物料运输治理与源头超限超载治理相结合，加强散装物料运输源头监管，监督货运源头企业严格执行国家扬尘污染防治政策规定，严禁超限超载，严禁未采取必要封闭措施的货运车辆装载，严禁未采取有效封闭措施的货运车辆出场；强化源头治超督查工作机制，对重点区域实行重点检查，已经发现源头企业存在散装物料运输违规行为，及时抄告政府或专项行动办公室处理；严格源头治超工作月报告、月通报制度，切实做好源头治超统计工作。（2）加大道路运输车辆抛洒扬尘违法查处力度。严厉打击货车抛洒扬尘等违法行为。运输煤炭、垃圾、渣土、沙石、土方、灰浆等散装、流体物料的车辆，必须采取密闭或者其他措施防止因物料遗撒造成的路面扬尘污染。对未采取有效密闭措施造成抛洒、脱落、遗漏、扬尘等污染的散装物料运输车辆，依法依规从严处罚。严格执行稽查台账工作机制，落实运政稽查工作月报告、月通报制度，切实做好运政稽查统计工作。（高小白）

【扫黑除恶】 2018年，县运管所召开扫黑除恶专项斗争会议，就扫黑除恶专项斗争期间的具体工作进行安排部署，要求各队、室提高认识，高度重视，尽早开展专项工作；高度重视扫黑除恶专项斗争宣传工作，利用宣传栏、横幅等方式全方位开展扫黑除恶专项斗争宣传。在党员会上，从“扫黑除恶”专项斗争背景，党中央、国务院以及各级政府“扫黑除恶”决心，涉黑涉恶的表现，企业如何应对开展过程中一些黑恶势力的干扰等四个方面进行了详细的解读，对党员进行了扫黑除恶专题培训。（高小白）

【安全监管】 2018年，县运管所强化安全生产责任，普及安全生产知识，提高安全生产意识，开展“安全生产月”宣传活动

6月是全国第17个“安全生产月”。扎实开展“安全生产月”活动，2018年6月14日上午，由县运管所牵头，交警队、出租办、汽车站、并州运业、租赁公司、驾校等企业参加了此次宣传活动。围绕“生命至上、安全发展”主题，深入源头货运企业、驾校、汽车客运站等地认真组织开展精神宣讲、主题宣讲、安全生产宣传教育“七进”系列活动。

为进一步提高交通执法人员处置突发事件的能力，加强各部门联勤协作，提高交通事故应急处置水平，有效保障辖区道路安全畅通，9月21日上午，县交警队、县运管所、安监、消防、医疗等部门联合开展交通事故应急演练。

在模拟事故现场，一辆客车逆向行驶的小车相撞，事故造成两车人员不同程度受伤，各部门接到通知后迅速从集结地点赶往现场，各演练单位根据应急预案，紧张有序地按照各自职责分工协作。清障部门到达现场后立即在事故车辆后方按规范设置好安全标志，交通执法人员快速对事故现场情况进行勘查，同时安排人员协助交警疏导车辆维持好现场的交通秩序。医务人员迅速救治受伤旅客，消防队员及时消除防火隐患。由于事前部署周密、分工明确，应急演练取得圆满成功。（高小白）

【源头治超】 2018年1月30日，县运管所全体治超执法人员认真收看1月23日《焦点访谈》播放的《沉重的超载》。该焦点真实反映了山东、湖北治超执法不作为、乱作为的乱象。通过观看此次专题片，给执法队伍敲响了警钟，以此为契机确保今后治超工

作的顺利开展。

在全县开展了一次无缝隙、拉网式大排查，加强督导检查，彻底整治不作为，乱作为，收黑钱，放黑车，权钱交易等违法乱纪行为。

9 月 21 日上午，在龙河宾馆召开 2018 年源头企业治超培训暨“扫黑除恶”专项培训会。市货运源头治超处处长董晋骞、副处长刘怀远、县治超办主任闫东升出席会议，治超办、法治办领导，各源头治超队队长及各企业源头治超负责人共计 90 余人参加了会议。

2018 年年底，全县生产企业 25 家，本所治超执法人员全年累计巡查源头企业 3004 个（次），累计巡查人数 4318 人(次)，共查获非法超限超载源头企业 4 家，并进行处罚，累计处罚金额 46000 元，累计对 6 家运输企业，51 辆车辆和驾驶员列入“黑名单”。（高小白）

【扶贫工作】 2018 年，县运管所为集义庄乡三圣地村 19 户贫困户共 51 人量身定制扶贫策略，依靠劳务输出、教育扶贫、毛驴分红、肉猪养殖、健康扶贫、社会保障兜底、小杂粮种植、光伏扶贫、危房改造等措施，确保扶贫攻坚“精准到村、精准到户”，力争率先摘掉“贫困村”的帽子。

于 3 月、7 月两次集中对全村 19 户 51 人逐户调查摸底，重点核查 2017 年以来脱贫户人均收入是否存在不达标，居住的房屋是否还有危房、低保五保有没有落实。

对 6 户脱贫户申请了光伏发电，确保每户户增收入 3000 元。同时，积极为村民介绍就业渠道，就业培训，帮助争取养殖业贷款，稳定增加农户收入。

资助村委 9000 元购买地板砖，申请文体器材 3 套、兴建候车厅 1 个。（高小白）

繁峙火车站

【概述】 2018 年，繁峙火车站客运量为 25.64 万人，比上年增加 2.32 万人，每日平均 602 人。客运收入 484.56 万元，比上年增加 31.63 万元，每日平均 13200 元。旅客网络购票人数日趋增多，现网络购票人数分别占总人数 55.6%。

2018 年，繁峙车站货运量 4200 吨。主要货物发送品类为粮食、铁矿粉及球团。去向为华东及甘肃。2018 年年底，有正式员工 41 人，每天接发旅客列车 6 列，日均货运列车 45 列，站内设行车、客运、货运班组。站区内有线路工区、桥隧车间、信号工区、给水所、铁路派出所等机构。2018 年 3 月 20 日，原平至灵丘区段开通了电气化，京原铁路步入电气化时代。（姬云生）

2018 年繁峙火车站列车时刻表

车次	始发站—终到站	到达时间	开车时间
8817	灵丘–太原	11：21	11：23
8818	太原–灵丘	12：12	12：15
K604	运城–北京	22：22	22：26
K603	北京–运城	00：29	00：32
K602	太原–北京	01：15	01：20
K601	北京–太原	05：03	05：08

（姬云生）

邮政　通信

邮　　政

【概况】　2018年，繁峙县邮政公司有职工119人，设有综合办公室、市场营销部、金融业务发展中心、包裹快递中心、集邮文化传媒中心、渠道平台中心6个职能部门，下辖封投组、保卫组2个班组，砂河支局、大营支局、岩头支局、神堂堡支局4个邮政分支机构，杏园乡、光裕堡乡、下茹越乡、集义庄乡、金山铺乡、东山乡、横涧乡、柏家庄乡8个邮政代办所，滹源大街邮政营业所、东泰路邮政营业所、向阳南路营业所、砂河营业所、砂河镇营业所、京台营业所6个储蓄网点。县域设置转趟邮路3条，投递道段36条，满足全县13个乡镇，287个行政村、378个企事业单位、27万人的用邮需求。

（高晓瑞）

【组工建设】　2018年，繁峙邮政坚持把抓党建作为促业务的根本要求，充分发挥党建在全部工作中的引领作用。党支部组织员工深入学习习近平新时代中国特色社会主义思想，公司党政班子以中共十九大精神武装头脑，全面落实市分公司党委和县直工委党建会议精神，以新时代党的建设总要求为遵循，以推进全面从严治党向纵深发展为主线，深入推进“两学一做”学习教育常态化制度化，每月定期开展“双日双评”活动，联合工商行政管理局、新田村镇银行创新性地开展跨行业、跨企业、跨支部的联合活动。

（高晓瑞）

【邮政业务】　2018年，县邮政业务收入累计完成3120.37万元，完成市分公司年度计划的101.72%，较上年同期增幅7.98%。2018年，储蓄存款全年净增13526万元，总规模达到14.89亿元，活期占比35.36%。其中代理金融收入2559.18万元，完成年度预算的102.18%；包快总收入230.4万元，完成年度预算的109.19%；集邮与文化传媒收入230.8万元，完成年度预算的93.82%；渠道平台专业99.14万元，完成年度预算的93.53%。

（高晓瑞）

【政企合作】　2018年，县邮政公司全力支撑县域各项产业发展，全方位服务百姓，延伸普遍服务触角。繁峙邮政分别联合国税、地税部门、县公安局开办代开税票、身份证寄递等便民、惠民业务，并在6个营业网点全面推开，纳税人可以就近办税，百姓足不出户就能领取新证。2018年全县累计代收税款612万元，为3000多人次的纳税人提供了

代办服务，累计邮寄身份证8000多件，为县域百姓提供了极大的方便。（高晓瑞）

【"邮快合作"】 2018年，繁峙邮政在市邮管局的大力支持下，与13家民营快递公司进行合作，不打价格战、不相互拆台，相互借力，走出一条同业协作发展新路径，共同维护繁峙快递市场稳定，为百姓提供了更加优质便捷的快递服务，打通了"最后一千米"。（高晓瑞）

【"邮农合作"】 2018年，繁峙邮政在5个空白乡镇与乡镇领导、供电公司、化肥厂家、河北白沟驻繁企业联合开展了"邮农合作社"活动，吸纳农村会员2000多人，为会员提供示范田建设、农技服务指导、化肥购买享优惠、网点办理业务享尊贵等服务。通过测土配方，建立了赵庄白水杏、金山铺小米、光裕堡玉米等示范田，提供适合本地农作物生长的专用化肥，帮助农民提高生产技能和生产效果。同时，"送工业品下乡""助农产品返城"，均产生良好效果，受到百姓的一致好评。（高晓瑞）

2018年，邮农合作社销售化肥服务三农（高晓瑞提供）

【扶贫工作】 2018年，繁峙邮政积极响应精准扶贫号召，全力配合县委、县政府开展扶贫工作，主动对接县域白沟手工业产业扶贫项目，成立专项工作小组，出台专门政策，为中小企业提供包装、寄递、产品宣传、营销等全流程配套服务，并为县域产业扶贫建立了绿色通道，为进驻繁峙县的中小企业提供了方便，有效帮助贫困家庭实现脱贫致富。2018年，繁峙邮政已累计发往白沟车辆589趟，行程41.23万千米，运送货物8835立方米，为62家白沟驻繁企业提供物流服务，为全县手工业扶贫项目保驾护航。（高晓瑞）

通　信

·中国联通繁峙县分公司·

【概况】 中国联合网络通信有限公司繁峙县分公司（简称"繁峙联通"）是中国联合网络通信有限公司（简称"中国联通"）在繁峙县境内的分支机构，公司主要经营移动电话、宽带互联网、固定电话、电路出租、互联网+应用等各类通信产品。全面提供信息通信、宽带和话音信息内容服务、系统集成、信息化建设和企业上云等一揽子解决方案。公司现有合同制员工45人，设一部三中心，9个营销单元，1个运维单元。

2018年，繁峙县分公司认真贯彻落实省、市公司工作会议精神，凝心聚力、真抓实干，实现全年收入3000余万元，以落实"更快、精细、位次前移"的精神为指导，借县域振兴的东风，努力做好各项工作，大力发展各项核心业务，继续为服务繁峙地方经济发展贡献力量。（柴永青）

【业务完成情况】 2018年，县分公司收入完成3302万元，4G业务累计发展32029户，宽带业务累计发展5339户，智慧沃家（融合）业务累计发展9510户。收入市场份额到达25.76%，移网用户新增市场份额56%，宽带市场份额新增25.4%。

围绕全年各季度经营工作重点，对大村突破、小区攻坚、融合风暴、飓风行动、宽带三大战役以及政企线春播行动、攻城拔寨等系列竞赛活动进行了精心组织、积极动员，各营销中心共同发力，均取得较好的成绩，全年量收指标全市排名前列，2018年较好地控制了收入的下滑。同时创新业务签约额达200余万元，为2019年的经营工作打下良好的基础。（柴永青）

【社会渠道能力提升】 2018年，社会渠道能力提升效果明显，县分公司现有社会渠道代理点30家，其中核心渠道7家，有产能的渠道28家，月平均发展移网5678户。在小微渠道方面积极与县城有实力的合作伙伴协调合作，已签订拓展5家，月发展165余户。借助行销赋能契机，落实轻触点广覆盖的建设原则，通过广布点、广宣传，建立一个全面渗透广泛覆盖的轻渠道网络，百夫长合伙人共发展62户，完成全年目标，月发展用户约8户。（柴永青）

【基层责任单元改革优化】 2018年，县分公司基层责任单元改革优化顺利完成。6月底完成6个驻地网单元的划小承包，通过组织竞聘报名，对原有单元经理进行重新调整，组织全体员工宣贯学习承包方案，特别是对薪酬分配办法进行多次学习，进入7月各项业务发展明显提升。在存量维系、装移修服务、广告宣传、线上订单配送等各方面的工作都得到改善。（柴永青）

【经营转型】 2018年，经营转型工作取得新进展。网厅、微厅、手厅线上渠道，掌握系列APP、行销设备、二微码系列等线下触点，MISPOS、微信支付等新的支付手段得到了广泛应用，掌握行销受理量和线上支付均排全市前列。出台线上营销推进方案，成立工作组，明确各自职责，通过微信公众号平台宣传业务，制作线上渠道、包片人员电话二维码及业务内容的便民服务牌等，随着这些措施的落地，线上订单量逐步提高。

（柴永青）

【运维建设】 2018年，光衰整治，IPTV质差用户整改，变被动服务为主动服务，县分公司主动对网络质量差的用户进行服务，提升用户感知和对企业的评价。通过光缆维护人员和线务人员的配合，共计完成132处皮缆的更换，168处损耗的处理，更换OLT光模块27个等措施，繁峙光衰达标率达到97.17%，名列全市前茅。

宽带接入网络运营引入社会化合作模式，提升了繁峙宽带市场份额，通过合作模式，繁峙对15个异网未进线小区进行攻坚，完成了7个小区的合作，其中两处为自进线。

机房整治工作及接入机房腾退情况：完成了梨峪、鳌子头、东庄、安头、东位庄、小李牛6个接入机房的整治，并开始对砂河机房进行全面整治，已完成旧设备拆除和尾纤槽道的安装，并已完成部分尾纤的更换工作。

为有效控制能耗成本，共计换掉143台ONU高耗能设备，节约电费约5万元。清查网点电表情况，对不再使用的电表进行销户处理，杜绝一部分电费跑冒。

通过流量分析、投诉聚焦，移动网方面共计优化补充开通了3G基站6个和 4G基站38个，全部是解决热点区域网络建设；

快速响应两个聚类市场的室分覆盖，有力提升了联通手机用户的品牌效应。（柴永青）

【综合管理】 2018年KPI综合排名一直保持在全市前列。县分公司在县委的统一安排下，以开展“双日双评”活动推进“两学一做”学习教育向常态化、制度化扎实迈进。利用党员远程教育网学习党校教授的讲课，使“两学一做”学得深入，做得到位，坚持经常、融入日常。成立党员干部帮扶小组，对各基层责任单元实行定点帮扶，将党建工作与日常生产经营工作有机结合。充分认识廉政建设责任制重要性，始终把党风廉政建设责任制工作当作大事、要事来抓。建立一岗双责工作机制，严格按照“三重一大”制度要求办理重大事项，通过公司领导身体力行和对干部职工的廉政要求，班子成员均未发现有违法违纪问题，领导干部的表率作用促进了全体干部职工廉洁从业良好风气的形成。（柴永青）

·中国移动繁峙分公司·

【概况】 2018年，中国移动繁峙分公司落实市场部“红海行动”实施方案，充分调动自有渠道与社会渠道力量，聚焦市场竞争，全力推进客户份额、流量份额、宽带份额及新业务增收。分别开展“亮剑行动”“打靶行动”“撒网行动”“春耕行动”四项专项行动；推进“流量风暴行动”，确保流量份额重回50%以上，收入增长跑赢行业增幅；推动业务与份额共同发展，确保达成生产经营目标，坚持前进指引同时激发企业力，立足繁峙市场实际情况，全面拓展企业运营能力。

2018年，通信收入完成7950万元，总体用户数达到17万户，其中4G用户数达到12万户。同时本公司积极响应精准扶贫号召，对122个电普村庄进行了网络信号覆盖及宽带覆盖，积极推行信息扶贫，同年通过验收。（赵建民）

【红海行动】 2018年，县分公司通过“多途径宣传，多区域营销，多深挖市场”三种方式，多媒体强势宣传互联网卡、竞争对手高份额区域定点营销，充分挖掘电话营销客户潜力来提升市场份额。（1）组建营销团队，全员动员。组建自有营销团队：由自办厅营业员和渠道经理组成，针对目标村庄和小区，采用便利卡的方式，进行下乡现场宣传营销；组建渠道营销团队：由分包渠道经理选择优质核心渠道在繁城、砂河、大营商圈进行重点营销，采购鸡蛋、平底锅等礼品，吸引用户进厅免费领礼品领卡；联合渠道进行扫村扫小区，通过优质渠道带动其他重点渠道。（2）加强渠道的督导帮扶。强化支撑帮扶，规定好渠道每天完成的任务量，引导所有渠道开展进厅送礼品+互联王卡的活动。（3）继续加强集客联动。首批重点筛选了重点集团，由客户经理对集团内部的高流量客户进行互联王便利卡的推广和任我用套餐的迁转；对整个集客市场进行分析：筛选月消费在38元到58元的集客客户，重点关注宽带绑定、副卡推广、互联王卡推广的推广；针对月消费在58元以上的集客客户，重点关注任我用套餐推广、宽带绑定、互联王卡办理、4G+终端销售的综合推广。（4）微信营销圈粉。将同时开展自有人员及渠道人员组织渠道进行扫村营销互联网卡，关键是找到“能人”，渠道给“能人”一定的激励费用，提升市场份额，同时组建V网，增强客户黏性；利用庙会等时机，家客、渠道、市场人员组合营销；利用当前任我用套餐，集中优势挖转竞争对手客户。现场营销，重点在本县竞争对手高份额区域继续挖转，重点开展互联网卡、宽带及流量的营销。

截至6月底，累计新增份额达到42%，年累计净增份额达到45.1%，有力夯实了市场份额。（赵建民）

【打靶行动】 2018年，县分公司流量份额提升方面主要是做好各类目标客户的营销。（1）高流量客户和流量溢出客户：对流量客户分层：针对DOU大于5G的用户，由自办厅进行重点营销；DOU在500兆—5G的用户及时将目标客户分解后传达到渠道，结合现有营销活动，指导渠道电话营销专属升级包/半年/包季流量直充包或任我用叠加包；（2）视频偏好类客户：对繁峙的目标客户确认优先级，先重点对视频流量大于2000兆的用户进行重点营销，做好互联王卡和9.9元咪咕会员大派送的落地，由进厅卖场短信群发，重点营销；介于500兆和2000兆的用户由其余渠道采用电话营销+进厅有礼的方式进行推广；（3）核心渠道带动：对渠道进行分类，发挥核心渠道作用：对累计订购流量包100户以上的6家核心渠道，由渠道经理重点帮扶，做好营销数据的支撑；对流量包发展不足10户的渠道，由渠道经理重点指导，推广优秀经验；对新入网发展200户以上的4家核心渠道，由渠道经理继续做好SI兆卡、BOSS操作、营销活动的指导，加强宽带和终端的搭载，通过优秀渠道来带动其余渠道的发展。截至12月底，任我用客户完成38200户。（赵建民）

【撒网行动】 2018年，县分公司加强沟通协同，提升营装效率，渠道家客联动，驻地组合营销。（1）渠道业主竞标制：针对存量端口利用率低于25%的宽带小区村庄，按照宽带端口提升比例或者任务数，采取竞标制来激发渠道的积极性；（2）渠道家客联动：针对竞标小区村庄，家客经理和渠道做好分包协同，与渠道现场协同发展；明确营销资费标准，制定统一营销话术，客户维系保有：结合劳动竞赛，由市场部进行宽带续费任务分包，由自办厅人员开展宽带续费的营销；针对渠道方面，耐心做好思想工作，把宽带续费作为维系客户的手段，对续费用户不得推诿，做好宽带的BOSS支撑；（3）滨河移民小区重点攻坚：本县滨河小区是县政府打造的移民小区，小区住户合计1600余户，经与杏园乡政府、小区物业多方沟通协调，同意移动公司宽带进入，9月份网络建设后，本公司组织人员进小区蹲点营销，同时该小区已经招募能人推进营销进度，提升市场宽带份额；（4）强化支撑通报：对昨天的安装情况进行盘点和通报，部署当天的安装计划；认购通报：由专人对认购小区村庄的渠道发展任务进行通报，对发展不利或者未开展的渠道进行约谈，明确任务进度和利害关系。（赵建民）

【春耕行动】 （1）新入网中新飞享套餐100%叠加咪咕大派送业务；（2）筛选目标语音超套客户明细，重点营销新业务有礼活动；（3）筛选目标语音超套客户明细，重点营销咪咕大派送+金曲月包组合业务；（4）存量客户中渠道及自办厅人员全员电话营销咪咕大派送+金曲月包组合业务；（5）4G+终端发展方面，本公司组织核心渠道制定终端组合营销政策，推出：仅需1399元，即可得四重大礼（手机+电动车+神秘礼包+话费流量）；推出：仅需1299元，即可得4G+终端、108元任我用套餐免费使用11个月，两项活动分渠道分时间分区域营销，争取完成终端销量既定目标。同时将4G+终端发展、流量提升及宽带发展结合，争取以此为本公司“红海行动”的“先锋队”，全力推进终端销量与宽带发展。持续炒店争取活动达到“同城一店”的效果，继续提升终端销量。（赵建民）

【流量风暴】 2018年，县分公司全面提升全国版互联王卡：全渠道针对低语音、高流量客户着力发展互联王卡，突出预存话费赠送话费，同时国内流量1元1G随心用，30G定向流量免费送，繁峙渠道通过赠送“儿童手表”等营销活动吸引年轻客群开展营销，在繁城镇、砂河镇、大营镇举行三次炒店活动，提升市场份额，提升数据流量增幅。（赵建民）

·中国电信繁峙分公司·

【业务完成情况】 2018年，县分公司月平均绩效得分106.02分，全市排名第2。年收入目标1696万，完成1602.51万元，完成率94.49%，全市排名第2。移动净增目标3600户，完成5367户，完成率149.08%，全市排名第1。宽带净增目标1800户，完成2128户，完成率118.22%，全市排名第2。高清净增目标2900户，完成3480户，完成率120%，全市排名第3名。（杨悦梓）

【经营管理】 2018年，县分公司以增加收入及用户规模为主，树立电信宽带品牌效应；坚持融合拉动移动的销售路径；同时运用翼支付与天翼高清增加用户黏性，做好存量用户维系与保有工作。管理重点业务，周通报、日督促形成了很好的比学赶帮效应，要求四级单元负责人全面关注绩效分值，管控各项指标。具体做法：（1）大力发展融合业务，拉动移动新增含副卡业务，管控好新发展用户质量，有效利用翼支付、天翼视讯等新业务增加用户黏性；管控好宽带用户流失风险，重点以单转融、宽带到期续费等有效方式维系老用户，减少在网用户离网率；在确保新增的同时也将净增目标明确到四级单元负责人，加大奖励考核力度。（2）做好政企业务的推广及维系，通通专线、物联网、ICT等有效提升收入进度，通过良好的客情关系及维系动作，有效带动了收入及用户规模的拓展；（3）继续加快网格建设，泛渠道及店面建设步伐，农村宽带业务空白区域的建设及城市区域的扩容与自建，同时发展建立服务代理点及翼支付泛渠道建设，有效的通过宽带优势与店面建设拉动业务发展与维系。（4）不断提高自身综合能力，始终以创新为主，不能创新就坚决复制学习；加强与兄弟公司的日常工作交流和学习，提升自身沟通协调能力；构建团队协作，营造和谐奋进的企业氛围。（杨悦梓）

金融监管

·中国人民银行繁峙县支行·

【概况】　中国人民银行繁峙县支行内设综合办公室、金融管理部、综合业务部、纪检监察室4个部室，职工共计22人，其中，支行领导职数为行长1名，副行长1名，纪检组长1名，副主任科员2名。支行主要负责履行货币信贷政策的执行、支付清算、国库经理、货币发行、人民币反假等方面职责，还肩负着确保辖区金融稳定、防范和化解县域金融风险、金融监管的重任，同时在提供金融服务和支持地方经济发展等方面发挥着重要作用。（杨觐屹）

【金融运行简况】　2018年，全县各项存款余额1409311万元，增加123564万元，增幅9.43%，各项贷款余额672537万元，增加147246万元，增长27.94%。（杨觐屹）

【创新金融扶贫模式助力脱贫摘帽】　2018年，人民银行繁峙支行通过顶层设计5种模式，推动所有金融机构共同发力，政银企贫困户全方位协同作战，出色完成了助力脱贫摘帽任务。全年共累计提供13亿元的资金支撑，带动贫困人口60204人。2018年，人民银行繁峙县支行重点指导金融机构扶贫信贷由个人发展零散的产业向产业集约化扶贫方面转变，探索繁峙产业扶贫模式，重点推广“5+模式”、光伏产业扶贫模式、“农业周转金+担保+产业扶贫”模式、“绿色农业+贫困户+乡村旅游+银行”模式、整村提升项目扶贫模式。通过模式创新，本县金融系统形成浓厚的扶贫氛围，各机构充分发挥各自优势将主要精力和资源向扶贫服务倾斜。通过模式创新，政银企贫困户形成了利益共同体，共同为脱贫摘帽协同作战。通过模式创新，有效解决了“贫困户脱贫无产业带动，产业发展无资金投入”的矛盾。2018年，全县213个贫困村产业覆盖率100%；有带动主体的贫困村139个，覆盖率65%；有合作经济组织的贫困村117个，覆盖率55%；有增收项目的贫困户17579户，覆盖率74%。2018年年底，全县金融机构共发放产业精准扶贫贷款4.8亿元，其中，信用贷款1.8亿元、保证贷款2亿元、抵（质）押贷款1亿元；全县金融精准扶贫贴息贷款余额达5.8亿元。（杨觐屹）

2018 年，繁峙县金融扶贫贷款管理实施意见讨论会（杨觐屹提供）

【立足币信贷政策传导，做好全县产业扶贫项目发展】 2018 年，拟定《繁峙支行 2018 年扶贫行动计划》《2018 年繁峙金融助推脱贫摘帽工作实施细则》，报县扶贫攻坚指挥部作为全县脱贫摘帽专项行动之一。在县委、县政府组织的扶贫座谈协调会议上，多次提出金融助推业扶贫意见建议，充分挖掘政策性银行、商业银行潜力，做到“政府、银行、公司、贫困户、保险”五方联动，协作配合解决产业扶贫资金问题。通过采取措施使繁峙县产业扶贫贷款在 2017 年增加额较高成效的基础上继续保持力度不减，2018 年，全县共发放产业扶贫贷款 46 笔，28805 万元，带动贫困户 5822 人，发放项目扶贫贷款 20 笔，62148 万元，带动 39687 人。首笔整村提升贷款在农发行省分行签约，全年新增 34730 万元项目贷款，优异的成绩促使省委、省政府组织的产业扶贫观摩团到繁峙进行了现场观摩。（杨觐屹）

【金融秩序整治】 2018 年，人民银行繁峙县支行全年组织开展了央行评级、存款准备金、债券市场、扶贫再贷款、国库经收处、反洗钱、账户管理督导、新田村镇银行结算应急演练、金融扶贫评估、地主法人股权结构调查、普惠金融调查等专项检查、调查、评估工作，并对一些金融机构归还再贷款时没有及时补缴进账户存款准备金行为进行了罚款处理，规范了相应金融业务管理，禁止了金融业务违规操作行为。（杨觐屹）

【金融服务能力提升】 2018 年，全年组织开展国债知识、征信知识、打击非法集资、人民币管理、反洗钱、金融消费者权益保护、防范电信网络诈骗等宣传，形式采取电视飞播、金融网点摆放资料、闹市集中宣传、深入贫困村宣讲。关注窗口服务质量，做到“三确保”（确保服务人员服务时间内准时到岗，确保服务态度优良，确保服务事项最快办结）。做好农村金融综合服务站与特色产业扶贫项目深度融合工作。组织农行、农商行、邮储银行、建行召开了农村金融综合服务站建设专项会议，安排专人负责繁峙县农村金融综合服务站建设工作，并加快金融综合服务站与特色产业扶贫项目深度融合工作进度，按时保质保量完成目标。规范国库业务推进国库标准化建设，强化内控管理，加大监管力度，提高国库收支分析和调研水平，完善应急处理机制，确保国库资

2018 年，繁峙县打击防范非法集资宣传活动（杨觐屹提供）

金安全的管理目标，以优质的服务和高效率的工作支持地方经济的发展。进一步加强金融信用信息基础数据库接入机构的监督力度，对个人信用报告查询、企业信用报告查询、机构信用代码证发放的管理，严格按规定办理，并通过信用信息数据库中企业有关情况分析小企业贷款结构及变化，为金融机构降低信贷风险提供参考，充分发挥征信管理作用。（杨觐屹）

【扫黑除恶专项斗争开展】 2018年，人民银行繁峙县支行一直认真按照人行忻州市中心支行和县扫黑办相关文件精神开展工作。设立扫黑除恶专项斗争工作办公室，办公室内张贴宣传图版7个，设立专柜存放扫黑除恶专项斗争工作档案资料。扫黑除恶专项斗争领导小组组长对辖区11家行业监管对象进行督导谈话，谈话内容严格按照省委要求的六项内容进行，进一步提高了政治站位，明确了各自职责，理清了工作思路。

（杨觐屹）

·忻州银监分局繁峙监管办事处·

【概述】 忻州银监分局繁峙监管办事处成立于2004年，属于忻州银监分局派出机构，在分局的指导和授权下，对属地银行业机构实施监督管理。监测、收集属地金融机构重要风险信息，及时向分局报告，对症实施监管措施。正式在编人员3人，其中主任1人，科员2名，行文权、检查权、人员派遣、办公经费均由忻州银监分局管理。

（侯雪飞）

【监管机构】 按分局授权，对辖内9类机构进行业务监管，分别为：工商银行繁峙支行、农业银行繁峙支行、中国银行繁峙支行、建设银行繁峙支行、邮储银行繁峙支行、繁峙农村商业银行、繁峙新田村镇银行、晋商银行繁峙支行、农业发展银行繁峙支行，共有营业网点49个，从业人员601人。

（侯雪飞）

【扶贫工作】 2018年，贯彻落实金融扶贫的战略部署及文件精神，解读扶贫政策，积极引导辖内各银行业金融机构认识金融扶贫工作的重要意义。多次接受省局、分局扶贫小额信贷工作督导，单独或配合县级各部门组织县域内各银行业金融机构召开扶贫小额信贷促进会30余次，2018年6月28日，“山西银行业金融扶贫现场推进会”在繁峙县召开。协同县金融服务中心、政府督察室等部门共同组成督导小组连续8周奔赴各乡（镇）、各网点督导，按周印发《督导通报》，上报县委、县政府，供领导及时掌握扶贫小额信贷发放进度以便政策跟进。严格要求各银行业金融机构执行“户借、户用、户还”“面谈面签”制度。截至2018年年底，全县各金融机构累计发放扶贫小额贷款55385.7万元，支持贫困户12086户，直接或间接带动贫困人口36200人。其中2018年发放扶贫小额贷款5380户，24291.7万元，为全省投放绝对额和完成率双项第一。2018年年底扶贫小额贷款在账余额43121.8万元。（侯雪飞）

2018年6月28日山西银行业金融扶贫现场推进会在繁峙县召开（侯雪飞提供）

【内控案防】 2018年，繁峙监管办事处结合开展“银行业内控制度和案防制度落实情况”现场检查，深入进行案件治理工作督查，逐项落实风险排查中发现违规问题的整改情况；配合公安、消防部门做好银行业机构节假日安全检查工作，针对检查发现的问题及时提出安全防范建议；按规定约见银行业机构负责人，听取日常经营、内部管理情况，针对性提出稳健经营的相关意见。

（侯雪飞）

【风险排查】 2018年，繁峙监管办事处加强银行业风险防范，完善信息共享和风险协调处置机制，开展地方性法人金融机构资金业务风险排查，包括排查资金业务、贷款业务，摸清机构的风险底数，提出监管建议，并逐项落实风险排查中发现违规问题的整改情况。配合县公安机关开展对辖内机构安全评估，配合忻州分局检查组开展“市场乱象整治”检查工作。坚决守住不发生系统性风险底线。（侯雪飞）

【金融服务】 2018年，繁峙监管办事处组织金融机构积极开展“打击非法集资”“扫黑除恶”“金融知识宣传服务月”“金融知识进万家”宣传活动。助推“村村通”工程，加大县域金融覆盖面，积极开展支持小微企业金融服务活动，配合分局开展“金融市场乱象”整治活动，确保金融市场稳健发展。

（侯雪飞）

【实体经济扶持】 2018年，繁峙监管办事处以解决企业融资难、融资贵、金融支农、金融支小支微为切入点，召开会议督促各金融机构，优化金融服务，保持信贷投放的科学性，支持实体经济的发展，多措并举，助力小微企业发展，制定帮扶方案，及时提供有效参考，达到了防风险、遏风险、化风险目的，增强了银行业机构支持小微企业发展的信心。（侯雪飞）

2018年6月20日，山西银监局局长一行在繁峙县召开金融扶贫督导会（侯雪飞提供）

【扫黑除恶】 2018年，县监管办事处组织开展金融系统内扫黑除恶专项斗争工作，按要求成立专项斗争小组，并按规定动作积极开展各项工作；指导县内各金融机构开展专项斗争宣传工作；积极组织各机构开展线索摸排工作，按要求及时上报局及县扫黑办，全年共上报线索7条。（侯雪飞）

银　行

·中国农业发展银行繁峙县支行·

【概况】 2018年，全行各项贷款余额87672.29万元，较年初增加27970万元；各项存款余额18239.1万元，日均余额为27746.72万元，与同期基本持平；中间业务收入2.99万元，经营利润1843.84万元。

（曹惠娟）

【贷款规模】 2018年，全行各项贷款余额87672.29万元，同比增加27970万元，增幅为46.85%；新营销贷款19324万元，累计投放35124万元，收回贷款7154万元，实现到

期贷款应收尽收，提前完成市分行年初下达的贷款营销和投放任务。（曹惠娟）

【中间业务收入】 2018年，全行中间业务收入2.99万元，全行上下充分利用各种资源优势，营销保险保费11.24万元，实现车险手续费收入1.69万元。（曹惠娟）

【经营效益】 2018年，全行各项收入共计2575.83万元，同比增加643.4万元，贷款利息收入大幅增长，累计收回1444.79万元；各项支出共计731.99万元，实现账面利润1843.84万元，同比增加539.66万元。

（曹惠娟）

【党建工作】 2018年，支行党支部坚持党建工作统领全局，全面履行领导、教育、管理、检查、示范五个方面的主体责任，在“两学一做”学习教育的基础上，开展“双日双评”活动，并将此作为支部经常性活动，定于每个月第三个星期三下午3点，活动形式为6+1，即党员签到、重温入党誓词、交党费，学党章、讲党课、谈心得体会以及自选活动。通过“双日双评”活动，重点组织全体党员干部深入学习了党的十九大报告以及新修订的《中国共产党章程》，深入贯彻落实十九大精神，牢固树立“四个意识”，在思想上、政治上、行动上始终与上级行党委保持一致。同时，为检验学习成果，开展专题组织生活会，通过深入查找问题，开展批评与自我批评，对每个党员进行了民主评议，进一步强化了党的观念，提高了全员的党性修养。（曹惠娟）

【扶贫工作】 2018年，全行以支持金融扶贫为重心，全力服务地方经济发展。4月，成功营销扶贫过桥项目1个。本行通过主动对接县委、县政府，了解到繁峙县贫困村提升是本年脱贫攻坚的重要举措，需要金融支持。根据上级行信贷政策及会议精神，加班加点梳理过桥贷款流程清单资料、申报工作，全力以赴开展项目营销工作。实现贷款审批19324万元，并于9月完成全部投放支付工作。另中长期项目实现全部投放，包括棚改类贷款项目投放金额12800万元，三馆一院项目投放金额3000万元。资金的及时投放，助推了本县脱贫攻坚，并多次得到县委、县政府对本行工作的肯定。

驻村帮扶。本行抽调8名骨干人员成立驻村帮扶工作队，以第一书记作为工作队长驻村扶贫，工作队走访贫困户10余次，详细了解每户的基本状况，记录其致贫原因，并制订针对性的脱贫措施，以此进行行之有效的脱贫帮扶。认真理清各项扶贫政策，通过走访入户形式及时把农业补贴、农村低保、医保、养老保险、残疾人护理补贴等补助标准和产业扶贫、教育扶贫、金融扶贫等有关规定对贫困户予以讲解，让老百姓对党的扶贫政策达到“四个知晓”。针对一些贫困户有发展需求但缺乏担保出现的贷款难等问题，工作队为长胜号村的4个贫困户争取到扶贫小额贷款每户5万元。针对村民收入少，经营模式单一的实际问题，积极向贫困户宣传光伏扶贫政策，帮助长胜号村19户贫困户安装了光伏发电设备。工作队为强化村民劳动技能，稳定增加收入，联系繁峙农商行砂河支行，为村箱包加工厂争取到启动资金贷款10万元，通过提供信息、技术、服务等方式，提高群众劳动技能水平，促使贫困户依靠自身力量进一步拓宽收入渠道，巩固脱贫成效。两节期间入户慰问，为36户贫困户和4户非贫困户中的困难户送去了米、面、油等生活必需品，给贫困村民带去温暖，帮扶工作得到村民的肯定和好评。为进一步推进村级文化建设，完善小学生校园图书馆，在长胜号村小学以班级为单位开展“捐一缕书香，献一片真情”图书捐赠活动、“学宪法，讲宪法”活动，通过走进校园，走进课堂，零距离接触学生，以生动活泼的形式帮助学生了解相关宪法知识，进一步践行了支农使命。（曹惠娟）

·中国农业银行股份有限公司繁峙县支行·

【概况】 2018年，中国农业银行繁峙县支行现有在职职工61人。（刘美丽）

【资产负债经营】 2018年，各项工作实现稳步发展。截至年末，全行各项存款时点余额27.05亿元，时点增量1.66亿元。各项贷款余额3.39亿元，较年初增加2.67亿元，同比增加370%。（刘美丽）

【其他财务指标】 2018年，共实现中间业务收入349万元，利息收入170万元，利息收入占总收入38%，实现拨备后利润177万元，同比增长6%。（刘美丽）

【不良资产】 2018年，按照五级分类（正常、关注、次级、可疑、损失）分别为正常贷款25792万元、可疑8.77万元、损失6350万元，其中个人贷款6152.77万元，法人贷款25998万元，行业主要集中在交控集团、原平铝业。（刘美丽）

【地方经济服务情况】 2018年，全行共发放扶贫小额贷款934户，金额4670万元，带动贫困人口2955人，完成扶贫小额贷款投放任务1240万元的377%。（刘美丽）

【扶贫工作】 2018年，全行帮扶村为前所，全村604户1632人，其中贫困户194户584人。依托光伏发电这一新能源产业，共带动30户贫困户106人走上稳定脱贫道路。省行扶贫工作队帮助成立的圆梦箱包加工厂，先后培训前所村29人进行箱包加工制作，带动25户贫困户98人脱贫。协调其他金融机构以“五位一体”模式，支持两个种养殖专业合作社，发放扶贫小额贷款250万元，带动50户197人脱贫。依托本行5+健康养殖模式，全年发放扶贫小额贷款55万元带动11户40人脱贫。对于60岁以上丧失劳动力的贫困户，计划采取上报政府部门，通过政策措施进行帮扶。（刘美丽）

【金融服务创新】 2018年，全行主要在金融精准扶贫中创新引入“政府增信”机制，共同协作开启“5+”资产收益扶贫模式。针对大部分贫困户缺资金、缺技术、缺管理、缺劳动能力的实际，本行结合牧原集团自身产业优势，与牧原集团、当地政府共同实施并推广“资产收益帮扶”模式，即“5+”资产收益模式，“政府+企业+银行+合作社+贫困户”。政府组织建档立卡贫困户组建专业合作社，协调金融机构为建档立卡贫困户发放扶贫贷款，所筹资金统一由合作社管理并与牧原合作，牧原对合作社成员贷款筹资的偿还提供流动性资金保证。合作社委托牧原或牧原认可的建筑公司代建猪舍，猪舍租赁给牧原，牧原支付租金，实现合作社资产收益，合作社将牧原支付的租金按贫困户筹资比例分配给贫困户。通过上述模式，实现合作社、贫困户、政府、银行、牧原集团五方共赢，助力实现脱贫目标。由县政府宣传引导、乡（镇）政府组织落实贫困户成立合作社。对于贫困户，从银行贷款5万元（牧原集团可以提供担保），交于县联合社统一经营，建设猪舍及日常运营等方面投资，所建猪舍租赁给牧原集团使用，牧原集团按投资额的 6%（牧原集团可捐赠 0.5%）向合作社支付租赁费，租赁期 3 年。租赁到期后，牧原集团按照投资总额原价收购猪舍，合作社解散。政府按照 3 年期基准利率给银行进行贴息，合作社收取的租金作为分红分配给贫困户，确保贫困户年收入不低于 3250 元，按季度分红。（刘美丽）

·中国建设银行股份有限公司繁峙支行·

【概述】 2018 年，支行核心存款时点余额 11.04 亿元，新增 0.62 亿元，日均余额 10.58 亿元，日均新增 0.29 亿元。各项贷款余额创历史新高，达到 3.67 亿元，当年新增 0.24 亿元。个人客户 6.07 万户，较年初新增 0.56 万户。

全年业务发展呈现四个主要亮点：（1）对公账户新增再创历史新高，2018 年度帐户数量达 767 户，较年初新增 172 户，同业占比第一。（2）个贷业务一枝独秀，独占县域房贷市场。2018 年，繁峙支行个人贷款余额 3.43 亿元，比年初新增 0.23 亿元。其中：个人支农贷款 248 笔，2190 万元。（3）信用卡业务快速发展。2018 年，繁峙支行净增发卡 1169 张，系统排名第 4。完成分期 925.1 万元，系统排名第五。（4）信贷业务以及信用卡业务的快速发展，尤其是分期业务的大力拓展，支行 2018 年度中间业务收入有新的突破，增收创效的能力明显提升。（侯　宏）

【地方经济服务】 2018 年，县支行加大个人住房贷款投放力度，扩大合作楼盘项目范围。在 2017 年 4 个楼盘的基础上继续支持当地房地产市场，又新增 2 个楼盘，实现房贷规模的进一步扩大。本县 6 个四证齐全的房地产开发项目的按揭业务由县支行承办，个人住房贷款余额 2.31 亿元。配套推出信用卡家装分期、车位分期等业务，实现分期资金 925 万元。

根据总、分行安排，支行积极推进住房租赁、金融科技和普惠金融三大战略，以平台建设为抓手，将 14 类金融科技平台的推广融入各行各业，服务民生，服务大众。

支行与县住建局就住房租赁达成合作意向，为当地房屋租赁搭建平台，创建系统，整合租赁市场信息资源，实现信息共享，更好地为政府和社会大众服务。与繁峙县宗教事务局就宗教服务系统上线进行了合作，为当地统一宗教人士管理提供了平台基础。与当地 6 所学校签订了公益教育综合服务协议，为校方和学生提供管理、教育资源共享、信息互通等服务。

履行大行担当和社会责任，大力推广本行“劳动者港湾”服务，为广大基层劳动者提供喝水、上厕所等 44 项免费便民服务，受到社会各界的广泛赞誉。

积极开展金融创新，通过与税务部门合作，本行基于交易结算、纳税记录等大数据推出专门为小微企业服务的“惠懂你”APP，通过大数据直连共享，系统评估企业信用，实现全程在线为小微企业提供信贷服务，如：云税贷、账户云贷、结算云贷、信用快贷、抵押快贷、质押快贷、平台快贷等。降低了小微企业融资成本，解决了小微企业融资难融资贵的问题。2018 年为 12 户小微企业投放普惠金融贷款 907 万元。

通过与公积金中心合作推送公积金快贷白名单，实现当地约 100 多单位部门信用贷款额度全覆盖，为融资需求打开方便之门。

为配合县委、县政府打好脱贫攻坚战，

本行积极响应，以扶贫资产收益模式与河南牧原集团合作生猪养殖项目，发放扶贫小额贷款438笔，共计2190万元，帮助2个乡镇，31个村，438户贫困户脱贫。超额完成上级行下达的扶贫贷款任务。（侯　宏）

【扶贫工作】　2018年，支行以建设裕农通“村口银行”为着力点，着力提升基础金融服务覆盖面，打通农村普惠金融服务“最后一公里”，定点扶贫村覆盖率达到100%。同时，加快服务转型升级，将精品点建在农村“圈链群”的核心点上，从信贷支持的当地龙头企业、合作社、家庭农场等入手，主动将建行支持的企业项目引入扶贫村的支柱产业，吸纳贫困户参与其中，带动贫困户脱贫致富。

2018年7月，支行开始收集扶贫贷款资料，山区路途较远，交通不便，建行繁峙支行的员工携带最新的高科技“龙易行”设备，把银行搬到乡村上，减少了群众来回奔波的辛劳。10月，由中国建设银行繁峙支行和县委宣传部、县文联、县商务局、繁城镇、县摄影家协会、山西农业大学、县勇和农场共同举办繁峙县首届“滹源稻花香”农民丰收艺术节，参展企业11家，取得了良好的效果。为构建非金融生态圈，帮助当地农户发展生产，增加收入开辟了一条道路，将建设银行普惠金融的理念传播到千家万户，在拓展扶贫渠道的基础上，扩大了本行的影响力。此外，本行还先后把繁峙县宏钜大磨坊、繁峙县绿洲獭兔专业合作社、山西勇和农业养殖有限公司加入支行的商机智能撮合平台，为其进一步拓宽销售渠道。

（侯　宏）

【网点建设】　2018年，支行为更好地服务县域经济发展，充分满足企业和居民的金融消费需求，砂河支行纳入总行普惠金融网点建设，已验收到位，具备开业条件；支持智慧城市建设，以手机银行、龙支付、慧兜圈、POS机及聚合码商户等为载体，在交通、医疗、购物、教育、生活服务等方面积极为社会大众提供便利和优惠。打造智慧银行，加大了电子化、自助化渠道建设力度，增配智慧柜员机等设施，推进“移动优先”战略实施。增设裕农通服务点，覆盖到乡镇，偏远山区村落，为更多的老百姓提供金融服务。

（侯　宏）

【内控合规】　2018年，支行继续强化责任意识，认真开展各种学习教育活动，突出强调各层级、各岗位的岗位责任和使命意识，严格落实各项政治纪律和业务规章，坚决杜绝“虚位”“缺位”现象。全行上下凝心聚气，各司其职，一手抓业务发展，一手抓风控案防，各项业务稳步推进的同时确保了全年的运营安全，未发生案件和重大风险事件及责任事故。（侯　宏）

·中国工商银行股份有限公司繁峙支行·

【业务经营指标完成情况】　2018年，支行全年实现拨备前利润681.93万元，同比增长50.96万元；实现净利润509.79万元，同比下降了120.25万元；实现中间业务收入299.9万元，同比增长68.39万元。

全部存款余额5.68亿元，净增0.54亿元，其中储蓄存款净增0.76亿元，完成率为117.54%，任务完成率全辖第二，公司存款和机构存款分别下降391.16万元和1853.64万元，下降的原因主要为支行业务功能不全无法满足客户需求和社保中心定期存款到期上划所致。（侯达君）

【客户增长】　2018年，对公客户开户57

户，净增 27 户，年末清理长期不动户 23 户，其中有效户净增 36 户，资产 5 万元以上客户总计 45 户。个人客户净增 6484 户，其中，5 万元至 20 万元客户净增 197 户，20 万至 100 万元客户净增 100 户，100 万元以上客户净增 9 户。（侯达君）

【日常管理工作】 2018 年，支行加快电子银行业务的拓展。在充分认识支行优劣势的情况下，支行将发展电子获客作为工作重心。年内共拓展“校园通”4 户，且 3 家已成功实现缴费。支行还储备着电视收费项目和党费云各 1 户，以此拉动有效客户的增长。

全年连续 3 个季度未发生风险事件，仅四季度发生 1 起 3 类风险事件，可控风险暴露水平万分之零点七，较同期降幅 74%。（侯达君）

【党建工作】 2018 年，支行严肃党内政治生活，认真执行支部学习、“三会一课”和民主生活会制度。开展党支部书记上党课、党建述职等活动，召开党员领导干部民主生活会等。同时认真按组织流程将新发展入党的员工吸纳到组织当中。（侯达君）

2018 年，工行繁峙县支行职工积极营造风清气正的良好氛围（侯达君提供）

【反腐倡廉工作】 2018 年，支行把党风廉政建设和反腐败工作纳入中心工作，统筹谋划，协调推进，对违反中央八项规定精神和“四风”问题保持高压态势，持续推动作风转变，积极营造风清气正的良好氛围。常态化开展“两学一做”教育，以学习教育活动推动基层党建工作不断深入。

·山西繁峙农村商业银行股份有限公司·

【概况】 2018 年，山西繁峙农村商业银行股份有限公司（简称繁峙农商银行）全行资产总额达 74.61 亿元；各项存款余额 60.38 亿元，较年初增加 4.18 亿元，增幅 7.43%；各项贷款余额 48.86 亿元，较年初增加 6.23 亿元，增幅 14.61%；涉农贷款余额 47.62 亿元，涉农贷款占比 97.46%；实现各项收入 5.78 亿元，实现经营利润 3.17 亿元；全行资本充足率 17.29%，拨备覆盖率 344.0%，拨贷比 7.02%。全行业绩实现有速度、有质效的稳定增长，各项工作取得促均衡、利长远的全面进步，实现了全年目标任务“满堂红”。

2018 年，繁峙农商银行被省直文明委评为“文明单位标兵”；被山西省农村信用社联合社评为“先进基层党组织”；被繁峙县委、县政府评为“优秀企业”；被繁峙县劳动竞赛委员会授予“五一劳动奖状”。（王瑞青）

【业务经营】 2018 年，县农村商业银行对领导班子成员分工、包片及部、室包点情况进行合理分配，形成行领导人人分管包片，部室个个包点的管理格局。同时，全行全员实行“双百分制”综合考评，形成业务、管理双重考核，使规模和质量同步提升。实行柜员薪酬等级管理，进一步激发了临柜人员的工作积极性和责任感，提升了全行柜面服务质量和工作效率。财务“两大系统”成功上线运行，为提升财务管理标准化、核算精细化、考核科学化起到指导性作用。举办柜面业务知识培训和技能测试比武，在全行营造了“比、学、赶、超、帮”的浓厚氛围。同时，组织柜员、授权人员、营业经理、后台监督人员参加持证上岗考试，实现全员持证上岗。优化存款结构，重点发展具有经济资本占用低、经济增加值高等特性的新产品。（王瑞青）

2018 年，繁峙农商银行开展晨会开讲活动（王瑞青提供）

【扶贫工作】 2018 年，县农村商业银行实施帮扶和控降相结合的信贷措施，对销售收入、净利润“双降”的涉铁行业和资金压力较大的建筑业，谨慎投放；把有限的信贷资金向农业产业、脱贫攻坚和民营企业倾斜，为全县经济转型提供了可靠金融支撑。2018 年，涉农贷款余额 47.62 亿元，较年初净增 6.33 亿元，增速 15.32%，高于各项贷款平均增速 14.62%共 0.70 个百分点，超额完成既定目标。发放“5321”扶贫小额贷款 5295 户，余额 2.36 亿元，较年初净增 204 户，金额 946 万元，全年累计投放 6794 万元，完成银监部门要求全年累放 5700 万元任务的 119%；单位扶贫贷款余额 4.33 亿元，较年初净增 4635 万元，全年累计投放 2.88 亿元。（王瑞青）

【风险防控】 2018 年，县农行严格实行重大舆情与案件防控工作“一票否决制”，持续保持案防高压态势，查改风险隐患，防堵风险漏洞，强化风险防控能力，逐条逐项对照案防目标责任书落实，坚决守好案防底线。

明确各单位“一把手”为案防第一责任人，对辖内纪检、案防、安保工作负总责。“双线”逐级逐岗签订案防责任书，逐人逐岗明确案防职责，构筑层层监督、级级负责、覆盖全员、全程、全业务的案防责任体系。

对全行 209 个制度进行梳理、归类，对制度的完整性、有效性和适用性及可操作性等进行全面评估。提高现行制度的合规性和有效性，保障全行各项业务合规稳健发展。健全完善内部经营绩效、内部独立审计、风险评估考评制度，形成职责清晰、相互制衡、运行高效、覆盖全行的风险管理体系，对所有风险种类、所有业务条线和所有条线岗位实施全面风险管理。

认真开展条线稽核监督、合规检查和纪检检查，运用突击、序时、专项、接管、非现、集中等六种方式做好分层稽核监督检查，综合开展业务条线、重要岗位等多方面的监督检查，加大检查频率，严格制度执行，同时，通过运用案防会议、积分管理、问题整改、风险提示“四大抓手”强化违规

2018 年，董事长张磊在杏园乡黑山沟村对贫困户进行爱心捐助（王瑞青提供）

处罚整改，确保各项业务合法合规。

实行专人按日实时监控，高度关注各类网络舆情，及时处置。密切关注具有苗头性的人和事，加强对敏感区域、群体、对象的动态监测管理，开展矛盾纠纷集中排查活动，落实专人、落实责任，妥善处置。畅通群众信访举报的渠道和途径，认真查办客户群众反映的问题，落实责任人和回复时限，做到件件有落实，事事有回音，全面防控市场风险、操作风险、道德风险、声誉风险等各类风险。（王瑞青）

【创新业务】 2018 年，县农商行致力金融创新，用心服务客户。推广芯片存单“便易贷”，开启智能服务新模式，成功上线智慧柜员机，使金融服务变得更加快速和便捷。开办保管箱业务，客户可以利用保管箱保管贵重物品与有价单证。开通非税收入收缴管理系统，对县域非税资金进行积极营销。积极推广晋享生活、晋享 e 付等更加科学化、人性化的新产品，通过不断推陈出新，得以简化业务流程，提高办事效率，为广大客户提供了高效便捷的金融服务。与税务局签署合作协议，代办城乡居民基本养老保险和基本医疗保险，方便了县域的城乡居民缴纳社会保险。（王瑞青）

【党建工作】 2018 年，县农商行紧紧围绕“为什么抓党建”“党建抓什么”“怎么抓党建”三个问题开展工作，加强党对业务发展和各项工作的全面领导，充分发挥党组织的战斗堡垒作用和党员干部的模范带头作用。

全行坚持把党建工作和业务经营结合起来，实现互促共进。党组织严格按照省、市联社党建工作“110”工程，完善细则，落实“三会一课”制度，促使各部门切实履行

2018 年，党员干部在伯强村毛泽东路居馆重温入党誓词（王瑞青提供）

党建职责，加强了党组织的堡垒作用和“党员示范岗”“党员挂牌服务”的先锋模范作用，不断增强全员的凝聚力和战斗力，使全行业务发展步入快车道。（王瑞青）

【企业文化建设】 2018 年，县农商行深化“客户为中心”的服务理念，提高员工综合服务能力和服务效率；强化服务形象，规范网点形象标识，规范员工仪容仪表；提升服务质量，使用文明用语，让客户有“宾至如归”的感觉；严格实施首问负责制、服务承诺制、限时办结制等规章制度，让客户真正享受到优质快捷的金融服务。在 2018 年元宵节之际举办“喜迎开门红共筑农商梦”职工文艺会演；组织开展“五四”青年节趣味运动会；在盛夏时节给员工送去防暑降温食品，为职工进行体检等，全方位打造职工温馨之家。同时不忘积极履行社会责任，不仅打好脱贫攻坚主动仗，还主动看望杏园乡黑山沟村的孤残儿童，为他们送去米、面、油等生活物资。帮扶特殊家庭贫困学生，全行员工踊跃捐款，帮扶他们完成学业。开通运行繁峙农商银行微信公众号，广泛推介全行重大活动，加强企业形象宣传。开展“消费者权益保护宣传”“普及金融知识 守住钱

袋子”“防暑降温 助力高考”爱心宣传等活动，提升了繁峙农商银行的品牌影响力。

（王瑞青）

2018年，繁峙农商银行开展冬日送温暖活动，为新圐圙村贫困户送去米面油等生活用品（王瑞青提供）

·中国邮政储蓄银行忻州繁峙县支行·

【概况】 中国邮政储蓄银行股份有限公司繁峙县支行营业网点占地面积达2300平方米。繁峙支行现有营业网点3个，代理网点6个，ATM4台，存取款一体机3台，网银终端3台，存折补登机3台，提供电话银行、网上银行、手机银行、电视银行等电子服务渠道，储蓄存款余额超过9亿元，贷款结余1.2亿元。

支行内设综合管理部、三农金融部、公司业务部3个部门，下设3个营业网点（府东街支行、城内支行、支行营业部），职工人数48人，平均年龄31岁。其中本科学历33人，大专学历12人。共产党员10人。

2018年，完成业务收入2296万元，其中，个人业务1417万元，公司业务收入317万元，零售信贷业务收入562万元， 实现利润1236万元。

（庄俊芳）

【业务发展】 2018年，储蓄时点余额86061万元，净增6928万元，活期占比47%。

公司业务余额到达14683万元，全年日均余额15906万元，全年累计发展票据业务300万元。各类贷款合计放款12164万元，累计结余16181万元，其中，小额贷款结余6778万元，个人商务贷款结余5566万元；个人消费贷款结余2635万元。小企业贷款结余1200万元；信用卡累计进件2139张，激活率90%；保险综合销量1320万元，人民币理财销量5680万元；手机银行、网上银行累计注册4388户，累计交易金额超过2亿元。

（庄俊芳）

【三农工作】 2018年，支行成立“党建+精准扶贫”领导小组，多次召开会议确保金融扶贫有效推进，党支部书记带头多次深入各乡（镇）开展实地调研，研究问题，制定扶贫对策；

组织全行20名干部职工结对帮扶砂河镇下汇村100户贫困户，投资2.3万元建设村级电站，两节送去1.7万元礼品。

邮储银行繁峙县支行成立三农金融部，标志着支行在发展普惠金融、支持“三农”发展方面更加专业化、系统化。按照“集中作业、专业经营”的理念，从机构设置、人员配备、制度完善、额度分配、流程优化、农村信用体系建设等多方面切入，更好地服务农村地区新型经济主体。截至2018年年末，繁峙县支行三农贷款余额全市排名第一，结余5949万元，累计服务客户6875人次。

（庄俊芳）

【亮点工作】 2017年7月，邮储银行繁峙县支行获得“小企业金融经营机构”资质，成为忻州市首批小企业资质机构下沉的一级支行。2018年年末，全行小微企业贷款余额5500.24万元。通过打造“银政、银担、银企”合作平台，着力为小微企业拓展融资渠道、降低融资成本，促进当地产业升级，邮储银行繁峙支行在服务小微企业方面实现了政府满意、企业支持、同业认可的多赢格局，产生了很好的服务效果和社会影响。

（庄俊芳）

【合规内控】 2018年，积极开展自主清收，全面超额完成不良贷款清收目标。行领导带头现场清收，全年清收251万元；加大呆账核销力度，尤其做好责任认定、移交、清收留痕等基础工作，全年核销呆账114万元；加强不良资产移交规范化，移交率达到95%以上。（庄俊芳）

【企业建设】 2018年6月27日，山西省分行行长孙江涛，携同省行“三农”金融部一行到本县调研指导工作，对支行总体工作给予高度评价。

7月7日组织全行党员参观狼牙山五壮士革命圣地，学习先烈精神，提升个人觉悟，发挥党员先锋模范作用。

先后组织员工参加省市行举办的信用卡、理财、ETC、保险、安全保卫班等培训11班次，使全行员工的业务技能和操作水平有了较大提高。

完善职工之家，新增乒乓球桌、综合锻炼器材，组织全行职工在县中医院进行体检，确保员工的身体健康，营造良好的工作环境，完善员工福利保障。（庄俊芳）

【获奖情况】 2018年5月，被繁峙县委、县政府授予“五一”劳动奖。11月被县委、县政府提名为县域“脱贫攻坚奉献奖”优胜单位。2018年度被评为山西省分行十强支行。

（庄俊芳）

·繁峙新田村镇银行·

【概况】 繁峙新田村镇银行是由侯马农村商业银行发起，经人民银行和银监会批准，具有独立法人资格的股份制商业银行，同时加入人民银行的存款保险制度。2015年1月29日，繁峙新田村镇银行正式挂牌运营，总行营业部位于繁峙县滨河北路兴隆公寓1号楼，向阳支行位于向阳北路2号，砂河支行位于砂河镇和谐街路北。繁峙新田村镇银行现内设6部1室两支行，共有员工72人。

（崔　岩）

【资产运行】 繁峙新田村镇银行始终秉承“立足县域，支农支小”的市场定位，充分发挥村镇银行“决策效率高、执行半径短、审批速度快”等灵活性优势，以优质的服务赢得广大客户的信赖。2018年，繁峙新田村镇银行资产总额4.15亿元，各项存款余额3.20亿元，各项贷款余额2.32亿元。

（崔　岩）

【党建工作】 2018年，繁峙新田村镇银行坚持推进“两学一做”学习教育常态化制度化，常与县域其他党支部联合召开支部会议，主动加强党建交流互鉴工作，共同提高支部活力。前往岢岚，追寻改革开放足迹，感受科技的魅力；再赴平型关，接受革命传统教育，重温党的光辉历史。（崔　岩）

【普惠金融】 2018年，县新田村镇银行为54家小微企业、创新型企业的发展提供5625.5万元资金支持，对健全县域金融市场机制，引导资金向实体经济领域转移作了表率。农村金融改革在不断推进，作为县域支持三农的新生力量，能坚守市场定位，积极推进普惠金融战略，全年提供“支农”资金1.36亿元。（崔　岩）

【扶贫工作】 2018年，县新田村镇银行以贷款资金为杠杆，撬动精准扶贫，打通金融

“产业”扶贫之路。各网点出动流动服务车前往贫困村，以“证件复印留存，现场开卡，贷前手续办理，签办合同”一体化流程，加速推动扶贫贷款发放进程。本年度共发放扶贫小额贷款 69 笔，金额 287 万元，超额完成扶贫小额信贷任务。（崔　岩）

2018 年，繁峙新田村镇银行走上街头进行便民服务（崔岩提供）

【内控合规】　2018 年，为切实做好全行的案件防控工作，指导、推动全员扎实做好案件风险防控工作。县新田村镇银行紧紧围绕“标本兼治、惩防并举”总体发展思路，业务发展、内控案防同步进行，进一步完善案防制度，加大案防排查力度，扎实推进案防工作稳健开展，有效防范案件风险出现。（崔　岩）

·晋商银行股份有限公司繁峙支行·

【概况】　晋商银行是山西省政府控股的国有银行。晋商银行繁峙支行是晋商银行忻州分行在县市设立的第 2 家传统支行。繁峙支行现有员工 19 人，平均年龄 25 岁，学历全部为本科以上。（刘　岩）

【储蓄存款】　存款是银行的立行之本，是同业竞争的焦点，本行对此始终给予高度重视，坚持早规划、早行动，全员参与营销，拓宽渠道，增量创收。截至 2018 年年底，各项存款余额达到 34406 万元，较年初新增 19222 万元，其中储蓄存款时点余额 23282 万元，较年初新增 8825 万元；储蓄存款日均余额 20037 万元，较年初新增 13290 万元，对公存款时点余额 11124 万元，较年初新增 10397 万元；日均余额 2812 万元，较年初新增 2591 万元，支行各项存款均取得一定突破。（刘　岩）

【信贷业务】　2018 年，晋商银行各项贷款余额 10978 万元，其中小额扶贫贷款 6895 万元，较年初新增 6895 万元，卡易贷余额 4083 万元。全行不良资产余额 48.67 万元，占比 0.44%，全行积极进行不良资产清收，利用电话回访、上门催收等手段，已经取得阶段性成果。支行始终强调各项业务齐头并进共同发展，在“卡易贷”个人消费贷款产品获得良好成绩以后，全行重点发展信用卡业务，累计办理 1371 张。与此同时，个人住房按揭贷款项目也有序推进，支行与忻州市恒嘉房地产公司达成丰泽苑楼盘按揭项目的合作，已经开始发放个人住房按揭贷款。（刘　岩）

【创新业务】　2018 年，晋商银行积极践行惠普金融，全力服务城镇居民，切实履行社会责任，不断创新金融产品。推出坐享其盈、晋商快付、代发工资、质押贷款、小企业简押快贷、企业流动资金贷款、房屋抵押贷款等业务。在发展传统业务的同时，银行卡、代理保险、代销基金、个人理财、公司理财、信托、国债、贵金属等中间业务也得到有效发展，2018 年，理财余额达到 16040 万元，财富管理、微信银行、直销银行等新的服务模式受到广大客户的青睐。（刘　岩）

【扶贫工作】　2018年，繁峙支行带领全体员工，放弃周六、日休息时间，先后十余次与县政府、各乡（镇）、县扶贫办、畜牧局、县人行、县银监局以及合作企业的沟通与协调，与县扶贫办等相关部门签订合作协议。支行统筹安排，全体员工倾力配合，赴8个乡（镇）收集1500多户贫困户资料。经过4天时间的昼夜奋战，一举完成6900万元小额扶贫贷款的发放，超额完成总行下达的扶贫贷款发放任务。支行积极参与扶贫宣传和调研，响应政府号召，打好脱贫攻坚战。各项业务在县域范围内全面铺展，为全县经济发展注入新的活力。（刘　岩）

【服务升级】　2018年，繁峙支行实施厅堂一体化管理，建立月度金融服务会议制度。开展柜面客户转介绍，绩效分成，实现安全高效的柜面服务。“一把手”总揽全局，“二把手”通力配合，形成全员营销、专业化维护机制，建立客户维护中心，着力提升客户体验，构建“厅堂一体化”的客户服务机制，凝聚合力，形成强大的客户服务网，加大客户维护工作，利用各种信息交流平台，宣传本行业务产品，为客户解答相关疑问，提高网点服务水平，加快转型发展。（刘　岩）

【防控风险】　支行严格要求相关人员按照运营管理、信贷管理、安全保卫等制度办理业务，开展日常工作。定期召开专题会议，组织员工学习各项规章制度，切实加强对重点环节、重点岗位、重点人员的风控管理。在“稳中求进”工作总基调上，坚守底线，把防控金融风险放到更加重要的位置。严格自律，明确责任，加强检查监督，做好案防、风控、安全保卫等工作，确保支行安全、健康发展。（刘　岩）

【廉政建设】　2018年，全行员工服从大局、主动沟通协调、加强团队凝聚力量，营造和谐、奋进的工作环境。认真落实党风廉政建设工作党委主体责任，严格遵守中央“八项规定”和《企业领导干部廉洁从业若干规定》的各项要求，严格落实党风廉政建设责任制。全行党员干部认真学习领会《中国共产党纪律处分条例》，使铁的纪律真正转化为党员干部日常习惯和自觉遵循。在全行工作会议上专题安排反腐倡廉工作，加强廉政文化宣传。开展预防职务犯罪警示教育工作，增强全行党员干部廉洁自律意识和合法守规意识。（刘　岩）

保　险

·中国人寿保险股份有限公司繁峙县支公司·

【概况】　2018年，中国人寿保险繁峙支公司全年总保费收入10510.48万元，较上年增长18.84%；单保费3395.30万元，较上年下降5.05%。首年期缴2299.80万元，较上年下降2.50%。10年及以上772.36万元，短期险395.58万元，较上年同比增长59.72%。2018年公司理赔案件473件，总金额达390.78万元，其中理赔环卫工人一案达60万元。（高　丹）

【宣传工作】　2018年，支公司引导广大金融消费者弘扬金融正能量，提高社会公众防范风险和正确使用金融服务的意识，本公司特开展了“金融知识普及月、金融知识进万家”暨“提升金融素质、争做金融好网民”活动。此次活动面向金融消费者，尤其是低净值人群（包含农民、务工人员、青少年、老年人、和残疾人五类人群）和广大网民，提供获取金融知识的途径和防范风险的技能，引导消费者合理选择金融产品和服务，自觉抵制网上金融谣言和金融负能量，共建清朗网络空间。（高　丹）

2018 年，支公司职工进行金融知识宣传工作（高丹提供）

【治乱打非】　2018 年，根据中国保监会关于组织开展人身保险治理销售乱象打击非法经营专项行动的通知精神，公司认真贯彻落实保监会“治乱打非”专项行动部署，结合公司经营管理实际情况，加强组织领导，强化责任落实，扎实开展自查自纠，做好重点领域风险防范和处置，及时消除隐患，有效治理非法经营等各类违法违规行为问题，进一步强化内控管理，提升全员依法合规经营意识，促进公司业务规范健康高质量发展。（高　丹）

【党风廉政建设】　2018 年，繁峙县支公司针对部分党员干部和积极分子存在的业务素质不高、党性意识不强、服务意识不够等问题，公司组织全体党员干部着力开展“三亮三比三评”活动，通过三亮：亮出党员身份、亮出服务标准、亮出岗位承诺；三比：比出工作干劲、比作风、比业绩；三评：服务成效互评、每周领导点评、不定期群众评议的活动，不断提高服务水平。（高　丹）

·中国人民财产保险股份有限公司繁峙支公司·

【概况】　2018 年，中国人民财产保险繁峙支公司实收保费 2109.76 万元，较上年同期增加 683.62 万元，增速达 47.93%，直接赔款 842.57 万元，净利润实现 595 万元，综合成本率 61.51%，低于全市平均水平 37.82 的百分点。（王晓明）

【小额贷款保证保险】　2018 年，人保财险繁峙支公司在落实金融扶贫方面，主要开办了“五位一体”小额贷款保证保险，与繁峙县新田村镇银行、中国工商银行、中国建设银行、繁峙农村商业银行合作，为全县以生产经营脱贫为目的的带动建档立卡贫困户、帮扶贫困户增收的企业、专业合作社、家庭农场等新型农业经营主体提供风险保障 1.05 亿元，保险期限 3 年。在保险期间内，借款人未能按照与银行签订的贷款合同履行还款义务，保险公司按照约定赔偿。

（王晓明）

【社会医疗保险服务】　2018 年，人保财险繁峙支公司与繁峙县新农合继续合作，为繁峙县大病医疗保险、大病补充保险提供全方位保障，全年累计赔付 7770 人次，支付赔款 1820.94 万元。（王晓明）

【扶贫工作】　2018 年，人保财险繁峙支公司扶贫帮扶对象为光裕堡乡小木瓜村，12 月 11 日对帮扶贫困村小木瓜村 40 户贫困户进行新年送温暖慰问活动，赠送白面、大米等生活必需品。（王晓明）

·中国人寿财产保险股份有限公司繁峙县支公司·

【概况】 中国人寿财产保险股份有限公司繁峙县支公司成立于2008年12月29日，坐落于繁峙县向阳北路国税局对面，现有职工21人。（邢润兰）

【业务规模】 2018年，繁峙支公司保费规模从起初240万元逐年上升，发展到2018年的3359万元，业务规模位居全省第一，当地市场份额位列第一，连续三年被总公司授予综合实力100强县，连续五年被省公司授予优秀团队，连续八年被忻州市中心支公司授予业务规模贡献奖第一名荣誉称号。

（邢润兰）

【地方经济服务】 2018年，繁峙县支公司积极响应国家政策，大力发展农林牧业保险，提高人民抵御风险能力，切实保障全县农民切身利益，保障地方经济稳定发展。如：玉米种植保险，地方特色小杂粮种植保险，森林保险；畜牧业养殖保险；重点承保精准扶贫领域保险，2018年共承保能繁母牛、母驴2682头，保费收取112.64万元，赔款金额133.7万元。这既是保障民生，推进全县贫困户靠养殖、种植脱贫致富；同时又优化公司产业结构，推动公司转型发展。

（邢润兰）

【扶贫工作】 2018年，公司在发展业务的同时，又担负起精准扶贫攻坚战帮扶责任，2016年帮扶神堂堡乡王子村，送温暖，献爱心，帮助贫困户脱贫致富，王子村成为全县率先脱贫村。同年又担负起东山乡杨林村的驻村工作队帮扶责任，于2016年年底整村脱贫。2017年继续担任杏园乡鳌子头村工作队，单位全体员工担任帮扶责任人，每人帮扶贫困户5户，于2018年年底，帮扶106户贫困户全部脱贫摘帽。（邢润兰）

商业贸易

商　务

【概况】 2018年，繁峙县商务局坚持以习总书记视察山西重要讲话精神为指引，深入贯彻上级工作精神要求，全面落实全县经济工作安排，提前谋划，创新作为，奋力推进商务事业稳中向好发展。为实现繁峙县经济社会健康稳步发展作出了应有贡献。（钟文权）

【招商引资】 2018年，县商务局全方位实践“走出去，请进来”思路，积极融入“一带一路”大商圈，全面融入京津冀协同发展战略，积极组织参加“忻州市长三角区域（上海）转型项目招商推介会”“首届中国国际进口博览会”“西博会”“青洽会”“中博会”“广交会”“能博会”等大型招商展会，持续推介繁峙优势，同步推进小分队招商，赴北京、天津、雄安新区、河南、青岛等地进行产业对接，招商引资工作迈出坚实步伐。2018年招商引资全年目标考核任务63亿元，完成78.82亿元，完成率125.11%，招商引资签约项目当年开工率任务目标30%，已达68.42%，市政府下达的招商引资工作目标任务均已圆满完成。（钟文权）

2018年，繁峙县与安新县就南苑20万吨再生铝项目签约仪式（钟文权提供）

【对内贸易】 2018年，市下达给本县的任务总额为20.8139亿元，增速7%。全县社会消费品零售总额全年累计完成21.3亿元，增幅9.5%。2018年以来，针对严峻的内贸工作形势，提前谋划工作，会同统计部门深入开展统计入库调查工作，对符合入库条件的企业加大调查摸底力度，加强入库业务指导，努力将符合入库条件的企业纳入统计。同时，积极为入库企业争取上级的奖励扶持资金，减轻企业负担，打消企业的顾虑，为全年任务的完成打下坚实基础。（钟文权）

【外贸出口】 2018年，全县外贸出口任务为705万元人民币，全年外贸进出口总额已完成1063万元人民币，外贸进出口增速66.4%，已超额完成全年任务。其中中兴美德贸易有限公司完成1020万元人民币，汉和中兴机械制造有限公司完成4万元人民币。特别是繁峙县铭都服装科技有限公司，实现首次出口俄罗斯及波兰衬衫39万元人民币的可喜业绩。

2018年，万锦肉牛育肥场供港肉牛858头，供澳肉牛302头，价值2700多万元人民币。本县外贸的不断增长，必将有力助推本县经济社会发展迈出新步伐，实现新跨越。

（钟文权）

2018年，县商务局召开外贸出口会（钟文权提供）

【安全生产】 2018年，县商务局全面推进安全生产工作，建立安全生产工作例会制度，每月、每季度末定期召开安全生产工作会议，把安全生产和安全隐患排查列入重要内容，以召开安全生产工作例会为抓手，及时传达上级安全生产工作要求，同步部署落实各项安全工作任务，出台《关于做好2018年安全生产工作的通知》《关于印发“两节”“两会”期间安全生产工作大检查实施方案》《2018年安全生产专项整治工作方案》等文件。遵照工作计划，全覆盖推进安全生产大排查，部门主要领导深入一线督导安全检查工作，并及时组织安全生产回头看，督促企业按时完成安全整改工作。4月19至20日，县商务局组织限上商贸企业和成品油经销企业，召开2018年繁峙县商贸企业主体责任落实暨安全生产培训会，6月组织参加繁峙县“安全生产宣传月”活动，以现场展板、发放宣传资料等形式大力宣传安全生产法律法规，同月，商务局会同消防部门在万人商厦组织企业进行了消防应急演练。进入秋冬季节以来，各地安全事故多发，为深刻汲取警示教训，增强企业安全忧患意识，全面做好隐患排查，圆满完成全年安全生产工作，县商务局于12月8日至9日，召集限上商贸企业、汽车流通企业、成品油经销企业召开本县商贸企业今冬明春火灾防控工作暨安全生产培训会，同时邀请安监、消防等部门做了安全知识培训。通过一系列活动，全县商务系统安全生产形势持续稳定向好。

（钟文权）

【电商扶贫】 2018年，县商务局以申创国家电子商务进农村综合示范县为主要抓手，同步推进电商公共服务体系建设，培育壮大本县电商产业和经营主体，积极打造电商县域公共品牌，大力推进农产品上行，力求带动更多贫困群众实现脱贫增收。2018年，共培育优秀电商企业5户，网络销售企业（合作社）33家，发展电子商务平台7个，网络店铺823家，全县农副产品电商交易额达1220万元，辐射带动贫困户721户1915人，户均增收1850元。2018年，对234名学员进行了系统电商理论知识学习和实操技能训练，其中50%以上学员成功开办了自己的网络店铺。9月25日，商务部正式公布全国电商示范县名单，本县名列其中。电商示范县的成功申创成为新的工作起点，三级电商公共服务中心建设及运营，农特产品上行需配套的物流体系、质量追溯、品牌培育整合、县域公共品牌（滹源味道）建设等各项工作都在有力地推进当中。10 月 13 日，繁峙县 2018 年首届“滹源稻花香”农民丰收艺术节召开，20 余家企业为全县人民奉上优质的本土产品，带来真切的丰收馈赠。（钟文权）

2018 年，县商务局组织的电商扶贫活动（钟文权提供）

【商务执法】 2018 年，繁峙县商务综合执法稽查队共出动执法人员 1722 人（次），车辆 445 台（次），对全县酒类市场、成品油市场、汽车销售市场进行了检查。“3·15”期间和全县食品安全周期间，共发放普法宣传资料 1000 余份。4 月召开 2018 年全县商贸企业主体责任落实暨安全生产培训会，对全县限上商贸企业和加油站进行了安全培训。5 月在新城商务酒店召开汽车销售与二手车流通监管工作暨法律法规培训会，加强了全县汽车经销商懂法守法的意识。12 月召开繁峙县商贸企业今冬明春火灾防控工作暨安全生产培训会培训会，全县限上商贸企业、加油站、汽车销售企业的法人、安全负责人共计 100 余人参加了会议。（钟文权）

【扫黑除恶】 扫黑除恶工作开展以来，商务局紧紧围绕习总书记的重要指示精神，高度对标中央、省、市、县关于专项斗争的各项指示要求进行精细部署、全面落实。及时出台《繁峙县商务局关于开展扫黑除恶专项斗争的实施方案》（繁商发〔2018〕11 号）《关于成立商务局扫黑除恶专项斗争领导小组及办公机构的通知》（繁商发〔2018〕12 号）《繁峙县商务局关于落实中央和省委督导要求全面整改扫黑除恶专项斗争存在问题的工作方案》（繁商发〔2018〕25 号）等文件，成立专项斗争领导小组，健全完善工作机制，在商务流通领域深入开展线索摸排，全面推进专项斗争工作。2018 年，县商务局已接到线索举报 2 起，移交扫黑办甄别 1 起，及时回应举报 2 起，摸排走访相关行业企业 200 余家，发放各种宣传资料 4000 余份，张贴海报 100 余份、发放线索摸排调查问卷 300 余份。（钟文权）

粮食流通

【概况】 2018 年，繁峙县粮食局以深化粮食供给侧结构性改革为主线，牢固树立粮食

2018 年，端牢国人饭碗，保障粮食安全宣传活动（王利忠提供）

部门兜底职责，不断完善粮食宏观调控体系建设，提升粮食仓储水平，切实有效守住“粮食收购、储粮安全、保供稳价、质量安全”四条底线，全县粮食安全保障能力明显增强。（王利忠）

【粮食安全责任制】 2018 年，县粮食局认真落实部门责任和牵头职责，组织各成员单位对标考核指标补短板、强弱项，高标准完成 2017 年度粮食安全责任制考核自查评分和市级督查工作，繁峙县以 90 分以上成绩列入全市优秀行列。（王利忠）

【粮食购销】 2018 年，县粮食局严格贯彻落实国家粮食收购政策，加强市场调研和分析研判，提早谋划，积极协调落实粮食收购资金 3500 万元，优化粮食收购网点 8 个，统筹引导多元收购主体 5 家入市收购，新增中央储备粮代储玉米 1250 万千克，严守“种粮卖得出”的底线，有效保证了繁峙县不出现农民“卖粮难”问题。2018 年全县收购粮食 4620 万千克，完成市级下达任务 123%，销售粮食 6460 万千克，完成市级下达任务 172%。（王利忠）

【产销衔接】 2018 年，全县共从省外调入小麦、稻谷 19250 万千克，完成市级下达任务 1500 万千克的 105%，切实做好粮食余缺调剂。联合七部门共同制定出台《繁峙县关于深化粮食产销合作提高粮食安全保障能力的实施意见》，有效完善具体措施和政策支持。组织繁峙县宏钜大磨坊、繁峙县憨山冷榨食用油专业合作社、繁峙县福康醋业有限公司参加太原、忻州、怀仁等地粮食产销与展销会议，成功签约战略产销合作协议，交易杂粮产品 750 万千克，金额 4500 万元。（王利忠）

【粮食仓储】 2018 年，县粮食局进一步细化分解县级储备粮管理责任 14 项，确保储备粮储存安全、调用高效。持续抓好 150 万千克县级储备粮轮换后续验收规范工作，组织开展粮食部门“一规定两守则”专题学习和培训，继续跟进粮食系统“大快严”集中行动，开展春秋两季储粮安全大检查，推进安全隐患排查和治理工作，全县“一符六无”粮仓达标率和储备粮“三专四落实”率继续保持 100%。全面启动直属二库智能化粮库改造提升项目，投入资金 39.8 万元，“一卡通”粮食收储和红外线粮情远程监控开工建设，有效提升了粮食科学化、智能化管理水平。（王利忠）

【粮食供应】 2018 年，县粮食局制定印发《繁峙县粮食质量安全事故（事件）应急处置预案》，组织粮食安全应急会演。优化布局应急供应和配送网点 13 个、储运网点 13 个，应急加工企业 1 个，并签订承诺书，初

2018 年，繁峙县高标准“放心粮油”示范经销店（王利忠提供）

步建立起应急调运和供应保障体系。制定《“放心粮油”工程推进实施意见》，落实“放心粮油”质量管理专项资金2万元，2018年高标准完成1个“放心粮油”经销店建设任务。“元旦”“春节”“国庆”“中秋”等节日期间，安排部署粮食市场供应，鼓励引导多种粮食经营主体，合理组织调度粮源，确保不出现脱销断档。（王利忠）

【粮食市场监管】 2018年，县粮食局深化“放管服效”改革，推行行政许可网上审批，加快粮食经营者信用体系建设，实现动态管理。全面落实“双随机一公开，明确执法人员名录库、市场主体名录库和抽查事项清单，实现监管全覆盖”。抓好“粮食收购许可证”审核工作，组织开展年度粮食库存检查，清查存粮货位3个，粮食150万千克。落实食品安全网格化监督责任，先后履职4次、出动人员28人（次），督查原粮1800万千克。（王利忠）

【扶贫工作】 2018年，县粮食局帮扶工作队9人300余次进村入户，结合村情，立足户情，从危房改造、扶贫资金、扶贫项目、劳务输出、社会保障等多个方面逐户持续跟进，巩固成果，防止返贫。同时，与村委在整村提升工作方面共同发力，提升工作成效明显。多次受到市县表彰。（王利忠）

烟草专卖

【概况】 繁峙县烟草专卖局（营销部）组建于1984年1月19日，属于国有企业，主要经营烟草制品批发。有员工33人，在册在岗人员30人，其中正式员工17人，聘用员工13人，劳务派遣3人。内设综合办公室、客户服务股、内管股、专卖股。

（李小宁）

【卷烟销售】 2018年，繁峙县局（营销部）销售卷烟9482.2826箱，较去年同期的8915.6076箱，同比增加566.675箱，增长6.36%。完成全年目标9480箱的100.02%，其中一、二、三类同比增长，四、五类同比下降。销售收入实现24348.7996万元，较去年同期的21579.6863万元，同比增加2769.1133万元，增长12.83%。2018年条均价实现102.65元/条，较去年同期的96.81元/条，同比增长5.84元。（李小宁）

【专卖案件查处】 2018年，县烟草专卖局共查获涉烟违法案件50起，查获违法卷烟15.282万支，涉案金额13.1万元。其中真烟案件14起，数量5.94万支，涉案金额5.8万元；假烟案件36起，数量9.342万支，涉案金额7.3万元。另外，按照《忻州市烟草专卖局2018年度市场监管及打假网络工作考核办法》，1.5万元个案应完成4起，每季度1起，已全面完成。（李小宁）

【基础管理】 2018年，繁峙县局利用319终端和现代终端分级评价杠杆作用，重点引导目标客户主动上柜、主动出样、主动推荐新品卷烟，引导客户订购重点品牌，提高客户订货成功率，确保卷烟销量稳定，力促结构增长；本县共有终端客户39户，其中319终端20户，功能终端15户，喜庆终端3户，旅游终端1户。2018年已成立客户自律小组10个，覆盖客户数占比12%，预计到2018年年底将达到21个小组，客户覆盖数将达到297户，占比达到36.12%；由于市场状态好转，同时本局卷烟投放平衡合理，社会库存较上半年大幅度减少，11月初，全县社会库存总量经测算约535箱，其中16档以上客户（大）户均库存364条，15档到2档客户（中）户均库存114条，1档客户（小）户均库存35条。另外在“优质服务百日行”活动中，对辖区客户的毛利率进行了测算，全县客户的综合毛利率达到了7.28%，其中：自律互助小组的毛利率达到了8.45%。数据表明，30档到25档的客户为辖区的核心客户，综合毛利率达到8.64%。

制定出台《2018年繁峙县依法严管违法违规卖烟大户专项行动实施方案》，《方案》中通过细化区域、明确目标和对重点监管人员登记造册等措施，对销售大户、违规客户、异常订单客户进行了走访摸排，并按照每月两次的走访频率对卖烟大户实施市场监管，切实做到目标明确、信息互通、资源共享、及时反馈、同步整改、务求实效。同时全面推进“APCD工作法”，深入贯彻“放管服”工作要求，搭建市场监管模型5个，已将辖区内全部零售户都纳入网格定型，对零售户进行分类管理，有的放矢、全面监管的开展市场监管工作。县局执法人员积极发挥主观能动性，主动出击，在快递送货员中发展“线人”，积极宣传奖励标准，使其主动提供疑似卷烟的包裹信息，并不定时会同公安部门对可疑包裹的包装、重量、快递单信息等进行详细筛查，掌握违法包裹动向，部署专人实时监控寄递站点，实现了对违法行为的精准打击。2018年，本局专卖人员共组织开展92次异地邮寄卷烟的市场检查，共查处寄递案件29起，全部为假烟案件，涉案数量为6.94万支，案值5.4万元。对外建立四部门联合打击涉烟刑事犯罪工作机制，与县人民法院、人民检察院、公安局共同成立繁峙县法、检、公、烟草四部门联合打击涉烟刑事犯罪活动领导组及办公室并建立了联席会议制度、信息互通制度、联合办案制度和宣传教育制度。对内建立专销协作机制。专卖部门与营销部门密切配合，根据经营户守法经营情况，将零售户划分为不同等级，实行分类管理。零售户违法经营，不仅要接受专卖部门行政处罚，还要受到营销部门核减其卷烟计划量，限制紧俏品牌供应，以此提高零售户守法经营自觉性。实行专销协作机制管理以来，零售户不但守法经营意识增强了，还主动配合专卖营销工作，共同维护卷烟市场秩序。深入推进“互联网+政务服务”的工作要求，对符合条件、有办证意愿的零售户办理证照，缩短客户入网访销时间。2018年，共有持证户835户，有效826户，停业9户，新办证135户，延续164户，申请停业6户，恢复营业1户，歇业81户，注销73户。（李小宁）

【党建和廉政工作】 2018年，繁峙县局以“双日双评”主题党日活动为切入点，制定年度工作要点和学习教育计划，结合标准化基层党组织建设，补齐工作中存在的短板，落实中央“八项规定”，加强廉政风险防控工作，强化对重点领域和关键环节的监督。截至年底共开展支部主题党日和党建活动12次，专题培训学习12次，开展廉政教育12次。七一期间被中共繁峙县委评为“先进基层组织”，评选优秀党员和党务工作者3人，县委组织部先后3次到局里调研党建工作，最终被评为“全县基层组织党建重点示范点”。另外，还承担柏家庄乡西沟村脱贫攻坚工作，该项工作按照全县安排部署稳步推进。（李小宁）

【队伍建设】 2018年，繁峙县局狠抓业务技能的培训。通过定期组织客户经理开展业务知识学习，制作PPT课件，交流工作经验，着力于提升客户经理发现问题、分析问题、解决问题的能力，并以V6系统上线为契机，组织客户经理开展营销信息应用系统操作培训。按照《忻州市烟草专卖局2018年专卖人员提升卷烟真伪鉴别技能推进方案》的安排和要求，对全体专卖人员进行鉴别过关考试，并把考试成绩与工资挂钩，三季度局全体专卖人员参加市局组织的真假烟鉴别技能比赛，并在此次比赛中取得优异成绩。

（李小宁）

供销合作

【概况】 繁峙县供销合作社1944年春成立于本县神堂堡乡青羊口村。经历了抗日战争、解放战争、土改、“大跃进”、“人民公社”和改革开放。中华人民共和国成立后繁峙县供销合作社同繁峙县商业局有过两次分合过程，后一次是1945年9月1日同商业局分离。分离后，供销合作社从计划经济时期步入了社会主义市场经济时代。其间（1975-2012）繁峙县供销合作社自身做了四次重大变革：1983年从官办变民办；1991年率先进行柜台大包干；1998年实行产权制度改革，对企业实施转让、租赁、兼并、破产、拍卖、重组和置换；2007年组建专业合作社和便民超市。

繁峙县供销合作社联合社是正科级建制，隶属于繁峙县人民政府。设理事会和监事会，下有3个内设机构：办公人事科、审计财会科、经济发展科。现在职人员19名。

（张耀东）

【综合改革和安全生产】 2018年，县供销合作社拓展杏园农产品专业合作社，为农民提供一站式服务的惠农服务中心（站）和庄稼医院。支持供销合作社承担面向社会力量购买的公共服务。

按照新农村、新需求、新业态的经营服务理念，创建“互联网+供销合作社”打造互联互通、模板齐全、功能多样的农产品电子商务综合服务平台，形成“日用消费品的农资下乡、农产品进城、农民就地触网、企业联合发展”的新格局。

按照“空白抓重建、薄弱抓改造、较强抓提升”的基层社改造思路，对于空白基层社、按照市场化办法和合作制原因，最大限度发挥联合社的组织协调功能，重点在乡镇布局基层社建制，实施“基层社建设工程全覆盖”。

（张耀东）

【扶贫工作】 2018年，县供销合作社积极组织帮扶干部学习最新扶贫政策，并先后10余次深入横涧乡孤山村进行政策宣讲，采取实地入户，面对面交流的方式增强了贫困户摆脱贫困现状的信心。

组织干部捐款、送温暖活动，共筹集资金2000元，深入孤山村对深度贫困户进行走访慰问，及时帮助他们度过当下的困难，让深度贫困户感受到党的关怀和温暖。

先后多次给孤山村购买办公物资，确保扶贫工作的顺利开展，前后共给孤山村委购买电脑1台、文件盒50余个。笔记本20余本、稿纸1500张、A4纸10余包、中性笔10余盒等。

加强孤山村党支部的阵地建设，本社前后3次深入孤山村开展“双日双评”主题党日活动，通过和村老党员重温入党誓词、观看视频、交流讨论、讲党课等方式，锤炼了党性，提高了党员干部政治素养。

2018年年底，繁峙县供销社所帮扶的横涧乡孤山村47户贫困户（128人）已全部脱贫。

（张耀东）

【农产品专业合作社】 2018年，县供销合作社联合社依托供销社“农芯乐”和“云图”生活销售平台，建立网店，大力发展农产品专业合作社和农资专业合作社，逐步完善农村便民店的服务。2017年全系统实现销售总额10533.4万元，同比增长3%，利润总额14.5万元，同比增长25%；创办村级综合服务社3家，规范提升农村便民店9家，提升涉农技术培训500人（次）。2018年全系统实现销售总额1309.4万元，同比增长3%，利润总额18万元，同比增长30%；创办村级综合服务社2家，规范提升农村便民店8家，提升涉农技术培训450人（次）。

（张耀东）

【食盐安全示范县达标】 食盐安全是食品安全的重要组成部分，与人民群众的日常生活息息相关。从2013年开始，为全面提升食盐安全监管水平，切实保障食用盐安全，进一步推进本县食盐安全示范县、乡、村创建活动，县供销社携同盐业公司站在讲政治、惠民生的高度，把这项民心工程作为一项政治任务抓好、抓实。全县食盐安全示范县目标已达成。 （张耀东）

石油供销

【概况】 2018年，全县汽柴油销售总量12722吨，完成目标进度的83.8%，同比减量1007吨。减幅7.3%.其中：汽油完成10565吨，减量71吨，减幅0.1%；柴油完成2157吨，减量936吨，减幅30.3%。汽柴油减量均较大。致使销量下降的主要因素：(1) 由于108国道神堂堡至砂河段继续封闭修路，晋冀运煤通道中断，沿线9座加油站由于过境运煤车辆流向发生改变，过境运煤车辆断流，柴油销量减少。(2) 县域内主要经济支柱铁矿粉价格一直处于低位，选厂开工生产率低，市场需求疲软，加之柴油价格高，柴油销量减少。(3) 社会加油站以低价格并大幅度优惠竞争客源，系统外及社会个体站与本系统销售汽柴油价格差距一度保持在1.5—2.0元/升左右，致使部分客户车流量转向更低价格站点，汽、柴油总销量减少。(4) 亨通、永久、大沟、砂河、祥龙等5座加油站相继停业进行“双改”工作，亨通、永久、砂河等站汽油销售大站的停业直接导致汽油销量的同比减量。以上因素直接导致本公司油品销量同比大幅下降。

非油品业务实现销售77.8万元，完成目标进度的16.55%，同比增加38.8万元。燃油宝完成1005瓶，同比增加33瓶；IC卡完成1136张，同比减少343张；持卡消费比率24.56%。 （张 宇）

【加油站基础管理工作】 2018年3月至4月，针对县公司的实际情况，多次召开各个层面会议，深入宣传动员、统一思想，引导站长、员工转变思想观念，关注市场、关注销售、关注非油、注重服务意识的提高等。并制定和完善各种管理考核制度，并对加油站经营管理、安全数质量、设备等方面分3个阶段进行全面的基础排查整改，组织站长对所有加油站的整改情况进行集体检查验收。为后期的正常安全经营奠定有效的基础。

继续深化“比学赶帮超”活动，通过加油站之间比管理、比服务、比销量、比安全，找差距。达到提服务、扩销量的目的；

按照市公司的整体要求，以“比学赶帮超”活动为抓手，通过完善“争超”机制，努力营造“学赶”氛围，细化各项目标任务。充分调动各站间比、学、赶、超的积极性和主动性。进一步强化管理，促进销量的增长和其他目标任务的平衡发展，从而达到提服务、扩销量、保安全、促和谐的目的。

积极发挥各站主导周边市场的作用，扩大小额配送量。针对道路运输车辆流向发生改变的实际情况，积极利用市公司的阶段性销售策略，发挥各站人员的人际关系，走出去联系用户，小额配送到用户。（张 宇）

县商贸总公司

【思想建设】 2018年，县商贸总公司围绕“两学一做”“双日双评”活动，动员广大干部职工提高思想认识，坚守道德底线，廉洁从政，规范用权，认真落实“六权治本”“六大发展”，组织机关全体党员每月定时进行“双日双评”学习活动，通过党员干部讲党课，集体观看警示教育片，严格践行“三严三实”，从严治党，确保大家学习入脑入心，努力做好净化政治生态，实现弊革风清。

（李炳龙）

【食品安全管理】 2018年，县商贸总公司深入贯彻国务院《生猪屠宰管理条例》、继续实施食品放心工程，大力加强生猪产品安全监管，规范市场经营秩序。加强生猪定点屠宰厂日常管理工作，为确保全县人民吃上放心肉、安全肉，狠抓生猪屠宰环节的管理，要求各生猪定点屠宰企业认真填写建立台账制度，对没有“两章两证”（动物检疫、检验合格印章和肉品检疫、检验合格证）的肉品，一律不准出厂销售，督促猪肉经营者依法落实进货查验制度和肉品安全责任。派专人现场监督无害化处理全过程，加大完善生猪肉品质量追溯体系建设。严把生猪入厂关，认真落实12小时生猪宰前静养制度，杜绝注水猪肉发生，把好生猪及肉品的“三关”，即：生猪活体入厂关，肉品检疫检验关和合格肉品出厂关，坚持病害猪不宰杀，不合格肉品不出厂，确保上市肉品质量。全年代宰生猪20405头，通过对生猪检验（疫）共检出病害猪71头，全年未发生猪肉质量事故。（李炳龙）

【社会管理综合治理】 2018年，县商贸总公司建立健全社会治安综合治理工作领导小组、基层安全创建活动领导小组等各种综治领导机构，促进综治工作规范化，形成齐抓共管的工作格局；逐步完善定期召开稳定分析会制度和矛盾纠纷排查调处工作制度。加大矛盾纠纷排查调处力度，矛盾纠纷解决及时。明确分工，落实责任，定期召开稳定分析会，未雨绸缪，及时化解，努力把矛盾纠纷解决在萌芽状态。在两节期间做好信访维稳工作，在大排查工作中做到领导到位、工作到位、措施到位和责任到位，确保工作落实到人，把矛盾化解在萌芽之中。开展安全生产专项治理活动。认真贯彻落实省、市、县安全生产文件和会议精神，适时开展安全生产大检查，加强检查、督促与整改。

（李炳龙）

【扶贫工作】 2018年，单位主要领导任下茹越乡赵家峪村工作队队长，结合本村实际情况和本单位工作性质，多形式、多渠道开展多种扶贫方法，多次与水利局对接，将原来饮水细管改换为粗管道，解决老百姓吃水问题，单位帮扶干部常驻农村宣传扶贫政策，提升村容村貌，中秋节为五保户发放白面10袋、油10桶，元旦为贫困户发放白面25袋、大米25袋。

教育　科技

教　　育

【概况】　2018年，繁峙县教育系统在初中学校“强腰工程”、教育教学质量管理、教育质量提升项目三年行动计划、基础教育课程改革等方面做了大量工作，为全县教育事业的持续、稳定、健康、规范发展做出了贡献。

（胡永平）

【初中学校“强腰工程”】　2018年，繁峙县加强初中阶段教育教学工作，出台繁办发〔2018〕69号《关于印发〈繁峙县2018—2019学年教育教学目标管理考核实施意见〉的通知》。教育局落实县委精神，制定并下发繁教字〔2018〕71号《繁峙县教育局关于“教育质量管理年”强化初三年级教学管理的实施意见》。2018年9月15日至16日，组织“质量提升工程”项目语文、历史、道德与法治以新教材介绍及应考教学建议为主，数学、英语以教材梳理、课堂教学、复习应考为主的初中五个中考科目培训，聘请太原市教科研中心、晋中市教育局教研室专家5名，培训教师350余人；10月22日至24日和11月1日至2日，组织部分初中校长、骨干教师70余人赴阳泉12中和灵石二中参加“学自委”管理模式的培训学习活动和晋中市课改培训会议。10月下旬、11月上旬教育局抽调初中教导主任和教研人员对初中学校进行教学管理考核并组织初三年级学业测评工作。11月21日至24日，借承办忻州市初中“同课异构、听说评议”教学观摩研讨活动的机会，组织150多名初中教师进行观摩培训。11月29日、30日，教育局又聘请太谷名师专家对初三年级进行教学评估和培训提升，听取县内32名初三教师的课，并针对繁峙二中、砂河二中、繁城中学、砂河四中进行教学诊断，分七个学科对全县近200名初三教师、学校领导进行了课堂教学与中考复习应考的培训，与此同时教育局召开全县初三教师大会，剖析期中测评考核结果，兑现考核奖励，动员初三教师争先向上，做好2019年中考备考工作。

（胡永平）

【自身建设】　2018年，县教育局全面实施“教育质量提升三年行动计划”，通过省教育科学研究院平台强化教师培训。上半年，组织一级培训12次，二级培训8期。其中，一级培训聘请省级专家、名师51人（次），作讲座64场次，省名师公开示范课7场，全县有43位教师作课，培训校长、管理人员649人（次），培训“繁峙名师”“课改引头人”210人（次），培训骨干教师5000余人（次）；二级培训由全县80名“繁峙名师”“课改杰出教师”担任主讲师，做讲座、作课，集中培训乡村教师852名，送教下乡到5所农村初中，培训教师700余人（次）。下半年，实施初中学校“强腰工程”，共组织初中学校校长、骨干教师外出学习3次，聘请名师专家作课、讲座23场，培训教师1360人（次）。这些培训活动使全县普通教师和优秀教师的专业素养和业务能力都普遍得到提升。（胡永平）

【基础设施改善】 2018年，在2017年全面改薄基础上，全县基建类项目投入5285万元，涉及项目学校30所（包含2017年5所项目学校的附属工程），分别是：砂河二中、繁城中学、北城中学、砂河第三中学、大营中学、杏园中学、大营小学、横涧学校、义兴寨学校、神堂堡学校、河南小学、下浪涧小学、东山明德小学、联兴小学、苏家口小学、山会小学、东山小学、长胜小学、古家庄小学、下茹越小学、齐城小学、南城小学、逸夫小学、东魏小学、圣水头小学、季家庄小学、果园小学、兴旺庄小学、上永兴小学、砂河一小。2018年全面改薄中央增补资金150万元，主要为繁峙二中、砂河三中、繁城中学、砂河二中、长胜小学、大营小学、横涧小学、笔峰小学等学校购置了教学设施设备。（胡永平）

【获奖情况】 2018年3月，县教育系统有六项成果获省基础教育教学成果奖。分别是：逸夫小学“基于学生学习能力培养的教学模式探究——‘三课六环节’”获山西省基础教育教学成果奖特等奖，教育局教研室“繁峙县区域推进课堂教学改革实践探究”、砂河第二中学“班级构建运用小组，助力精细化管理，服务于课堂教学”、彩璟小学“‘多维互动 生态课堂’的实践和研究”、砂河中学“‘问题导学、自主探究’教学模式在农村中学历史课堂的有效性探索”和笔峰小学“两段三步四环节教学模式探究”五项成果分获山西省基础教育教学成果奖二等奖。六项成果获得山西省基础教育教学成果奖，在本县教育史上这是第一次。

（胡永平）

【基础教育课程改革】 2018年5月25日，县教育局组织召开繁峙二中集体备课暨课堂教学观摩交流活动，6月15日组织召开下茹越小学课改展示暨学校管理经验交流活动。11月21日至24日承办全市“同课异构，听说评议”教学观摩研讨活动。11月29日至30日聘请太谷县名师、专家对全县初中学校进行教学评估，培训提升。实验小学于11月5日成功举办首届校园科技文化节，学校推行创客教育，新建了科技馆和学生创客空间，积极参加全国中小学信息技术创新与实践活动。彩璟小学加入中国智慧教育工程“十三五”科研规划重点项目——《教学改革创新与研究》总课题组。滨河小学成为北京思源教育研究院“攀登阅读”深度合作学校。繁峙二中与灵石二中结成课改联盟学校。（胡永平）

【教学质量】 2018年，本县加大高考教学教研工作力度，4月21日，县教育局聘请忻州一中9科教师到县进行高考专项辅导，听取了忻州一中各科名师的专题报告。本年高考，达600分以上3人，达590分以上6人，实现了近六年来高考600分以上零的突破；本学年全市组织的质检考试各县（市、区）

排名中，获得小学四年级总均分第一、五年级总均分第一、六年级总均分第四的成绩。初中全市 30 人以上学校排名，繁峙中学初中部、砂河中学初中部、综合职校初中部名列前茅。（胡永平）

【扶贫工作】 2018 年，全县全面完成教育扶贫工作，全县共资助 24343 人（次），发放资助金 2403.285 万元。其中，学前教育幼儿资助 2599 人，发放资助金 129.95 万元。中小学贫困寄宿生生活补助 4198 人（次），发放资助金 233.6 万元。普通高中国家助学金 1570 人，发放资助金 153 万元。普通高中学生免学费 4410 人，发放资助金 431.71 万元。中等职业教育国家助学金 3379 人，发放资助金 337.9 万元。中等职业学校免学费 4945 人，发放资助金 490.3 万元。“雨露计划”资助 1615 人，发放资助金 323 万元。特困学生资助 280 人，发放资助金 56.1 万元。职业高中免书费、住宿费 583 人，发放资助金 52.325 万元。2018 年普高类大学新生资助 142 人，发放资助金 71 万元。2014 至 2017 普高类大学生资助 439 人，发放资助金 87.8 万元。2014 至 2018 年职高类大学生资助 183 人，发放资助金 36.6 万元。（胡永平）

【教师招聘】 2018 年，全县加强教师队伍建设，在继续为义务教育阶段农村山区学校补充特岗教师的同时，为繁峙中学招聘研究生学历教师 24 名，为砂河中学招聘研究生学历教师 21 名。持续不断改善高中教师队伍结构素质，对提升高中教育教学质量起到重要作用。（胡永平）

【教学研讨】 2018 年 11 月 21 日至 24 日，鉴于全县良好的教育教学氛围，市教育局在本县举办忻州市初中“同课异构，听说评议”教学观摩研讨活动。全市各县（市、区）和市直学校的 56 名学科教师现场作课，并进行说课与课后反思。各县评委和市教育局安排的各科专家组长进行现场打分。来自全市的各科目教师共有 300 余人参加活动。借此机会，县教育局下发通知，组织 150 多名初中教师接受课堂教学与评议活动的现场培训。这次活动，繁峙县获得一个第一名、两个第二名的课堂教学竞赛好成绩。

（胡永平）

【县综合职业学校】 繁峙县综合职业学校，是一所由忻州市教育局，繁峙县人民政府批准成立的综合性高中（集初中、职高、普高为一体）。自 2007 年成立以来，教师队伍由原来的 20 多人壮大为 200 余人，学生由原来的 100 多名发展至 2500 余名，教学班级由 3 个扩建至 46 个。办学十多年来，先后有 1000 多名学生升入本科院校，其余学生大部分升入高职高专院校学习专业技术。

师资培训　2018 年 3 月，学校组织教师到晋中市灵石第一中学、第二中学、职业中学参观学习。3 月，邀请灵石二中书记王灵平到校做培训。4 月，邀请忻州实验中学校长彭占明到校指导教学。7 月，邀请忻州师范学院教授吴攀升、山西灵石二中书记王灵平、忻州实验中学郭波平到校进行教师培训。11 月，组织本校初、高中教师去忻州实验中学学习交流。

上级对学校的调研　2018 年 4 月，山西职业技术学院院长在县长崔铮岭、副县长王海龙陪同下到本校考察指导。7 月，代县县委副书记郭万国一行到本校考察指导工作。

文体活动　2018 年 1 月，学校各班级组织丰富多彩的元旦庆祝活动。2 月，代表全县教育系统参加元宵节庆祝活动。3 月，参加化肥厂小学的帮扶交流活动；本校组织学生到县公安局消防支队参观学习。

调研学习　2018 年 4 月，学校领导随县教育局局长张占羽到太原尖草坪中学、阳泉十二中参观学习。5 月，随县长崔峥岭一行到山西职业技术学院参观学习。12 月，再随县教育局局长张占羽到阳泉十二中参观学习。

2018 年 9 月，消防支队到本校组织学生应急演练（赵治斌提供）

2010—2018 年繁峙县综合职业学校对口高考本科达线情况统计表

表 13　　　　单位：年、人、%

年份	参加考试人数	升入本科院人数	达线率
2010	55	8	14.55
2011	194	28	14.43
2012	276	45	16.30
2013	303	52	17.16
2014	94	58	61.70
2015	238	123	51.68
2016	327	272	83.18
2017	526	376	71.48
2018	598	356	59.53

（赵治斌）

思想教育　2018 年 5 月，本校高中部举办首届成人礼活动仪式；庆五一、颂“五四”红歌比赛。5 月，邀请县心理协会的宋春芳老师等来校进行心理辅导教育。6 月，举办庆祝建党 97 周年大型文艺活动。9 月，举办庆祝教师节活动；邀请团县委、法院到本校进行法制安全进校园活动；邀请消防支队到本校组织消防安全教育和应急消防演练。10 月，县公安局交警大队到本校进行交通安全教育。12 月，代表本县初中学校参加全市第二届初中组古诗词大赛并获全市第三名。

（赵治斌）

科　技

【概况】　繁峙县科学技术局是繁峙县人民政府主管科技工作的职能部门，正科级建制，行政编制 4 人，设局长 1 名、副局长 1 名、科级非领导职数 1 名，核定机关工勤人员全额事业编制 1 名。设办公室和综合股 2 个内设机构。2018 年实有行政人员 3 人，其中：局长 1 人、副局长 1 人、科员职数 1 人，全额事业工勤人员 1 人。

县科学技术局下属事业单位 2 个。繁峙县新技术和科技情报研究所，属全额事业单位，编制 7 人，现有工作人员 10 人；繁峙县科技交流中心，属自收自支事业单位，现有工作人员 9 人；事业单位与局机关合并办公。

2018 年，繁峙县科技部门以习近平总书记新时代中国特色社会主义思想为工作指引，认真贯彻落实中共十九大和省市工作会议精神，在县委、县政府的正确领导下，围绕脱贫攻坚和转型升级工作任务，突出脱贫攻坚科技培训、高新技术企业培育、科技创新平台建设，扎实开展科技服务，为全县经济社会发展提供强有力的科技支撑。

（郭建恩）

【科技改革与创新】　2018 年，县科技局深入实施创新驱动发展战略，强化企业科技创新主体作用，引导企业加大研发投入。大力培育“星创天地”“科技企业孵化器”和“高新技术企业”。

2018年“山西鸿深科技企业孵化器”于9月底完成网络申报，经省科技厅组织专家评审，被认定为“省级科技企业孵化器”；激发企业创新活力，助推产业转型升级发展，汉和中兴、中兴华德、绿源亨通3家公司申报高新技术企业，经省科技厅、省财政厅、省税务局等部门联合评审，汉和中兴、绿源亨通被认定为高新技术企业。绿源亨通公司依托“星创天地”开展线上线下服务，重点实施“优质蔬菜直供港澳”项目，星创天地建设取得突破性进展。（郭建恩）

【知识产权保护】 2018年，县科技部门继续认真做好知识产权宣传工作，增强群众的知识产权保护意识，鼓励全县企事业单位和个人开展发明创造，申请专利保护，继续对专利申请费用和发明专利的保护费用实行全额补助。

2018年，全县共申请专利25项，其中，发明专利12项，实用新型7项，外观设计6项；获得专利授权7项，其中实用新型1项，外观设计6项。本年，全县有效发明专利拥有量达到11项。（郭建恩）

【科技项目与经费】 2018年，县级研发资金750万元。围绕脱贫攻坚小杂粮提质增效和科技型企业创新发展，重点支持县级科技项目7项。分别是：“羊驼引进与繁育”“本地优种肉驴人工授精”“农产品质量追溯体系建设”“黄芪肉牛养殖研究”“林果业产业化发展”等。

立足县内山区丘陵区多的特点，沙棘市场价格高的机遇，实施“新品种大果沙棘引种试验项目”，从辽宁省本溪市引种大果沙棘苗木10050株，于10月中旬种植在东沟村6.7公顷荒坡之上。其中的50株5年生苗木预计2019年可挂果。试验示范成功之后可在全县山区、丘陵地区大面积推广。

（郭建恩）

【科技成果推广】 完善科技成果转化和知识产权交易平台。2017年12月19日，“山西科技成果转化和知识产权交易服务平台”正式上线。平台是“山西省科技综合管理服务平台”之一，2018年10月中旬，按照县政府规范“公共服务事项”统一安排，县科技局将平台链接到“公共服务事项”网络运行。

2018年，重点推广新一代温室卷被控制器。新一代温室卷被自动控制器是省农科院农业信息化研究所的专利产品，主要由主电路，控制电路和遥控器三部分组成。采用数字电路和软件程序代替定时器和继电器控制的模式，通过硬件和软件的结合，可以实现卷被、放被的手动运行和自动运行。新一代温室卷被控制器在生产中的实用性：（1）新一代温室卷被控制器安装在温室内，在定时（自动）模式下，可设定卷被、放被时间，时间结束，电机停止工作，有效避免了卷翻现象发生。（2）在定时（自动）模式下，自动完成90%—95%的工作。可实现一个人控制多幢温室大棚卷被、放被同时工作，缩短工人等候时间，提高工作效率。（3）温室大棚卷被发生故障时（需要维修电机和线路，或者卷被不整齐需要调整时），可以进入遥控模式下，操作人员携带遥控器到工作现场，根据故障排除的实际需要，随时控制卷被、放被。有效控制生产安全事故的发生，省人省劲省事省钱。全年共计推广新一代温室卷被自动控制器65套。

（郭建恩）

【科技宣传与普及】　2018 年，县科技局以“知识产权宣传周”“科技活动周”“全国科普日”“三下乡、四进社区”等活动为载体，开展科技法律法规宣传和科学知识宣传普及。宣传重点内容包括：地方病和多发病、健康知识、生活理念、安全生产、食品安全、防震减灾、环境保护等基本常识。通过系统化、常态化、不间断的宣传教育，提高全社会的科学素质。全年累计组织科学普及活动 20 余次，发放科普宣传挂图、图书、宣传资料等 8000 余份。

中国流动科技馆巡展活动于本年 11 月在本县彩璟小学开展，展出时间 40 天，中小学生参展人数达 3500 余人。全县首家“农村科普 e 站”在金山铺乡农发新村建成投运，开创繁峙县科技助力精准扶贫的新模式、新局面。（郭建恩）

【大型科技培训】　2018 年，县科技局联合杏园农产品合作社，充分发挥“三区”科技专家作用，围绕脱贫攻坚和县域特色产业，开展形式多样的科技服务和技术培训活动。全年共组织各类培训活动 8 次，培训人数达 550 人（次）。

2018 年，繁峙县农业科技新技术培训暨新品种推广会（郭建恩提供）

挑选一批农业科技推广带头人参加在山西农业大学举办的、为期三个月的“三区”技术骨干培训；山西省“三区”人才科技能力提升专题培训班，全县共招募学员 40 人，于 11 月 2 日至 5 日在山西省农科院东阳基地参加培训。（郭建恩）

【重要科技事项与活动】　山西奥博能源有限公司是全市第一家光伏新能源装备生产企业，公司依托山东大学等高等院校科研院所和青岛奥博技术优势，实施创新发展战略，2018 年申报“市级重点实验室和市级工程技术研究中心”。

天河牧业与山西医科大学达成合作意向，共同建设“山西省黄芪开发研究中心”。

2018 年，利用科协系统机构改革的机会，将中小学校长、医院院长、社区负责人任命为县科协副主席；13 个乡镇配备乡镇科协主席、副主席，健全了科普惠农的服务体系，加强了科普惠农的组织管理。（郭建恩）

【省级考核县级指标完成情况】　2018 年，对照《山西省区域经济转型升级考核评价暂行办法》，县科技局承担 1 项考核指标，具体完成情况下：高新技术企业数考核目标数 1 家，实际完成数 3 家。2017 年紫金矿业通过评审，2018 年汉和中兴、绿源亨通通过评审。2018 年年底，本县高新技术企业总数达到 3 家。（郭建恩）

【市级考核县级指标完成情况】　2018 年，市级考核县级 8 项转型升级考核指标全部完成：

高新技术企业数考核目标数 1 家。年底，本县高新技术企业总数达到 3 家。

先进装备引进数量考核目标数 2 台（套）。山西奥博引进 LDTS3000 串焊机 2 台套。

先进装备引进投资额考核目标数 50 万元。山西奥博能源公司引进的 LDTS3000 串焊机2台套，引进投资额合计214万元。

技术合同交易额考核目标数0.2493亿元。年底，本县已认定技术合同交易额0.2530亿元。

高新技术企业培育库入库数考核目标数2（个）。已推荐中兴华德、山西奥博为入库对象。

市级重点实验室和工程技术研究中心考核目标数1（个）。山西奥博被认定为市级工程技术研究中心。

有效发明专利拥有量考核目标数11项。年底，本县有效发明专利拥有量11项。

发明专利申请量考核目标数11项。2018年，全县新申请发明专利12项。（郭建恩）

【扶贫工作】 2018年，县科技局狠抓科技扶贫三项措施落实：1. 加强科技服务体系建设，通过遍布乡村的科技服务体系经常性开展科技服务，帮助贫困群众不断提高科学文化素质，转变生产发展观念，逐步在全社会形成学习科学知识、树立科学观念、运用科技成果、依靠科技致富的浓厚氛围。2. 加强科技培训。充分发挥科普惠农服务站、农业产业化龙头企业、乡村农技协会、农民专业合作社、家庭农场、种粮大户等经营主体作用，组织开展科技扶贫培训和试验示范，普及推广新品种、应用新技术，充分发挥科技带头人和技术骨干在依靠产业脱贫攻坚中的辐射带动作用。3. 加强科技扶贫产业项目引导。围绕县委、县政府扶贫攻坚重点工作任务，围绕实现县域特色扶贫产业规模化发展，实施一批符合当地自然资源优势和地域产业优势的科技扶贫产业引导项目，提升县域特色产业发展能力，持续增强特色产业特色产品的市场竞争力。

2018年，县委将科技局扶贫工作队调整到岩头乡党委东沟村，科技局选派得力干部挂职岩头乡副书记兼驻村工作队队长、东沟村第一书记，机关9名干部与36户贫困户结对帮扶，帮扶责任人多次走访贫困户，了解他们的困难和需求，掌握第一手数据。实时掌握全村贫困户收入情况，通过组织青壮年参加劳动技能培训，组织外出务工并办理交通补贴，让贫困户参加“5+”养殖模式、实施联村光伏产业等，贫困户收入数据做到底清数明，保质保量地完成了上级党委、政府安排的扶贫攻坚工作任务。

对东沟村实施整村易地搬迁是县、乡两级政府的决策部署，科技局配合乡村干部对移民政策、补偿标准做了大量的宣传、说服工作，通过算经济账、对症劝导等方式，群众都同意旧村拆除。2月，配合乡村两级政府对东沟村旧有房屋及地上附着物进行盘量；3月26日，对房屋及地上附着物进行拆除；4月对易地搬迁资料进行了整理规范；6月进行了土地复垦，共复垦耕地1.184公顷。2018年东沟村11户31人完成了十三五易地搬迁，其中7户实施集中安置，4户实施分散安置，实现全村搬迁。另有27户享受了地上附着物拆除补贴。（郭建恩）

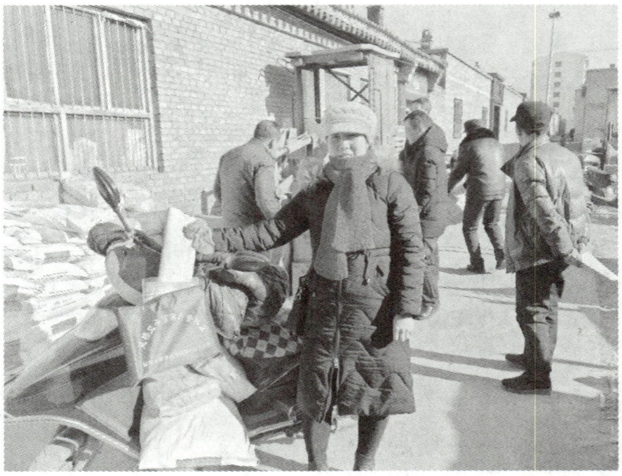

2018年，科技局扶贫工作队到岩头乡东沟村慰问贫困户（郭建恩提供）

地　震

·地震监测·

【制度建设】　2018年，繁峙县连续被划入晋冀蒙交界地震危险区。根据忻震办发〔2018〕1号、忻震办发〔2018〕4号文件精神，制定实施《繁峙县地震局2018年元旦、春节期间震情保障工作方案》（繁震发〔2018〕1号）和《繁峙县2018年度震情监视跟踪工作方案》（繁震发〔2018〕3号），严格执行每日地震宏观异常零报告制度，报送率99%。

依法做好本辖区内地震监测台站环境和监测设施的保护工作，确保监测系统正常运行，依法依规制定《繁峙县重大震情通报制度》，紧密联系山西省地震台网中心，县地震台专家做好繁峙西砂河地震观测站的设施维护，确保系统数据正常传输。（张　廷）

【地震群测群防工作】　2018年，县地震局用制度来保障以“三网一员”为主的地震群测群防工作，因地制宜搞好地震群测群防培训、演练、检查工作。组织开展全县防震减灾三网一员应急培训，邀请代县蓝天救援队就地震救援原则等专业知识和实战经验进行宣讲培训，并结合“12322地震灾情速报平台”使用的学习，进行模拟速报演练。加强对规模较大的宏观异常测报点群测群防工作进行检查指导。

做好辖区内《国家地震烈度速报与预警工程》项目实施中的相关工作。按照省地震局部署和市局安排，已配合完成国家地震烈度速报与预警工程繁峙县基站的场地协调、勘察、调试等工作。（张　廷）

·地震应急·

【工作机制完善】　2018年，进一步发挥县防震减灾领导组办公室的职能和作用，完善成员单位间沟通协调工作机制。按照《繁峙县人民政府办公室关于调整县政府有关议事机构的通知》（繁政办发〔2018〕41号）对繁峙县防震减灾领导组进行了调整，同时规定，今后领导组组成人员如有工作变动，由相应人员自然递补，不再另行发文。县防震减灾领导组办公室加强成员单位间沟通协调，合力搞好防震减灾工作。（张　廷）

【地震应急准备工作的监督检查】　根据《忻州市防震减灾领导组关于转发〈山西省防震减灾领导组办公室关于开展2018年地震应急准备和抗震设防工作检查的通知〉的通知》（忻防震组〔2018〕1号）精神，县委、县政府高度重视，专门安排部署，进一步加强地震应急准备和抗震设防检查，按时限要求上报了《繁峙县2018年地震应急准备和抗震设防工作自查报告》。8月8日，市防震减灾领导组第一检查组组长、市地震局局长一行3人莅临本县检查指导，县国土、交通、民政等部门认真开展地震应急准备工作自查，并在检查汇报会上作了报告。（张　廷）

【应急物资储备】　2018年，县民政局新增储备棉被褥1000套、棉大衣1000件、帐篷150顶、毛毯1000条。县商务局协议糖酒副食有限公司储备矿泉水1万箱、方便面2万箱。县医药物资储备库储备救治救护所需的医用器材、急救装备、保障装备、采样装备、检测试剂和设备、消杀器械和药品、救治药品、常备疫苗和血清等。县经信局协调联系挖掘机、起重机等大型救援机械百余台件。

县民政局、商务局坚持“以防为主，有备无患”的原则，完善救灾物资储备库管理办法和制度，建立仓库物资《库存物资明细账》，坚持定期对仓库物资进行盘点清查，确保救灾物资安全高效运行。县商务局与糖酒副食有限公司签订地震应急食品储备协议。

（张　廷）

【地震应急预案体系】 2018年，县地震局落实县委书记孔保宝防震减灾专项调研指示精神，于年初修订《繁峙县地震应急预案》，县抗震救灾指挥部由抢险救援等10个工作组组成，对地震应急分级响应作了翔实规定。全县各乡（镇）、有关单位、县直学校制定了地震应急预案，基本形成“纵向到底，横向到边”的地震应急预案体系。

（张　廷）

【地震应急联动演练和地震应急培训】 2018年，县卫计局组织各级医院开展业务能力、应急技能比赛活动，“5·12”期间，县国土、地震组织开展《地质灾害防水队》《地震知识手册》知识宣传教育活动。全县各学校全年组织开展地震应急演练活动60余次。县政府分管副县长王海龙亲自协调部署，积极筹备，7月2日在岩头乡元山村举行“繁峙县2018年度县乡地震应急演练”。（张　廷）

【应急避难场所建设和管理】 2018年，县滨河公园管理中心认真贯彻落实《繁峙县滨河公园Ⅱ类地震应急避难场所运行管理办法（试行）》，加强滨河公园Ⅱ类地震应急避难场所维护管理，保障正常运行。（张　廷）

【地震灾害风险评估】 2018年，全县组织农、林、水、畜、国土、住建等相关专家人士，从6月开始到10月结束，以抽样调查的方式通过实地调研摸底，集中汇总4个乡镇，4个村庄的人口，居住环境等因素，由地震局组搞完成《繁峙县地震灾害风险评估工作》。（张　廷）

·震害防御·

【防震减灾法律法规监督检查和宣传】 2018年，县地震局积极宣传贯彻防震减灾法律法规。编印《防震减灾资料汇编》，收录《防震减灾法》《山西省防震减灾条例》《地震监测管理条例》等防震减灾法律法规10余部。滨河公园II类地震应急避难场所设立专题宣传栏，宣传讲解防震减灾法律法规。推进防震减灾法治宣传教育与法治实践相结合。联合县消防大队开展《防震减灾法》《山西省地震应急救援规定》等要求的人员密集场所疏散通道、应急设施等监督检查。

（张　廷）

【第五代区划图的检查】 2018年，县地震局继续贯彻实施新一代区划图，开展重大建设工程和人员密集场所落实新一代区划图情况的检查。联合县住建局、规划设计部门全面开展第五代区划图落实情况检查，确保县内新建、改建、扩建的一般建设工程一律按照第五代区划图规定的要求，进行规划，设计施工。

（张　廷）

【事中事后监管】 2018年，县地震局加强抗震设防要求事中事后监管。按照《繁峙县地震局建设工程抗震设防要求审定事中事后监督管理办法》，对建设工程施工前是否进行建设工程抗震设防要求审定、是否按照审定的抗震设防要求进行设计等，开展事中事后监管。

（张　廷）

【危旧房屋改造和中小学校抗震加固】 2018年，县地震局开展城市棚户区、城中村、危旧房屋改造和中小学校抗震加固工作，积极配合全县整体工作，有序推进城市棚户区、城中村、危旧房屋改造工作。1. 农村建设用地指标优先支持城中村和危旧房屋改造；2. 利用好国家“城乡建设用地增减挂钩”“矿业存量土地整合”“土地整理复垦开发”等政策，共同推进城市棚户区改造；3. 建设单位严格按照国家、省有关规定施工，按照相关工作部署要求，认真开展中小学校抗震加固，全县中小学校抗震加固工作基本完成。（张 廷）

【农房抗震改造技术服务】 2018 年，县地震局落实乡村振兴战略，加强农村安居工程的抗震设防工作，做好农房抗震改造技术服务。配合住建、扶贫、国土等部门开展安全农居工程，加强农村危房改造、异地扶贫搬迁、地质灾害治理等安居工程的抗震设防监管，因地制宜开展农村工匠抗震技术的宣传指导培训，按照第五代区划图要求施工，提高农居整体抗震水平。（张 廷）

【减隔震技术的应用】 2018 年，县地震局推进高烈度区新建学校、医院等人员密集场所减隔震技术的应用。本县地处地震动峰值加速度值 0.15g 的抗震设防高烈度区，又在晋冀蒙交界地震危险区内，县设计部门严格执行新规定，凡县内学校新建的教学用房、学生宿舍、食堂以及医院的新建医疗建筑，全部采用减隔震技术。（张 廷）

【宣传教育】 2018 年，县地震局组织“5·12”“7·28”“六进”等科普宣传活动。多措并举搞好“5·12”期间防灾减灾宣传科普教育工作。5 月 9 日，在作头村开展防震减灾科普宣传进农村活动，分发防震减灾资料和宣传品，与群众互动解答地震知识技能。5 月 12 日与民政局、国土局等联合在县农行广场开展“5·12”防灾减灾宣传周活动，副县长王海龙亲自参加宣传。“7·28”全省防震减灾宣传周期间，在滨河公园电子商务屏循环播放防震减灾科普宣传片。县教育局、团县委组织开展“安全进校园”科普讲座；县消防大队在中旺天然气有限公司组织开展抢险救援和次生灾害科普讲座。（张 廷）

气 象

【扶贫工作】 2018 年，县气象局领导深入精准帮扶村砂河镇和村，与村干部一起，进行交流、探讨。详细了解精准贫困户的家庭情况、致贫原因，并提出建议，共同制定脱贫计划和措施。通过共同努力和政策帮扶，早日实现脱贫。（宫 燕）

【科普宣传】 2018 年 3 月 22 日，县气象局在府东广场开展气象科普宣传活动，以“智慧气象”为主题纪念“3·23 世界气象日”。活动现场通过发放《气象宣传手册》《气象防御条例》《气象灾害避险》等宣传册进行宣传讲解，并通过气象科普宣传牌展示有关气象的小知识，让群众近距离走近气象、了解气象，随后，在杏园小学进行了气象知识科普，增进社会对气象工作的关注。

2018 年 5 月 18 日，政安消防知识宣传中心的消防培训员到县气象局进行消防知识培训，全体职工参加培训，通过短片教育和现场指导的方式，全体职工对消防安全意识有了进一步了解，全体职工的防火、救火、逃生等技能得到提高。

（宫 燕）

【气象灾害】 2018 年4 月 7 日上午，县气象局技术人员，前往此次天气过程受影响最大的繁峙县白水杏种植基地赵家庄村，进行灾情调查。据果农介绍，本年由于前期温度偏高，白水杏盛花期较历年提前半个月，此次雨雪、降温使刚成型的杏全部遭受冻害，全村近266.7公顷白水杏几乎绝收。4月9日，在县气象局技术人员的陪同下，省气候中心技术人员到繁峙县大杏生产基地调研。3月下旬繁峙县气温异常升高，最高气温达28.8℃，致使杏树达盛花期，由于4月4日至7日出现强降温降雪天气，最低气温达—4.0℃，致使本县近333.3公顷杏花遭受冻害，绝收95%。技术人员深入繁峙大杏基地，面对面耐心询问果农杏花冻害情况，并从科学技术的角度商议应对杏花受冻的措施，争取将损失降到最低。（宫　燕）

【应急避险演练】 2018年7月2日，县气象局参加繁峙县2018年度地震山洪地质灾害应急避险演练。演练过程中，各应急救援小组责任分工明确，相互配合协调。县气象局负责气象监测工作，按照演练流程和安排，气象服务组在现场搭建了便携式移动气象站，技术人员对自动站进行调试和现场监测，达到了演练的预期效果。演练完毕，市地震局副局长陈秀文作了最后点评和总结。通过此次应急演练，进一步提高了各部门的应急救援意识，熟悉应急救援流程，明确责任意识，达到了演练的预期目标。（宫　燕）

【上级调研】 2018年8月8日，市气象局党组书记、局长贾朝阳带领检查组莅临本局，进行基层党组织生活督导检查工作。督导工作采取听汇报、查阅资料、实地查看党员活动室等方式，对党支部落实“三会一课”、组织生活会、民主评议党员、谈心谈话、党员活动日开展情况及党组织规范化建设等方面进行检查。通过督导查阅，检查组表示本局基层工作建设符合党组的要求，并强调要严格规范和落实党支部各项组织生活制度，气象部门各级党组织要压实责任，把严格党的组织生活纳入党建工作责任制，认真履行“一岗双责”；要有创新意识，在传统活动方式基础上，开展形式多样的组织生活，提高组织生活质量，持续推动基层党建工作全面开展。

8月29日上午，由市气象局党组成员、副调研员吉海增一行三人组成的专项检查组到县气象局对贯彻落实中央“八项规定”精神情况进行全覆盖检查。检查组重点从落实情况、制度建设情况诸方面进行详细查看，并重点查看公务接待及公务用车方面执行情况，对本局执行中央“八项规定”精神情况给予充分肯定，并对存在的问题提出改进意见。

8月30日，省气象局局长柯怡明和市气象局局长贾朝阳一行到本县了解一般业务用房建设项目的建设情况。柯怡明和贾朝阳到工程地段对建设用地情况和观测场周围环境情况作了询问和了解，对工程的进度和建设工作提出要求，县气象局将按照要求做好各项建设工作，加快业务用房的建设进度。

（宫　燕）

【气象信息培训】 2018年10月31日，县气象局举办2018年气象信息员培训会。全县13个乡（镇）共计70余名气象信息员参加培训。邀请市气象局两位专家授课，主要以灾害性天气预报及预警信息的发布流程、气象灾害的分类和防御知识及气象为农服务、气象基础知识等方面为内容进行讲解，为今后的三农专项气象服务相关工作奠定了基础。

（宫　燕）

【气候评价】 2018年，年平均气温9.2℃，比历年平均值偏高0.9℃，极端最高气温35.2℃，出现在7月5日和8月4日；极端最低气温—21.3℃，出现在12月28日。年总降水量445.8毫米，比历年平均值偏多48.7毫米。年日照总时数2208.7小时，比历年平均值偏少483.4小时。全年≥25.0毫米降水日数2天，未出现≥50.0毫米降水日数，一日最大降水量34.2毫米，出现在7月11日。终霜冻出现在3月24日，初霜冻出现在9月23日，全年无霜期182天。

全年大风日数10天，扬沙5天。2018年春季总降水量偏多，适播期墒情较好，旱地作物都能及时播种；只是在3月下旬气温偏高，县内大部分白水杏盛花期较历年偏早15天，4月初一场雨雪，气温急剧下降，致使本县繁城镇、光裕堡乡的白水杏花芽遭受较为严重的冻害，此次灾情受灾人口5450人，受灾面积520公顷，成灾面积347公顷，绝收面积301公顷，直接经济损失5305万元。进入夏季，降水偏多，光照充足，保证了大秋作物的正常生长。

年内最长无降水日数为72天，出现在冬季，致使空气干燥，极易引发呼吸道疾病，同时森林火险等级也较高。　（宫　燕）

【防灾减灾】　2018年，建立健全“政府主导、部门联动、社会参与”的气象防灾减灾机制，加强部门合作，按照“一年四季不放松、一次过程不放过”的服务要求，坚持不懈做好公益气象服务。在公共气象服务中，除常年坚持在电视台播放常规的24小时及48小时预报外，特别是高度重视暴雨、山洪、雷电、大风、寒潮等灾害性天气的预警服务等。

（宫　燕）

【公众气象服务】　2018年，县气象局进一步提高公共气象服务能力，不断拓宽服务领域、丰富服务产品、完善服务体系，充分发挥气象服务在地方经济发展中的重要作用。特别是在春耕春播、作物生长、秋收等关键时期的服务。共制作年、季、旬、月等各类预报55期；发布雨（雪）、墒情等重要情报35期；专题重要天气报告20期，发布各种预警信息80余次，通过微信、短信向录入气象灾害预警平台的890人发布天气预报及预警信息38万人（次）。　（宫　燕）

【气象为农服务】　2018年4月2日，接市气象台预报：预报4月4日至7日将出现强降雪、大风、强降温天气。局技术人员认真分析会商，将预报产品和预警信息及时通过县电视台、微信、手机短信等媒体发送到县主要领导及有关用户手中。4—7日气象局实测降雪量7.0毫米，过程最大降温达23.4度。由于此次过程持续时间长、降温幅度大，是有气象记录以来极为罕见的，果农虽然采取了灌水，烟熏等措施，但效果甚微。使全县的白水杏85%遭受冻害，受灾面积333.3余公顷，直接经济损失4000余万元。在天气过程发生中及发生后，省、市气象专家、县农业技术专家及县技术人员几次深入灾害发生地进行了实地灾情调查。另外8月7-8日、8月7日至8日、8月25日出现强对流天气过程，以及11月14日至16日和12月3日至4日的降温过程，均预报准确及时，并通过各种媒体及时发布重要天气预报预警信息，同时提供了优质的跟踪气象服务。（宫　燕）

【决策气象服务】　2018年，县气象局加强部门联动，提供有针对性的气象服务。与县农委、水利、住建、民政、安监、林业、环保、国土局及交运等部门建立气象灾害防御会商和预警信息发布机制。共发布地质灾害预警5次。两次深入所包乡进行了森林防火工作的督查，向县森林防火指挥部传送火情信息两次，收到了良好的效果。并于4月21日和7月7日分别进行了人工增雨作业，增雨效果明显，服务效益良好。

5月16日至18日，全市在本县举行的精准扶贫项目现场会期间，有100余人要在露天条件进行项目观摩，期间根据市气象台天气预报有间歇性降雨，技术人员与政府多次沟通协商，积极为此次活动提供气象服务，技术人员24小时坚守工作岗位，多次不定时地与市气象台联合会商，最终提供了准确及时的预报，从而使活动顺利进行。

（宫　燕）

【人工影响天气服务】　2018年，县气象局共开展地面增雨（雪）作业2次，人工影响天气作业累计影响面积200平方千米。

（宫　燕）

【综合观测业务能力建设】　2018年，县气象局圆满完成日照自记和称重式降水仪器的安装任务，同时顺利完成切换和升级。气象综合业务平台运行良好，各种资料、报表上传及时准确。

2018年年初，由中央财政投资254万元用于业务用房建设，上半年完成工程项目设计、规划许可证办理、工程项目招投标等前期工作，工程建设于9月初开始。到11月中旬，项目的主体工程全部竣工，剩余的管道、围墙、大门、道路及室内装潢工程等待来年解冻后逐项进行。（宫　燕）

【三农专项服务建设】　2017至2018年，由中央财政投资85万元用于本县三农项目建设，期间共完成繁城、砂河、大营、柏家庄、金山铺、横涧共6个乡（镇）的气象防灾减灾标准化建设，各乡（镇）出台了相应的制度，制作了工作制度、管理制度、应急避险牌等。分别在繁城镇赵家庄村白水杏种植基地安装了农田小气候仪、砂河镇曹家寨繁峙铭洋农牧合作社安装了作物长势实景监控仪、在集义庄设施大棚安装了两套温室气候仪并投入使用。

（宫　燕）

【科研与教育】　2018年，县气象局被市局评为“特别优秀单位”。认真学习新的业务基础知识及新网络技术方面的知识，平时除每月初的业务质量分析会外，不定期的组织业务技术人员加强网上学习，努力提高业务人员的技术水平。全体业务人员不断强化卫星、雷达、自动站等新资料和预报产品的综合应用。遇有重要天气时，加强同市气象台及周边县（市）局的天气形势会商，认真分析历史资料，充分应用各种预报手段，做出较准确的预报产品。

年内，选派夏律斌分别赴省局及湖北参加近两个月的业务知识集训，并参加由省气象局、省农林水工会联合举办的山西省2018年县级综合气象业务职业技能竞赛，获得山西省农林水劳动竞赛委员会个人一等功。

（宫　燕）

【组织建设】　2018年，认真落实党风廉政建设，扎实开展党风廉政建设月活动，推动落实中央八项规定精神常态化。开展防雷领域廉政建设专项行动，签订了防雷领域廉政建设专项承诺书。组织学习习近平新时代中国特色社会主义思想，巩固“两学一做”学习教育成果，全面推进“两学一做”学习教育常态化、制度化。突出政治标准，加强政治建设，切实增强“四个意识”、坚定“四个自信”，坚决落实“两个维护”。2018年，全体党员干部坚持做到人人有学习笔记、个个写心得体会。为全体党员干部和退休老干部购买中共十九大学习材料，并参加气象系统及地方党委举办的十九大精神学习班。（宫　燕）

卫生　体育

卫　生

【“一体化”改革工作】　2018年，本县作为全省县乡医疗卫生机构一体化改革示范县，县委、县政府将县乡医疗卫生机构一体化改革作为县域综合医改的破题之策，作为头等民生大事全力推进。在开展县乡医疗卫生机构一体化改革过程中，破除机制体制障碍，不断创新工作方法，竭力推行改革措施。作为全省示范县，2018年分三个阶段推进完成了“十项改革任务”：医疗集团管理体制改革工作；医疗集团“六统一”工作；组建管理中心、业务中心；医保总额打包付费工作；健全完善药品供应保障制度；卫计局对集团的监管工作；积极开展人事薪酬制度改革；逐步理顺医疗服务比价关系；加快医疗集团信息化建设；持续增强群众看病就医获得感。繁峙县医疗集团成功组建后，城乡医疗资源得到充分整合，分级诊疗制度有效落实，县域内住院率达到86%，同比提高11个百分点。“一体化”改革在健康扶贫中发挥了不可替代的作用，医改优势和制度优势已转化为政策优势和资源优势。　（李军军）

【基本公共卫生服务】　2018年，本县以人民健康为中心，为人民群众提供全方位全周期的健康服务，持续推进健康档案管理、慢性病健康管理、严重精神障碍患者管理等12项基本公共卫生服务项目，2018年基本公共卫生补助经费标准达人均55元，全县基本公共卫生总经费共计1514.1445万元。

（冯永光）

【免费产前筛查和诊断服务】　2018年，全力推进为怀孕妇女免费产前筛查和诊断服务，加大宣传力度，从多方面、多角度提高群众知晓率。全县筛查1885人，全年筛查任务为1870人，任务完成率为100.8%。其中：转诊96人，进行产前诊断的有76人，引产1人。　（冯永光）

【全面两孩配套政策完善】　2018年，为完善全县全面两孩配套政策措施，推动全社会关心母婴健康，提高对母婴的公共服务供给能力，加快推进本县母婴设施建设，县卫生局协调繁峙汽车站和县人民医院、县中医院、山西农村商业银行繁峙分行分别建设完成母婴室，母婴室均按标准建设，内部设施齐全，并已投入使用，现使用情况良好。本县已完成80%的配置率，繁峙火车站母婴室正在协调中，2018年年底到2019年年初将完成，配置率将达到 100%。2018 年，全面推广使用母子健康手册，推广使用率达到了 100%。

多种形式为计生特殊家庭开展精准帮扶。加强联系人制度落实，搭建起与计划生育特殊家庭沟通的桥梁。建立以“双岗”联系人为基础的联系人制度，为每一户计生特殊家庭至少确定一名乡镇（街道）领导干部和一名村（居）委会干部作为帮扶“双岗”联系人。并鼓励有条件的地方可吸收计生协会员、家庭医生、志愿者或者被联系对象的亲朋好友作为村（居）级联系人，建立“二对一”或者“多对一”的联系帮扶模式。

提供优先便捷医疗，畅通计生特殊家庭就医“绿色通道”。本局从保障和改善民生、维护社会和谐稳定的大局出发，县卫生与计划生育局出台《繁峙县计划生育特殊家庭就医绿色通道实施细则的意见》，切实帮助计生特殊家庭解决就医方面的实际困难，把第一人民医院和第二人民医院定为计生特殊家庭就医“绿色通道”定点医院，并要求计生特殊家庭就医“绿色通道”定点医院，结合实际，制定具体的服务流程。（冯永光）

【爱国卫生工作】 2018 年，县人民政府印发《繁峙县健康村镇建设实施方案》，农村改厕工作是改善农村环境卫生，提高农民生活质量的重要内容，也是美丽乡村建设的一项基础性工作，2018 年完成 2803 座卫生厕所的改造工作。（冯永光）

【基础设施建设】 2018 年，县人民医院门急诊综合楼建设项目，总投资 3470 万元。预计 2019 年投入使用；县中医院综合业务楼建设项目，总投资 3498 万元，已投入使用；县妇幼保健计划生育服务中心综合楼建设项目，总投资 1847 万元，预计 2019 年上半年投入使用。项目完工投入使用后，将大大提升本县的医疗服务能力，县域内住院率也会大幅提高，构建本县分级诊疗的新模式。（冯永光）

【扶贫工作】 2018 年，为确保健康扶贫精准靶向发力，全县抽调县级医院专科医生、乡医、村医、村计生员、村“两委”干部，组建 13 个健康扶贫精准识别组，采取（1+1+1）模式，逐村逐户逐人对健康扶贫对象共同核实、精准确认，全县因病因残建档立卡贫困户共 4770 户 11657 人，其中因病建档立卡贫困户 3440 户 8261 人，因残 1330 户 3396 人。在精准识别的基础上，建立完善认定管理机制和信息互通机制，精准打造健康扶贫动态管理信息化平台，全县形成村建专门台账、乡建专门档案、县建专门信息库的动态化管理机制。

全面提高基层基本公共卫生服务水平。推进家庭医生签约服务全面覆盖，优先覆盖贫困人口、计划生育特殊家庭人员、老年人、孕产妇、儿童、残疾人等人群以及高血压、糖尿病、结核病等慢性病和严重精神障碍患者等。2018 年，居民健康档案建档率达到了 97%，65 岁以上老年人体检实现全覆

2018 年，金山铺乡牛叫河村标准化卫生室建成（冯永光提供）

盖，重点人群健康管理率达 90%以上，建档立卡和计划生育特殊家庭医生签约率达到 100%。实施健康管理“双签约”服务。从“补短板、强弱项、建机制”入手，完成全县因病因残建档立卡贫困户 4770 户 11657 人的签约任务，其中因病建档立卡贫困户 3440 户 8261 人，因残 1330 户 3396 人。实现标准化卫生室建设全覆盖。2018 年完成 147 村卫生室的改扩建任务，并为 151 个卫生室配备了基本医疗设备。本县共设立 239 个村级卫生室，达标率 100%，实现了村卫生室标准化建设全覆盖的既定目标。

建立高效便捷的医疗保障体系。为提高群众对健康扶贫政策的知晓率，在通过宣传栏、媒体、手册等常规宣传的基础上，创新宣传方式，编制通俗易懂、耳熟能详的“健康扶贫政策顺口溜”。全面构建“6321”健康扶贫政策保障体系，主要是设立基本医保、大病保险、基本医保兜底、补充保险、重特大疾病与特殊困难人群定额补助、意外伤害补助“六道防线”，实施缴费救助、民政救助、保险救助“三类救助”，开展医疗团队和干部团队与健康扶贫对象的“双签约”服务，实行县内住院先诊疗后费用、门诊挂号全免费的“一站式”结算服务。实施慢性病确认和管理。将全县确实患有慢病的贫困人口全部纳入管理，对具有二级医院住院病历首页、医嘱或三级医院诊断证明的贫困患者，由乡镇卫生院备案，报县农合中心审批后按医保比例报销，健康扶贫对象慢病患者签约服务率 100%。2018 年对 52 种特殊慢性病的农村贫困人口，省定 35 种门诊医保目录内的费用按病种支付限额 100%报销。其他慢病限额内费用按 60%支付。实施大病集中救治。制定《繁峙县农村贫困人口大病专项救治工作方案》，组织患者到定点医疗

2018 年，县卫计局为贫困户提供健康服务（冯永光提供）

机构进行大病救治。对贫困人口重病患者实施兜底保障。（冯永光）

体　育

【概况】 2018 年，繁峙县体育发展中心以习近平新时代中国特色社会主义思想为指导，认真贯彻党的十八大、十九大以来的文件精神和《中华人民共和国体育法》《全民健身计划纲要》，不断完善工作机制，以实实在在的行动促进本县体育工作全面发展，圆满完成年初制定的各项工作目标和上级交办的各项任务，工作取得明显成效。本年繁峙县体育发展中心共积极组织开展全民健身活动及赛事活动，活动累计参加人数达 4700 人。（张俊伟）

【全民健身活动及赛事】 2018 年 3 月 1 日至 3 日，县体育发展中心协助文化局举办 2018 年全民健身大拜年活动。由羽毛球协会、乒乓球协会、门球协会分别负责举行羽毛球友谊赛、乒乓球友谊赛、门球友谊赛。4 月 15 日，在国家体育总局扶贫工作组的帮扶下组织了“寻找美丽中华　穿越杏林花海”定向越野繁峙站活动，比赛规模达 300 人左右，比赛活动内容设计紧紧

2018 年，“寻找美丽中华　穿越杏林花海”定向越野繁峙站活动（张俊伟提供）

围绕赛事主题和农村经济文化特点，助推乡村特色旅游。

4 月 29 日至 30 日，迎“五一”“中国梦、劳动美”全县老干部、职工象棋比赛在滨河小学如期举办，吸引了全县广大象棋爱好者积极参与。

2018 年，迎“五一”“中国梦、劳动美”全县老干部、职工象棋比赛（张俊伟提供）

5 月 19 日，全国太极拳专项委员会正式成立。中国老体协倡导组织开展全国老年人太极拳健身推广大联动活动。县体育发展中心组织县老体协于 5 月 20 日下午在祥龙广场举办“弘扬太极文化，传承中华文明，提高老年人健康水平”为主题的太极拳健身推广活动。6 月 10 日，县体育发展中心在国家体育总局扶贫工作组的支持下举办“体彩杯”2018 年老干部、职工健步走展示活动，主题为“美丽繁峙、健康体魄、快乐工作、幸福生活”，300 多名干部职工组成的 5 支队伍进行了展示，通过健步走活动，倡导大众养成积极健康、文明环保的生活方式。

2018 年，“体彩杯”老干部、职工健步走展示活动（张俊伟提供）

8 月 8 日至 13 日，举办繁峙县第二届“农商杯”篮球比赛。此次比赛共有 12 支队伍参赛。8 月 21 日，繁峙县第四届“农商杯”环五台山徒步健身大赛在五台山脚下的伯强村毛主席路居纪念馆纪念广场举行。来自繁峙县及周边县市的 300 多人参加此次比赛，是本县历届参赛人数最多的一次。

9 月 15 日，“福益德杯”2018 年中国·繁峙县毽球公开赛在县体育馆开幕，这是繁峙县承办并打造的高规格区域品牌赛事。此次比赛由中国毽球协会和繁峙县人民政府主

2018 年，繁峙县第四届“农商杯”环五台山徒步健身大赛（张俊伟提供）

办，来自山西各地及河南的70余支队伍300余人参加比赛，经过激烈角逐，繁峙碧秀队获得花毽冠军。

2018年，“福益德杯”中国·繁峙县毽球公开赛（张俊伟提供）

10月17日，在碧秀公园举办了第二届“强身健体、阳光生活”重阳节老年人登高徒步行活动。旨在传承中华民族“尊老、敬老、爱老”的传统美德，切实提高老年人的健康水平，充分展现当代老年人积极向上的精神风貌，鼓励全县老年人追求更为健康、积极的生活方式。县体育发展中心积极围绕县委、县政府打好打赢2018年脱贫攻坚战任务，积极投身到脱贫攻坚工作中，突出体育扶贫特点。2018年向上级体育部门为本县争取到6个体育健身路径安置点，分别安置在4个千人以上村的新建广场及东山惠民小区、杏园滨河移民小区两个移民搬迁小区，助力繁峙县扶贫攻坚工作。在国家体育总局扶贫工作组的帮扶下，国家体育总局机关党委会同中华全国体育基金会设立体育总局定点扶贫专项基金10万元，对本县进行专项资助。本单位接受资助后积极安排签订工程协议，对县体育馆进行修缮粉刷。（张俊伟）

文化　旅游

文　化

【文化扶贫】　2018年，全县完成287个行政村文化信息综合服务平台建设任务，其中具有一定常住人口规模的行政村262个，常住人口30人以下的行政村25个。按照基层综合文化服务中心和文体广场的“四有”标准（有场地、有器材、有队伍、有活动）：（1）投入资金40余万元，为基层综合性文化服务中心全覆盖剩余的38个村配置电视、麻将桌、DVD、打印机、阅览桌、椅子、书柜等活动器材。（2）投入资金70余万元，为2014年以前配置基层综合性文化服务中心器材的村，又补充配置电视机50台、麻将桌39台、打印机105台、DVD 11台，并为各村文艺队伍配置服装2703套。（3）投入资金319万元，分别为各村文化信息服务平台提升配置电脑234台，室外音箱196台，安装室外健身路径124套（每套6件），阅报栏224块，篮球架61副，室外乒乓球台133台。（4）投入资金50余万元，为262个行政村每村分别配置农业、科技、文学、党建类等方面图书105册。（5）市局投入资金400万元，为本县配置乐器组合、广场舞服装、威风锣鼓等活动器材共200套。2018年年底本县行政村综合文化服务场所（地）覆盖率100%。　　（张军山）

·文物保护·

【繁峙县聘请长城保护员】　县政府《关于印发加强长城保护工作的实施意见的通知》和2017年4月2日繁峙县人民政府第九次常务会议纪要精神，以及繁峙县长城保护工作的实际情况。从2018年1月1日，开始由县博物馆（繁峙县文物管理所）聘请8名长城保护员，对繁峙县境内长城进行日常的保护工作。　　（何宇飞）

【不可移动文物核查】　2018年4月至7月，县博物馆（繁峙县文物管理所）按照省、市、县的要求，依据《忻州市不可移动文物核查工作方案》中的部署安排，对全县446处不可移动文物保护单位进行全面系统的核查，并留存相关资料，全面摸清全县不可移动文物底数，深入了解全县不可移动文物实情，形成全县不可移动文物成果，提升全县文物保护工作效能，保障了全县文物工作的开展。　　（何宇飞）

2018 年，工作人员对不可移动文物核查（何宇飞提供）

【长城竹帛口段及敌台抢险加固工程】 2018年4月，开展繁峙县长城竹帛口段及敌台抢险加固工程，该工程2018年4月开工，至11月，完成索道安装、茨字贰拾叁号敌台、茨字贰拾肆号敌台、茨字贰拾伍号敌台、茨字贰拾陆号敌台的考古、清理、修缮和加固，茨字贰拾叁号敌台至茨字贰拾陆号敌台城墙段的考古、清理、修缮和加固，以及材料的二次运输等工程。 （何宇飞）

2018 年，修缮后的竹帛口长城墙体（何宇飞提供）

【作头天齐庙保护修缮工程】 2018年4月，开展作头天齐庙保护修缮工程续修项目，从4月开工至11月，完成天齐庙内建筑的保护修缮，院面整修，围墙的垒砌，并对2017年从天齐庙二进院东西配殿揭取下的壁画进行修补，安装上墙。2018年年底，作头天齐庙保护修缮工程已基本完工，此次修缮工程为省级文物保护单位天齐庙消除了建筑安全隐患，保护了文物安全，改善了环境风貌。 （何宇飞）

2018 年，天齐庙修缮后的壁画（何宇飞提供）

【长城城砖回收与利用】 根据《忻州市人民政府办公厅关于印发忻州市开展“请城砖回家、为长城疗伤”活动实施方案的通知》（忻政办发〔2018〕132号）文件精神，依照《忻州市开展“请城砖回家、为长城疗伤”活动实施方案》的部署要求，围绕“城砖谁来看、城砖往哪放、城墙谁来护、长城怎么

2018 年，工作人员在竹帛口长城修缮工程中收集长城石块（何宇飞提供）

用”四个问题，努力做好长城保护工作。县博物馆（繁峙县文物管理所）在繁峙县长城竹帛口段及敌台抢险加固工程中结合“乡村振兴”，积极收集韩庄村村民院墙替换的长城城砖，共收集480块城砖，并在修缮工程中对收集回的城砖进行合理利用，确保长城城砖不流失，保护长城遗产。（何宇飞）

【7处市级文保单位保护范围划定】 2018年9月，根据《忻州市文物局关于做好市、县文物保护单位保护范围和建设控制地带划定和调整工作的通知》（忻文物函〔2017〕80号）和《山西省文物局关于推荐第六批省级文物保护单位的通知》（晋文物函〔2018〕389号）文件精神，县博物馆经过查找资料、实际勘查，为7处市级文物保护单位（分别是东文殊寺、兰若寺、洪福寺、宝藏寺、永泉寺、繁峙故城和毛主席路居伯强纪念馆）合理划定保护范围和建设控制地带，并上报市文物局，为市级文物保护单位的保护管理奠定了基础。（何宇飞）

【第六批省级文物保护单位和第八批全国重点文物保护单位申报】 为贯彻落实习近平新时代中国特色社会主义思想，进一步加强文物保护利用工作，根据《中华人民共和国文物保护法》有关规定和《国家文物局关于开展第八批全国重点文物保护单位申报遴选工作的通知》（文物保发〔2018〕12号）的要求及省市相关文件精神。本局高度重视，安排县博物馆工作人员，从2018年9月开始，积极开展第六批省级文物保护单位和第八批全国重点文物保护单位申报工作，2018年10月，完成省级文物保护单位的申报工作，共申报7处省级文物保护单位，分别是宝藏寺、洪福寺、永泉寺、东文殊寺大雄宝殿、毛主席路居馆和繁峙故城。在完成省保申报工作后，紧接着开展国保申报工作，共申报9处全国重点文物保护单位，分别是宝藏寺、洪福寺、永泉寺、东文殊寺大雄宝殿、狮子窝琉璃塔、作头天齐庙、繁峙县毛主席路居馆、长城茨沟营段和长城竹帛口段，现已完成了全国重点、省级文物保护单位的申报工作，相关资料已报送忻州市市文物局。（何宇飞）

【繁峙县革命文物调查】 2018年11月，根据中共中央办公厅、国务院办公厅《关于实施革命文物保护利用工程（2018—2022年）的意见》（中办发〔2018〕45号）要求，为推进全国革命文物名录公布工作，县博物馆（繁峙县文物管理所）高度重视、精心组织，明确专人负责此项工作。对县境内的革命文物在系统梳理以往相关工作成果的基础上，并进行详细调查，认真做好革命文物的信息填报和汇总报送工作。（何宇飞）

【全国重点、省级文物保护单位审核】 2018年12月，本县博物馆（繁峙县文物管理所）为进一步做好文物保护单位保护管理相关基础工作，根据国家文物局《关于进一步做好文物保护单位保护管理相关基础工作的通知》要求，对本县境内的全国重点、省级文物保护单位在系统梳理以往相关工作成果的基础上，并进行了细致的审核，以文物保护单位简介、记录档案和保护为主要依据，认真填报各类表格，圆满完成此次基础信息填报工作。（何宇飞）

·文化馆·

【舞蹈、声乐免费培训】 2018年，县文化馆开设舞蹈、声乐免费培训班，常年对外开放，全年共免费培训学员1万余人（次）。

（张玉清）

【公共文化服务惠民工程】 2018年，实施政府购买公共文化服务惠民工程。开展“省政府免费送戏下乡一万场”演出活动，通过政府购买公共文化服务，全年完成“送戏下乡”演出任务108场。 （张玉清）

·图书馆·

【概况】 县图书馆前身为山西省繁峙县图书馆，建于1978年，设立于县城古楼上，于1988年搬迁至县城一道街，馆舍面积为1379平方米，阅览室2个，书库2个，藏书量3.6万册，根据繁编发〔2011〕31号文件精神，变更为繁峙县图书馆，为股级建制，核定全额预算事业编制6名，领导职数1名。其中具有专科以上学历5人，初级职称5人。2013年被文化部评为三级图书馆，2018年再获国家“三级图书馆”称号。图书馆下设流通部、采编部、期刊部、资源信息部、少儿阅览室、电子阅览室、培训辅导部、办公室、古籍部。 （崔晓峰）

【读者服务工作】 图书馆本着“以人为本，读者至上”的服务宗旨，不断加强工作人员岗位作风建设和管理水平，提高人员业务素质，改善服务质量，为广大读者提供优质服务，借阅室少儿、电子、报刊等全部免费开放。为保障基本职能，对借书证办理已全部实行免费，并对每年一次的查验证也实行免费，为广大读者的借阅提供更加周到的服务，从而保障了读者的基本文化权益。为便于对免费开放公共场所的管理需要安装配置了相关电子装置，如电子眼监控设施。配置相关服务设施。主要包括相关桌椅，饮水设施，老年人等特殊群体使用的设施设备。

（崔晓峰）

【业务建设】 图书馆免费开放是工作的重点，本馆实现无障碍、零门槛进入，公共空间设施场地全部免费开放，所提供的基本服务项目全部免费。坚持注重实效、逐步完善、坚持公益、树立形象的原则，重新制定了完备的规章制度，责任到人，任务清晰，服务内容明确，为扎实推进图书馆的规范化建设提供了重要保障。让广大读者能够认知图书馆、了解图书馆、走近图书馆。（1）2018年4月2日县图书馆组织文化局机关公务员、图书馆馆员、基层综合文化服务中心人员发放公共图书馆法，并开展集中学习。让大家了解公共图书馆法内容，对公共图书馆法进行全面解读，全面认识公共图书馆法的精神内涵并向社会公众进行广泛宣传。（2）繁峙县图书馆举办了“阅读、与法同行”“4·23”全民读书月系列活动。深入学习贯彻中共十九大精神，全面推进《中华人民共和国公共文化服务保障法》和《中华人民共和国公共图书馆法》，充分发挥图书馆在构建现代化公共文化服务体系和全面提升公民道德素质及丰富广大群众精神文明等方面的作用。（3）为全面深入贯彻中共十九大精神，落实习总书记提出的：“传承优秀文化传统，共筑书香中国梦”。县图书馆举办2018年繁峙县首届全民阅读朗诵大赛。比赛分为海选、预赛和决赛，共有172组200余名参

2018年繁峙县首届全民阅读朗诵大赛（崔晓峰提供）

赛选手参加比赛。（4）7月4日，省文化厅副厅长郑中夏深入本县调研指导文化工作，市文化局局长张振邦，县长崔峥岭，县文化局局长侯军一同调研。郑中夏一行先后到县图书馆、文化馆及“三馆一院”建设工地，了解文化工作开展情况及相关文化场所开放、建设情况。在图书馆，郑中夏询问馆藏图书数量、开放时间、读者接待量等情况，对县图书馆各项工作予以肯定，并勉励工作人员对标先进，积极进取，推动繁峙县文化事业不断前进。（5）8月由省文化厅、省图书馆主办，县文化局、县图书馆承办的“2016—2018年山西省贫困地区公共数字文化服务提档升级项目”设备发放及培训繁峙站活动在县图书馆顺利举办，来自全县13个乡（镇）文化站点的文化员参加此次活动。此次活动为基层文化建设提档升级主要目的，向各文化服务站点配送公共文化服务一体机、中国文化网络电视互动播出终端和摄像机、平板电脑等硬件服务设备，提升了繁峙县基层数字文化服务水平。（6）县图书馆从广大人民群众的实际需求出发，因地制宜，大力推进基层公共文化服务建设，率先打造首家社区图书阅览室——聚宝新区图书室。让社区居民足不出户就能享受到文化大餐，真正形成一个现代化的城乡阅读服务体系。（7）积极开展以“践行领袖嘱托、决胜脱贫摘帽”为主题的脱贫宣传活动。2018年10月17日，县图书馆带着图书流动车深入帮扶贫困村光裕堡乡梁家庄村进行文化扶贫。现场免费送书300余册，包括法律法规、养殖类、种植类、维修类、文学类、历史类、生活类等实用性较强的书籍。此次文化扶贫，助推脱贫活动为广大农民群众及时送去知识，丰富了群众的文化生活。（崔晓峰）

2018年10月17日，县图书馆带着图书流动车深入帮扶贫困村光裕堡乡梁家庄村进行文化扶贫（崔晓峰提供）

图书发行

【概况】 2018年，全县营业总收入完成1515万元，其中“两教”（教材、教辅）完成1310万元，POS机销售完成300万元，实现利润150万元。四项可控费用均控制在指标范围内，货款承付率为100%。（孙建军）

【理论学习】 2018年，县分公司认真学习习近平新时代特色社会主义思想，抓好党建促发展这个指导思想，推动了分公司党建工作和业务工作的顺利开展。（孙建军）

【教材、教辅发行】 2018年，县分公司按照集团“确保教材订数，重点加强重点产品发行”的工作思路，找准突破口，展开全方位的攻坚战。在教材征订上，严格遵守国家对教材、教辅发行的有关规定，按照省教育厅圈定的征订目录，公告目录内科目基本全订。加强与社会各界联系、密切店校关系。“两教”发行在学生持续减少，征订环境复杂的情况下，公司认真分析市场特点，严把“政策关”，用足用好发行政策，从假期作业单册变分册发行，从增加品种提高配套率入手，取得良好的效果。并认真做好教材调剂工作，对学校追加、追减的订数及时调剂、上报，确保教材足额、配套、齐全。做到“课前到书，人手一册”。（孙建军）

【图书销售竞赛活动】　2018年，县分公司充分利用绩效考核办法促使一般图书销售实现新突破。面对教育改薄（改变义务教育薄弱学校基本办学条件）项目实施后，学校需求下降，本店以宣传推销政治类图书带动一般图书销售的发行战略，取得较好的成绩。

充分利用电子屏，微信公众号等形式广泛进行宣传销售《习近平新时代中国特色社会主义思想三十讲》等政治学习读物。累计发行《三十讲》7500余册，码洋28万余元。

利用全民阅读月、手拉手献爱心关爱留守儿童等活动开展促销工作。抢抓节假日时机，通过“六一”节走进实验、滨河小学开展形式多样的促销活动。

积极响应省集团“七进”活动。全年下基层、走机关、进社区9次，累计服务学生、居民8000余人次。

积极主动到各单位宣传讲解各类畅销书、适合于他们选用的专业类图书，先后为县图书馆、居委会图书馆、交警队补充3.6万元的图书。以灵活的营销方式和细致周到的服务，赢得一般图书发行的主动权，实现图书销售新突破。本年POS机销售较去年有大幅度增长，连锁公司的一般图书共销售175万余元，传媒公司销售122万元，农家书屋经过提前谋划，积极跟进，密切联系，终于中标70余万元，现已开始各村配送。（孙建军）

【扶贫工作】　2018年，公司8名党员干部与岩头乡高儿坡、兵马会两村32户贫困家庭结为帮扶对子。帮扶人员多次深入帮扶村贫困家庭，与贫困户交心谈心，走到田间地头开展调查研究，对致贫原因、存在问题进行分析，研究解决方案，制定脱贫工作计划。

发挥行业特点，给村民宣讲农村农业方面的科技知识，并捐赠了图书。利用国庆、中秋节日，走访入户并送上节日慰问品，及时了解结对户的实际情况，解决贫困群众的日常生产生活困难。（孙建军）

旅　　游

【概况】　2018年，全县完成旅游总收入28.85亿元，增幅为25.52%。12个乡村旅游示范村项目一期工程正在加紧建设中，已完成工程总量的75%。大智镜圆景区文殊塔正在封顶中，北坛主体已完工，步道和绿化已基本完成。北芪康养生态园旅游开发项目，于2月8日在县发展和改革局备案，已完成投资275万元，项目正在建设中。繁峙县滹源景区针对省旅发委初验后提出的整改意见，分别就景区卫生、交通、宣传、购物、邮政等方面进行了整改，2018年12月29日正式被评为AAAA级景区（宫成瑞）

【乡村旅游】　2018年，长城、太行两大旅游板块中全县旅游公路平型关西到孤山铺的长城板块旅游公路已建成通车。本中心还配合省旅发委三大板块宣传片的拍摄，对韩庄、平型关、茨沟营等地取景拍摄。通过公开招标的方式联系有资质的规划公司编制《繁峙县乡村旅游规划》。（宫成瑞）

【安全生产】 2018年，每星期对全县涉旅企业进行一次安全隐患排查，两次安全生产大检查，对发现的问题要求企业限期整改，及时消除安全隐患。

制定《繁峙县旅游开发服务中心旅游安全生产专项规划》《“反三违”专项整治方案》《繁峙县旅游行业危险源辨识标准》《繁峙县旅游行业重大事故挂牌督办、调查报告公示和整改落实评估制度》《关于加强繁峙县旅游行业质量百日行动方案》等文件并下发各涉旅企业。

开展旅游行业打非治违专项行动，进一步加强全县旅游安全生产工作，严厉打击非法违法行为，保护旅游者和旅游经营者的生命和财产安全。

在全县旅游行业开展安全生产“知责履责、失责追责”活动，进一步理清部门和各企业监管责任，落实管理责任，健全安全岗位责任制，明确每名干部和企业职工的安全职责，增强从业人员的安全责任意识，落实旅游企业的安全主体责任，形成“人人知责、人人履责、人人尽责、失职追责”的安全工作责任落实机制。（宫成瑞）

【扶贫工作】 2018年，全县共有34家农家乐通过验收，带动贫困户122人。共有16家涉旅企业带动贫困户164人。

农家乐、乡村旅游建设、涉旅企业等共带动贫困人口670人。（宫成瑞）

人力资源

【居民城镇可支配收入】 2018年，繁峙县城镇居民人均可支配收入总量（绝对值）第一季度为6359元，与2017年同期（5960元）相比，增幅6.7%；上半年为13661元，与2017年同期（12756元）相比，增幅7.1%；前三季度城镇居民人均可支配收入为21112元，同比增长6.5%。全年城镇居民人均可支配收入为28522元，与2017年同期反馈数相比，同比增长1.1%。（姚振燕）

【机关事业单位工人技术等级考试申报工作】 2018年，全县机关事业单位工人技术等级（职务）考试共有122人申报，其中：有26人申报技师等级，25人申报高级工等级，38人申报中级工等级，33人申报初级工等级。（姚振燕）

【退休与福利的审批工作】 2018年，全县严格执行国家退休政策，为到龄人员及时办理退休手续，实现到龄即退。年底，人社局已为达到法定退休年龄的126名机关企业事业单位工作人员办理退休手续，其中公务员5人、事业人员108人（含教育系统98人）、工勤人员3人、企业干部3人；全年离休遗属补助共办理5户5人，退休遗属补助共办理21户27人；为本年度死亡的30名机关事业单位工作人员（离休7人、退休22人、在职1人）落实一次性抚恤金、丧葬费等待遇，共计434万元。（姚振燕）

【机关公务员职务职级并行制度落实】 2018年，全县共有14人晋升职级，其中晋升副处级6人、晋升正科级3人、晋升副科级5人。（姚振燕）

【乡镇工作人员岗位补贴按时发放】 2018年，省人社厅、省财政厅《关于提高按职务发放的乡镇工作标准的通知》（晋人社厅发〔2018〕9号）下发后，本局与县财政局立即联合转发（繁人社发〔2018〕4号），通知有关单位填报《繁峙县完善乡镇机关事业单位工作人员乡镇工作补贴审批花名表》。根据县委、县政府要求，兑现按职务（职级、岗位技术等级）增发除教育及繁城镇外的乡镇及派驻机构共计918人的乡镇补贴，在现标准基础上人均提高100元。（姚振燕）

【机关事业单位工作人员正常调资】 2018年，全县机关晋升级别工资档次1707人，事业人员正常晋升薪级工资6082人；完成组织、人社、编制三部门重新认定2015年入编的66名村干部的工作时间和档案工资表补录工作；完成6008名机关事业单位工作人员的艰苦边远津贴发放工作；新增人员工资确定278人；兑现机关事业单位工勤人员技术等级资格调资49人，其中技师16人、高级工19人、中级工14人；兑现政法委、司法局的司法津贴39人；兑现公安局、交警大队提高后的岗位津贴、加班补贴202人（公安局180人、交警大队22人）；工资变动（包括职务、职称、级别调整）993人；员额内法官、检察官工资档次晋升15人，机关事业间转岗14人。（姚振燕）

【机关事业单位工作人员基本工资标准和增加机关事业单位离休人员的离休费调整】 2018年，县人社局按照《关于兑现调整机关事业单位工作人员基本工资标准和增加机关事业单位离休人员离休费增资的通知》（忻机发870号）文件指示精神，为公务员1123人、事业单位人员4742人、机关工勤人员78人、离休人员33人、退休人员2450人做好预增资工作。（姚振燕）

【档案管理与服务】 2018年，县人社局对照档案管理标准，对档案进行全面清理自查，严格按照要求装订。加强对档案的保管工作，确保档案管理安全，为干部群众提供档案方面的良好服务。本年共完成497份人事档案整理、编排、装订成册；为退休人员更换新式档案盒1456册，为企业在职干部更换新式档案盒394册；审核、整理2017年度山西省考录公务员转正定级档案9册；审核、收集2018年山西省考录试用期工作人员档案13册；完成收集、审核、鉴定2016年度繁峙县公开招聘事业单位工作人员转正定级档案120册和65名村干部进入事业单位档案转递、整理工作；为587人（次）查阅、复印出具有关档案证明材料；完成2018年度工资变动审核登记表、公务员登记表、公务员职务职级审批表、职称评审表、机关事业单位考核表等相关档案材料收集入档7000多份；审核各类退休人员档案126册，共收集审核、鉴定各类档案材料1500余份。（姚振燕）

【“三支一扶”工作】 2018年，县人社局组织在繁峙大学生支农、支教、支医和扶贫“三支一扶”人员2018年度考核工作，进行县第三轮“三支一扶”工作自评。

2016年招募的“三支一扶”人员服务期已满，为准确评价他们服务期间的德才表现和工作实绩，根据《山西省“三支一扶”工作管理办法》（晋人社厅发〔2014〕34号规定，按照忻人社办函〔2018〕64号要求，本局组织繁峙“三支一扶”人员2018年度考核工作，进行第三轮“三支一扶”工作自评。“三支一扶”作为一项解决大学生就业和提高各基层单位素质的政策，在本县实施以来，已成为吸引年轻大学生建设基层、服务基层的重要渠道，也是县人才队伍中的重要组成部分。（姚振燕）

人事工作

【人才服务机制改进与创新】 2018年，县人社局坚持依法行政，为民服务的宗旨，为各类人才提供良好服务。至年底，人才库管理毕业生档案12445册，聘干档案1000册；共办理“就业失业登记证”2078册；对高校毕业生进行咨询及其他服务年均3520余人（次）；学生档案标准化整理5600册；聘干材料收集整理900余人（次）；学生政审查询档案年均3000余人（次）；管理流动党员342人。（姚振燕）

【公务员和事业单位公开招考】 2018年，坚持“凡进必考”原则，县人事局配合省委组织部、省人力资源和社会保障厅、省公务员局圆满完成2018行政机关考试录用公务员工作。共考录行政机关公务员13名。

按照山西省委组织部、山西省人力资源和社会保障厅《关于进一步做好艰苦边远地区县乡事业单位公开招聘工作的通知》（晋人社厅〔2017〕36号）等有关文件精神，县委、县政府和人社局实施公开招考两次，共招聘41名研究生教师，66名其他事业单位工作人员，全年共补充事业单位工作人员107名。通过公开招考的方式进一步保证了事业单位新进人员的政治和业务素质，提高了事业单位进人的社会透明度。（姚振燕）

【专业技术人员职务续聘工作】 2018年，县人社局共完成教育系统中小学初级专业技术职务续聘1200余人，申报推荐卫生系列高级专业技术职务23人，申报推荐农业系列高级专业技术职务1人，评审通过农业系列初级专业技术职务47人，完成600余人的《山西省事业单位聘用合同书》续订工作。

（姚振燕）

【“三基建设”工作】 2018年，结合“三基建设”工作，全县参加干部专业能力提升的公务员（含参公）已有1182人，重点提高公务员的业务工作能力。强化能力提升培训，结合行业、部门工作实际，由行业主管部门组织开展系统内外干部专项业务培训，突出培训内容专业化，实现培训模式立体化。围绕全县“十三五”规划，开展生态经济、新特产业、城镇规划、社会治理等专业知识培训，创新情景教学、案例研讨等培训方式，进行“能力充电”，进一步提升公务员干部做好本职工作的专业化水平。

（姚振燕）

【干部专业能力提升工作】 2018年，全县参加干部专业能力提升工作单位数331个（包括13个乡镇），县级行业系统主管单位制定年度干部专业能力培训计划并建立干部职工个人能力提升档案，建立人数4236个，已完成培训班次32次，培训6996人（次）。（姚振燕）

【“两学一做”学习教育常态化】 2018年，县人社局坚持开展“双日双评”，推进学党章党规、学系列讲话，做合格党员“两学一做”学习教育常态化制度化。

充分发挥支部在学习教育中的主体作用。组织党员干部学习党的理论、路线和方针政策，进一步坚定道路自信、理论自信、制度自信和文化自信。进一步规范“支部主题党日”活动，完善合格党员标准和管理办法，增强党员意识，争做合格党员。

2018年，全局党员干部在开展“支部主题党日”活动（姚振燕提供）

做好党费收缴。根据党费收缴标准，结合党员工资变化情况，重新核定每个党员每月应缴党费数额，严格按规定、按标准收缴党费，并对党员上缴党费情况进行公示。

落实党支部书记述职制度。召开党支部书记履行党建工作责任述职会，局党支部书记就上半年和全年履行党建工作责任进行述职，接受党员满意度测评。（姚振燕）

【军转干部安置制度改革】 企业军转干部解困维稳工作是一项重要的政治任务，事关稳定大局，县人社局始终把这项工作摆在全局工作的首要位置。2018 年接收自主择业军队转业干部 1 名，并按规定接收随迁家属 1 名到杏园中学工作。本年有 2 名企业军转干部去世，对 12 名退休企业军转干部。从生活上、福利上给予关怀，并且及时落实企业军转干部的各项待遇。2018 年已按时足额发放 4 个季度的生活困难补助 402982 元。其中，第一季度发放 52499 元，第二季度发放 51048 元，第三季度发放 49815 元，第四季度发放生活困难补助金额 249620 元（其中补发调整生活困难补助标准金额共 128375 元）。（姚振燕）

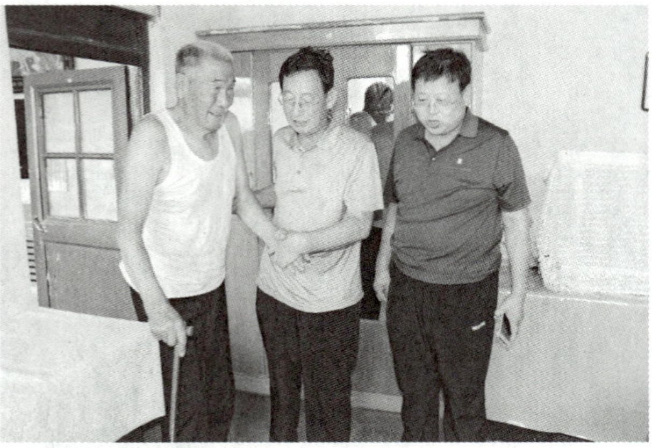

2018 年，局长曹福秀（中）等慰问军转干（姚振燕提供）

【“放管服效”改革】 2018 年，全县深化“放管服效”改革中有关深化职称制度改革的自查自纠活动。

为贯彻落实省政府《关于开展深化“放管服效”改革自查自纠和问题整改活动的通知》（晋政办发电〔2018〕8 号）和市政府《关于开展深化“放管服效”改革自查自纠和问题整改活动的通知》（忻政办发电〔2018〕27 号）精神，进一步解放思想，深化职称制度改革，充分发挥职称评价“指挥棒”作用，本局开展“深化服效”改革中有关深化职称制度改革的自查自纠活动，并写出自查自纠情况报告。为配合进一步加强政府部门权责清单动态管理，确保权责清单的时效性、准确性、权威性，根据《关于开展简政放权事项落实回头看工作的通知》（忻审改办函〔2018〕10 号）和繁峙县繁审改办字〔2018〕2 号文件精神，县人社局于 2018 年 7 月 18 日开展简政放权事项落实回头看工作，共有 3 项权力事项清单，其中行政许可 1 项，其他权力事项 2 项，并就权力事项运行过程进行全程跟踪管理。（姚振燕）

【扶贫工作】 2018 年，县人社局派出 20 名干部分别与大营镇左所村、河南村共 50 户贫困户开展结对帮扶工作，制定帮扶计划，竭尽全力为群众办实事、办好事，为贫困群众发展产业、加快脱贫致富步伐、打赢脱贫攻坚战、实现小康生活目标打下良好的基础。左所村种植胡萝卜 10.7 公顷，人畜饮水工程即将完工，维修 4.5 千米残墙断壁、文化广场和主要街道栽种 600 多棵树，有 7 户贫困户完成危房改造并经住建部门确认；河南村种植 13.3 公顷茴子白和 6.7 公顷胡萝卜，沿街道新建垃圾池 11 个，通村路两旁栽种 2100 棵树，有 18 户贫困户完成危房改造并经住建部门确认。县人社局召开局务会，号召全局人员下村入户开展帮扶工作，结合各帮扶村和个户实际，编写2018年脱贫摘帽的帮扶计划，并对左所和河南村的帮扶工作进行具体责任分工。

2018年，本局干部下乡慰问贫困户（姚振燕提供）

对于河南村已经脱贫的村民，本局实行帮扶政策，对这些村民给予关怀和帮助，帮扶队员多次深入河南村和左所村进行中共十九大精神和2018年扶贫惠农政策宣讲，并就两村整村提升工程进行实地调研，为村民献计献策。（姚振燕）

社会保障

【概况】 根据繁发〔2009〕29号文件精神，原县人事局、县劳动和社会保障局合并为繁峙县人力资源和社会保障局，正科级建制，办公场所占地面积为2667.7平方米，为县人民政府工作部门。现内设职能科室6个，下辖副科级事业单位5个，股级事业单位20个，其中信息中心、综合服务中心、城乡居民养老保险中心、新型农村合作医疗管理中心在政务大厅办公，医疗保险中心、机关事业养老保险中心、社会劳动保险事业所、失业保险中心、工伤保险中心分别在政务大厅设立了服务窗口。现有在职职工123人。（杨　晋）

【劳动就业】 2018年，全县下岗失业人员再就业1316人；城镇新增就业4236人；就业困难群体就业381人；创业带动就业505人；转移农村劳动力7682人；城镇登记失业率控制在4.2%以内。

3月，举办“春风行动”暨春季用工招聘会。活动期间共发布招聘信息70多条，提供岗位2800多个。共有43家县内外企业参加，进场求职者1600余人，达成就业意向的有306人。发放宣传资料1.5万余份，进行政策咨询服务300多人次。

众创产业园是本县积极响应“大众创业、万众创新”发展规划的第一个创业园区。于2016年12月9日被认定为省级创业示范基地，占地面积1.7万平方米。园区主要由文化产业园、大学生创业园、下岗职工创业孵化基地等组成。目前园区已入驻112户，直接带动就业480人。

年内成立了创新创业服务中心，主要负责提出双创产业发展规划，大学生创业基地建设，管理入驻电商团队，是忻州市唯一一家成立较早的双创服务中心。

本县共开展技能培训66期4317人（含建档立卡贫困户1082人），圆满完成各项培训目标任务。

在本县开展的特色劳务品牌培训“巧姑家庭工厂”“繁峙绣娘”紧贴当地实际取得很好效果，成为培训—就业—脱贫的范例。

为促进贫困劳动力技能培训和转移工作，实现劳务输出脱贫，根据繁扶组〔2017〕8号文件精神，经过各乡（镇）、县扶贫办、县人社局审核，全县各乡（镇）符合交通补贴申领条件人数为21741人，金额1405.79万元。（杨　晋）

【医疗保险中心】 2018年，全县共有416家参保单位，城镇职工参保人数达到26105人，完成任务数226100人的100%。征缴医疗保险基金7269万元，完成任务数4848万元的150%，支付医疗保险基金4019万元；生育保险参保人数为10205人，完成任务数10200人的100%，征缴生育保险基金290万元，完成任务数194万元的149%。生育保险基金支付69.34万元，享受生育保险待遇291人（次）。

全年为390名患者进行了门诊大额疾病补助资格认定，累计报销人数726人，报销金额294.66万元；个人门诊刷卡286410人（次），支付金额2203.7万元；城镇职工跨省异地就医结算266人（次），共支付358.16万元。（杨　晋）

【机关事业养老保险中心】 2018年，全县参保单位202个，参保职工10286人，完成全年任务数9340人的110%。征缴养老保险基金1.08亿元，完成基金征缴任务数1.03亿元的105%。累计为3236名退休职工发放养老金1.5亿元。（杨　晋）

【社会保险事业所】 2018年，全县共有参保职工19200人，完成全年任务数19189万人的100%。其中：在职职工9042人，实际缴费职工8642人（非公经济灵活参保职工人数3931人；灵活就业和个体工商户参保965人）；离退休人员10158人。征缴养老保险金8165万元，完成任务数5172万元的158%。

为10158名企业退休人员发放养老金28400万元。为90名离退休死亡职工支付丧葬费153万元。

全县共有10158人进行了指纹认证。

（杨　晋）

【工伤保险中心】 2018年，全县共有15497人参加工伤保险，完成全年任务数15400人的100%；征缴工伤保险费656.7万元，完成全年任务数290万元的226%。享受工伤亡待遇190人（含老工伤人员10人），支出工伤保险基金1938.5万元。其中享受工伤医疗伤残待遇127人，支出基金1194.6万元；享受工亡待遇9人，支出基金618.9万元；享受伤残津贴28人，支出基金79.5万元；生活护理费补助14人，支出基金24.6万元；为12名供养亲属发放抚恤金20.9万元。

（杨　晋）

【失业保险中心】 2018年，全县参加失业保险9853人，完成任务数9850人的100%。征缴失业保险费318.9万元，完成全年任务数260万元的123%。支出失业保险金204.1万元，其中发放失业保险金129.4万元，为失业人员缴纳基本医疗保险金20.7万元，为失业人员发放取暖补贴29.5万元，发放企业稳岗补贴24.5万元。全年共有180人领取失业保险金。（杨　晋）

【城乡居民医疗保险中心】 2018年，全县城乡医保参保人数208634人，完成全年任务数208100人的100%，其中建档立卡贫困户61931人，参保率达到100%。筹集医保基金3755万元，完成全年任务数3236万元的116%，现已全部上缴市医保。

全年共支出9920.36万元。其中普通居民住院补偿13103人（次），住院总费用9623.21万元，医保补偿5241.65万元，大病保险补偿468.97万元。慢性病8783人次，总费用344.26万元，医保补偿228.66万元，大病保险补偿2.97万元。建档立卡贫困户省内住院补偿7756人（次），住院总费用5604.05万元，基本医保补偿3459.19万元，大病保险补偿513.63万元，医保兜底补偿555.99万元，补充保险补偿165.19万元。省外住院补偿214人（次），住院总费用391.13万元，基本医保补偿149.96万元，大病保险补偿69.48万元。慢性病8894人（次），总费用284.9135万元，医保补偿284.91万元，大病保险补偿32.85万元。

主要工作措施（1）取消日间门诊治疗付费，改为社保卡刷卡。取消普通门诊口服药品的补偿和门诊输液、打针费用的30元/日限补。改为统一使用社保卡就医，每人社保卡中划入100元，可在县内定点医疗机构刷卡消费，并可结转累计使用。（2）门诊慢性病扩大到县级医院。由原来的乡（镇）卫生院申请，扩大到县医疗集团、县中医院、县精神病院均可申请，慢性病参保患者可根据本人的病情和诊疗需求，本着就近方便就医的原则，到上述医疗机构填写申报表申请补偿，根据慢性病类别按比例限额补偿。（3）落实全省统一的医保补偿政策。根据上级文件精神，农村居民和城镇居民执行统一的医保药品目录。调整普通住院补偿比例，统一城乡居民生育支付政策。大病保险按每人每年50元筹资，从医保基金中调剂支付。取消大病保险分段补偿办法。（4）落实建档立卡贫困户补偿政策。根据省委44号文件《山西省农村建档立卡贫困人口医疗保障帮扶方案》、市委29号《忻州市农村建档立卡贫困人口医疗保障帮扶实施方案》、忻人社48号《忻州市农村建档立卡贫困人口其他10种慢性病准入及支付标准》，对农村建档立卡贫困人口，实施“三保险、三救助”，即基本医疗保险、大病保险、补充医疗保险和参保缴费救助、辅助器具免费配适救助、特殊困难帮扶救助等6项措施，基本解决农村建档立卡贫困人口因病致贫问题。

为农村建档立卡贫困人口就医报销提供高效便捷的服务，在县人民医院开展基本医保+大病保险+补充医疗保险的“一站式”即时结算服务。跨省异地就医人员，持社保卡在县新农合窗口办理备案，即可在已开通的异地定点医疗机构，实现异地就医直接结算。（杨　晋）

【城乡居民养老保险中心】 2018年，全县共有154344人参加城乡居民养老保险，完成全年任务数的105%。征缴养老金2044万元，完成全年任务数1469.31万元的139%。累计发放养老金5512.7万元，36546人享受养老保险待遇。养老保险关系转出84人，转出基金82931.14元；转入40人，转入基金72135.94元。共排查重复领取养老保险待遇29人，追回重复领取金额85868.18元。全年老农保合并34人，退保49人。被征地农民进账预收款632万元。60周岁以上建档立卡贫困人口参保率达100%。（杨　晋）

【劳动保障监察】 2018年，县人社局抽查各类用人单位47家，重点针对用人单位遵守劳动用工和社会保险法律法规情况进行检查，涉及劳动者4000多人。接待日常咨询电话投诉50人次，处理拖欠工资案件5个、涉及农民工74人、追讨65.47万元，完成“三个清零”工作任务及年度保障农民工工资支付工作目标任务。认真落实在建工程项目按要求完善治欠保支制度，将保障农民工工资纳入政府目标考核，按照治欠保支制度要求在建工程项目建立项目台账，落实实名制等，做到底清数明。

共受理劳动争议案件30件，其中：立案裁决15件，结案率达100%；案外成功调解15件，不予受理11件。（杨　晋）

老龄工作

【概况】 2018年年底，繁峙县农村65周岁及以上老年人口达75963人，占总人口的27.3%。（高玉国）

【宣传工作】 2018年，重点宣传和解读了老年法、《山西省实施〈老年法〉办法》《“十三五”山西省老龄事业发展和养老体系建设规划》《忻州市“十三五”老龄事业发展规划》等涉老法律、政策、法规。通过繁峙电视台，固定时间对新修订的老年法、《山西省实施〈老年法〉办法》和《老年人网络诈骗预防知识》全文进行播报。通过政府网站、政务公开栏等宣传阵地，定期对全县敬老典型事迹、为老服务活动进行报道，有效地发挥了新闻媒体覆盖面广、震慑力大的作用。通过深入社区，对预防老年人诈骗知识进行推广，及时制止并鼓励举报针对老年人的恶意推销保健品、食品、药品、器材等行为。在“重阳节”“敬老月”期间，重点加大对涉老法律、法规的宣传力度，共发放宣传彩页2500余份、发放《山西老年》《忻州老年》等刊物680余本。同时，将《老年法》600本、《山西省实施〈老年法〉办法》500本和《老年人网络诈骗预防知识》手册400本，下发到各乡（镇）及有关单位，充分利用乡镇及单位这个平台进行宣讲、培训。通过下乡调研、节日走访、扶贫入户等活动，手把手、面对面把老年法、《山西省实施〈老年法〉办法》及《老年人网络诈骗预防知识》等法律、法规传递给老年人，最大化地做到家喻户晓，让老年人懂得如何用法律武器来保护自己。（高玉国）

【信访工作】 2018年，全县共接待处理老年人来电、来信、来访13人次（件），做到事事有落实，件件有回音。（高玉国）

【老年人权益保障】 2018年，县老干局对全县城乡低保户中的高龄老人、百岁老人、失能老人，按照高龄老人30元人/月、百岁老人300元人/月、失能老人60元人/月的标准，按时发放生活补贴，全年共发放168.5万元。县内公交运营后，协助公交公司为65周岁以上农村老年人办理免费乘车卡，给老年人提供了更方便、更快捷的出行方式。（高玉国）

【敬老、慰问工作】 2018年，对黄成姐、高大女、郭守枝等7名百岁老人进行走访慰问，并送去白面、大米、牛奶、被子和300元慰问金，表达党和政府对百岁老人的亲切关怀和美好祝福。对8名高龄老人和10名特困老人进行慰问，给他们送去慰问品和救助金。其间对全县36名特困老人进行经济救助，共发放特困救助金10800元。同时，配合市老龄办做好全县7位百岁老人慰问救助工作，每人1000元的慰问金按时足额发放到位。（高玉国）

【老年人文体活动】 5月20日，县老龄办、县体育发展中心、县老体协在祥龙广场举办“弘扬太极文化，传承中华文明，提高老年人健康水平”为主题的太极拳健身推广活动。

9月22日，根据市老龄委关于《举办2018年老年书法绘画摄影大赛活动的通知》精神，本办积极动员46名书法绘画摄影爱好者参与其中，共选送书法作品15幅、绘画作品2幅、摄影作品1幅。经市老龄委评选，邢月斗获绘画类二等奖，杨文忠、崔尽才、李清等7人取得各类项目优秀奖。

9月28日，由县老干局、县文化局、县老龄办、县体育发展中心和县老体协共同承办的繁峙县第六届“庆国庆、迎重阳”老年体育健身展演在祥龙广场举行。来自城乡的25支展示队伍和11支表演队伍，约2500余名中老年人纷纷登台展示才艺，以太极拳、扇子舞、旗袍秀、柔力球等表演形式庆国庆迎重阳，展演结束后，对优秀队伍进行了表彰：前三名共6支队伍分别奖励2000元、1500元、1000元。

10月17日，时值重阳佳节，县老龄办、县老体协在碧秀公园举办了第二届“强身健体、阳光生活”老年人重阳徒步登高活动。（高玉国）

【先进典型评选活动】 2018年，市老龄委授予杏园乡南关村老年日间照料中心“孝亲敬老、扶贫助困”先进集体称号，授予颜彩娥、刘秀兰、智秀萍等6人“孝亲敬老、扶贫助困”先进个人称号。（高玉国）

【老年人摸底调查】 2018年，县老龄办为全面了解近年来本县老龄状态和客观实际，围绕新时期老龄工作的新任务、新特点，深入老年群体，开展老龄调研。通过调研，真正了解老年人的所想、所盼、所需、所求，及时掌握老年人存在的实际困难和老年人的相关信息。在已有的老年人数据库基础上，会同扶贫办、民政局、公安局户籍股以及各个乡（镇），对全县老年人进行深入细致的调查了解，掌握真实准确的详细资料，完善老年人信息档案，重新核实本县老年人口数据库。对100周岁以上老年人进行了再摸底，为长寿老人数据库提供可靠依据。所有繁峙县老年人数据库基础资料都已登记备案，并上报市老龄委。（高玉国）

民　政

【概况】 繁峙县民政局是主管社会行政事务的县政府工作部门。主要职责是研究制定全县民政事业的发展规划和年度计划，负责管理全县社会救助、优待抚恤、退伍军人安置、救灾救济、基层政权建设、行政区划、婚姻登记等工作。内设办公室、优抚股、退伍安置股、救灾救助股、双拥办等5个股室，下设城市低保办、光荣院、烈士陵园、社会救助管理站、荣军接待站5个二级机构。有干部职工42人。（周　楠）

【最低生活保障与社会救济救助】 2018年，全县新纳入农村低保1810户1810人，清退生活条件好转的低保对象1352户1370人，保障城乡低保对象21005户22765人（城市低保户2120户3742人，农村低保户18885户19023人，其中建档立卡贫困户13260人）。全县农村低保户中贫困人口占比70%，贫困户中农村低保五保兜底保障率23.4%。全县第二批次有1800余人正在进行农村低保办理的初期审核过程中，年底预计农村低保保障人数达20823人。全年发放城乡低保金7010.09万元（城市低保金1714.59万元，农村低保金5295.5万元）。起草《繁峙县2018年城乡低保审核方案》，对城乡低保对象纳入和清退的对象范围、审核程序、重点工作等作出了规定。做好健康扶贫民政救助工作，全年发放“136”一站式救助5150人，使用资金172.21万元，县外、省内大病医疗救助946人251.07万元，大病关怀救助14人7万元。为1873名农村五保户（建档立卡户1226人）按照集中供养6143元、分散供养4573元的标准发放生活补助888.42

万元。发放高龄、失能老人生活补贴 168.5 万元，其中高龄老人 3382 人（百岁老人 11 人），30 元/人·月（百岁老人 300 元/人·月），失能老人 833 人，60 元/人·月；发放困难残疾人生活补贴 2447 人，每人每月 50 元，全年 135.18 万元。（周　楠）

【养老服务体系】　2018 年，全县登记养老机构 3 家（其中民办 1 家），共拥有床位数 388 张（民办 300 张），公办机构入住率达到 70%（61 人）。全县共建设农村老年人日间照料中心 94 所（其中列入贫困村整村提升计划的 50 所），已建成 73 所。县老年公寓项目正在进行内部装修，预计 2019 年年初投入使用。由民营企业投资 2000 万元在大营镇和东山乡新建的 2 所敬老院均已进入收尾阶段，总占地面积 3.53 公顷，设置床位 400 张。（周　楠）

【社会事务】　2018 年，启动全县殡葬领域突出问题专项整治工作，在砂河镇初步选址建设一所殡仪馆，进一步满足人民群众基本公共殡葬服务需求。加大力度保障孤儿基本生活，全县 158 名孤儿（其中弃婴 20 名），人均生活补助 600 元/月，全年发放 115.38 万元。（周　楠）

【社区体系治理】　2018 年，根据扫黑除恶专项斗争工作要求，县民政局开展城市社区和村委会候选人“回头看”工作，进一步对候选人选举资格进行排查，向县扫黑办移交了 1 名疑似嫌疑人线索。全面深化村民自治实践，组织修订完善村民自治章程、村规民约。《全国村（居）委会统一赋码代码管理系统》校对录入工作全部完成，现有 7 个乡镇领取了 147 个信用代码证。为完善乡（镇）政府管理体制机制，进一步加强乡（镇）政府服务能力建设，以县政府下发通知，确定具体措施、时间表和路线图。进一步做好扶贫移民搬迁后的行政村撤销工作，全县已撤销 117 个行政村（其中 2018 年撤销 67 个），在县城区和东山乡分别成立聚宝新区居委会和惠民居委会等两个集中安置点，成立 1 个移民新村金山铺乡新苑村。（周　楠）

【优抚安置及双拥工作】　2018 年，全县共有各类优抚对象 1417 人，其中伤残军人 156 人，在乡复员军人 83 人，三属对象 27 人，参战参试退伍军人 112 人，年满 60 周岁退役士兵 944 人，烈士子女 95 人，中华人民共和国成立前入党老党员 128 人，全年发放抚恤金 858.58 万元，老党员生活补助 80.11 万元。同时开展了优抚对象“解三难”救助，人均 1000~3000 元不等，特殊情况不超过 1 万元，共发放救助金 198838 元。截至 11 月底共接收退役士兵 62 人（其中符合安置条件的 9 人），待全部接收完毕后，制定出台 2018 年的安置方案。推进退役士兵权益保障工作，及时办结 1 例退役军人事务部交办的信访事项。协调县住建局为 122 名重点优抚对象减免了廉租房租用费用。启动退役士兵和其他优抚对象信息采集工作，已完成 6036 例信息采集。为进一步推进繁峙县省级双拥模范县创建工作建设，贯彻军民融合深度发展战略，按照县委、县政府安排，在“八一”期间开展有史以来最大规模的军队退役人员慰问工作，全县共发放慰问品 6300 余份，使用资金 96 万元。为县人武部、武警县中队、县消防大队，送去空调、洗衣机等慰问品。在忻州市集中参加省级“双拥”模范城创建考核，考核结果良好。（周　楠）

【社会事务管理】 2018年，县民政局与县公安局联合下发关于打击非法社会组织的通知，撤销5个未正常年检的社团。2018年，全县有社会组织75个，其中社会团体39个，民办非企业36个。协调社会组织参与脱贫攻坚工作，县慈善总会、爱心公益协会和友善慈爱协会等共计投入资金13.2万元用于扶贫济困。全年共办理结婚登记1863对，离婚登记510对。（周　楠）

乡镇和居民办概览

繁城镇

【简述】 扶贫工作 2018年，繁城镇党委和镇政府以脱贫攻坚统揽经济社会发展全局。在取得“十二五”期间通过社会保障兜底等措施实现731户1547人的脱贫任务和2016—2017年两年内通过实施“五个一批”工程等实现1081户3026人稳定脱贫的基础上，面对尚有341户902名贫困人口需要实现脱贫的艰巨任务，以问题为导向，精准施策，精准发力，除动态调整后剩余18户49人未脱贫外，又完成329户870人的脱贫任务，贫困发生率降至0.15%，如期实现脱贫“摘帽”。

手工业扶贫加工厂建设 5月，继东峪村“子永进”箱包加工项目建成运行后，雁头村“斯卡路迪”制帽厂帽子加工、泽民一小区“红鹿”服饰加工和泽民二小区“今择美”箱包加工厂项目、铭都服装科技有限公司项目分别实施，年底全镇已有5个手工业扶贫加工厂面世。

加工企业增加生产线 5月，以带动贫困户脱贫为重点的绿源亨通食品有限公司和宏钜大磨坊分别实施年产3.5万吨压片玉米项目、0.75万公斤杏脯项目和3万吨黄米加工生产线。

村级光伏 7月，全镇有安家山、高升寨等5个村级光伏和联村光伏扶贫电站的并网升级改造配套工程相继实施，11月均已并网发电。

村级卫生室改造升级 7月，全镇最后一批18个村的卫生室改造升级工程和首批5个村的日间照料中心工程全部开工。

宽带进村入户 8月，全镇除5个行政村（麻地沟、周庄、民胜、木瓜沟、乔家会）撤销外，其余30个行政村全部实现宽带进村入户。

土地流转 2017年，勇和农业有限公司与山西农大密切协作，继流转作头村50公顷土地，成功种植“繁峙绿色大米”。2018年，又响应国家乡村振兴战略，坚持景观农田公园化、三产联动、三生合一原则，投入200万元打造了集田园观光、稻田游艺、稻田捕捞、科普文化长廊、打谷场农耕文化展览、萌宠动物养殖园等多功能于一体的“滹源稻香田园综合体”，展现了“农业+休闲+体验+文化”的特色经营新格局。

自然灾害 4月，繁城镇因遭遇前所未有的冷冻大风自然灾害，以全国“一村一品”名村赵庄村为中心的333.3公顷白水大杏产业受到严重经济损失，直接经济损失达7000万元。

太阳能集中供暖　6月，县委书记孔保宝与山东奥博光热供暖有限公司负责人到雁头村考察，讨论并敲定落地雁头村的太阳能集中供暖全省示范项目。本项目总投资1700万元，年CO_2减排量约4450吨，全村400户居民可实现清洁供暖。9月中旬开工，12月雁头村400户居民全部实现太阳能光热集中供暖。

“扫黑除恶”专项斗争　9月，全镇开展“扫黑除恶”专项斗争以来，发放宣传手册、公开信件和调查问卷突破3个1万份，营造了人人关心、人人参与、家喻户晓的扫黑除恶氛围。

危房改造工程　10月，全镇安居保障工程实施，至10月底，602户的危房改造工程全部竣工。

整村提升工程　11月，全镇30个行政村产业发展、基础设施、环境整治和公共服务提升等8个方面的整村提升工程全部完工，完成投资6895.91万元。

“煤改气”民生工程　12月，繁城镇城中、城郊7个村首轮“煤改气”民生工程实施完毕，2000余户居民取暖、做饭用上天然气，全镇污染防治攻坚战整治高升寨周边砖瓦窑传捷报。

考察、慰问与调研　2月，市委常委、市委组织部部长王建廷深入繁城镇驻点村楼岗慰问生活困难党员和群众。

3月，和顺县有关部门领导和各乡（镇）领导到繁城镇赵家庄、楼岗等村参观考察白水杏发展产业。

6月，副省长曲孝丽深入繁城镇楼岗、赵庄等村调研扶贫工作。

8月，中国地质大学有关专家、教授深入繁城镇雁头、楼岗等村调研精神扶贫工作。（张巨国）

砂河镇

【简述】　砂河镇位于繁峙县中部、五台山北麓、恒山脚下，地理位置优越，交通便利，是繁峙县乃至晋北地区重要的旅游交通枢纽。全镇辖43个行政村，行政区划面积222.22平方千米，耕地面积5066.7公顷，全镇户籍人口48171人，其中非农业人口5899人；镇区面积10平方千米，镇区常住人口达6万人。2018年乡镇企业总产值达到21.3亿元，同比增长10.3%；乡镇企业利润总额1.83亿元，乡镇企业缴税总额达1.21亿元。

扶贫工作　砂河镇建档立卡贫困人口为3590户10632人，涉及43个行政村（含销号村13个）。2018年坚持问题导向、精准施策、精准发力，深入解决扶贫产业薄弱、脱贫户无稳定收入、住房不达标、无劳动力人群难覆盖等问题，经第四季度动态管理，退出22个贫困村，剩余1个（上小沿村），脱贫1338户3838人，未脱贫87户283人，贫困发生率为0.66%。主要措施有：

（一）产业全覆盖。砂河镇以“一村一品一主体”“五有”全覆盖为引领，因村因户制定产业发展规划，重点发展特色种植业、健康养殖业、生态林果业、光伏扶贫、手工业、电商扶贫、劳务业、资产收益8个产业。全镇贫困户3590户10632人达到产业全覆盖（包括村级电站计划带动的450户），贫困户产业覆盖率达310%，户均产业3.1个，产业全覆盖具体情况为：

1. 特色种植业。全镇特色种植业总面积达3442.9公顷，其中中药材完成种植1920

公顷、富硒杂粮种植570.7公顷、黄花种植21.05公顷、特色杂粮种植931.17公顷，惠及后河等42个村，可带动贫困户2153户。

2. 健康养殖业。全镇贫困户中472户养殖各类牲畜17564头，其中牛534头、猪5642头、驴679头、羊6130只、鸡4579只。通过天河牧业等7家公司计划养殖育肥牛5200头，现已养殖2879头，带动周边村约800户贫困户青储种植及劳务输出增加收入。

3. 生态林果业。砂河镇生态林果业种植总面积360.7公顷，其中干果经济林725.3公顷，新一轮退耕还林360.7公顷，惠及曹家寨等21个村，带动贫困户698户；全镇设立贫困户护林员公益性岗位60名，每年户均增加收入5000元。

4. 光伏扶贫产业。（1）村级电站。2018年砂河镇共有代堡等19个村建设村级电站，电站总规模3000千瓦。（2）户用光伏。439户贫困户安装了户用光伏，每户年收益3000元。（3）村集体收益户用光伏。全镇31个贫困村共安装53个户用光伏，总规模266.6千瓦，每年可收益15万元左右。

5. 手工业扶贫产业。全镇共发展手工业项目6个，主要生产服装、箱包、绢花等产品，厂区务工人数645人，其中贫困人口178人；义兴寨插花项目间接解决了约500人的就业，其中贫困户120余人。

6. 劳务业。全镇1471户2486名贫困人口外出务工并领取交通补贴，占全镇贫困人口的23.6%。

7. 电商扶贫产业。本年重点推动北成电商平台建设，已投入运营，主要销售大白谷、藜麦等，全年销售农副产品约100万元，带动曹家寨村的57户143名贫困人口增加收入。

8. 资产性收益。2018年，资产性收益796.88万元，共带动3225户贫困户，通过天河牧业等6家规模养殖企业带动无劳能力贫困户884户，户均收益1700元；通过铭鑫服饰等6家手工业加工厂带动无劳能力且户成员全部享受兜底保障的贫困户217户，每户收益500元；通过牧原5+资产收益带动贫困户794户，每户收益3250元；县级集中光伏资产性收益带动贫困户60户，每户收益2000元；县产业扶贫贷款收益带动贫困户143户，户均收益1985元；村级电站资产性收益带动贫困户459户，户均收益715元；带资入企项目带动贫困户486户，每户年收益3300元。

（二）整村提升。2018年，砂河镇实施整村提升涉及25个村，其中非贫困村4个。25个村已完成本年的工程计划，除整村安置的同路、上小沿村，其他23个村现已完成投资概算6924万元，主要实施了以下工程项目：

1. 实施安居保障工程。完成“四类重点户”危窑改造479户、危房改造356户；“非四类重点户”危窑改造441户、危房改造118户。

2. 实施农村环境综合整治工程，改造残墙断壁约4.8万米，道路硬化9.2万平方米，通过实施绿化、美化、景观风貌整治等工程，彻底改善了村容村貌。

3. 加强基础设施建设，实施西沿口等11个村的饮水提升工程，小砂河等4个村的排水工程。新建和改扩建上小沿等10个村的文化广场。

4. 提升公共服务水平。新建和改建了后庄、曹家寨、上双井、后河、东沿口、孙庄等7个村日间照料中心；改扩建了下小沿等13个村卫生室；新建和修缮上双井等17个村的村级组织活动场所。

（三）扶贫政策落实。1.教育扶贫。全镇2018年落实教育扶贫共1126名，其中大学生105名，高职高专62名，普通高中生250名，义务教育阶段学生396名，学前教育学生313名。

2. 兜底保障。全镇贫困户中已享受低保1721人涉及1679户，享受五保231人涉及231户，占贫困户总人口的19%，2018年对贫困户中符合低保条件的426人应保尽保。

3. 健康扶贫。（1）全镇10632名贫困人口医疗保险全覆盖；（2）贫困户中双签约对象532户1576人，其中因残双签约对象229户677人；办理慢病管理对象78户78人，申请大病救助23人。（3）县财政为全镇贫困户缴纳了意外伤害保险，其中75人申请并领取了意外身故金。（4）贫困户中有15名患“两癌”的农村妇女领取了一次性救助。

（四）移民搬迁。砂河镇“十三五”移民搬迁任务共283户907人。其中集中搬迁128户505人，分散安置155户402人，已按计划完成移民搬迁。

土地增减挂钩搬迁共涉及牛家川等18个村，计划搬迁人口645户1493人（贫困户148户322人）。其中集中搬迁人口39户123人（已摇号分房）；计划分散搬迁人口606户1370人，已落实住房户数为545户1253人。已签订房屋拆迁协议523户，其中199户已办理双签约手续。

项目建设 2018年共实施重点项目9个，其中新建项目7个，续建项目2个，项目总投资27.07亿元，2018年完成投资5.98亿元。新建项目有：山西省繁峙县全泽农林牧专业合作社投资5044.4万元的肉牛养殖项目、山西民为天养殖有限责任公司投资4600万元的肉牛养殖项目、山西省繁峙县圣腾农牧专业合作社投资837.75万元的肉牛养殖项目、繁峙县祥宝富种植专业合作社投资795万元的育肥牛养殖项目已投产。繁峙县泰兴新型墙体节能建材有限公司投资1400万元煤矸石实心（空心）烧结砖建设项目、繁峙县增鑫建材科技有限公司投资1350万元的煤矸石烧结砖建设项目正在建设中，繁峙县恒浩耐磨材料投资1730万元年产6万吨耐磨铸件项目已开工建设。

续建项目有：投资14.6亿元的特色小镇建设项目、投资10.9亿元的大智镜园旅游文化产业已完成一期工程。

扫黑除恶 2018年，镇党委成立了领导机构，积极开展宣传发动工作，通过张贴海报、广播公告、发放宣传资料、设立公示栏、举报箱、出动宣传车等形式宣传扫黑除恶政策知识，全镇共发放宣传手册1.5万份，公开信6000余件，调查问卷1500余份，营造了人人关心、人人参与、家喻户晓的扫黑除恶良好社会氛围。认真组织开展“三查三看”活动，重点查阅各村的工作方案、会议记录、村“两委”候选人联审意见等资料，并征求公安、纪委等部门意见；依靠群众，对社区矫正人员、刑满释放、吸毒等重点人员进行重点摸排。

基层党建 2018年，抓学习，实现“两学一做”常态化制度化。严格落实“三会一课”，规范党内组织生活，开展“双日双评”等党员主题日活动，加深党员干部对党和国家政策的理解，加深党员干部服务社会的意识和理念；各村基层党建活动有经费，保障各村党组织活动正常开展。各村党组织活动有场所，达到基本场所适用、基本设施完备、基本功能健全、基本制度规范。（王中华）

大营镇

【简述】 2018年，大营镇全面贯彻落实习近平新时代中国特色社会主义思想和省委书记骆惠宁忻州督导调研讲话精神，不折不扣执行县委、县政府的一系列决策和部署，各项工作取得显著成果。

扶贫工作 发展特色产业，落实帮扶政策，实现全镇脱贫摘帽。大营镇共有16个贫困村，建档立卡贫困人口2444户6599人，贫困发生率30%。2018年全镇有10个贫困村1305户3364人未脱贫，脱贫任务艰巨。对此，大营镇坚持以脱贫攻坚统揽全镇经济社会发展全局，积极发展以蔬菜种植为主的扶贫产业，全面实施村级整体提升工程，脱贫攻坚工作取得重大成果。

（一）多种产业并举

1. 积极发展特色种植业，（1）建成大营镇蔬菜园区，依托晋鲁诺佳和丰悦华两个蔬菜加工厂，种植蔬菜825公顷（其中茴子白349公顷，胡萝卜476公顷），带动2217户6415人增收，其中建档立卡贫困户达902户2517人；（2）发展中药材种植176公顷，带动94户264人，其中贫困户87户242人；（3）种植黍、谷、豆等特色小杂粮649公顷，带动贫困户1136户3379人。

2. 发展以猪、牛、羊为主的健康养殖业，全镇共养猪6513头、牛1261头、羊21208只、驴140头、鸡8000只、兔2000只。带动312户898人，其中建档立卡贫困户187户574人。

3. 通过介绍工作、发放交通补贴等方式鼓励劳务输出，全镇外出务工人员达1874户4685人，其中建档立卡贫困户921户2027人。

4. 2018年在龙池河、小店等村种特色经

2018年，镇党委书记赵斌查看河南村蔬菜种植情况（杨波提供）

济林68公顷，带动28户59人，其中建档立卡贫困户22户44人。

5. 对农副产品进行深加工，新建晋鲁诺佳和丰悦华两座脱水蔬菜加工厂，年加工茴子白、胡萝卜等各类蔬菜5万吨。辰翔牧业屠宰生产线2018年正式投入运行，每年可屠宰加工牲畜5万头。

6. 发展光伏扶贫产业，建成户用光伏电站121座，村级集中光伏电站8座1500千瓦，带动222户551人，其中建档立卡贫困户219户541人。

7. 建成发展农机大院2个，带动270户710人，其中建档立卡贫困户2户8人。

8. 开展五位一体金融扶贫，带动贫困户265户662人。其中牧原集团养猪贷款171户438人，龙兴长石矿贷款33户82人，其他合作社贷款61户142人。

2018年，大营镇老泉头村整村提升后的美景（三泉涌洌公园）（杨波提供）

9. 在老泉头村依托“繁峙十景”之一的“三泉涌冽”景观建设冷泉休闲旅游项目，在南洪水村依托虎山水库建设农家乐旅游观光项目，共带动25户41人，其中建档立卡贫困户25户41人。

10. 在大营村建成箱包和文具手工业加工厂各1座，总建筑面积2300平方米，用工200人，其中贫困户55人，人均每月增收1500元。在上、下台庄筹建插花加工厂两座，春节前可建成投产，预计用工170人，其中贫困户达140人。

（二）惠民政策落实

1. 完成健康扶贫双签约583人（其中慢性病264人，大病17人，残疾人119人），大病救助40人10万元，进行民政社会兜底338人。

2. 发放教育扶贫资助129.6万元，其中资助幼儿301人，义务教育住校生生活补助542人（其中初中298人，小学244人），普高助学金158人，普高免书费57人，职高助学金76人，雨露计划169人，二本以上资助67人，资助特困生18人。

3. 开展劳动技能培训327人并全部推荐就业，其中蔬菜种植与加工164人，球团加工135人，电子商务28人。

4. 为外出务工的贫困户2769人发放交通补贴194万元。

5. 为脱贫困难的332户贫困户办理扶贫贷款和资产性收益分红。

6. 组织128对适龄青年进行孕前健康检查，并为1400多名妇女进行了“两癌”筛查。

2018年，大营镇共脱贫10个贫困村1202户3142人。全镇只剩余103户222人未脱贫，贫困发生率降为1.03%。

蔬菜产业　2018年，以适宜种植蔬菜的老泉头、大营、杨庄、齐城4个片区17个村为中心建立了大营镇蔬菜种植园区，形成“一园四区”的产业布局。

2018年7月6日，全县扶贫观摩现场会在大营镇蔬菜园区召开（杨波提供）

大营镇在县水利局、电业局、区划办等相关单位的大力协助下，积极建设蔬菜园区。共计安装水泵9台、变压器24台、喷灌设施57套、管灌2套、滴灌20公顷、水泵启动柜49面、高压跌落熔断器13套，铺设10千伏高压线4.67千米、架空绝缘线16千米，建成蔬菜产业园区道路4.2千米，发展蔬菜种植800公顷，蔬菜园区初具规模。

在筹建蔬菜园区的同时，通过招商引资，由晋鲁诺佳食品有限公司和丰悦华农林牧发展有限公司分别在老泉头村和大营村新建脱水蔬菜加工厂各1座。两个加工厂每日可处理蔬菜原材料1300吨，生产脱水蔬菜130多吨，全年可以解决3333公顷的蔬菜销售问题，同时还将吸纳500多名贫困人口进厂务工。以蔬菜加工厂为依托，大营镇2018年共发展订单蔬菜种植825.1公顷，带动贫困户1509户4163人，蔬菜种植产业覆盖全镇65%的贫困人口。

整村提升　2018年，大营镇29个行政村全部实施整村提升工程，全镇共投入资金4300万元，完成近7000万元的工程额度，村容村貌发生了翻天覆地的变化。

2018年，大营镇大营村改建危房（杨波提供）

全镇累计改造危房664户（其中四类对象440户，非四类对象224户），整修残垣断壁5.5万米，清洁家园186处，清洁水源226处。改圈12平方米，改厕450户。绿化植树6.8万株，安装维修路灯329盏，美化墙体13万平方米。新建垃圾收集池57座，清理垃圾1.2万立方米，整治“四堆”619处。打饮水井3眼，建100立方米蓄水池2座，铺设管道62千米。硬化街道121条，道路20万平方米，新修联户路92条，3.8万平方米。此外各村都新建或维修了村委会、卫生室、党员活动室和文化室，水、电、网实现全覆盖，各村公共服务能力实现全面提升。

2018年，大营镇固伏村修建的文化墙（杨波提供）

“扫除黑恶”专项斗争　2018年，镇、村两级成立了扫黑除恶专项斗争领导小组和办公室，定期召开工作部署和督导谈话会议，层层传达工作压力。广泛开展宣传动员，配备了专门的宣传车，镇、村干部走街串巷、下村入户进行宣传，并在各主要公路沿线、重点村庄等位置书写标语87条、悬挂条幅42条。积极摸排涉黑涉恶线索，每月定期进行汇总研判，将有价值的线索及时上报县扫黑办。2018年，大营镇共侦办故意伤害刑事案件2起，抓获犯罪嫌疑人2人，抓获网上故意伤害逃犯1人；侦办行政案件21起，行政拘留11人，其中吸毒案件5起，行政拘留5人、强制戒毒2人；侦办赌博案件4起，处理违法犯罪嫌疑人11人；侦办殴打他人治安案件5起，治安拘留6人，有力震慑了黑恶势力，社会治安持续好转。

“三基”建设　镇机关支部每月定期开展“双日双评”主题党日活动，并邀请各村支部书记和第一书记参加。开展农村干部和骨干党员培训19次，对左所、后所、固伏三个软弱涣散农村党支部进行了全面整顿。29个行政村全部实现村集体经济破零，其中有18个村达到了5万元以上。90%以上的行政村都能按照组织部规定的“五个方面34有”的标准打造自己的活动阵地。通过利用企业微信的打卡定位功能和网上请销假功能创新了帮扶干部管理模式。通过向每名党员推广“智慧党建APP”软件，建成了融党员学习教育和便民服务为一体的综合性党建平台。全年查处违纪违法党员7名，其中给予开除党籍2人，党内严重警告1人，党内警告4人。组织慰问困难党员群众和中华人民共和国成立前老党员合计98人，新增本土人才6名，发展党员10名，并为16个行政村培养了21名后备干部。（杨　波）

神堂堡乡

【简述】 扶贫工作 1. 2018年，贫困户退出工作，从民主评议、入户测算、退出户确定、村级验收审核，到乡级审查审核、全乡公示等线下工作已全面完成。2018年完成了182户402人的退出任务。2. 易地移民搬迁。神堂堡乡“十三五”期间易地扶贫搬迁共213户469人，其中建档立卡97户227人，同步搬迁116户242人。整村拆除完成16个村，并对5个村进行复绿，11个具备复垦条件的村进行复垦，恢复土地面积32公顷。利用土地复垦、复绿的契机，发展中药材、生态林业项目，确保移的出、稳的住、能致富。3. 金融扶贫。全乡贫困户107户通过牧原5+资产收益分红项目收入得到较大增加，另外对78户无产业或产业单一的贫困户利用牧原5+资产收益分红和联村光伏收益进行覆盖。

基础产业 1. 特色种植业项目。神堂堡乡大规模发展种植中药材黄芪和柴胡，项目已完成，药材长势良好。项目总投资226万元。种植中药材70.67公顷，267户667人，贫困户134户305人。2. 养殖业项目。本乡有广阔的天然山川牧场，产出的牛羊肉质鲜美，为更好地带动群众增收，鼓励贫困户发展养殖业，2018年本乡山羊养殖达到6万只，肉牛养殖640头。全乡山羊出栏销售1.2万只，群众收入得到较大增加。3. 生态林业项目。神堂堡乡20个村发展特色经济林83.7公顷，其中贫困户242户345人，种植面积40.5公顷。神堂堡乡为36户贫困户提供了生态护林员岗位，每人每年补助5000元。

项目建设 2018年，完成固定资产投资：108国道神堂堡段改扩建工程项目神堂堡段开工建设顺利进行，本年预计可完成投资1.5亿元。投资3160万元干鲜果提升工程已完成投资2420万元。投资3200万元的旭泰矿业矿山安全工程已完成投资2902万元。投资额1000万元的韩庄长城建设项目已完成投资479万元。2018年，全乡完成项目固定资产投资2亿元。

整村提升 2018年，投资1096万元实施整村提升工程，28个村基础设施建设及村容村貌、户容户貌改善工作已全部完成。建设5个文体广场，2个公园，2个游客接待中心（韩庄、茨沟营），2个停车场，2个日间照料中心，1个文化信息综合平台，新建1处村级组织活动场所，护村坝3处3247立方米。维修房顶及立面573间，联户路3.2万平方米，修理残墙断壁3230米，栽植绿化树3520棵，粉刷墙壁30417.5平方米，文化墙绘制18处778平方米，清理垃圾988吨，清理河道33千米，贫困户户容户貌改善83家。建长城形护栏1312米，维修路灯124盏，安装太阳能路灯294盏，新建公共厕所7座。新建垃圾池18个、垃圾箱32个。

惠民政策 2018年，重新审核低保，做到公平、公正、公开。全乡60名建档立卡贫困人口纳入了农村低保范围。21人得到贫困医疗救助，其中贫困户17人。新建村级卫生室8个。全乡41个村270户582人签订健康扶贫双签责任书。全面抓好教育、健康等24项惠民政策的落实。实施危房改造20户，其中贫困户7户。乡妇联、计生办本年组织贫困户妇女免费进行两癌筛查573人。本乡投资132万元对本年遭受洪灾的6个村实施水毁人畜饮水工程，保障了群众的饮水安全。

组织建设 2018年，树立了10个党建示范村。整顿软弱涣散党支部。对于本乡的2个软弱涣散党支部，通过加强活动场所建设、加强党员培训、制度执行、着力化解信访矛盾和配备党建指导员等方式进行综合治理，逐一建立台账，已整改完毕。深入推进“两学一做”学习教育常态化、制度化，扎实开展“讲政治、重规矩、作表率”专题教育和“敢担当、有作为”集中教育，严格落实党内组织生活制度，每月定期开展“双日双评”活动。

社会综合治理　2018年，全乡党员干部下村入户进行宣传，书写标语32条、悬挂条幅43条，发放宣传资料和公开信8300份，全乡群众深入参与，社会治安持续好转。全年共处理各类事件1125件，排查处置矛盾纠纷和各类隐患218件。全力化解信访积案，全乡无一例群访、上访案件发生。

作为山西省禁毒工作重点管控区域，乡党委、乡政府将禁毒工作作为全乡的重中之重来抓。早发动、早部署、早宣传，乡领导包片，干部包村，层层签订责任状，户户签订“四不”保证书。派宣传车进村宣传、教育，动员村民不种毒，不沾毒。全面提高了人民群众的知毒、防毒、拒毒、禁毒意识。在春播时候和夏初时节，乡干部、禁毒队员、村干部、乡派出所对全乡土地进行排查，全乡实现毒品零种植，经国家、省、市检查，2018年再次实现无毒乡目标。　（张丙午）

横涧乡

【简述】　扶贫工作　2018年，横涧乡经村申请、乡调查审核，剩余的前所、东连仲、西连仲、东庄、辛庄、石塘沟、西泡池7个贫困村全部整村退出。11月2日，乡审核会议通过并在乡政府公告。2018年，全乡未脱贫人口582户1501人。涉及12个村，经村民主评议、入户核实、贫困户认可、村公示，11月1日上报乡政府，计划退出贫困户549户1416人，未退出的33户85人。全乡整体脱贫之后，贫困发生率为0.58%。

2018年8月24日，在横涧乡文化广场举办“我脱贫　我光荣”技能大赛，大赛历时10余天，涉及扶贫建档资料竞赛队、贫困户脱贫成效竞赛队、健康医疗竞赛队、扶贫政策入户宣讲竞赛队、帮扶干部扶贫知识竞赛队、“一村一工厂”技能竞赛队6支竞赛队。此次大赛的举办，不仅对前一个阶段全乡的精准扶贫工作进行了督促检查、查漏补缺，更激发了贫困户摆脱贫困的内生动力，激发了帮扶干部学习扶贫政策和做好其他帮扶工作的积极性，全乡人民对实现2018年全乡整体扶贫充满了信心。《山西日报》社忻州分社社长班彦钦，山西农业银行正处级干部闫世贵，忻州市交运局运输科科长殷宏伟，县委常委、政法委书记杨有成，县委常委、宣传部部长郭美凤，县政协副主席高玲玲、张晋军等出席大赛并为获奖选手颁奖。

农村集体产权制度改革　2018年7月底，根据国家法律法规和有关政策精神，结合乡情实际、地域特点，制定《横涧乡农村集体产权制度改革方案》。召开乡、村两级干部大会，认真传达县产权制度改革领导小组会议和文件精神，根据24个行政村实际情况和群众意愿指导各村制定《村集体产权制度改革细则》，并相应组建农村产权制度改革工作机构，明确各自职责分工。横涧乡以明晰农村集体产权归属、维护农村集体经济组织成员权利为目的，以推进集体经营性资产改革为重点，以发展股份合作等多种形式的合作与联合为导向，大胆探索，扎实推进了产权制度改革各项工作的开展。

全县村级提升工程现场观摩会 2018年7月，在横涧乡前所村召开“繁峙县村级提升工程现场观摩会”。以横涧乡“五个一”工程建设为指引，按照“一村一特色”要求，结合前所村本身地域特点，乡党委书记方笔计带领全乡干部实地走访，群策群力，利用位于孤山水库边、自然林木多、气候适宜等特点，在前所村打造“园林式”村庄。“一村一特色”工程的实施，极大改善了前所村容村貌和基础设施建设，修建了公园、文体广场、停车场等。

滹沱河源头综合治理工程 2018年，横涧乡桥儿沟村新实施了投资400余万元的滹沱河源头综合治理工程建设项目。项目实施范围东西长约2.5千米，建设内容主要涉及桥儿沟段治理，起于滹沱河发源地泰戏山下，终于桥儿沟村北。

沙万里在西连仲村修筑防洪堤坝 2018年4月，中共十九大代表、全国优秀共产党员沙万里，得知西连仲村暑雨时期，南面住户常年遭受雨水灾害，多次下村实地考察，准备在该村南面投资200余万元建设一座长达1千米的防洪坝，以保护村民生命、财产的安全，2018年10月完工。 （卫 斌）

2018年，沙万里在西连仲村修筑防的洪堤坝（卫斌提供）

柏家庄乡

【简述】 柏家庄乡地处繁峙县东北部，距县城50千米，行政面积114.3平方千米，耕地面积3335.03公顷。2018年撤销元顺、仲沟2村行政村编制，现有行政村16个，3905户9993人。

重点项目建设 2018年，共实施重点项目4个，总投资5845.32万元。1.在东介岔、北辛庄、西介岔、新乐庄4个村实施土地开发项目，总规模62.81公顷，总投资1120.92万元，净增耕地44.28公顷。2.在西涧岔、致胜、万民庄、东涧岔、元顺5个村实施土地增减挂项目，需投资534.4万元，预计可复垦土地12.4公顷，现已全部“双签约”，元顺村已经复垦完毕，万民庄已拆迁完毕，东涧岔正在拆迁。3.丰远林牧产业有限公司在岳沿庄村实施中药材种植项目，投资3350万元，实施种植中药材333.34公顷，建设办公用房300平方米，购置挖掘机3台、装载机3台、农用车2台，完成固定投资1200万元。4.锐力农林牧专业合作社在柏家庄村实施肉牛养殖项目，建设棚舍2000平方米，肉牛养殖230头，完成投资840万元。

农业 2018年，重点发展以藜麦为主的杂粮种植和中药材种植，种植杂粮1115.57公顷（其中藜麦142公顷），中药材591.56公顷；坚持集约化与个性化养殖相结合，合作社与个户养殖牛存栏898头、羊存栏8957只、猪存栏7178头、驴存栏961头。

美丽乡村建设 2018年，柏家庄乡整村提升工程涉及16个村，其中贫困村10个，非贫困村6个，全乡共完成投资2097万元。对残垣断壁、通村路、联户路、村级组织活动场所、文化活动场所、文化室等进行全面改造提升和环境整治，各村进行绿化、亮化，并通过公益岗位、奖补等措施调动群众积极参与，全乡村容村貌得到较大改善。2018年全乡改造危房267户，其中“非四类人员”改造78户。

易地搬迁　2018年，在元顺、岳沿庄、万民庄3个村实施易地扶贫搬迁，涉及56户136人，集中安置12户40人，分散安置44户96人。

2018年，万民庄村新修移民安置住房（韩春亮提供）

医疗保障　2018年，全乡“双签约”建档立卡贫困户349户854人；新建改建卫生室15个，并配有15名合格村医；落实缴费救助3499人；残疾人适配器救助16件；120人入院就医报销116.9万元。

扫黑除恶　2018年，按照扫黑除恶工作安排，及时召开扫黑除恶动员会，成立扫黑除恶领导组，领导督促全乡扎实开展扫黑除恶工作。共设立举报箱4个，悬挂宣传条幅25条，粉刷墙体宣传标语40余条，发放宣传资料1000余份。各村张贴扫黑除恶公告海报，通过大喇叭播放扫黑除恶政策，并组织包村领导、包村干部、工作队队长、村第一书记到各村积极宣传扫黑除恶相关知识、摸排相关线索。

“三基”建设　2018年，加强基层党组织活动场所建设，壮大村集体经济。通过改建、新建，全乡15个行政村的活动场所基本达到“5方面、34有”标准；村集体经济全部破零，收入5万元以上行政村达到8个。

纪律建设　2018年，深入推进违反“八项规定”和扶贫领域监督执纪问责工作，严肃查处了一批违纪违规案件，谈话函询11人（次），立案4件，党内严重警告2人，党内警告2人。

扶贫工作　2018年，经过数次动态调整，现有建档立卡贫困户1347户3499人。大力实施特色种植、健康养殖、光伏扶贫、金融扶贫、生态扶贫、培训就业、农副产品加工、手工业等扶贫产业政策，多措并举，带动贫困户脱贫增收。本年贫困户贫困退出459户1300人，贫困村整村退出4个。　（韩春亮）

金山铺乡

【简述】　扫黑除恶　2018年，扫黑除恶专项斗争开展后，乡党委高度重视，认真部署，切实将上级有关扫黑除恶专项斗争的任务与要求落到实处。组织村“两委”主干通过会议培训、双日双评活动等多种形式，认真学习习近平新时代中国特色社会主义政法思想，进一步明确扫黑除恶专项斗争的指导思想、工作目标、重点任务、方法、措施和工作要求，充分认识扫黑除恶专项斗争的重大意义。（1）加强组织领导。乡党委成立了以党委书记为组长、班子成员任副组长、相关干部为成员的扫黑除恶专项斗争领导组，领导组下设办公室，办公室下设综合协调、宣传报道、督导检查、线索收集4个小组。各行政村也相应成立以支部书记为第一责任人的工作小组，确保扫黑除恶日常工作有人抓、有人管。同时建立四级工作联动机制，进一步明确任务，压实责任。全乡30个村都制定实施方案、健全有关制度、建立各类台账，并指定专人负责，确保上级有关精神和指示及时传达落实。（2）积极宣传动员。专项斗争开展后，通过张贴海报、发放公开信、宣传手册、调查问卷、设立公示栏和举报箱、每天早中晚三次广播等形式宣传扫黑除恶政策知识，全乡共发放宣传手册300份，公开信5000余封，调查问卷798份，张贴海报60份，书写固定标语及条幅39条，设立乡级公示栏及举报箱各一个、村级公示栏及举报箱各16个，并公布了举报电话，畅通反映渠道。除此之外，乡、村两级干部、村第一书记、驻村工作队也积极行动，进村入户大力宣传扫黑除恶有关政策，同时乡政府还不间断的派出宣传车在各村走街串巷进行宣传，积极鼓励广大群众举报线索，营造人人关心、人人参与、家喻户晓的扫黑除恶良好社会氛围。（3）深入摸排线索。坚持依靠群众，对社区矫正人员、刑满释放人员、吸毒人员等重点人员进行重点摸排。本乡共摸排出3条线索。（4）认真开展“三查三看”。按照县委要求，认真组织开展“三查三看”活动，重点查阅各村的工作方案、会议记录、村“两委”候选人联审意见等资料，并征求公安、纪委等部门意见，未发现“两委”班子成员涉黑涉恶等问题。摸排出北河会、麻地坪两个软弱涣散党组织，都已对其进行限期整改。（5）强化督促检查。扫黑除恶专项斗争开展以来，乡党委、乡政府多次安排部署，党政一把手多次深入各村现场督导。对于县督查组就本乡扫黑除恶专项斗争反馈的工作方案不详细、缺乏创新性政策等问题和意见，认真进行整改，及时补齐短板。同时，于9月中旬乡党委对各村支部书记、村委主任、派出所所长等相关人员，开展履职督导谈话，为打赢扫黑除恶攻坚战提供坚实保障。

组织建设　2018年，乡党委深入学习贯彻党的十九大和十九届二中、三中全会精神，以习近平新时代中国特色社会主义思想和十九大精神为指导，认真贯彻新时代党的建设总要求，注重基层党建重点任务落实，以服务保障脱贫攻坚为中心，以党支部标准化建设为契机，不断推进党建工作各项任务落实。1. 把党员日常教育管理工作作为重点，积极开展“维护核心，见诸行动”主题教育活动，全面提高党员素质。（1）以“双日双评”活动为契机，狠抓党员日常教育，全乡1个机关支部、23个农村支部，每月坚持按时、按规定动作开展活动，并将相关资料及时汇总、留存、报备；（2）为维护班子团结，每月在开展活动的同时，组织班子成员进行谈心、交流，形成协商共事、和谐共处、人齐心齐的良好局面；（3）在为驻村工作队、村第一书记、扶贫工作队队员开展工作做好保障的同时，不定期检查村第一书记、扶贫工作队队员的民情日记，每月定期召开半月例会，严格执行请销假制度，做好选派人员管理工作。2.“坚持标准、保证质量”，严格党员发展程序，提高女性党员发展比例，为党组织输入新鲜血液，全年全乡共发展党员8名，培养积极分子14名。3. 针对北河会支部因班子不齐，形成的软弱涣散局面，经乡党委讨论，对其进行了调整、整顿。4. 全乡16个村级党组织的活动场所，按照村级组织活动场所标准进行了完善，全部达到“5个方面、34有”标准。5. 全乡农村党支部紧紧围绕“党建引领示范”作用，开展村规民约、村容村貌等精神文明建设，特别是农发村组织开展了“致富能手、养牛能手、脱贫模范”等的评选，充分发挥党员先锋模范带头作用。

党风廉政建设　2018 年，乡党委紧紧围绕队伍建设目标，组织乡村两级干部认真学习党的十八大精神、习近平总书记系列重要讲话，党中央治国理政新理念、新思想、新战略，《两条例四准则》以及省、市、县纪委工作会议精神，建立健全各项制度，充分发挥纪检队伍的执纪问责职能，努力使全乡干部进一步树牢“四个意识”、筑牢拒腐防变防线，提高履职尽责能力。1. 建立健全乡、村两级干部廉政档案，督促各级成员认真履职尽职，切实完成好全乡各领域的党风廉政建设工作。先后出台《关于对全乡党组织履行管党治党责任进行监督检查的通知》《关于深入贯彻〈中国共产党问责条例〉对在党的建设和党的事业中失职失责的党组织和党的领导干部进行问责的通知》《关于对全乡党组织和党员干部遵守政治纪律和政治规矩情况进行监督检查的通知》及《关于对全乡党组织和党员干部遵守党章党规党纪、贯彻执行党的路线方针政策进行监督检查的通知》，从而实现了对党员干部监督工作的全覆盖。2. 采取零容忍的态度对待在监督检查中发现的问题，2018 年，乡纪委共发现基层党组织不遵守党规党纪、贯彻执行党的路线方针政策不力的问题线索两个，对东地村和口子村党组织负责人分别给予诫勉谈话的组织处理和党内警告的纪律处分。3. 运用监督执纪“四种形态”，加强对全乡党员干部的管理监督。2018 年，乡纪委充分运用监督执纪四种形态，全年共开展约谈函询、组织处理 7 人次，给予党纪轻处分 6 人次。4. 充分发挥信访举报主渠道作用，多途径深层次挖掘案件线索，加大案件查办力度，不断完善安全责任体系，不断优化办案环境，不断探索新形势下案件监督管理工作的新途径、新办法。2018 年，乡纪委启用布置谈话室一间，相关制度上墙。全年乡纪委共收到问题线索 18 件，其中乡纪委自收问题线索 4 件、监督检查中发现问题线索 2 件、审查调查中发现问题线索 2 件、县纪委交办问题线索 10 件。其中了结案件 14 件、转阅处 1 件、暂存 2 件、正在初核 1 件。为认真落实上级纪委要求的改进处分决定宣布方式，乡纪委先后两次在乡、村两级干部大会上集中通报批评了 2018 年被给予纪律处分和组织处理的党员干部，从而不断扩大警示教育覆盖面。

扶贫工作　2018 年，整村脱贫贾家井、小柏峪、下浪涧、农发村、苑家地 5 村，计划完成全乡剩余 1065 户、2585 人的贫困人口脱贫任务。

1. 产业扶贫。金山铺乡把产业扶贫作为脱贫攻坚的根本支撑，对全乡资源进行深挖掘，整合多方资金努力做大做强扶贫产业，经过三年不懈努力，全乡扶贫项目 40 个，投入资金 1444.26 万元，带动贫困户 2108 户 5534 人。全乡 2098 户、5484 人建档立卡贫困户基本实现了产业全覆盖。其中有产业的贫困户 2062 户，贫困户产业总数 4502 个，户均产业 2 个，其中有 1 个产业的 310 户、2 个产业的 1104 户、3 个及以上产业的 684 户，贫困户产业覆盖率达到 100%。

特色种植产业扶贫。2018 年全乡各类（小杂粮、薯类、中药材、西瓜、高粱、藜麦）特色种植业面积 3447 公顷，涉及 3450 户、11070 人，其中贫困户 1487 公顷，涉及 1790 户、3759 人。预计贫困户总收入 669 万元，贫困户人均收入 1780 元。

农副产品加工业扶贫。（1）积极培育贾家井村鸿宇蔬菜专业合作社粮油深加工项目，已完成投资10万元，机器设备安装完成，已具备生产能力，带动贫困户12户、32人，户均收入1000元，人均收入375元。（2）中虎峪瑞田专业合作社与大营脱水蔬菜加工企业签订茴子白订单合同45.3公顷，带动贫困户30户、58人，户均收入1100元，人均收入580元。（3）农发村发展种植盆景木耳2万株，带动贫困户20户、48人，户均收入3250元，人均收入1355元。

资产收益扶贫。（1）收益分红项目：依托繁峙县辉煌实业有限公司，分别于2017年、2018 年利用扶贫资金150万元、老区帮扶资金190万元养殖奶牛100头、育肥肉牛200头。依托广利合作社，牛叫河村利用扶贫资金75万元，养殖肉牛75头，进行收益保底分红。依托丰金农林牧专业合作社，车厂村养牛99头并实施政府、银行、企业、农户、保险“五位一体”金融贷款，带动贫困户186户、296人，贫困户红利总额达到60.45万元，户均收入3250元，人均收入2042元。依托牧原5+模式，共有388户贫困户完成贷款手续，实现贷款1940万元，其中农村合作银行贷款37户资金185万元、晋商银行贷款351户资金1755万元，共可实现带动贫困户388户、1087人，户均收入3250元，人均收入1160元。（2）土地流转收益项目：苑家地村流转土地88公顷，流转年收益39.54万元，其中贫困户42户、102人，人均收入约1765元。（3）旧村拆除收益项目：全乡共有7村实施了旧村拆除项目，涉及77户141人，拆迁补偿费91.36万元，其中贫困户26户、69人，拆迁补偿费45.8万元，户均收入1.76万元，人均收入6638元。（4）农机大院收益项目：碱峪村投资130万元，实施农机大院建设项目，带动贫困户58户、168人，收益分配人均达到200元。

光伏扶贫。（1）2017年、2018年共安装分布式光伏共带动贫困户149户、373人，户均收入3000元，人均收入1198元。（2）14个贫困村2850千瓦村级光伏电站建设已完成，并已全面并网，带动贫困户428户、1187人，户均收入3250元，人均收入1172元。（3）牛叫河30000千瓦县级集中式光伏电站、郝家湾3000千瓦的村集联站建设项目全部完工并已并网。

健康养殖业扶贫。（1）肉牛养殖已完成500头。牛叫河村广利专业合作社完成肉牛养殖300头、辉煌实业有限公司完成肉牛养殖200头，带动贫困户65户、175人。能繁母牛养殖已完成350头，全乡能繁母牛养殖达到4550头。（2）生猪养殖“五+”模式338户贷款1940万元，户均收入3250元。（3）中虎峪村养殖土鸡项目已完工，实现围栏4.7公顷，购置鸡苗1万只，可带动贫困户20户、74人；农发村1万平方米的肉牛养殖小区已建成、活畜交易市场正在建设，可带动贫困户113户、328人。

生态林果扶贫。（1）落实生态护林员35人，涉及25个村，可带动贫困户35户、98人，户均收入5000元，人均1786元。（2）新一轮退耕还林共168公顷，涉及7个村，带动贫困户171户、513人，户均收入1343元，人均440元。（3）种植经济林233.3公顷，涉及12个村，带动贫困户286户、997人，户均收入3671元，人均1053元。（4）生态治理劳务收入46.78万元，带动贫困户109户、305人，户均收入4292元，人均1534元。

手工业产业扶贫。农发村新建箱包加工厂1个，中虎峪村新建毛绒玩具加工厂1个，已进入生产期，带动贫困户115户、120人。人均年收入7000元。

电商扶贫。农发村发展电商网店经营户

1个，海丰农牧场发展电商企业1个，两期电商培训30人，涉及贫困户24人。

劳务输出。2018年，全乡外出务工劳动力转移就业达到1776人，发放交通补贴78.33万元。其中县内1096人，交通补贴45.37万元。省外403人，交通补贴20.62万元。县外省内277人，交通补贴12.34万元。

金融扶贫。全乡各类产业扶贫贷款4303.3万元，涉及26个村，贫困户998户2794人。

危房改造。2016年至2018年危险土窑洞和危房改造767户已全部完成，其中危险土窑洞325户，危房改造442户，并验收合格，群众已安全入住。

2. 易地搬迁。（1）搬迁任务完成。本乡“十三五”期间易地搬迁任务196户522人。其中2017年实现搬迁129户343人，建档立卡户66户158人，同步搬迁63户185人。2018年实现搬迁67户179人，其中建档立卡33户93人，同步搬34户86人。全部实现搬迁入住，搬迁安置及旧房拆除宅基地复垦“双签”协议196户已完成，完成率100%。（2）拆旧复垦方面。7个整村搬迁村进行拆旧复垦，涉及490人，全乡实施整村复垦的龙池、大西沟、老牛湾、苑家地4村，共复垦8.67公顷，其中龙池、大西沟、老牛湾复垦工程已经结束。实施土地增减挂钩的上浪涧、碱峪、郝家湾、金山铺4村，预计共复垦10.1公顷，已完成23户的全部双签协议。

3. 教育扶贫。全乡共资助建档立卡贫困学生1018人94.45万元。其中学前教育203人10.15万元、义务教育阶段贫困寄宿生生活补助382人22.1万元、普通高中贫困学生165人16.5万元、职业高中国家助学金75人7.1万元、“雨露计划”助学金132人26.4万元、大学生资助61人12.2万元。

4. 培训就业。全年共完成贫困劳动力转移就业1219人，发放交通补贴39.35万元。全民技能提升工程培训239人，其中箱包培训190人、电商培训30人、美容培训4人、电工培训1人、旅游培训3人、厨师培训4人、护工培训2人、水暖培训2人、家政培训2人、化妆培训1人。农业技术培训534人，其中种植技术培训324人、养殖技术培训210人。

5. 政策兜底。（1）低保“五保”残疾人保障方面：全乡共有1577人享受低保，150人享受“五保”，残疾人371人。其中建档立卡贫困户低保兜底1254人，兜底率80%，“五保”兜底107户，兜底率71.3%。（2）保障老年人员活动方面：三年新建日间照料中心11所，全部开展活动。

整村提升工程　2018年，全乡共有20个行政村实施该工程，其中贫困村14个、非贫困村6个，累计完成投资3854.31万元。（1）修建残垣断壁19837平方米，投入资金135万元。（2）清洁垃圾198处，投入资金55万元。（3）改厕工程共实施210户。（4）绿化栽植各种树木18949棵，投入资金92万元。（5）新安装太阳能路灯249盏、维修253盏，投入资金11万元。（6）新建文化墙9962.84平方米，投入资金79万元；文化广场16个12569平方米，投入资金101.13万元；粉刷墙体5万平方米，投入资金50万元。（7）街巷改造工程，硬化路面21000平方米、铺油28751平方米，共投入资金301.2万元。（8）铺设下水管道9640米，投入资金154.6万元；铺设上水管道5000余米，投入资金40万元；新建100立方米蓄水池2座、200立方米蓄水池1座、50立方米蓄水池2座、铺设输水管道12655米、铺设引水工程管线4000米，安装人畜饮水自动供水系统一套。（9）建设日间照料中心5个，投资75万元。（10）新建文化信息服务中心3个，投资30万元。（11）完成3个村的宽带建设。（12）实施非贫困户危房改造22户，投资30.3万元。（13）农村电网提升完成13个村电力改造工程，完成14个村的村级光伏电站并网工程。（14）特色风貌整治，农发村完成投资1523万元，在原貌的基础上进行了全面整治；苑家地村投资1230万元，进行了整村搬迁和特色风貌建设。（15）小柏峪村投资199.6万元，新建防洪护村坝2500米，已完成50%。

通过工程的实施，全乡20个行政村的基础设施得到改善，村容村貌发生了变化，乡村振兴初见成效。与此同时，成功打造了脱贫攻坚试点村——农发村，全省攻坚深度贫困现场推进会、全省推进“三晋巾帼脱贫行动”助力攻坚深度贫困现场会、全省银行业金融扶贫现场推进会、全市“践行领袖嘱托、决战深度贫困”现场会均在农发村召开。

项目落实 2018年，在着重抓好10个重点项目实施建设的同时，积极深挖全乡资源，打造包装本地项目，努力完成上级下达到本乡的固定资产投资任务。

按照全县重点项目责任分解，涉及本乡10个重点项目已有9个开工建设，其中小柏峪村基本农田整理项目、金瑞缘矿业有限公司深井技改项目、润宏电力有限公司集中式光伏扶贫项目、苑家地村整村移民搬迁项目，已立项并已全部完工；广利专业合作社肉牛养殖建设项目完成投资360万元、滹源绿业公司育肥牛养殖项目完成投资300万元、瑞田农牧专业合作社绿色土鸡养殖项目完成投资100万元，均未立项；山西许氏维雅建材有限公司仿古建筑材料生产基地建设项目未实施；其余2个项目已完成入库，并正在实施过程中，其中国电投风电清洁能源供暖项目正在进行升压站建设工程、108国道改造工程正在进行路基建设。除此之外，还积极推进河南牧原集团养猪建设场、农发村喜亮农牧专业合作社养殖小区建设、华茂标准场区建设、金丰新能源发电清洁供暖、2800千瓦村级光伏电站建设5个项目的落实，全部完成入库，其中牧原养猪场建设项目正在进行基建、喜亮合作社养殖小区建设项目已完成、华茂场区建设已完成投资10054万元、村级光伏电站建设项目已完成。截至10月底，入库投资共137993万元，完成投资43854万元。

社会各项事业 1. 安全生产方面。把安全生产工作作为各项工作的重中之重来抓，认真研究、周密部署，严格落实安全生产主体责任，按照“4438”工作机制，狠抓全乡安全生产，严格制定《2018年度全乡安全生产监管办法》，成立安全生产委员会，负责统筹安排、监督检查，确保安全生产隐患排查到位、整治到位、措施到位。继续加大人力、物力、财力的投入力度，根据县委、县政府安全生产大排查、大整治工作要求，每月定期全面排查全乡“九小场所”、正常生产经营场所等各行业、各领域存在的安全生产隐患和问题，积极开展进企业、进院校、进机关、进社区、进农村、进家庭、进公共场所“七进”活动，确保全乡无安全事故发生。全年共排查一般隐患40条，已责令整改40条；排查重大隐患4条，已治理4条。关停和铲除了5个环境重污染非法生产企业。全乡的安全生产形势进一步好转、安全生产管理水平进一步提高。

2. 防火禁毒防汛方面。严格落实“属地管理”“专人负责”“不定期检查”等制度，各村成立巡查小组，完善专人巡查制、24小时值班制等，同时乡政府成立了防火、禁毒、防汛组织机构，在重点防火期、毒品出苗期和防汛期，对重点部位进行地毯式排查，扎实开展禁毒、防火、防汛等阶段性工作。

3. 土地确权方面。全乡下辖30个行政村(其中农发村租用金山铺农牧场国有土地不确权)，29个村已确权。全乡二轮承包户数2787户，已确权2958户，共确权土地面积2726公顷。土地证已打印完毕，盖章完毕。

4. 产权制度改革方面。按照上级要求，本乡在30个行政村全面开展了农村集体产权制度改革工作。加强组织领导，乡村两级成立了各自的改革工作组，明确工作职责，制定实施方案，各村同时成立清产核资、成员身份鉴定、宣传发动等工作组，建立乡村两级联动机制；提高工作能力，7月份后金山铺乡多次举办了农村集体产权制度改革专题培训会，乡分管领导、村支部书记、村会计等人参加培训，直接培训到村一级具体工作人员，同时组织试点村有关人员到太原市杏花岭区现场学习产权制度改革经验，确保此项工作顺利开展；加大宣传力度，乡村先后印发宣传资料宣传单5000余份，发放到每家每户，并在村民集中居住区和人口密集地通过悬挂横幅、举办宣传栏等形式进行深入宣传，让农民群众充分了解农村产权制度改革的目的意义，为改革试点工作的顺利实施营造了良好的舆论氛围。各村的债权债务网上录入工作已完成。

特色亮点工作　1. 党建引领促脱贫为打好打赢脱贫攻坚战，始终坚持强化党对脱贫攻坚工作的领导，选好带头人，建强支部班子，强化“三基”建设，特别是农发村党支部积极探索“支部+合作社”的带贫模式，把党小组建到产业链上，建到合作社中，充分发挥党员的引领示范作用，下决心打造肉牛养殖“一村一品”村、箱包加工特色村，成为现代农村“牛郎织女”的产业新样板。全村共养牛1750头，户均3至4头，实现“家有两牛、致富不愁”；114名妇女（其中贫困妇女78名）经培训进入村内手工业扶贫车间，实现“家门口”就业，家计生计两不误。从事肉牛养殖户均增收2万元，手工业就业户均增收4000元，外出务工户均年收入2.85万元。

2. 激发内生动力促脱贫。在解决贫困群众“两不愁、三保障”（不愁吃、不愁穿，义务教育、基本医疗、住房安全有保障）生活问题的同时，致力转变贫困户的思想，通过改进扶贫方式、加强教育引导、扶志、扶智、扶德等多种方式，激发贫困户内生动力，提高其主动性和参与性。北河会村6个贫困户瓜农成立了“北河会村西瓜种植互助小组”，在村第一书记的带领下，多次外出考察学习，2017年，试验培育出第一批方形西瓜，并参加了第五届山西省农业博览会，被媒体誉为农博会上的“人气王”，受到山西电视台、山西晚报、山西新闻网、山西新闻网、山西农民报、太原商报等多家媒体的采访报道，在此带动下，全村15万公斤西瓜高价销售一空，创造了历史销售最高记录。农发村村民赫润梅素有传统种植木耳经验，苦于无人指导、信息闭塞，一直不敢尝试大规模种植，在第一书记和村两委干部的多次鼓励下，并带领其考察项目、了解市场，2017年试种300多株，取得了成功，当年收益1万多元，年底，村委会向上级申报了绿色木耳种植项目，项目获批后村委会投资36万元。村委会主导赫润梅带动20户贫困户租赁场地、平整土地、修建围墙晾水池，购买椴木树棒1万根、黑木耳菌棒2万个，2018年实现销售收入31万元，参与劳动的8名贫困户实现工资性收入1.8万元，

20户贫困户分红每户1000元。

3. 医疗保障促脱贫。依托省卫健委帮扶优势，大力开展健康扶贫。三年来在省卫健系统、太重集团的帮扶下，改建乡镇卫生院1处，村级卫生室新建11座，改建7座，省儿童医院出资65万元援建的牛叫河村标准化卫生室成为忻州市乃至全省的样板。建立急危重症应急“绿色通道”，共启用26次，挽救了26位群众的生命。脱贫攻坚期间各大医院送医下乡活动48次，免费为群众诊疗5500余人次，赠送药品价值180万元，惠及贫困户4950户。开展“医生—贫困户”结对帮扶模式。直接提供健康咨询1965次。与各大省级医院联系进行医师，护工和月嫂免费培训30人次。在此影响下，全乡医疗环境得到明显改善，全县健康扶贫工作也走在忻州市前列，全市健康扶贫现场会在本乡召开。

4. 易地搬迁促脱贫。本乡为解决“一方水土养育不了一方人”问题，大力实施“易地搬迁”工程，全乡共完成易地搬迁196户522人。特别是针对苑家地村由于地理区位和自然条件的限制，长期以来面临吃水难、出行难、农业生产难、生活生计难的“四难”问题。在县委、县政府的坚强领导下，坚持最大化激发政策红利，将整村搬迁政策与城乡建设用地增减挂钩政策打捆使用，利用2.9公顷存量建设用地建设苑家地新村，新建占地面积4138平方米的住宅54套，就近安置移民搬迁户54户157人。在此基础上，同步对苑家地旧村实施城乡建设用地增减挂钩项目，拆除房屋86户260间，移民户户均享受拆旧补偿2.65万元，实现了搬迁不举债、有节余。实现贫困群众安居乐业、土地节约集约利用、村集体经济收入和群众收益增加等一举多赢。在实施整村搬迁和增减挂钩的基础上，华茂精密铸造有限公司主动承担社会帮扶责任，对苑家地村8.8公顷土地进行流转，建设高标准现代农场，发展高效化、标准化、优质化现代农业，全力推进移民后续工作的跟进。大力推进旧村“四个全覆盖”（党组织要全覆盖、党的群众工作作用发挥需要全覆盖、快速处理全覆盖、抓转变作风全覆盖）工程，对所有搬迁对象实施退耕还林、分布式光伏发电、城乡建设用地增减挂钩项目、荒山造林项目，通过村集体耕地发包、租赁闲置公用设施、建设村级光伏扶贫电站等多渠道、多途径，有效增加村集体收入和搬迁群众收益。达到了资源变资本、农户变股东、农民变工人、旧村变新村的“四变”。

（柴清亮）

东山乡

【简述】 东山乡位于繁峙县中南部，五台山北麓。砂台路南北贯穿全境。全年无霜期140天，年降雨量450毫米，年平均气温7℃。全乡行政区划面积276平方千米。按地理特征全乡分为南山区和北平川两大区域。全乡辖24个行政村，9479户26991人，劳力12120人。全乡共有党支部26个（其中农村支部25个），党员672名。全乡耕地面积3925.8公顷（其中水浇地1599.6公顷）。

2018年，全乡有大牲畜3562头，羊存栏21694只，猪存栏6875头。粮食总产量59877吨。油料总产量2881吨。农民人均纯收入7094元。

东山乡矿山旅游资源丰富。已经开采的有金、银、铜、铁、钼、锌、石英等，其中：钼矿资源全县独有，储量大。全乡人文景观甚多。较为著名的有建于北宋之前的岩山寺、伯强毛主席路居纪念馆等。

扶贫工作　东山乡共有47个行政村，其

中贫困村35个，建档立卡贫困户2622户7359人。贫困村数量全县第一，贫困人口规模全县第二。全乡2554户贫困户7210个贫困人口于2018年底稳定实现“两不愁三保障”，35个贫困村全部达标退出。

短短两年多的时间，全乡贫困户总产业达9470个，户均3.6个产业，实现贫困户脱贫产业全覆盖。其中特色种植业覆盖1963户贫困户，户均增收3500元；健康养殖业覆盖649户贫困户，户均增收2500元；光伏产业覆盖贫困户740户，户均增收3000元；生态林果业覆盖贫困户1181户，户均增收700元；劳务输出业覆盖1656户贫困户，户均增收7500元；手工业覆盖贫困户40户，户均增收15000元；农副产品加工业覆盖贫困户165户；乡村旅游业覆盖贫困户318户；金融扶贫业覆盖贫困户1324户，户均增收3300元；资产收益覆盖贫困户1434户，户均增收2600元。

通过逐户分析研判，结合全县民政扶贫政策和资产收益扶贫政策，为104户特困群体申请了低保政策，为153户无产业覆盖贫困户，覆盖率资产收益，实现了应保尽保。全乡已脱贫的2554户、7210个未脱贫贫困人口收入稳定达标，全部实现“两不愁三保障”，在严格执行推选代表、民主评议、拟定名单、收支测算、入户核实、退出告知、村内公示、乡镇审核、公告退出全部程序的基础上，稳定脱贫摘帽。脱贫退出后全乡贫困发生率降到了0.7%。并于2018年12月顺利通过省第三方评估组的验收。

项目建设 2018年，实施十四个重点项目，其中8个续建项目，6个新建项目，计划总投资4.98亿元。（1）五台娘娘山农林生态园项目。续建项目，由繁峙县兆丰农林基地实施，计划投资3500万元，建设阳光大棚、鱼塘、中药材初加工车间、接待中心、引水工程、土地整理、生态治理、旅游景点开发及附属配套设施等。（2）灵岩山景区建设项目。续建项目，由繁峙县圣景旅游开发有限公司实施，计划投资500万元，建设灵岩圣境综合旅游服务设施，即灵岩广场、接待中心、岩山展览馆、灵岩天境步道、玻璃栈道、索道及服务设施等。（3）滑雪场建设项目。续建项目，由山西五台山旭日东升旅游开发有限公司实施，计划投资4500万元，新建滑雪场、办公大楼、游客接待中心及相关配套设施。（4）箱包厂建设项目。续建项目，由东山乡人民政府负责实施，计划投资1300万元，进行箱包厂房建设及相关配套设施。（5）繁峙金丰新能源发电有限公司20万千瓦风电清洁供暖项目。续建项目，由繁峙县金丰新能源发电有限公司实施，计划投资9000万元，安装配套20万千瓦风电清洁供暖系统。（6）20万吨岩棉制品项目。续建项目，由繁峙县长田建材科技有限公司实施，计划投资800万元，新建长田岩棉办公大楼、生产厂房及配套设施，安装相关设备。（7）伯强景区建设项目。续建项目，由东山乡人民政府实施，计划投资2000万元，开展东山底村至五台山北台脚下景区基础设施及相关配套设施建设，新建党性教育基地、停车场、农业综合观光园区。（8）108国道一级公路改造工程。续建项目，由忻州路桥集团实施，计划投资3000万元，修建道路12千米。（9）220千伏输变电工程项目。新建项目，由繁峙县电业局实施，计划投资1亿元，实施220千伏变电站及附属设施配套建设。（10）年生产20万吨干法纯碱法生产水玻璃生产销售项目。新建项目，由繁峙县鑫焱耐火材料厂实施，计划投资600万元，新建生产车间5处，5条生产线，厂区购置配套设施。（11）南峪口村健康养殖建设项目。新建项目，由南峪口村养殖专业合作社实施，计划投资2300万元，新建办公场所及牛舍，购买相关配套设施。（12）南苑铝业建设项目。新建项目，由南苑铝业有限责任公司实施，计划投资1亿元，新建办公场所、厂房、生产车间及相关配套设施。（13）南峪口箱包加工厂建设项目。新建项目，由河北科尔马箱包制造有限公司实施，计划投资1500万元，新建厂房，办公楼，购置相关配套设施。（14）东山乡荒山绿化工程项目。新建项目，由东山乡人民政府实施，计划投资800万元，绿化荒山666.7公顷。

集产制度改革　开展农村集体产权制度改革以来，乡党委、乡政府认真按照县委、县政府指示要求，以明晰农村集体产权归属、维护农村集体经济组织成员权利为目的，以推进集体经营性资产改革为重点，以发展股份合作等多种形式的合作与联合为导向，大胆探索，扎实推进了产权制度改革各项工作的开展。

全乡各村清产核资、村级集体经济组织成员身份认定工作已全部完成，现阶段正积极开展“股份设置和股份量化”工作。

安全生产　东山乡将辖区内的516家安全生产监督管理单位全部纳入网格监管平台，编制完成了全乡安全责任清单。与各村及16家企业签订《安全生产目标责任书》，层层分解落实安全生产目标任务。坚持每月召开一次安全生产工作例会，每周定期向县政府办和安委办汇报工作情况。组织多轮安全生产大检查及“回头看”活动，每逢重大节日前夕或生产旺季，组织人员深入各村、各单位进行拉网式安全检查。全年共检查各类企业218次，发现隐患11起，整改11起。全年未发生一起安全生产事故。

社会综治　东山乡2018年度社会综治工作取得显著成效。开展包村干部驻村入户工作，调解各类纠纷22件，有效缓和了社会矛盾；对各村进行人员大摸排，登记各类重点人员共计54名，并派专人对其进行有效监管，东山乡全年未形成一例非访事件；以社管中心“三大信息平台”为依托，大力推进农村社会治理网格化，各网格长上半年为村民处理各类事项1127件。（李林茂）

集义庄乡

【简述】　党建工作　2018年，集义庄乡组织实施学习宣传贯彻党的十九大精神，坚持思想建党，始终把思想政治建设摆在首位，深入学习贯彻习近平总书记系列重要讲话精神和治国理政新理念新思想新战略，充分利用每月的支部主题党员活动、双日双评、会议等多种形式，深入推进“两学一做”学习教育常态化制度化，教育广大党员干部始终坚定马克思主义信仰，满怀共产主义理想，坚守共产党人的精神追求，切实增强“四个自信”。全乡13个贫困村依靠村级光伏电站收入可实现经济收入突破5万元，其余村通过种植、养殖、手工业等产业实现经济破零。按照党组织村级场所标准化建设要求，除净林外20个村都安装了醒目标志，悬挂国旗，设置宣传栏、公示栏，成立了农民讲习所，制定了村规民约，成立了红白理事会。

扶贫工作　2018年，年初计划拟退出796户2158人，经过几次动态调整后退出的规模为796户2162人。主要脱贫产业有光伏产业（其中村集体光伏为2700千瓦，个户光伏127户，县统筹集中式光伏分红20万元）、特色种植业、健康养殖业、劳务业、手工业、生态林果业、中药材、农副产品加工业等八大产业，贫困户产业覆盖率189%。1.贫困户退出。9月30日，集义庄乡召开贫困退出推进会。10月18日，召开集义庄乡贫困户退出核定会议。会议主要内容为：在动态调整管理的基础上，本乡建档立卡规模现在为1749户4587人，其中脱贫户946户2410人，未脱贫户803户2177人。民主评议核实认可后，现确认退出人数变更为796户2162人。在脱贫核查审核领导组工作人员对各村贫困户退出名单入户核查的基础上，综合考虑住房安全、义务教育、健康扶贫、饮水安全等脱贫标准，及时确定本乡2018年符合退出条件的贫困户共796户2162人。10月18日，本乡统计各村贫困户退出796户2162人，及时进行乡级公告。2.贫困村退出。根据2018年集义庄乡年度贫困村退出计划，集义庄乡拟退出7个贫困村，分别是集义庄、小宋峪、下永兴、下双井、常胜、北大沟、净林村。按照村“两委”组织村民代表进行民主评议结论和提出的贫困村退出申请，在对预退出贫困村围绕“贫困发生率低于2%；贫困人口漏评率低于2%；贫困户错退率低于2%；群众认可度高于90%；有集体经济收入、财政转移支付资金使用符合规定；有带动农民增收的特色产业；有通村硬化路，具备条件的通客运班车；有安全饮用水；有动力电；有住房安全保障；有通信网络；有医疗保障；符合条件的贫困人口有低保养老保障；60岁以上贫困人口有养老保障；有达标的村级卫生室，有合格乡村医生；有义务教育保障等标准入村调查核实的基础上，结合县行业部门专业评估认定报告，乡于2018年11月1日召开“贫困村退出核实认定会”，对确定符合退出标准的6个贫困村于11月2日进行了公示，确认2018年年底退出的贫困村分别是集义庄、小宋峪、下永兴、下双井、常胜、北大沟6个行政村，净林村因基础设施建设不完善不能退出。3.产业覆盖情况。产业项目覆盖贫困户情况。智源公司种植葡萄项目带动27户贫困户，每户分红3300元；下永兴村肉牛养殖项目带动10户贫困户，每户分红3250元；大圣地村樱桃种植项目带动36户贫困户，每户分红1791元；常胜村、下双井村、净林村乌鸡养殖项目，带动50户贫困户，每户分红650元；田源毛驴养殖带动250户贫困户，共分红617500元；聚爱合作社带资入企，为286户贫困户每户分红3250元；全乡13个村共建村级光伏电站达2300千瓦，带动贫困户350户，每户分红1500元，共计分红525000元；县级统筹资金集中式光伏电站带动122户贫困户，分红标准1000元~3250元，共计分红20万元；依托万象农林牧生态发展有限公司运用“带资入企”模式或务工就业，带动42贫困户，每户分红3300元；南龙兴村碗裙箱包加工厂带动68户贫困户，共计分红12160元；集义庄村凯利箱包加工厂带动25户贫困户，每户分红500元；集义庄村农机大院项目，带动户40贫困户，每户分红300元；县级统筹资金牧原产业扶贫贷款每户分红标准1000元~3250元，281户贫困户分红46万元。

民生保障　2018年，大宋峪村老年日间照料中心为省政府确定的农村养老幸福工程，由于资金和占地问题，村委对旧小学教室进行改建，改建情况如下：老年日间照料中心改建于2018年8月，占地面积467平方米，建筑面积180平方米，拥有房屋13间，总投资约12万元。按照标准要求建设有“五室一厅”，即：娱乐活动室、图书阅览室、休息室、健身康复室、卫生室和餐厅，可供15位老人常年吃住，供30位老人休闲娱乐、健身保健。2018年9月初开始运行，为一些“五保”户、空巢老人提供食宿，定期举办各种娱乐活动，提供生活保障的同时，也丰富他们的生活。

城乡环境建设　2018年，除净林村外，其余20个村“五化”工程全部完工，完成总投资约3300万元，总缺口700余万元。10个卫生室改扩建任务全部完成；硬化主街道约8万平方米，硬化联户路5万平方米；粉刷墙壁约12万平方米；文化墙建设约5000平方米；整治残垣断壁12253米；完成改厕350处；栽种树木6317株；清运垃圾1.9万方；贫困户、非贫困户危房改造全部完工；购置铁质垃圾桶900个、可卸式垃圾箱22个、小型装载机3个、挂臂车5个、箱式垃圾车2个。净林村整村易地移民搬迁：其中移民安置人数涉及225户491人（新建净林新村标准化住宅131套安置131户260人，其中有15户五保户）；滨河移民小区，泽民一小区、东山惠民小区三地已购买集中移民楼安置58套60户180人；34户51人分散安置，其中货币化补偿3户3人；截至年底，21栋房基础已完工。

安全生产　2018年，定期召开安全生产工作例会，严格落实县委、县政府文件精神，深化道路交通、消防、烟花爆竹、学校幼儿园、食品药品等安全专项的整治，全年尚未发生安全事故。按照县委、县政府安排部署，在大气污染防治、污水治理、植被、河床破坏、秸秆禁烧等方面积极推进。全年污水治理35处，发生秸秆焚烧事件5起，派出所训诫5人（次），打击非法采砂4处，宏基矿山覆土基本全面完成。

党风廉政建设　不断加强党风廉政建设。严格落实党风廉政建设主体责任，认真履行“一岗双责”，从严要求、率先垂范、旗帜鲜明反对“四风”，深入推进违反“八项规定”和扶贫领域监督执纪问责工作。　　（李翀龙）

下茹越乡

【简述】　下茹越乡位于繁峙县城东9千米处，全乡辖10个行政村，是一个农、林、牧、企全面发展，个体、工商、运输等行业发展较快的三类乡镇。

民生改善　全乡新农合参合人数10584人，参合率达98%；城乡居民社会养老保险参保人数7237余人，其中60周岁以上1954人，参保比例100%；农村低保动态管理进一步规范，对低保户、特困户进行精准识别，清理不符条件低保78人，新识别低保75人，全年发放低保金1184人、375.3万元，“五保”金77人、36.4万元，实现了应保尽保。加大了民政救助和困难群众帮扶力度，发放各类救助和帮扶资金11.3万元，加大对残疾人的关怀力度，发放护理补贴等各类补贴5.88万元。全力推进农村卫生室的建设，新建改造标准化卫生室6个，持续加大重大疾病救助力度，群众看病难、看病贵问题有效改善。全面落实两孩政策，落实生育关怀等计生惠民政策，认真开展好婚检孕检，服务流动人口等业务工作。新建老年人日间照料中心2处。积极推进劳务输出，全年申领交通补贴人数达到1075人。

城乡人居环境　加强生态资源保护，依法严惩各类破坏生态环境行为，取缔非法采沙点两处，对全乡砖瓦行业进行了全面整治，将原来的7家旧式轮窑生产企业整合为2家新型建材企业，实现了落后产能的改造提升。全面落实“河长制”，落实乡、村两级“河长制”工作，严控水源污染和流域生态保护；加强乡村环境综合治理整治，在全乡范围内开展环境集中整治工作2次，结合整村提升，进一步完善了各村的生活垃圾集中处理网络。

安全生产和社会治理　严格落实“党政同责、一岗双责”安全生产制度，牢固“红线”意识，抓好辖区安全生产工作，强化安全生产监管，扎实做好道路交通、防汛、森林防火、地质灾害防御、食品药品等安全生产工作，在东西两沟入口处新建护林防火及安全排查管理岗亭2个，全年无较大安全生产事故发生。

全乡范围内大力开展“扫黑除恶”专项斗争，召开“扫黑除恶”专项斗争工作会议3次，成立下茹越乡“扫黑除恶”专项斗争行动工作领导小组，通过宣传发动在全乡形成浓厚的氛围。同时对全乡范围内黑恶势力进行了全面摸排整治，配合公安部门摸排案件线索2条。

扶贫工作　全乡共有建档立卡贫困户1228户3141人，2017年年底前已脱贫661户1679人，2018年脱贫任务为567户1462人。2018年整村脱贫村6个，通过动态调整，全乡新识别1户2人，成员补录25人，成员删除44人（减少6户）。

全乡特色种植业覆盖贫困户535户1483人；生态林果业覆盖690户1793人；健康养殖覆盖33户。全乡共有98户贫困户安装户用光伏设备，保证实现每年3000元收益；5个贫困村采取与其他乡镇贫困村代建共享的方式进行建设，三季度收益已经到账并已分发到各贫困户手中。全县集中式光伏电站收益分红统筹资金也已到位。全乡共引入手工加工企业6家，设立分工厂4座，解决就业460余人，其中包装袋加工项目带动人数达到300人以上，人均月收入达1000元左右。本年手工业培训人数占到全县培训总数的11%以上，直接从事手工业产业的人数占到全乡总人口的4%。

对老弱病残等贫困人口分类实施农村最低生活保障、农村五保供养、残疾人生活补助、重度残疾人护理补贴、重特大疾病救助等保障性扶贫措施，筑牢特殊人群基本生活保障线。全乡98名残疾人、77名五保对象和1184名低保对象享受社会兜底和社会救助。

2018年，共有617人享受教育扶贫政策，其中初中阶段113人、大学阶段41人、高职高专阶段39人、高中阶段63人、技工5人、小学阶段115人、学前教育阶段120人、职高类82人、中职中专33人、其他6人，实现应享尽享。

加强家庭签约医生的考核和管理，确保家庭签约医生履职到位，2017年建档立卡贫困户“双签约”184户465人，2018年建档立卡贫困户“双签约”178户397人；为所有建档立卡贫困人口代缴新农合筹资，为符合慢性病人员办理慢性病备案，对全乡因病致贫、因病返贫的贫困人口全面落实“136”健康扶贫工程，实现了健康扶贫全覆盖。

基础设施建设　2018年总搬迁人口86户197人，涉及六郎寨、左家窑、西水泉、侍倚堡4村，其中整村搬迁村3个（六郎寨、左家窑、西水泉），实现贫困人口搬迁61户158人，同步搬迁25户39人，其中集中安置70户181人，分散安置16户16人。3个整村搬迁村共补偿移民户拆旧资金199.1693万元。年初大王岭、西水泉、六郎寨、左家窑共实施土地增减挂复垦耕地8.5公顷。集中光伏电站带动130户313个建档立卡贫困人口实现资产收益分红，箱包手工业带动46个贫困人口就业增收。

2018年涉及10个村的整村提升工程全部完成并通过观感验收和工程量验收，完成投资746万元。通过实施整村提升，各村基础设施均得到极大改善，广大群众获得感和满意度显著提高。瓦磁地村被列为全县唯一一个改善农村人居环境首批省级示范村。

2018年危房改造任务91户。乡党委、乡政府高度重视，成立危房改造工作领导小组，建立包村干部及村干部包保到户的包保责任制，有效推动了本乡农村危房改造工作。年底改造任务全部完成并通过验收。

基层组织建设　全面对表对标，按照基层组织建设“34有”的要求，对全乡10个有阵地的基层组织场所进行了规范化建设，各村基层组织场所全部实现了门常开、人常在。同时，坚持深入开展“双日双评”活动，认真落实各支部“三会一课”、民主评议党员、组织生活会和党员干部民主生活会、党员干部双重组织生活等制度，基层党组织战斗堡垒作用得到很好的发挥。强化帮扶干部日常管理制度，督促帮扶干部按要求到岗履职，吃住在村。注重强化干部队伍管理，认真落实乡机关、事业单位和村干部管理意见、考勤制度和绩效奖惩兑现办法；注重强化村级后备干部培养。为每个村配备了不少于2名的年轻后备干部。

纪律检查　全面落实党委主体责任和纪委的监督责任，坚持把执行党风廉政建设责任制作为提高班子领导和执政水平、提高拒腐防变和抵御风险能力的重要切入点，把反腐倡廉和风险防控的各项措施落到实处。全年共办理案件6件，其中初核了结3件，立案查结3件，给予3人党纪处分。同时，围绕乡党委、乡政府中心工作开展效能督查8次，对11人次进行了效能通报。（石　达）

光裕堡乡

【简述】　光裕堡乡位于繁峙县城东南部，距县城18千米，地势由北向南逐渐增高，地形为平川区、黄土丘陵区、土石山区。全乡总面积103平方千米，辖12个行政村。2018年年末，总人口4864户12549人；有11个农村支部，党员354人。以种植业和养殖业为主，种植业以种植玉米、谷子、高粱、西瓜为主；养殖业以养牛、羊、猪、鸡、兔为主。全乡共有各类养殖和种植专业合作社50余个，大型蛋鸡养殖企业2个，有机肥厂1个，红树莓种植企业1个，农副产品加工合作社3个。

2018年年末，全乡建档立卡贫困人口为1538户4189人，贫困人口涉及12个村（其中贫困村10个，非贫困村2个），贫困发生率32.9%。2014年至2017年共完成1149户3151人的脱贫任务。2018年，完成376户1002人的脱贫任务，全乡剩余贫困人口12户29人，返贫1户6人，贫困发生率降为0.28%。

产业发展　2018年，始终把项目建设作为引领经济发展的重要抓手，新发展了投资0.14亿元的山西泓达安生物科技有限公司微生物菌肥生产项目、投资0.3亿元的繁峙县镕泽矿产品有限公司球团厂建设项目，正在建设的牧原集团100万头生猪养殖体系建设项目。

扶贫工作　2018年，全乡实施产业全覆盖工程。全乡户用光伏共安装149户，均已并网，每年每贫困户可稳定增收3000元；新建9个村级光伏电站，已全部完工并网，实现10个贫困村光伏电站全覆盖，不仅带动村集体经济发展，而且还带动280户贫困户稳定脱贫。

富家庄村种植水稻20公顷和66.7公顷富硒西瓜，光裕堡村流转土地33.3公顷种植红树莓。

牧原集团“5+”资产性收益项目，按照“5+”扶贫模式的要求，已集中组织313户60—67周岁贫困户与牧原签订协议，晋商银行已办理贷款247户。

新增经济林106.7公顷。完成油桃、西瓜、玉露香梨、白水杏、苹果、葡萄等瓜果特色种植园区200公顷。

新建4个手工业加工厂：光裕堡村箱包厂、梁家庄足球加工厂、华岩村箱包加工厂、大木瓜村雨伞加工厂，共带动贫困户170户。

发展了大李牛村乡村旅游，年底已建成一个停车场和一个公厕，大木瓜、光裕堡村共建成4个农家乐。

2018年，手工业培训完成100人，护工培训完成15人，刺绣培训5人，红树莓种植技术培训30人。上半年交通补贴摸底完成1214人、48.277万元，下半年交通补贴摸底完成1561人、52.814万元。

本乡的滹源味道辣椒酱、箱包、绿洲獭兔兔肉电商销售已见成效，正在请专业人士进行设计规划。年底，大木瓜、华岩、光裕堡三个村正在进一步建设规范化、规模化的电商平台。

治安管理　2018年，认真开展扫黑除恶专项斗争，发放各类宣传单5000余份，悬挂条幅28余条，粉刷固定标语25余条，为“平安乡镇”建设打造良好环境；党委书记与各村两委干部进行“一对一”座谈，掌握一线线索；本乡村两委干部全部签订保证书；开展禁毒防火巡查工作，对本乡范围内种植作物进行逐一排查，未发现罂粟等违法作物。

排查出矛盾纠纷28件，已化解28件；信访工作领导体制发挥作用明显，领导轮值带班进行接访，未出现一起进京“非访”事件或集体上访事件。

发放安全生产宣传单200余份，消防安全宣传单450余份，安全生产读本50余册，悬挂条幅10条。召开安全生产例会11次；实行安全生产网格化管理，开展安全生产培训3次。在本乡范围内进行安全隐患排查、烟花爆竹等易燃、易爆危险品排查及枪爆排查5次，出动人员20余人次，确保了安全生产“零”事故。

召开环保会议5次，专题会议3次；持续开展禁烧工作，实行分包责任制网格化管理，悬挂宣传条幅10余条，粉刷固定标语6条；与企业签订环保责任书，责任落实到人。

社会生活　2018年，共计发放社保卡726张，死亡人员待遇终止172人；完成城乡居民基本养老保险信息管理系统的导入，对近800条新增、补缴、变更信息以村为单位进行模板录入，并上传系统。对危房进行摸底排查。摸清本乡四类重点人员住房安全情况，走访建档立卡贫困户实地查看住房安全情况。做好新增低保户的入户调查核实工作。

2018年，积极开展“广场舞比赛”“文艺会演”等文化服务活动3次，开展计生健康活动4次，发放计生药具260余盒、宣传资料460余份、健康包150余个，免费义诊50余人次，咨询人数300余人；移风易俗工作取得大进展，各村均成立了红白理事会，制定了村规民约。

成立了专门工作领导小组，落实领导责任，不断加大宣传力度，营造监督氛围，定期开展专项检查及整治行动，不定期对本乡5家小型超市进行抽查。

对于乡内符合征兵条件的适龄青年，包

村干部和村干部提前进行走访座谈，及早掌握和摸清适龄青年及家长的思想动态，顺利完成十八周岁适龄青年兵役登记应征入伍任务。（王志胜）

杏园乡

【简述】 杏园乡位于县城滨河南岸，距县城3千米，面积122平方千米。京原铁路、南路主干公路贯穿境内。2018年因整村搬迁撤销一个行政村——永胜村，现辖区共有18个行政村。全乡总户数9184户，总人口21691人。

扶贫工作 杏园乡2018年年底动态调整后共有贫困户1051户2277人，涉及19个村（其中撤销村1个），占全乡人口的10.5%。截至2018年年底，累计脱贫1029户2240人，其中一般农户346户895人，低保户637户1287人，特困供养户46户58人。剩余未脱贫贫困户22户37人，其中一般贫困户10户20人，低保贫困户10户15人，特困供养贫困户2户2人。脱贫后贫困发生率降为0.17%。

按照“一乡一业、一村一品、一户一策”的要求，紧盯“五有”目标，确保每一个贫困户至少有一个或一个以上扶贫产业要求，杏园乡积极实施以特色种植业、健康养殖业、光伏产业、中药材种植业、生态林果业、手工业、乡村旅游、劳务输出、电商、社会帮扶等十大扶贫产业工程，贫困户产业覆盖率达300%，户均产业3个，有劳动能力的贫困户产业覆盖率100%。确保每一个贫困户至少有两个以上扶贫产业覆盖。使贫困户兴产业、保增收、促脱贫。

围绕产业发展、基础设施完善、环境整治和公共服务提升等8个方面，对全乡16个村实施整村提升工程，完成投资2360.4万元。其中通村公路2条，共计5千米；街道硬化37570平方米，铺设沥青路25320平方米，砖1200平方米，共计48条；连户路硬化4700平方米，共计17条；完成残垣断壁整治2609.4平方米；完成清洁家园工程110处，清洁水源7处；改圈9960平方米，改厕50户，改厨1户；绿化种植6760棵，亮化路灯215盏，美化18255平方米；治理污水乱泼点3处，清理垃圾乱堆13491.7立方米，整治粪土乱堆388处，治理杂草乱垛890处，整治畜禽乱跑24处。通过整村提升工程综合施策，村容村貌彻底改善。

2018年搬迁35户63人，其中集中安置到南关移民楼25户45人，涉及建档立卡7户9人，同步搬迁28户54人；分散安置10户18人，建档立卡4户4人，同步搬迁6户14人，年底已全部实现搬迁入住。搬迁安置及旧房拆除宅基地复垦“双签”协议完成56户，完成率100%。拆除1个整村搬迁村，涉及103人，完成率100%。

2018年，山西建工集团在黑山沟村建“爱心超市”（姚付春提供）

杏园乡岗里村“爱心超市”通过爱心积分兑换，奖励有一技之长、主动寻求致富门路的致富能人；尊老爱幼、家庭邻里和睦、见义勇为的好人好事、热爱公益、弘扬社会主义核心价值观的模范村民；勤奋学习、能够接受高等教育的村民子女；为孤寡老人、残疾人免费发放物品。显著提升村民精神面貌，激发贫困群众的内生动力、培育文明乡风、良好家风、淳朴民风、不断提高乡村社会文明程度。

充分利用村级光伏集体收益资金，设置公益岗位，动员贫困户积极参与村级卫生保洁、护林防火、道路维护、治安联防等各类公益活动，在增加贫困群众收入的同时，有效激发了贫困群众勤劳致富的内生动力。

项目建设 2018 年重点工程：1. 圆满完成本乡贫困户脱贫工作，涉及 18 个村 350 户 791 人，使全乡的贫困户发生率降为 0.17%。2. 完成滨河移民小区的建设和后续产业以及社区管理等配套设施，1420 套住房全部摇号分配到户。3. 生态林果业方面：大峪、黄家庄、泽萌泉、岗里、大砂、牛家垚 6 村发展特色林果业 96.7 公顷，共带动贫困户 103 户 242 人，实现产业覆盖率为 10.3% 的既定目标。4. 村级电站方面：完成天成、铁家会、黄家庄、鳌子头、岗里、大砂 6 个村的 1100 千瓦村级电站的建设，覆盖贫困户 310 户 555 人，同时也壮大了村集体经济。5. 健康养殖方面：完成大峪、铁家会村 22000 平方米健康养殖园区的建设；完成鳌子头 31 户贫困户养殖育肥牛的采购和分配。6. 手工业方面：滨河移民小区第四扶贫箱包加工厂，厂房面积 1700 平方米，投资 390 万元，现有工人 150 人，其中建档立卡贫困户 86 人。同时在大砂、公主、姚家庄、泽萌泉、古家庄 5 个村引进小五金和包装袋加工厂。7. 劳务培训方面：完成农村经纪人、合作社带头人、“繁峙绣娘”、月嫂护工等针对性培训 4 批 168 人（次），有组织地开展劳务输出 320 人，覆盖率 15%。8.整村提升方面：完成大砂、鳌子头、黄家庄、铁家会等 16 个村的整村提升任务，完成投资 2360.4 万元；

滨河移民小区，该小区位于县城交通便利环境优美的滹沱河南岸，紧邻滨河公园，占地 7.4 公顷，共建移民房 30 栋 1420 套，建筑面积 13.5 万平方米，总投资 2.4 亿元，是全县规模最大、人数最多的移民集中安置点。2018 年 2 月 7 日在县扶贫办、公证处等相关部门的监督下，通过摇号的方式，进行了分房。

为做好移民后续产业，确保移民户搬得出，稳得住，能发展，会致富。杏园乡引进河北帅王皮具有限公司新建的第 4 扶贫箱包加工厂，于 2018 年 1 月正式生产，厂房面积 1606 平方米，设备 196 台，投资 390 万元，现有工人 150 人，其中建档立卡贫困户 86 人。

2018 年，滨河移民小区箱包加工厂（姚付春提供）

南关村棚户区改造。南关村棚户区改造项目，地处南关村王街以北，东顺路以东，聚宝街以南。2018 年年底，棚户区改造共涉及 142 处院落，195 户，总建筑面积 19183.24 平方米，总用地面积 53865.11 平方米。

繁峙县中医院位于繁城向阳南路（距火车站500米，杏园乡政府斜对面），占地面积0.76公顷，建筑面积11094平方米，设置床位200张，其中重症监护室6张，急诊室4张。医院呈“工”字形，北楼（五层）为门诊部，南楼（五层）为住院部，连廊（三层）为手术室、检验科及中西药房、住院结算中心。共有科室33个，其中临床科室14个，医技科室7个，行政职能后勤科室12个。2018年9月28日正式搬迁运营，解决了杏园乡农村群众进城看病难问题。

2018年，运营中的繁峙县中医院（姚付春提供）

社会综合治理　2018年，建立“扫黑除恶”专项斗争长效机制。乡村两级及时成立了领导组，制定具体实施方案，健全了相关制度，建立健全各类台账，层层开展督导谈话，增强各级党员干部的政治责任感，保障专项斗争的有序开展。发放明白纸8000余份，悬挂条幅56余条，粉刷固定标语48余条，共摸排出各类案件线索1条，为“平安乡镇”建设打造良好环境；以“信息监控、矛盾调处、治安防控”三大网络为抓手，签订治安责任状19份，常态化推进红袖标治安义务巡逻制，排查不稳定因素20件，化解矛盾纠纷50件。

森林防火　2018年，专门成立领导组和护林防火队，冬、春季节24小时在各村周围巡逻，严防焚烧秸秆，造成大气污染；对城郊村古家庄、杏园、南关3村3889户开始规划实施煤改电和集中供暖工程。

安全生产和信访维稳　2018年，共召开安全生产例会12次，开展安全生产检查50次，张贴宣传固定标语4条，设置安全警示桩及标牌10余个，消防安全提示牌40个，全乡一般隐患整治率达100%，隐患限期整治率达100%。2018年，杏园乡安委会共进行安全隐患排查43次，排查出安全隐患13处，整改13处，发现较大隐患2处，并整改。排查九小场所31次，发现隐患4处，并全部整改。对违法、违规生产下发停工通知书1家，整改通知书5家。

坚持把维护社会稳定作为第一责任，共接待群众来信来访35次，调解处理信访事项35次，受理来信来访反馈率100%，化解了3个积案，化解率90%以上，实现无重大案件，确保社会稳定。

把“两违”（违法、违规）整治工作纳入村两委目标管理，加强村组干部动态巡查，严厉打击乱修乱建。做好非洲猪瘟防治工作。在与外县交界的古家庄村口设立检疫检查站，防止有猪瘟的外来猪肉进乡。

组织建设　2018年，本乡共有18个支部；党员534名，其中预备党员6人，女党员65人，所有信息都已录入系统，并导出了相关的信息采集表，发到每个党组织以及党员手中核对无误。

党风廉政建设　2018年，杏园乡认真贯彻落实党的十九届一中全会精神，根据市委、县委关于全面从严治党决策部署和要求，进一步严肃党内政治生活，加强党内监督，加强党员干部廉政教育，强化监督执纪问责，开展巡村活动，将监督触角向下延伸。持续深化“三转”，严格执行监督执纪工作规则，加强纪检班子和干部队伍建设，用担当诠释忠诚，为实现杏园乡全面脱贫、全面小康提供坚强的纪律保障。

坚决整治和查处侵害群众利益的不正之风和腐败问题。一年来，全乡共接收问题线索6件。其中查实3件，处分2人（开除党籍1人，党内警告1人），通报批评1人；查否1件，正在初核1件，阅转乡国土所1件，谈话9人（次）。通过案件查办，震慑了腐败，保持了本乡反腐败的高压态势，塑造了风清气正的政治生态。（姚付春）

岩头乡

【简述】 岩头乡位于繁峙县县城西南，距离县城30千米，北与杏园、光裕堡、东山三乡相接，东南邻五台，西界代县，国土总面积315平方千米，省道繁五公路南北贯通。原辖56个行政村，“十三五”实施整村移民搬迁后，保留27个行政村，总户数4680户10900人。主导产业为种植业、畜牧养殖业、劳务输出及台蘑、沙棘采摘。

脱贫攻坚 自精准扶贫工作开展以来，岩头乡按照中央、省、市、县委关于脱贫攻坚的决策部署，在产业发展、异地搬迁和基础建设、公共服务等方面采取了一系列举措，2018年年底如期实现脱贫摘帽。

发展脱贫主导产业。因地制宜，全面实施了脱贫主导产业，贫困户产业覆盖率达到100%，产业带动贫困户总收益1981.8万元。其中劳务输出产业带动贫困户劳动力1100名，人均年收益达1.5万元；特色种植业带动贫困户190户462人，人均年收益1540元；手工业加工产业带动贫困户50户132人，人均年收益783元；乡村旅游产业带动贫困户123户315人，人均年收益348元；健康养殖产业带动贫困户252户580人，人均年收益1412元；光伏扶贫产业带动贫困户419户943人，人均年收益730元；生态林业产业带动贫困户927户2374人，人均年收益970元。

实施异地搬迁项目。全乡有37个村地处深山老林和山庄窝铺，环境恶劣，村民居住分散，基础设施难以配套，一方水土养不了一方人，有11%以上的人口散居在这里。最基本的特征是：“旱、苦、少、缺、穷”，面对现实，只有通过移民这一措施和途径，才能使这部分人摆脱恶劣环境生存的束缚，增强自我发展能力和造血功能。为此在县委、政府的正确领导下，坚持以习总书记视察山西重要讲话精神为指导，贯彻落实全省“六环联动”决策部署，抢抓机遇，把易地搬迁作为脱贫的头等工程。（1）讲好政策解开心结，推动撤迁进度。全面完成了37个村庄的搬迁任务，集中安置397户937人，分散安置177户296人；（2）妥善安置、贴心服务，实现就业有保障。在移民区周边成立便民服务中心，原迁出村干部组成服务团队，实行了跟踪服务和帮扶对接，将574户搬迁户的户档资料收集到便民服务中心统一管理；拓宽移民就业渠道，通过服务对接，积极争取公园保洁、小区物业、超市保安等工作岗位56名；组建贫困村整村提升专业工队11个，吸纳贫困户务工人员126名；输送搬迁群众53人到扶贫箱包加工厂、15人到农副产品加工园区、60人参与造林专业合作社、82人到城区社区超市、70人从事生态护林员等公益岗位；（3）盘活资源、配强产业，拓宽移民致富路。拆旧复垦盘活土地资源，拆除村庄复垦20.5公顷，实施了土地增减挂实现城乡建设用地异地指标交易4635万元，拓宽产业促进农民增收，利用搬迁后的置耕地实施特色经济林和退耕还林27.55公顷，利用旧村拆迁材料建设畜牧养殖圈1500多平方米，从而发展养牛105头，养羊800只。创新经营扩大集体收益，建立了联村光伏电站，实现了光伏产业全覆盖，户均年收益3000元，连续收益20年；新上麻梨疙工艺品加工项目和实木包装箱加工项目，移民贫困户参与分红的同时解决了50名移民图劳力的就业。

推进村级提升工程。2018年共投资1720万元，以“示范引领村”“特色风貌村”“全面提升村”和“基本达标村”四个类型进行了环境升级改造。水、电路、网等基础设施全面达标，公共服务水平全面提升，实现了贫困村顺利退出。

打造异地搬迁为民服务中心。因本乡异地搬迁整村拆迁居多，拆迁村无固定办公场所。2018年，岩头乡党委针对该现状在杏园乡南关村滨河移民小区打造了高标准、功能设施齐全的流动党员活动点和异地搬迁为民服务中心。（1）为无村级活动场所的支部提供党员活动场所，开展各类党员活动、党员培训和举行会议；（2）为异地搬迁村提供村级办公场所，代办村民各项事务，“打通了服务群众的最后一千米”。

安全生产 2018年，积极开展各个重点行业领域的安全生产大检查，对发现的隐患进行限期整改。坚持对全乡16家矿山企业、24个尾矿库，涉及27个村的44.7千米河道全面进行网格化大排查，并严格实行专人监管值守和领导带班24小时值班值守制度，对16个边坡有冲刷现象的尾矿库进行了隐患整改，对峨河河道内旋风口至水峪共8处堵塞点进行了清淤处理。拆除南么、岩头等村河道内违章建筑12处，确保了全乡安全生产的稳定态势。

环境治理 2018年，依托矿区治理和河道治理项目的实施，加大环境保护和治理力度，深入开展了大气污染防治和水源清洁行动，进一步优化了发展环境。

扫黑除恶专项斗争 2018年，聚焦中央明确的黑恶势力分类，一一对照，聚焦重点地区、行业和领域，把打击锋芒始终对准群众反映最强烈、最深恶痛绝的各类黑恶势力违法犯罪，加大线索摸排，加强源头治理。全乡形成了有效震慑黑恶势力犯罪的高压态势，偷盗失盗现象明显减少，麻将馆、小网吧和吸毒人员彻底消失，煽动上访闹事人员不再活动，无理取闹贪占企业、村集体小便宜的行为销声匿迹，村民们一心一意谋发展，一心一意谋脱贫，社会治安和村民村风进一步好转。

社会经济发展 2018年，全乡农村经济总收入1.238亿元，乡镇企业总产值14.62亿元，营业收入13.58亿元，利润总额1.085亿元，上缴税金5430万元，劳动者报酬1.91亿元。

产业结构进一步优化 2018年，依托自然、生态优势积极转变和调整发展思路，大力发展和培育新产业，在继续发展优质马铃薯、小杂粮种植、传统畜牧养殖的基础上，积极鼓励和引导农民广泛从事台蘑、中药材、金莲花、黄花菜等特色种植，土鸡养殖、小山货加工，经济林开发，乡村旅游服务等。多渠道促进农民增收，基本上形成“一村一品”格局，全乡产业结构进一步优化。

重点项目建设 2018年，在工业经济发展下行压力加大，企业面临前所未有发展困境的形势下，坚持把引资上项作为可持续发展的战略工程来抓。投资2亿元实施山西宝山矿业公司120万吨球团建设项目；总投资0.5亿元实施忻州市五台山风景区关闭铁矿土地复垦项目；总投资0.1亿元实施木格环保工艺品烧制项目；总投资0.3亿元实施大东沟乡村旅游项目；总投资0.31亿元实施岩头、元山片区地质灾害治理项目；总投资0.08亿元实施山西宝山矿业公司矿山治理项目；总投资0.06亿元实施金方园矿业有限公司治理项目；总投资0.1亿元实施峨河流域乱堆乱放、整治及绿化项目。

教育事业 2018年，全乡共有小学（寄宿制）2所，在校学生1797名（本地就学134名）。基本办学条件得到全面改善，九年义务教育巩固率达到100%。

卫生事业 2018年，新建岩头中心卫生院大楼投入使用，14个村级卫生室医疗卫生条件全面提升，全乡56个村10791名村民参加了新型合作医疗，参保率达99%。

文化旅游 有文化站1所，22个村建立了农家书屋，藏书2.31万册，有国家、省、市级重点文物保护单位11处，自然景观8处，乡村旅游迅速发展，2018年共接待各类游客1.7万人（次），旅游总收入达到160万元。岩头村被住房城乡建设部等部门列入第四批中国传统村落名录。

制度建设 进一步深化党务、政务和财务公开，将“四议两公开”工作法和转变干部工作作风，践行“三严三实”结合起来，全面落实强农、惠农政策，密切党群干群关系，将群众关心的低保、”五保“、粮食直补、精准扶贫、救济救灾等重大事项全部由村民参与并及时在村务公开栏上公开，规范村“两委”议事决策程序，促进村级干部依法依规行使职权。

学习教育 2018年，深入开展“两学一做”“双日双评”学习教育活动，加强政治理论学习，对全体党员干部进行党的路线、方针、政策，国家法律法规和科技文化知识、党风廉政建设等方面的教育，及时把十九大精神、习近平总书记系列重要讲话精神和视察山西重要讲话传达到基层组织和每个党员干部，统一了思想，转变了作风，提高了素质和能力。

作风建设 2018年，坚持以上率下，狠抓干部作风。牢固树立“四个意识”，带头落实党风廉政建设责任制和中央八项规定精神。把纪律挺在前面，坚持抓早抓小抓苗头，通过咬耳扯袖，对问题早发现、早纠正、早查处，对全乡14名农村党员干部进行了谈话函询。强化查办案件力度，立案4件，结案4件。通过发生在身边的典型案例，多次开展警示专题教育，让乡村两级干部时刻牢记“监督是爱、放松是害”的理念，时刻保持一颗平常心，自觉接受党和人民的监督，真正做到防微杜渐、慎始善终。（张　巍）

居民办事处

【简述】 繁峙县居民办事处成立于2010年3月，位于向阳南路41号。下辖西石龙社区、东石龙社区、府新社区、老城社区、跃进社区、建设街社区、城南社区、东泰社区、聚宝新区社区、惠民社区10个居民委员会，现有7个职能股室，2个社区图书室。辖区内共有171个小区、26452户居民，常住人口75832人，流动人口9865人；共管理网格44个；安全监管门店1633个，其中大型门店110个。居民办事处一直秉承“居民办事处，办事为居民”的服务理念，为更多的居民办实事、办好事；服务事项包括城市居民低保、大病救助、临时救助、残疾人权益保障、征兵、信访维稳等；在创建“国家级卫生县城”、省级“环境保护模范县城”、省级“双拥模范县城”工作中，都作出了重要贡献。

新社区组建　2018年，根据县政府“5·11”县长办公会精神，居民办事处成立了聚宝新区社区和惠民社区。两个社区均按高标准打造，能够很好地服务于来自全县各个乡（镇）的移民搬迁户，正在逐步实现搬迁户“搬得来、稳得住、能致富”。社区通过新建社区工厂、劳务输出、发展电商等，积极拓展搬迁群众的就业机会，解除他们的后顾之忧。

社会保障　2018年养老保险完成缴费2090人，其中低保人员644人，共收缴保费626900元。医疗保险完成缴费10799人，低保户2984人，共收保费2375780元。严格把好领取待遇人员认证，杜绝虚报冒领现象。保证发放工作做到无少发一人，无错发一人。2018年共有到龄人员8人，全年认证待遇领取人员371人，其中22人死亡。

社会事务　2018年，共复核低保2331户，取消147户，同时新增低保34人；共办理大病救助182人次，临时救助7人（次）；共审核退伍军人房补126人，居民房补313人；根据相关文件要求，随时对录入系统的42名困境儿童信息资料进行了核实和更新补录。

残疾人居民权益保障　2018年，共完成残疾人专项调查593人。开展了“两项补贴”的申请和办理工作。全年共办理重度残疾人生活补贴255人，重度残疾人护理补贴307人。

人民武装工作　2018年，对年满18周岁的适龄青年进行摸底调查工作，确保适龄青年登记率达100％。共登记年满18周岁的适龄青年186名，发放兵役登记证186个；按照武装部的要求，严格按征集范围、对象、年龄、条件办事，提高兵员质量。通过体检、政审，将合格适龄青年，经县武装部征兵办审核批准应征入伍。通过调查摸底，对自谋职业退役人员、2011年10月29日以后入伍的城镇退役士兵、城镇现役军人家属的基本信息进行了登记，并为所有符合条件人员建立台账。在“八一”期间组织开展了走访慰问退役军人活动，为他们发放白面、大米等慰问品。共走访慰问159名退役军人、并为27名优抚对象办理“解三难”补助。

社会治安综合治理　2018年，根据县综治办文件精神，制定《2018年居民办综治中心工作计划》，明确综治中心工作的目标任务。综治中心与8个社区签订综治责任书，与30个网格长签订了网格长责任书，落实各社区和每一名网格长的工作任务、考核考评、奖惩责任等内容。并对综治中心工作加以细化、量化，坚持每月一次的“中心”联席会议和综治工作例会；推进综治中心标准化建设。健全综治中心工作制度，推进规范社区网格化服务管理。加强网格长业务培训能力，提高网格长事件上报质量。督促网格长履行职责，按照“六步闭环”机制办结网格长手机上报事项为3067件，其中乡级上报为326件。

矛盾纠纷排查调处和信访工作　2018年，各社区成立矛盾纠纷排查调处领导小组，每月进行矛盾纠纷排查，防止发生群体性事件、集体上访、越级上访事件的发生，把各类矛盾化解在萌芽状态，并建立台账。8个社区共排查各类矛盾纠纷288件，调成率为100%。共受理信访问题7件，基本上做到件件有着落、案案有结果。对于涉及在山西省劳动技术学校就读的本县学生家长到学校聚集维权而引起的上访问题，府新社区和东石龙社区主要负责人已对当事人进行了家访和电话沟通，详细了解其动向化解矛盾。

扫黑除恶专项斗争　2018年，按照上级要求，及时召开扫黑除恶专题会议，讨论研究制定实施方案，成立“扫黑除恶”专项斗争工作领导小组。充分利用宣传标语、横幅、宣传栏、门店电子显示屏、微信平台等深入广泛宣传，全力做好“扫黑除恶”宣传工作，营造良好的社会治安氛围。另外设置了举报箱，公开举报电话，畅通信息渠道。同时还组织社区工作人员在辖区主干道及人员密集场所发放宣传手册和公开信2500多份；加强摸底排查，突出管理。对辖区内的重点人群进行突击检查，坚决做到“黑恶必除，除恶务尽”，确保扫黑除恶专项行动取得实实在在的成效。由领导组组长牵头，组织各社区工作人员对分管领域、重点群体开展“问题”和“苗头”的双重梳理和摸排；本办领导小组将日常工作开展情况的相关信息及时报送、上下对接和交流沟通，每月28日前向县扫黑办报送工作进展情况，每月10日、25日前向县扫黑办报送涉黑涉恶案件统计表。

安全生产　2018年，对辖区内的所有行业、企业的安全监管责任进行分解，编制了居民办事处重点生产经营单位安全监管计划，实施“一岗双责”责任制，各社区干部按照“网格化管理”要求对辖区内所属生产经营单位进行现场安全检查。与8个社区签订2018年度安全目标责任书。召开安全生产例会12次，安全生产专题会议1次，并按月及时上报各种报表；根据县安委办工作安排部署，重点组织开展春节、元宵、五一、十一等各阶段安全隐患大检查。在检查期间，深入基层、深入生产第一线、深入现场，检查生产现状，指导门店进行整改，消除各类重大安全隐患和一般隐患。通过企业自查、社区全面大检查、办事处重点检查、办事处以专项检查和联合检查相结合、日常检查和回查相结合的方式，使本办安全生产大检查取得明显实效；积极开展“安全生产月”活动。以“安全生产月”活动为契机，着力落实“认真到位、组织到位、措施到位、宣传到位”，精心组织，成立“安全生产月”活动领导小组，制订了活动方案，提出具体要求，扎实开展工作，并于6月14日在农行广场参加由县安委办组织的“安全生产咨询日”活动。

扶贫工作　2018年，党委班子成员带头深入贫困村、带头落实帮扶措施、指导帮扶工作，推进村干部帮扶工作。严格落实村第一书记、帮扶责任人管理制度，对村第一书记从“建强基层组织、推动精准扶贫、为民办事服务”三个方面进行不定时督察指导，促使村第一书记在南龙兴村真蹲实驻、真帮实促、真抓实干。全办15名干部职工每人帮扶5户贫困户，每名帮扶责任人认真细致地进行调查摸底，及时掌握每户贫困户的致贫原因、帮扶需求等，做好基础性服务工作，做到不漏一户一人。在上永兴村持续跟进12户贫困户光伏发电产业、37户贫困户的葡萄种植产业。在南龙兴村，为5户贫困户办理了低保，为2户贫困户办理小额贷款发展生产，同时箱包加工厂还带动了13户贫困户。“两节”前夕，开展了送温暖活动，慰问了两村全体贫困户，为他们送去了大米、白面等慰问品。

党建工作　2018年，认真学习贯彻中共十九大精神。在每周二集中学习时安排机关干部逐条逐段、深入剖析、阐疑解惑，确保宣传动员到位，精神领会到位。机关全体干部积极参与到学习中，共同营造良好的学习氛围，围绕学习活动开展大讨论，要求每位干部利用业余时间查阅资料，记好学习笔记；以“两学一做”学习教育常态化制度化、“双日双评”活动为载体，坚持每月一次党委中心组学习制度和每周二全体党员干部集中学习制度，通过领导领学、专题讨论、集中讲党课等形式，真正把政治理论学习作为提高班子成员和党员干部政策理论水平和领导科学发展能力的有效途径；严肃党内政治生活，党委班子成员带头示范，以普通党员身份带头参加“三会一课”、组织生活会、谈心谈话、民主评议党员等活动，带头开展批评与自我批评，有力地推进了党的组织生活规范化，特别是对上年民主生活会期间查找的班子和个人存在的 13 个问题，班子成员主动认领，进行了认真细致的整改。（韩海亮）

人 物

2018年工会系统获省部级以上表彰的先进个人

杨芳，女，1971年5月生，中共党员，繁峙县农业技术推广中心主任。2018年4月，被山西省劳动竞赛委员会授予山西省五一劳动奖章荣誉称号。

补遗：

2012—2017年工会系统获市委、市政府以上表彰的先进个人

闫翔，男，中共党员，1968年10月生，就职于中兴实业有限公司。2012年被忻州市劳动竞赛委员会授予忻州市劳动模范荣誉称号。2017年被山西省劳动竞赛委员会授予山西省五一劳动奖章荣誉称号。

侯春先，女，群众，就职于金利养殖合作社。2012年被忻州市劳动竞赛委员会授予忻州市劳动模范荣誉称号。

李晓东，男，中共党员，就职于同力民爆公司。2012年被忻州市劳动竞赛委员会授予忻州市劳动模范荣誉称号。

张尚清，男，中共党员，就职于横涧乡派出所。2012年被忻州市劳动竞赛委员会授予忻州市劳动模范荣誉称号。

李三有，男，群众，就职于建筑安装工程公司。2012年被忻州市劳动竞赛委员会授予忻州市劳动模范荣誉称号。

王阅兵，男，中共党员，县重点办主任。2012年被忻州市劳动竞赛委员会授予忻州市劳动模范荣誉称号。

张占羽，男，中共党员，县教育局局长。2012年被忻州市劳动竞赛委员会授予忻州市劳动模范荣誉称号。

张磊，男，中共党员，就职于繁峙县农合行。2013年被忻州市劳动竞赛委员会授予忻州市五一劳动奖章荣誉称号。

刘宝富，男，中共党员，繁城镇圣水头村人。2013年被忻州市劳动竞赛委员会授予忻州市五一劳动奖章荣誉称号。

许有生，男，群众，就职于山西鸿生物流。2013年被忻州市劳动竞赛委员会授予忻州市五一劳动奖章荣誉称号。

白计平，男，群众，就职于山西宝山鼎盛科技有限公司。2013年被忻州市劳动竞赛委员会授予忻州市五一劳动奖章荣誉称号。

张震宇，男，群众，就职于忻州华茂精

密铸造有限公司。2013年被忻州市劳动竞赛委员会授予忻州市五一劳动奖章荣誉称号。

陈爱国，男，群众，就职于中兴实业有限公司。2013年被忻州市劳动竞赛委员会授予忻州市五一劳动奖章荣誉称号。

刘记华，女，中共党员，就职于繁城镇卫生院。2013年被忻州市劳动竞赛委员会授予忻州市五一劳动奖章荣誉称号。

康润峰，女，群众，就职于中兴矿业发展有限公司。2014年被忻州市劳动竞赛委员会授予忻州市五一劳动奖章荣誉称号。

高爱新，女，群众，就职于繁峙县邮政局。2014年被忻州市劳动竞赛委员会授予忻州市五一劳动奖章荣誉称号。

乔晓伟，男，中共党员，就职于繁峙县公安局巡特警大队。2014年被忻州市劳动竞赛委员会授予忻州市五一劳动奖章荣誉称号。

宫志云，男，群众，就职于繁峙县新发地科技农业发展有限公司。2014年被忻州市劳动竞赛委员会授予忻州市五一劳动奖章荣誉称号。

陈甲云，男，群众，光裕堡乡大李牛村人。2014年被忻州市劳动竞赛委员会授予忻州市五一劳动奖章荣誉称号。

苏月林，女，中共党员，就职于繁峙县计生服务站。2014年被忻州市劳动竞赛委员会授予忻州市五一劳动奖章荣誉称号。

周明国，男，中共党员，就职于砂河中学。2014年被忻州市劳动竞赛委员会授予忻州市五一劳动奖章荣誉称号。

王永春，群众，1972年10月生，就职于繁峙县砂河镇丰泽大酒店有限公司。2014年被山西省委、省政府授予山西省劳动模范荣誉称号。

黄卫东，男，群众，1968年8月生，就职于繁峙县矿产品公司。2015年被中共中央、国务院授予全国劳动模范荣誉称号。

宫金柱，男，中共党员，1964年3月生，繁城镇北城街党支部副书记。2014年被山西省委、省政府授予山西省劳动模范荣誉称号。

黄喜元，男，中共党员，1965年生，山西紫金矿业有限公司党委书记。2015年被山西省劳动竞赛委员会授予二等功荣誉称号。

张俊才，男，中共党员，1967年11月生，繁峙县大营镇东三泉村农民。2016年被山西省劳动竞赛委员会授予山西省五一劳动奖章荣誉称号。

2014–2017年繁峙县工会系统获忻州市委、市政府以上表彰的先进集体一览表

表14

表彰年月	受表彰单位	表彰事项	表彰部门
2013	山西紫金矿业有限公司	五一劳动奖状	忻州市劳动竞赛委员会
2013	繁峙县义兴寨村民委员会	五一劳动奖状	忻州市劳动竞赛委员会
2013	繁城镇东城街村民委员会	五一劳动奖状	忻州市劳动竞赛委员会
2013	五台山金石雕刻有限公司	工人先锋号	忻州市劳动竞赛委员会
2014	繁峙县繁峙中学	五一劳动奖状	忻州市劳动竞赛委员会
2015	繁峙县供电公司	工人先锋号	忻州市劳动竞赛委员会
2017	繁峙县华茂有限公司	五一劳动奖章	忻州市劳动竞赛委员会
2017	中兴实业公司（动力车间）	工人先锋号	忻州市劳动竞赛委员会

附 录

机构设置和负责人名录

中国共产党繁峙县第十三届委员会

书　记　孔保宝

副书记　崔峥岭　姚力山　田　兵（挂职）

常　委（12名，含挂职2名）

孔保宝　崔峥岭　姚力山　田　兵

杨有成　居清平　王彦清　高瑞军

乔震宇　师天阳　郭美凤（女）

郭舜良

委　员（39名，按姓氏笔画为序）

王世伟　王玉盒　王志胜　王国平

王彦清　方笔计　孔国红　孔保宝

田　兵　师天阳　朱润生*　乔　哲

乔震宇　刘　勇　刘平牢　刘俊智

刘爱中　闫晓平　杨文斌　杨有成

辛　岗　张　巍　张世龙　张占羽

岳岐峰　居清平　赵　琦　荣崇明

钟文秀　姚力山　贺乐天　高存国

高清平　高瑞军　郭舜良

郭美凤（女）　席恒中　崔峥岭

韩红英（女）

候补委员（7名）

李　斐　乔　磊　任雨田

赵　斌　柴清亮　张巧香（女）

高宏波

繁峙县第十六届人大会常委会

主　任　赵　琦

副主任　闫保平　杨素珍（女）

王立颖（女）　亢仁义

组成人员（共28人，按姓氏笔画为序）

王三元　田金生　冯成功

乔晓华（女）　刘俐芩（女）

闫晓平　张巧香（女）　张永胜

张有明　张志强　张钟晓　张海明

张润平　郑吉祥　姚金成

赵　平（女）　袁绍华　高　文

高智勇　郭　峰　郭文华　崔爱军

梁占海　韩长青　韩博益　释仁法

魏秀德　魏春林(女)

繁峙县人民政府

县　长　崔峥岭

常务副县长　居清平

副县长　王海龙　孔国红　高清平

韩红英（女）　朱润生*

政协第十一届繁峙县委员会

主　席　钟文秀
副主席　张晋军　高玲玲（女）
　　郑宇利（女）　邬春生
秘书长　孙福焕
常务委员（30名，按姓氏笔画为序）
　　王永伟　王　旭（女）　冯占文
　　石峥嵘（女）　刘欣风（女）
　　刘娥生　孙福焕　沙万里　李万新
　　李晓东　杨俊海　杨　杉　吴和廷
　　张国君　张万恒　张月来　张含宁
　　张　尚　张国娟（女）
　　赵　丽（女）　赵　彬（女）
　　侯建明　候占胜　贺玉军
　　贺　文　贺利平（女）
　　郭永平　郭再丰（女）
　　黄卫东　谢红梅（女）

中国共产党繁峙县第十三届纪律检查委员会

书　记　高瑞军
副书记　闫　佩　张文胜
常　委　高瑞军　闫　佩　张文胜　王　宁
　　蒲维成　张润平　高　鹏
委　员（15名，按姓氏笔画为序）
　　王　宁　王晓艳（女）　闫　佩
　　张文胜　张北秀　张志强　张眉乐
　　张润平　陈朝旭　侯占国　高　鹏
　　高星所　高瑞军　符卫林　蒲维成

繁峙县监察委员会

主　任　高瑞军（兼）
副主任　闫　佩（兼）　张文胜（兼）
委　员　高瑞军（兼）　闫　佩（兼）
　　张文胜（兼）　王　宁（兼）
　　蒲维成（兼）　张润平（兼）
　　高　鹏（兼）　杜文泽　王晓艳

繁峙县人民法院

党组书记、院长　荣崇明
党组成员、副院长　韩文波
党组成员、副院长　刘旺源
党组成员、副院长　樊政伟
党组成员、政治部主任　苏建峰
党组成员　王治平　郭维峰
审委会专职委员　苏建峰　王晓勇　温　静

繁峙县人民检察院

党组书记、检察长　岳岐峰
党组成员、副检察长　高星所　任晓青　郭永秀
党组成员、政治协理员　侯荣富
党组成员、民事行政检察部部长　刘卫平

县委工作部门

中共繁峙县委办公室

主　任　高存国
副主任　刘鹏飞

中共繁峙县委组织部

部　长　乔震宇
副部长　席恒中　刘　勇　张志强
　　郭俊明　张利尧

中共繁峙县委政法委员会（繁峙县社会治安综合治理委员会办公室）

书　记　杨有成
副书记　张世俊　任宁彪　居卫星
综治办主任　居卫星（兼）
综治办副主任　王太平　廉舒波

中共繁峙县委统战部

部　长　乔震宇
常务副部长　辛　刚
副部长　任　义*

中共繁峙县委宣传部

部　长　郭美凤（女）

副部长　田　野　陈焱伟

县机构编制委员会办公室

主　任　张志强

副主任　赵振明　王　旭

县人民政府信访局

局　长　薛　平

副局长　韩东茂

繁峙县委巡察办公室

主　任　江建伟

副主任　高国军

第一巡察组巡察专员　刘称科

第二巡察组巡察专员　宫慧亮

第三巡察组巡察专员　郑永军

县委部门管理机构

中共繁峙县委老干部局

局　长　刘　勇

副局长　宫峰祯*

县人大专门委员会及其常委会工作机构

县人大法制委员会

主任委员　闫保平

副主任委员　李永富

委　员　王三元　刘俐芩（女）　杨美萍（女）

县人大财政经济委员会

主任委员　杨素珍（女）

委　员　冯　力　乔晓华（女）　刘效俊

县人大常委会办公室

主　任　韩博益

副主任　乔晓华

县人大常委会法制工作委员会

主　任　梁占海

县人大常委会财政经济工作委员会

主　任　崔艾军

县人大常委会科教文卫工作委员会

主　任　郭　峰

县人大常委会农村工作委员会

主　任　张有明

县人大常委会人事代表工作委员会

主　任　赵　平

县人大办信息中心

主　任　刘俐芩

副主任　王三元　陈振国

县政协工作机构

县政协办公室

主　任　周志强

县政协提案委员会

主　任　王永伟

县政协经济委员会

主　任　杨俊海

县政协教科文卫委员会

主　任　侯建明

县政协法制和文史委员会

主　任　张国君

县委直属事业单位

县委党校

校　长　姚力山

常务副校长　刘俊智

副校长　钟秀成　吴雅玲（女）

县党史资料征集办公室（县志办）

主　任　范吉林

县政府组成部门

县政府办公室（加挂县民族宗教事务局、县人民防空办公室牌子）

主　任　乔　哲

副主任　陈平德　范君鹏

宗教局局长　未配备

人防办主任　贾绍峰

县发展和改革局

局　长　王玉盒

副局长　王建新　王阅兵

　　　　阎利民　孟　铭

总工程师　齐国樑

县教育局

局　长　张占羽

总支书记　王恒志

副局长　张文生

县科学技术局

局　长　贺乐天

副局长　郭　岐

县财政局

局　长　王国平

副局长　宫秀祯（女）　刘效俊　李振华

总会计师　朱耀平

县民政局

局　长　刘爱中

副局长　邢瑞雪　张瑞峰*　李万寿　郭利强

纪检组组长　张二军

县住房保障和城乡建设管理局

局　长　张爱中

副局长　张东和　梁建军　李培栋

总工程师　张国杰

县经济和信息化局（加挂繁峙县商务局、繁峙县粮油服务中心牌子）

局　长　李　勇*

副局长　陈俊虎　杨俊海

副书记　王　飞

县环境保护局

局　长　阎旭光

副局长　张　林

县文化局

局　长　侯　军

副局长　张天武　张文伟

县交通运输局

局　长　刘国兵

副局长　郭　达　阎志诚

总工程师　王俊杰

县安全生产监督管理局

局　长　张国璧

副局长　周有红　冯晋阳

总工程师　郭建丰

监察大队长　郑小红

县市场和质量监督管理局（加挂县食品药品监督管理局牌子）

局　长　王兆平

副局长　张　斌　韩海亮

县卫生和计划生育局

局　长　冯满全

副局长　刘海亮　刘秀萍　程文显

县人力资源和社会保障局

局　长　曹福秀

党组书记、副局长　李金生

副局长　席富元　刘长恩

县国土资源局

局　长　梁　栋

副局长　王东流　段丽芳

纪检组长　李建华

总工程师　张慧国

县农业委员会

主　任　王　政

副主任　赵凌瑞　郭慧萍*

　　　　张秀廷　赵志强

副书记　苑新福

县林业局

局　长　韩宏恩

副局长　韩福春　邓占银

总工程师　杨贵平

县统计局

局　长　李俊新*

党组书记　王阅兵
副局长　梁　勇　梁跃平
总统计师　赵建军

县审计局

局　长　陈朝旭
副局长　梁天亮　原立新

县水利局

局　长　刘平牢
副局长　郑玉龙　王　蓉
总工程师　郭文斌

县司法局

局　长　李云山
副局长　刘天娥

县公安局

党委书记、局长　邢　静
党委副书记、政委　秦永东
党委委员、副书记　张银虎
党委委员、副局长　武芝山　姚荣兴
党委委员　郭建国　潘荣生　康　云
殷建伟　左宏廷　李　杰
邱　峰　张志文　李虎存
田勇进

县监察局

局　长　闫　佩
副局长　王　宁　蒲维成

党委部门管理事业单位

县新闻办

主　任　乔　伟
副主任　李永春

县委理论组

组　长　李　敏

县广播电视台

主　任　侯来清
副主任　苑青贵
忻州电视台驻繁峙记者站站长　王一夫
总工程师　王卫东

县社会服务管理指导中心

主　任　高保安
副主任

县委信息化中心

主　任　赵秋水

县关心下一代工作委员会办公室

主　任　冯拴全

县信访接待中心

主　任　韩东茂

县少先队工作委员会办公室

主　任　刘心田

县妇女儿童工作委员会办公室

主　任　刘　超

县纪检监察信息中心

主　任　高文亮

县事业单位登记管理局

局　长　未配备

政府部门管理事业单位

县农业综合开发办公室

主　任　刘秀德

县政务大厅管理中心

主　任　吴秀廷

县地震局

局　长　张　廷

县重点工程领导组办公室

主　任　王阅兵
副主任　张有书

县老龄委员会办公室

主　任　高玉国
副主任　柴成强

县收费管理局

局　长　姚晓军
副局长　张贵生　张向袖

县档案局
局　长　张国文
副局长

县机关后勤服务中心
主　任　张希恩

县治理超限超载车辆办公室
主　任

县旅游开发服务中心
主　任　宫成瑞
副主任　高晋平

县居民办事处
主　任　刘玉树
书　记　高宏波
副主任　李万胜*

县京津风沙源治理办公室
主　任　侯　权
副主任　王海峰

县供销合作社联合社
理事会主任
监事会主任　胡二秀
理事会副主任　李万生　王卫青

县接待办公室
主　任　邓　峻

县农业机械化服务中心
主　任　周明亮
书　记　任跃飞
副主任　王月英　吴和廷

县畜牧兽医中心
主　任　高月平
副主任　杨国胜　殷向东

县扶贫开发中心
主　任　姚宏伟
副主任　乔俊伟

县中小企业服务中心
主　任　侯志敏

县城镇集体工业联合社
主　任　未配备

县粮油贸易总公司
局　长　高鸿飞
总支书　高保平
副局长　王永胜

县人才交流服务中心
主　任　刘焕生

县体育发展中心
主　任　韩乐平
副主任　王兴华

县中小企业信用担保中心
主　任　徐培珍

县综合检验检测中心
主　任　宫惠廷
副主任　张俊廷

县爱国卫生运动委员会办公室
副主任　孙耀武

县疾控预防控制中心
主　任　高贵成
副主任　王瑞峰　付宇泽

县妇幼保健计划生育服务中心
主　任　傅利新
副主任　王小平

县人民医院
院　长　贾国忠
副院长　郑竹成　殷高寿　刘崇义
副书记　郝晓东

县第二人民医院
院　长　赵文龙
副院长　贺　文　闫志明　郝继龙
副书记　聂和平

县中医院
院　长　张　彦
副院长　李万红　刘立中

县精神病院
院　长
副院长　韩　华（主持工作）　刘拴虎

副书记　赵永宏

县卫生综合执法大队

队　长

县卫生监督所

所　长　张振飞

县计划生育协会

副会长　高兴国

繁峙县繁峙中学

校　长　张万恒

书　记　王恒志

副书记　张国君

副校长　刘　忠　左国平

繁峙县繁峙二中

校　长　王平易

副书记　王存万

副校长　帅旭东　李眉所
　　　　郭文华

繁峙县砂河中学

校　长　周明国

副校长　吴忠孝　郭永平
　　　　刘欣荣　高勇顺

繁峙县砂河二中

校　长　梁　杰

副校长　康爱国　刘贵祥　高　文

繁峙县教师进修校

校　长　李宪政

副校长　黄妙英

繁峙县职业中学

副校长　王恩增　侯恩寿

繁峙县教育督导室

副主任　刘建平

县国库集中支付中心

主　任　任政智

县农业（畜牧）综合执法大队

队　长　未配备

县农业技术推广中心

主　任　未配备

县农村经济经营管理站

主　任　未配备

县农业广播电视学校

校　长　高志伟

县经贸综合执法队（县商务综合执法稽查队）

队　长　苑必胜

县政府电子政务信息中心

主　任　杨瑞旗

县政府采购中心

主　任　刘兴元

县金融服务中心

主　任　左　权

县红十字会

会　长　未配备

县蔬菜开发服务中心

主　任　张晓东

县粉丝开发服务中心

主　任　贺志坚

副主任　周勤奋

县文化市场行政综合执法队

队　长　韩　飞

县医疗保险中心

主　任　杨玉林

县新型农村合作医疗中心

主　任　邓　晔

县社会劳动保险事业所

所　长　邓　峰

县机关事业养老保险所

所　长

县劳动就业局

局　长　赵欣龙

县碧秀公园

主　任　李守清

县不动产登记中心
主　任　未配备
县国土资源执法监察大队
队　长
县道路运输管理所
所　长
县房产管理局
主　任　潘建国
县滨河公园管理处
主　任　苏建军
县城建监察大队
队　长　未配备
县污水处理中心
主　任　刘帅命
县市容环境卫生管理中心
主　任　未配备
县水资源管理委员会办公室
主　任　杨彩元
县水工程移民工作办公室
主　任　未配备
县凿井队
队　长　未配备
县公证处
主　任　未配备
县食品药品稽查队
队　长　未配备
县检验测试所
所　长　黄三保

群众团体

县总工会
主　席　闫晓平
副主席　张永胜　马雁茹
经审委主任　崔艳玲
女工委主任　郭冰晶
共青团繁峙县委员会
书　记　袁绍华
副书记　王兴华　王海凤　赵丹琳
　　　　吕　玲　金　磊
县妇女联合会
主　席　张巧香
副主席　魏丽婷　陈　娟
县科技协会
主　席　郭俊廷
县文学艺术工作者联合会
主　席　王爱中
副主席　周宽怀
县残疾人联合会
理事长　弓宝珠
副理事长　单俊恩
县工商业联合会
党组书记　辛　岗
副会长　张众益

县人民武装部

部　长　刘振山
政治委员　王彦清
副部长　石　瑞

民主党派

中国国民党革命委员会繁峙支部
主任委员　王海龙
副主任委员　郭文华
中国民主促进会繁峙小组
组　长　李银锁

驻繁峙单位

山西省五台山国有林管理局
书记、局长　吴　强
党委委员、副局长　李田彬　郭俊平　张振飞
党委委员纪委书记　杨　洲
党委委员山西臭冷杉省级自然保护区
　管理局局长　高永平

党委委员、总工程师　刘子忠
党委委员、山西省森林公安局
　五台山分局局长　张允生

忻州市下茹越水库管理局
局　长　郑　星
副局长　谢建廷　赵文新
总工程师　刘宝成

国网山西省电力公司繁峙县供电公司
经理兼党支部书记　王永华
党支部副书记兼副经理　刘秉生
副经理　宫永峰　侯秀慧　董　焱　王　震
工会主席　王　震（兼）

县税务局
局　长　刘卫红
副书记、副局长　李　强　冯俊田
副局长　高　利　李和平　胡　林　姚晓峰
　　　　王少军　胡　健　赵仕诚

县气象局
局　长　陈维胜
副局长　刘培娥　刘爱东

繁峙公路管理段
段　长　赵永宽
书　记　刘国梁
副段长　杨永红　宫宏宇

新华书店
经　理　孙建军

中国人民银行繁峙县支行
行　长　殷巧文
副行长　王润平
纪检组组长　李　勇

忻州银监分局繁峙监管办事处
主　任　张尚忠

中国农业发展银行繁峙县支行
行　长　赵晓军
副行长　郝志刚　张文成

中国农业银行股份有限公司繁峙县支行
行　长　马志敏
副行长　何　斌
纪检组组长　姚　江

中国建设银行股份有限公司繁峙支行
行　长
副行长　侯　宏　杨润才

中国工商银行股份有限公司繁峙支行
行　长　侯达君
副行长　王永军

山西繁峙农村商业银行股份有限公司
董事长　张　磊
行　长　李红梅
监事长　王国才
副行长　郭跃卿　毛利民
　　　　郝国强　赵立文

中国邮政储蓄银行股份有限公司忻州繁峙县支行
行　长　庄俊芳
副行长　高敬杰

繁峙新田村镇银行
董事长　王洪利
监事长　杨　志
副行长　李华伟

晋商银行股份有限公司繁峙支行
行　长　谢桂英

中国人寿保险股份有限公司繁峙县支公司
经　理　安健龙
副经理　李　微　杨秀萍　郝俊莲

中国人民财产保险股份有限公司繁峙支公司
经　理
副经理　王晓明　赵保国

中国人寿财产保险股份有限公司繁峙县支公司
经　理　赵晓钧

副经理　闫俊全

忻州市住房公积金管理中心繁峙管理部

主　任　任耀德

中国邮政集团山西省繁峙县分公司

总经理　薛永亮

副总经理　郭　军

中国移动通信集团山西有限公司繁峙县分公司

经　理　张俊峰

中国电信股份有限公司繁峙分公司

经　理　杨悦梓

中国石化销售有限公司山西忻州繁峙石油分公司

经　理　张　宇

县烟草专卖局（营销部）

局　长（经理）　李小宁

副局长（经理）　宫治华　赵全红　高利元

乡（镇）

繁城镇

党委书记　王世伟

党委副书记、镇长　冯成功

人大主席　张海泉

党委副书记　郭林秀

纪检书记　张北秀

组织委员　张田飞

武装部长　张学峰

副镇长　王林春　杨瑞江　杜俊伟

砂河镇

党委书记　高国斌

党委副书记、镇长　武培勇

人大主席　杨维廷

党委副书记　王　媛

纪检书记　符卫林

组织委员　张　宇

武装部长　韩兴旺

副镇长　阎文伟　韩春芳　王占虎　孟小军

大营镇

党委书记　赵　斌

党委副书记、镇长　苏建政

人大主席　席应平

党委副书记　王利峰

纪检书记　侯占国

组织委员　李爱国

武装部长　刘瑞山

副镇长　陈陆英　闫保平　宫宏亮

横涧乡

党委书记　方笔计

党委副书记、乡长　彭爱国

人大主席　高智勇

党委副书记　詹俊伟

纪检书记　冯璐峰

组织委员　孟鑫春

武装部长　李胜明

副乡长　冯　力　李玉娥　姚俊峰　赵宇臣

神堂堡乡

党委书记　马晓华

党委副书记、乡长　韩　铭

人大主席　李　辉

党委副书记　武文旺

纪检书记　胡岳禄

组织委员　宫志红

武装部长　高俊慧

副乡长　康命文　高白小　董新秀　刘存德

柏家庄乡

党委书记　杨文斌

党委副书记、乡长　康秀文

人大主席　张卫龙

党委副书记　郭晔祥

纪检书记　张　赟

组织委员　宋秀春

武装部长　屈海涛

副乡长　姚爱国　刘倬玮

金山铺乡

党委书记　柴清亮

党委副书记、乡长　崔　鑫

人大主席　赵振兴

党委副书记　张利军

纪检书记　王吉恒

组织委员　魏一仕

武装部长　王俊利

副乡长　赵振宇　周少华　刘卫峰　高眉文

东山乡

党委书记　任雨田

党委副书记、乡长　赵保国

人大主席　姚金城

党委副书记　郭利平

纪检书记　王存安

组织委员　李鹏翀

副乡长　耿　鑫　刘秀峰　韩永旺

集义庄乡

党委书记　乔　磊

党委副书记、乡长　李翀龙

人大主席　刘智亮

党委副书记　胡　鹏

纪检书记　张　立

组织委员　崔立峰

武装部长　孙国良

副乡长　张国娟　孙志君　李计红　贾　琼

下茹越乡

党委书记　张世龙

党委副书记、乡长　程　巍

人大主席　李跃波

党委副书记　张海龙

纪检书记　刘爱清

组织委员　石国梁

武装部长　张云开

副乡长　石　达　阎建武　杨奇伟　王治平

光裕堡乡

党委书记　王志胜

党委副书记、乡长　李　贝

人大主席　魏秀德

党委副书记　郄路彦

纪检书记　王谊诚

组织委员　李树平

武装部长　张计祥

副乡长　张耀宇　王熙臣　张莉卿　宫彩云

杏园乡

党委书记　李　斐

党委副书记、乡长　王　青

人大主席　马培文

党委副书记　王国华

纪检书记　范俊海

组织委员　李宏伟

武装部长　郭国良

副乡长　张卫星　梁　敏　韩云娟　杨挺秀

岩头乡

党委书记　张　巍

党委副书记、乡长　王国元

人大主席　刘剑跃

党委副书记　韩升

纪检书记　刘建军

组织委员　王鹏飞

武装部长　宫建平

副乡长　杨玉春　冯如雷　原建国　杨艳林

说明：1. 中国共产党繁峙县委员会、繁峙县人民代表大会常务委员会、繁峙县人民政府、中国人民政治协商会议繁峙县委员会、中国共产党繁峙县纪律检查委员会按届期分列。

2. 机构分类除了“繁峙县人民武装部、民主党派、驻繁峙单位”外，资料均来源于繁峙县机构编制委员会办公室。

3. 领导人名录来源于各相关单位，县属

各单位领导人名录已经组织部审核；在2018年期间，于2018年12月31日前单位变动或个人调离岗位者在右上角标注★，除特殊标注外，排名不分先后。

4. 本类目所载单位为县属副科级以上，领导人为副科级实职以上。

繁峙县人民代表大会常务委员会工作报告（节选）

繁峙县人大常委会　赵　琦

2018年工作回顾

2018年，是全面贯彻党的十九大精神的开局之年，是打赢脱贫攻坚、实现全县整体脱贫摘帽的决胜之年。一年来，县人大常委会以习近平新时代中国特色社会主义思想为指导，在县委的正确领导下，紧扣中心谋发展，突出重点抓落实，关注民生促和谐，认真履行宪法和法律赋予的职权，圆满完成了县十六届人大三次会议确定的各项工作任务，为推动我县各项事业高质量发展作出了积极贡献。

2018年，先后召开常委会会议8次，主任会议17次，听取和审议“一府一委两院”专项工作报告17项，组织集中视察3次，执法检查8次，专题询问1次，专题调研4次，发出审议意见12份。4月，我县人大作为忻州市唯一县级人大机关，参加全省关于晋北五市的市、县、乡人大主任座谈会，并做交流发言，多家市县人大学习借鉴，我县人大整体工作步入省市前列。

一、坚持党的领导，提高政治站位，始终贯彻时代新要求

明方向之本，开动力之源。常委会旗帜鲜明讲政治，始终把坚持党的领导摆在人大工作和建设的首要位置，树牢“四个意识”，坚定“四个自信”，做到“两个维护”，提高政治站位，保持政治定力，强化新时代责任担当。

不忘初心，把握正确政治方向。常委会自觉维护县委总揽全局、协调各方的领导地位，认真落实县委的各项决策部署，着力在找准切入点和结合点上下功夫，不折不扣完成县委安排的工作任务。常委会把党的领导、人民当家作主和依法治国有机统一起来，坚持重大事项请示报告制度，自觉做到重点工作和重大事项向县委请示，省、市人大重要会议精神向县委汇报，主动接受县委的领导、赢得县委的支持，做到了思想同心、目标同向、工作同步、发展同力。

牢记使命，依法决定重大事项。常委会坚持把审议决定重大事项与推进全县经济社会发展紧密结合起来，认真行使重大事项决定权，审议和批准了县政府将贫困村整村提升工程建设项目纳入《繁峙县国民经济和社会发展第十三个五年规划纲要》的报告，审议和批准了繁峙县贫困村提升工程建设项目总投资19324万元列入年度财政预算的报告，要求县政府严格按照中央、省、市、县统筹整合财政涉农资金文件精神，加强资金监管，确保资金使用效益，有力地支持了全县的贫困村整村提升工程建设，保障了我县脱贫攻坚步伐。

健全机制，依法进行人事任免。人事任免权是人大常委会代表人民意志，依法对国家机关工作人员及其组成人员进行任命的权力，是宪法和法律赋予人大常委会的法定职权。一年来，按照《组织法》《选举法》有关规定，我们严把“六关”：任前了解关、法律考试关、审议表决关、任职表态关、宪法宣誓关、任后监督关，认真履行任免权，先后任免国家机关工作人员19人次，实现了党委意图和人民意志的有机结合。通过不断强化拟任人员依法行政、公正司法的意识，极大地增强了就职人员的责任感和使命感，为全县改革发展和法治建设提供了组织保障。

二、坚持问题导向，履行法定职能，着力增强人大监督工作实效

善谋者行远，实干者乃成。常委会围绕县委决策部署，政府着力推动、群众普遍关注的事项，着眼于促、立足于帮，突出监督重点，改进监督方式，切实增强了监督工作的实效性。

拓展重点，开创计划预算审查新局面。围绕全县经济工作目标，开展了2018年上半年经济运行情况调研，听取和审议了县人民政府关于2018年上半年国民经济和社会发展计划执行情况的报告，向县政府提出了深化农村综合改革，补齐农村设施短板，完善园区基础配套，加快产业转型升级等建议，推动抓好稳增长、促改革、惠民生、防风险各项工作，促进全县经济社会持续健康发展。听取和审议了县人民政府关于2017年财政预算执行审计、2017年财政预算变更情况、2018年上半年财政预算执行情况等报告，并将监督重点延伸向支出预算和政策拓展上，督促县政府要进一步强化预算编制、预算执行和预算监管工作，更加重视财政规范、债务管理和资金绩效，优化财政支出结构，保障民生重点支出。

把握要点，促进经济转型新发展。围绕积极推进“转型项目建设年”，常委会及时召开重点项目联审联批对接座谈会，协调解决19个重点项目的工程进度、审批环节、实施过程中遇到的困难和问题。组织常委会全体组成人员和部分省、市、县人大代表对砂河镇下汇村整村提升及万锦肉牛育肥项目、长田建材科技有限公司、牧原农牧公司的20万头猪养殖项目、滨河移民小区第四扶贫工厂箱包加工项目、旭泰北方酿酒有限公司的白酒和黄酒项目等6个重点项目进行集中视察，提出针对性较强的意见建议，为扎实推进全县重点工程建设保质保量完成作出了积极努力。听取并审议了全县工业经济和信息化建设的报告，推进全县加快转型升级，优化工业经济规划布局，加强信息基础建设和信息资源开发利用做出了贡献。

聚焦热点，着力民生事业新保障。坚持以人民为中心的发展理念，始终把促进民生改善、解决民生问题作为监督工作的重中之重。围绕办好人民满意教育，听取和审议了全县高中教育发展情况的报告，并对学前教育发展进行专题调研，督促支持县政府继续加大教育投入力度，健全教师激励机制，扩大生源保障，有效促进高中教育持续健康发展、学前教育均衡发展，推动“打造晋北教育强县”战略的实施。高度关注农村公路建设，听取和审议了全县“四好农村路”建设情况的报告，就进一步“建好、管好、养护好、运营好”四个方面提出了具体的要求，为推进乡村振兴保驾护航，不断提高人民群众的幸福感和获得感。围绕医疗保健方面，听取和审议了全县医疗保险、妇幼保健和计划生育服务工作情况的报告，推动县政府进一步做好医保政策宣传和人员培训工作，合理配置工作机构和人员，合理调节医疗机构的作用发挥。

还听取和审议了发展畜牧业、文物保护、行政村变更等情况的报告，并针对存在的问题，提出建议意见，下发了审议意见书，推进了相关问题的解决。

关注难点，推进法治建设新提升。奉法者强，明法者进。听取和审议了县人民法院关于刑事审判工作情况的报告，并对案件执行难进行专题调研座谈，督促县法院要依法履行审判职能，提高案件审理质效，加大案件执行力度，努力让人民群众在每一个司法案件中都感受到公平正义。听取和审议了县人民检察院法律监督情况的报告，要求县检察院进一步增强法律监督意识，加大审判工作和刑侦工作的监督力度，使法律监督贯穿于司法活动的各个环节之中，真正做到“强化法律监督，维护公平正义”。高度关注法律实施。先后组织对《种子法》《消防法》《药品管理法》《养老保险法》《传染病防治法》等8部法律法规开展执法检查，针对发现的问题，提出处理意见，要求相关部门及时整改，促进了法律法规在全县范围内的有效实施，切实维护其执行的严肃性和权威性，努力为全县经济社会发展营造了良好的法治环境。扎实开展备案审查工作。依法对县政府报备的4件规范性文件主动开展备案审查，坚持“有件必备、有备必审、有错必纠”，有效地维护了法制统一。扎实开展立法调研。积极配合市人大对开展《忻州市滹沱河流域生态修复和保护条例》《忻州市城市养犬管理条例》的立法调研工作。重视信访矛盾化解。全年共接待群众来信来访35人次，受理信访案件26件，全部依法依规交办并跟踪督办，促进了一批信访问题得到妥善处理，为引导社会舆论、提升人民满意度、维护和谐稳定作出了积极努力。

探究焦点，建设绿色环保新气象。始终坚持“生态优先、绿色发展”的理念，常委会高度重视我县生态环境保护，充分利用专题询问这一创新性监督方式，在深入调研的基础上，于11月2日组织召开了“污染防治工作”专题询问会。常委会组成人员就“蓝天、碧水、净土、农村人居环境”的四大保卫战，围绕贯彻落实全国生态环境保护大会精神、生态环境保护监管体系和保障能力建设、当前生态环境污染防治工作措施、“煤改气”和“煤改电”的完成情况、水资源保护、养殖业污染防治、交通运输污染防治等16个方面的具体问题开展询问。县政府和各相关职能部门分别直面问题、突出重点，逐一回答，并且都拿出了解决实际问题的举措，答出了责任和承诺。通过开展专题询问，支持和督促县政府及有关部门进一步细化职责、深化认识、形成合力，不断加大工作力度、破解工作难题，加快解决实际问题进度，努力改善我县人民生活环境和生态环境质量，推动全县打好打赢“污染防治”攻坚战。

三、坚持服务大局，助力脱贫攻坚，全面贯彻落实县委决策

一分部署，九分落实。脱贫攻坚，事关困难群众生活，关系全面建成小康社会。常委会始终将脱贫攻坚作为一项重大政治任务，围绕打赢脱贫攻坚战，凝心聚力推动县委重大决策部署的贯彻落实。

坚持不懈，强化监督促脱贫。常委会听取和审议了关于全县脱贫攻坚工作情况的报告，对全县产业扶贫工作、危房改造和整村提升工作进行集体视察，并召开座谈会，针对产业推进和危房改造进度推进不平衡、整村提升资金拨付实施难和后续管理亟须加强等问题，提出意见建议，形成有深度的调研视察报告，为县委决策建言献策。

持之以恒，身体力行促脱贫。积极投身脱贫攻坚主战场，常委会班子千方百计协调解决所包乡村实际问题，督促弥补工作短板，确保脱贫攻坚政策措施落到实处。常委会机关倾力协助北辛庄村、仲沟村做好种植技术培训、入户帮扶等工作。先后两次组织各级人大代表、各乡镇人大主席、机关干部捐款，为37户贫困户免费提供18.67公顷的苦参种植，预计每亩增收约1000元，并在两节期间开展“献爱心、送温暖”活动。

同心协力，代表合力促脱贫。组织引导四级人大代表广泛开展以“开展一次政策宣传、为群众办一件实事、提一条脱贫建议、参加一次评议活动、确实帮扶一组贫困户”为主要内容的“五个一”活动。继续深化“助推脱贫攻坚，人大代表在行动”活动，制定《聚力脱贫攻坚四级人大代表在行动》活动方案，组织各乡镇人大主席召开行动推进会，从结对方式、结对要求、帮扶内容、帮扶成效上进行了详细的安排，并建立四级代表结对帮扶台账。其中，全县四级人大代表730名与1815户贫困户结对帮扶，10名企业家省市代表按照“一企帮一村”的要求，根据自身不同岗位、不同行业的特点和优势，通过服务引领、结对帮扶、村企共建等方式帮助贫困户脱贫致富。当中，涌现出一大批先进典型，李巨恩代表个人出资10万元为上台庄村打一眼机井，解决了该村有史以来旱地变水地问题等。我县各级人大代表齐心协力、形成合力，加大了帮扶力度，成为扶贫攻坚的重要力量，不断开创了人大扶贫新格局。

四、坚持创新发展，优化服务管理，不断提升县乡人大整体水平

唯吐故纳新，方与时俱进。推动人大工作在继承中改革，在改革中创新，在创新中发展是本届人大常委会肩负的一项重大任务，秉持常规工作有特色，特色工作有创新，创新工作有突破的理念，一年来，多项工作做到了首次，推动了人大工作再上新台阶。

善谋善为，创新经典著作编撰。新时代开启新征程，呼唤新作为。为纪念繁峙县改革开放40周年，集中反映繁峙发展、展示繁峙形象、代表繁峙文化、呈现繁峙历史、弘扬繁峙精神，常委会在做好本职工作的情况下，报请县委以后，在县委、县政府的倾力支持下，专门组织人员自主编纂《经典繁峙》一书，编辑同志们凝心聚力、历经艰辛、四方搜集、集中论证、反复校对后，历时两载，于2018年12月成功出版，该书“展示经典、书写滹源春秋，传承文明、启迪繁峙未来”，作为我县十九大开局之年和改革开放四十周年的献礼，为大力塑造繁峙形象、增强文化自信、提升竞争软实力，助推繁峙经济发展和社会全面进步贡献了人大力量。

善思善行，创新“代表之家”拓展。年初，在全市率先制定《关于“人大代表之家”活动室开展活动的指导意见》，召开乡镇人大推进会，在前年试点的基础上，指导各乡镇人大按照“十有”要求全面完成了“代表之家”活动室建设的提档升级，并对履职平台进行拓展和延伸，建立了2个村的“代表联络站”，为代表在闭会期间履职学习、宣传政策、开展活动、汇集民意、服务群众夯实了基础。年中，开展了13个乡镇“代表之家”运行情况的调研，对乡镇人大的“硬件”和“软件”建设进行了一次全面的“巡视”，提出整改建议，促进乡镇人大工作规范化、制度化。一年来，各活动室已组织代表以小组为单位，以“五个一”活动为载体，多次开展代表培训、联系选民、履职述职、助推脱贫、代表视察、排解信访矛盾等活动，确保代表履职常态化。精细化的工作指导、常态化的代表活动、实效化的履职实践提升了县、乡人大整体水平，彰显了代表个人风采，受到了乡村认可，赢得了群众好评。去年3月，王珍主任率市人大班子成员来我县视察调研人大代表工作及党建工作时，对我们县、乡人大整体工作给予充分肯定和高度评价，并作为基层人大先进做法和经验，推广至全市交流学习。

善作善成，创新代表作用发挥。人大工作开展靠代表，水平看代表，潜力在代表。积极响应习总书记对代表提出的“五个表率”号召，常委会结合近年探索实践，讨论通过《繁峙县人大代表联系人民群众的实施办法》，指导代表通过多种途径，广泛联系群众，积极为民代言、为民建言，让人民群众切实感受到代表就在身边，有事就能找到代表。积极运用人大网站、微信群、微信公众号等网络平台，线上线下相结合，为代表联系群众、体察民情、反映民意创造更加有利的条件。邀请乡镇人大主席和省市县乡代表列席县人大常委会会议、参加调研、执法检查、集体视察、专题询问等活动360人次，进一步丰富了代表活动的形式、拓宽了代表知情知政渠道，使代表的作用得到了充分发挥。

善学善悟，创新履职能力提升。采取请进来和走出去相结合，组织常委会组成人员、各代表活动小组组长、全体机关干部共46人分两批赴深圳全国人大培训基地参加高层次的业务培训，充分感受改革开放前沿城市的先进性，学习深圳罗湖区人大工作在全国的代表性，给予我们新的触发与启迪，不断强化了履职能力和理论水平，培训结束后及时召开学习交流座谈会，谈体会、谈借鉴、谈应用，充分巩固学习成果。一年来，组织各级人大代表参加上级举办的集中培训、以会代训、专题培训等共3期。继续为全县各级人大代表订送《山西人大》《人民代表报》《繁峙人大》等刊物，进一步拓宽了代表视野，强化了代表责任感。各代表小组都采取专题培训和以会代训的方式对县乡人大代表进行了集中培训，提高了代表整体素质和依法履职能力。

善抓善督，创新代表建议督办。常委会始终将代表满意、群众认可作为办好议案、建议的第一标准，进一步改进办理方式，加大办理力度。人代会后，常委会确定了7个涵盖物业、城建、交通、民政和扶贫等领域的建议，开展重点督办，力求办理实效，明确须由承办单位主要领导亲自挂帅重点办理，关于移民后续产业发展、改善拓宽柏家庄到大营公路、治理县城流动商贩等建议得到较好落实，切实解决了一批事关经济社会发展的重大问题，有效解决了一批事关群众切身利益的民生问题。县十六届人大三次会议期间代表提出的50件建议，均得到较好办理，办复率100%，满意率98%。

五、坚持自身建设，提高履职水平，努力夯实人大工作基础

胜人者力，自胜者强。常委会顺应新时代对人大工作的新要求，按照“工作机关”和“代表机关”的职责定位，改进工作作风，提升工作能力和水平，全面加强人大系统自身建设，为人大工作高质量开展提供有力保障。

深学笃行，思想作风常抓不懈。常委会始终把党的政治建设摆在首位，通过开展

"双日双评"活动、"三会一课"等党组织生活和每周一的机关学习会，组织机关干部深入学习贯彻习近平新时代中国特色社会主义思想和党的十九大精神，坚持用习近平关于坚持和完善人民代表大会制度重要思想武装头脑、指导实践、推进工作，不断提高党员干部思想政治水平。同时，切实履行好党组抓党建及党风廉政建设的主体责任，始终把主体责任扛在肩上、握在手中，持之以恒推进正风肃纪，坚持不懈强抓"三基建设"，营造担当负责、干事创业的工作氛围。

继往开来，宣传工作有声有色。注重传统媒体与新兴媒体有机结合，大力弘扬正能量，传递好人大声音，讲述好人大故事，塑造好人大形象。持续推进人大机关信息化建设，充分利用媒体、人大网站、微信公众号和微信群等媒介宣传常委会和基层人大代表履职实践。一年来，发行《繁峙人大》内部刊物两期，印发《人大信息》22 期，编录《繁峙人大工作纪实片》1 部，对人民代表大会、常委会会议和各项调查、执法检查、工作评议等进行宣传报道 180 余次，营造良好的社会舆论氛围。

密切联系，互动交流更加深入。主动接受省、市人大常委会的监督和指导，协助和配合开展立法调研、执法检查和走访代表等活动，指导乡镇人大代表小组活动按时开展并做好各项服务管理工作。加强对外交流，先后接待了连云港市、偏关县、代县、天镇县等兄弟市县到我县考察人大工作的特色做法；市人大机关 6 个党支部书记向我县人大机关党支部学习了党建工作和三基建设的先进经验和创新做法。组织部分机关同志和部分乡镇人大主席赴大同市云州区等地学习代表工作经验，不断深化拓展对外交流，逐步提升自身实力。

2019 年的工作建议

2019 年县人大常委会的总体要求是：以习近平新时代中国特色社会主义思想和十九大精神为指导，深入学习贯彻落实习近平总书记庆祝改革开放 40 周年大会讲话和视察山西重要讲话精神，认真贯彻落实全国、省、市人大会议精神，在县委的坚强领导下，认真履行宪法和法律赋予的各项职能，监督工作突出重点、突出特色、突出效果，在推进全县经济社会高质量发展，实现人民对美好生活向往中体现更大担当、贡献更大力量。

一、站位要高，思想认识提起来

新的一年，常委会将把学习宣传贯彻习近平总书记关于坚持和完善人民代表大会制度的重要思想作为重要政治任务，深刻领会"十个坚持"的核心内涵和精髓要义，切实提升理论指导实践的思想自觉和行动自觉。一是更加自觉地把坚持党的领导、人民当家作主、依法治国有机统一作为推进高质量履职的根本准则，确保"三者有机统一"在人大代表中深深扎根、在人大工作中真正打通、在人大制度平台上充分体现，为推进地方治理体系和治理能力现代化尽职尽责；二是更加自觉地把党的领导贯穿人大工作各方面全过程作为推进高质量履职的根本保证，充分发挥人大党组的领导核心作用，以政治建设为统领，以政治纪律规矩为遵循，重要议题、重要会议活动、重要决议决定及工作中遇到的重大问题事先向县委请示报告，全面工作情况定期向县委常委会报告，做到"县委有号召、人大有行动，县委有部署、人大有落实"；三是更加自觉地把全面履行宪法法律赋予的各项职责作为高质量履职的根本要求，坚持围绕中心、服务大局，选好议题、协同发力，正确有效地依法行使好重大事项决定权、监督权、人事任免权，推动县委重大决策部署的全面落实，推动法律法规在我县的贯彻实施，推动人民关注问题的有效解决；四是更加自觉地把发扬民主依靠群众作为推进高质量履职的根本力量，牢固树立以人民为中心的发展思想，听取人大代表、人民群众意见和建议，积极回应社会关切，自觉接受人民监督，发展更加广泛、更加充分、更加健全的人民民主；五是更加自觉地把开展“改革创新、奋发有为”大讨论作为推进高质量履职的根本动力，用系统的思维、创新的思路、改革的办法，积极破解影响人大作用发挥的瓶颈制约，注重实践总结，将行之有效的做法形成制度规范，提高人大科学化法治化水平。

二、理念要新，监督创新动起来

坚持与时俱进，把务实的理念贯穿工作始终，积极探索新时代做好人大工作的新途径和新举措，创新形式、完善机制、增强实效，助推经济运行、法治建设、民生保障等工作的高效落实。

一是以问题为导向，创新监督方式。积极适应新时代新任务要求，匠心编制监督网，既精准发力，也深处着力，更要持续用力。积极探索“审议+评议”“调研+询问”多种组合，不断增强监督实效。按照中央和省、市人大统一要求，积极推进我县人大预算联网建设，实现人大预算审查监督与县政府财政部门数据库和国库集中支付系统联网查询的目标。深化对计划、财政预算执行、审计等常规性监督，对政府工作报告确定任务完成情况进行跟踪。聚焦预算监督，继续认真落实中办《关于人大预算审查监督重点向支出预算和政策拓展的指导意见》，深化拓展支出预算和政策审查监督的内容，探索创新方式方法，使支出预算和政策更好地体现县委决策部署，保障党的政策有效执行。围绕依法治县建设，听取审议县人民政府关于全县扫黑除恶工作专项报告，听取审议县人民法院执行工作开展情况和县人民检察院公益诉讼工作开展情况的报告，着力营造良好的发展环境，促进严格执法、公正司法。组织开展对《公务员法》《农业机械化促进法》《农产品质量安全法》《森林防火条例》《道路交通安全法》《安全生产法》《食品安全法》《义务教育法》《律师法》《治安管理处罚法》贯彻执行情况的执法检查，督促相关部门依法履职尽责，不断提高我县依法治理能力和治理水平。紧扣广大人民群众普遍关心的问题进行监督，重点对校园周边安全、医疗队伍建设、公共体育服务体系等进行调研，对全县集中供热情况、全县移民搬迁安置及后续产业发展情况、全县危房改造情况等进行集体视察，做到民有所呼，我有所应，让人民群众在共建共享中拥有更多的获得感和幸福感。听取审议关于全县巩固脱贫成果完善后续帮扶情况的报告，持续深化对脱贫攻坚工作的监督。

二是打好监督“组合拳”，增强监督刚性提高实效。着力解决“监督什么、怎么监督、监督了怎么样”三个问题，突出重点，放小切口，精选监督议题，找准着力点和落脚点，确保监督的事项是县委高度重视的、政府着力推进的、人民群众十分关注的。抓住问题不放，坚持连续监督问效，做一件是一件，干一件成一件，确保监督工作有始有终落到实处。坚持借力监督，联动监督，形成监督工作制度化。做到监督有据，监督有理，监督有力，监督有效。

三是认真履行职责，积极探索创新。立足全县发展大局依法决定重大事项，加大对“一府一委两院”的监督，推进法治建设。坚持党管干部原则，依法按程序任命国家机关工作人员，进一步完善干部任后监督机制。

三、格局要大，履行职责活起来

代表是人民代表大会的主体，也是人大工作创新和焕发生机活力的源泉。依托“代表之家”，通过多种形式组织各级人大代表深入开展“改革创新、奋发有为”大讨论，突出目标导向、问题导向、实践导向，解放思想，查找不足，锲而不舍改进作风，充分激发代表们改革创新的能力、活力和动力，实现理念大提升、本领大提升、作风大提升，使代表们在各自岗位和联系群众方面不断提高履职效能，展现更大作为。

一是提升能力，加强代表学习培训。借助“代表之家”平台，不断开展代表学法活动。有计划有组织地对代表进行履职培训，到外地学习培训和交流考察，组织代表参加县人大常委会各项监督活动，以“代表之家”为载体，让代表履职常态化，加强实践锻炼，不断提高履职能力和水平。

二是激发活力，强化代表服务管理。积极贯彻落实省人大《关于加强全省人大代表联络室（联络站）建设的指导意见》，健全和完善落实代表联系群众、向选民述职、考核管理、激励约束以及作风纪律等方面的制度，为代表履职拓宽渠道，提供保障，有效维护代表权利，激发代表履职活力。开展代表工作室创优活动，着力打造省市有名的“代表之家”活动室。组织开展代表活动，既要做好规定动作，又要创新自选动作，更好地支持全县经济社会发展，以实际行动践行“人民选我当代表，我当代表为人民”的庄严承诺。

三是增强动力，有声有色开展代表工作。在去年全面推进人大代表工作室建设的基础上，今年重抓规范运行，确保实现“三有”，即有活动，定期开展代表接待选民日、履职情况交流和代表向选民述职等活动；有特色，鼓励开展人大代表问政、议政活动，打造各具特色的代表工作品牌；有效果，切实把代表工作室管好用好。同时，发挥县人大网站作用，为代表履职提供平台，增强人大工作的开放性、代表工作的互动性以及上下联动的紧密性。

四、作风要实，自身建设严起来

围绕建设忠诚、干净、担当的人大机关，坚持不懈加强自身建设。坚持把自身建设作为一项基础性工作来抓，全面加强思想建设、作风建设、廉政建设和制度建设。

一是旗帜鲜明讲政治。扎实开展“双日双评”活动，进一步增强政治敏锐力、意志力和行动力，坚决服从党对一切工作的领导，聚力落实县委各项决策部署，忠实履行宪法和法律赋予的职责，切实把党的十九大精神贯彻到人大工作的各方面、落实在人大工作的全过程。

二是持之以恒严作风。坚持“严”字当头、“实”处用力，加强纪律教育，强化纪律执行，严肃党内政治生活，务实开展调查研究，深入持久地反“四风”、转作风，做到知敬畏、守底线，敢担当、提效能。

三是与时俱进抓制度。按照习总书记关于“健全人大组织制度和工作制度”的要求，把制度建设贯穿到人大工作的方方面面。持续推进人大制度理论和实践创新，不定期组织交流研讨、现场观摩，及时总结和推广好做法好经验，推动全县人大工作不断出新出彩。

中国人民政治协商会议第十一届繁峙县委员会常务委员会工作报告（节选）

繁峙县政协主席　钟文秀

2018 年工作回顾

2018 年，县政协在中共繁峙县委的坚强领导下，在县人大、县政府的大力支持下，县政协及其常委会深入学习习近平新时代中国特色社会主义思想和中共十九大精神，认真贯彻习近平总书记视察山西、视察忻州重要讲话精神，认真贯彻落实市委四届历次全会、县委十三届五次全会和经济工作会议精神，注重建言资政和凝聚共识双向发力，团结带领政协委员，紧扣全县工作大局和县委的各项重大部署，认真履行政治协商、民主监督、参政议政职能，立足高起点、坚持高标准、力求高水平，奋力推动各项工作取得了新成绩，政协事业实现了新发展。

一、强化政治引领，确保高站位，在把握正确前进方向上实现新高度

常委会坚持用习近平新时代中国特色社会主义思想和中共十九大精神武装头脑、指导实践、引领事业、推动工作，确保人民政协事业始终沿着正确的政治方向前进。

强化政治理论武装。坚持把学习贯彻党的十九大精神和习近平新时代中国特色社会主义思想作为首要政治任务，与学习贯彻习总书记庆祝改革开放 40 周年重要讲话等系列讲话以及视察山西重要讲话精神相结合，与贯彻落实全国政协、省市政协重要会议精神相结合，与贯彻落实市委、县委重要会议精神相结合，在学懂弄通做实上下功夫，在更高站位上识大局、看长远、谋思路。进一步增强了树牢“四个意识”、坚定“四个自信”、做到“两个维护”的思想自觉和行动自觉。

开展系统联动研讨。积极响应全国政协和省市政协号召，组织全县政协系统集中开展了习近平总书记关于加强和改进人民政协工作的重要思想学习研讨活动，通过召开动员会、专题学习会、理论研讨会，将政协履职活动中的实践创新、制度创新上升到理论高度，努力从思想上、政治上扣好政协履职的第一粒扣子。根据市政协提出的重点研讨参考题目，先后形成 30 余篇有分量的研究成果，其中《贯彻习总书记新思想，实现政协工作新作为》《提高人民政协的履职能力》等多篇理论文章，作为经验成果得到省市政协的高度重视。

全面加强党建引领。县政协常委会把自觉接受党的领导作为政协工作最根本的政治规矩，坚持在县委的统一领导下，把党的各项方针政策和决策部署不折不扣贯彻落实到政协全部工作之中。履职中始终与县委目标同向、工作同步、思想同心，做到同唱一台戏，共谋一盘棋。自觉在中共繁峙县委的领导下开展工作，县政协召开的全委会议、常委会议、制定的年度协商计划，开展的调研视察活动，党组工作和开展民主生活会情况，等等，都及时向县委请示报告。常委会主动适应新的形势和要求，按照县委的部署，每月集中开展“双日双评”活动，组织引导党员干部在日常工作和生活中发挥模范带头作用，增强“四个意识”、坚定“四个自信”、做到“两个维护”，切实坚持党对人民政协工作的全面领导。

二、突出协商民主，发出好声音，在助力繁峙高质量发展上作出新贡献

政协围绕中心越紧密，履职成效就越显著。一年来，县政协始终将自身工作放到县委县政府工作大局中去谋划推进，把为打赢脱贫攻坚战献计出力作为主线，聚焦改革发展的重大举措、与群众息息相关的民生实事调研资政、助力发声，彰显了政协工作在服务全县经济发展大局中的独特价值。

围绕凝聚政治共识协商议政。去年，县政协召开了十一届三次全体会议，委员们重点围绕《政协常委会工作报告》《政协提案工作报告》和“一府两院”工作报告，进行了认真讨论协商，特别对我县转型发展、乡村振兴、脱贫攻坚、社会稳定、招商引资等重要问题提出了许多有价值的意见和建议，并向孔书记、崔县长报送了政协委员讨论意见建议整理稿，共21条。得到了县委、政府的高度重视，切实履行了政协参政议政职能，发挥了建言献策的重要作用。

立足项目转型升级议政建言。县政协成立专题调研组，围绕“突出转型项目建设，助推高质量发展”深入调研，先后到繁峙县长田建材科技有限公司、山西奥博能源电力有限公司、山西旭泰北方酿酒有限公司进行实地调研，并召集发改局、重点办、经信局和相关企业负责人召开了座谈会。就转型项目建设落实落地情况，提出工作建议，助力县委、县政府相关部署的落实。

聚焦农村教育献计支招。发展农村教育事业，建设环境美丽、教育优质的农村学校，对于实施乡村振兴战略意义重大。县政协组成调研组，就我县“农村幼儿园提升工程”和“农村特色学校建设工程”先后深入到砂河镇长胜小学附属幼儿园和杏园乡黄家庄村幼儿园以及大营镇齐城村、集义庄乡兴旺庄村两所全免费农村寄宿制学校进行实地调研，形成《关于“一村一园（班）”幼儿教育提升工程和两所全免费寄宿小学办学情况的调研报告》，呈报县委、县政府，就目前存在的家庭教育缺失、留守儿童、贫困地区农村的学前教育服务短板等问题提出了许多切实可行的意见建议，得到了县委、政府的高度重视。

紧扣全面深化改革鼓劲聚力。改革开放是决定当代中国命运的关键一招，抓改革促发展是目的所在，人心所向。县政协组织委员赴山西紫金矿业有限公司等单位就企业改革中目前面临的困难和问题进行了专题调研，并召开座谈会，就该企业改革中面临的困难和问题以社情民意信息“直通车”的形式上呈到了市政协，彰显了人民政协在推进改革发展中的独特优势和重要作用。

三、坚守为民情怀，搭建连心桥，在服务改善民生福祉上取得新成效

群众的需求就是政协工作的目标和方向。县政协常委会积极践行履职为民宗旨，不断强化协商监督职能，多谋民生之利，多解百姓之忧，多行惠民之举，让群众真正感受到政协的温暖。

凝心聚力助推脱贫攻坚。县政协坚持从领导干部、政协委员、机关干部三个层面助力脱贫攻坚，严格按照《关于政协委员结对帮扶助推脱贫攻坚工作方案》的要求，大力发挥政协领导的“示范作用”、政协委员的“主体作用”、机关干部的“骨干作用”，深入开展“委员进村入户活动”和“六帮六送”等扶贫济困活动，把活动不断推向纵深，实现了投入力量“全覆盖”、出谋划策“多角度”、扶贫帮困“广参与”、参与脱贫“常态化”。

主席班子成员深入扶贫联系点，走访困难群众，研究制定帮困措施，协调解决实际问题，我作为岩头乡包乡领导，和油房村的包村扶贫领导，努力动员油坊村帮扶单位县农业综合开发办、油坊村第一书记和企业家黄卫东，由他们共同出资，为油房村建设30兆瓦屋顶分布式光伏扶贫发电项目。目前，该项目已并网发电。贫困户已分得了项目红利，既推动了脱贫攻坚，又实现了村集体经济破零。

张晋军副主席负责繁峙县手工业工作，截至2018年年底，对接项目，外引内联，全年发展箱包加工、服装、绢花、刺绣、包装、文体工艺类等扶贫工厂63个，覆盖全县13个乡镇，带动7000多人就业，惠及2000多个贫困家庭增收脱贫，真正实现了农民在家门口就业的梦想，实现了经济效益和社会效益的双赢。

郑宇利副主席利用自己所学专业积极参与和推动大营脱水蔬菜产业的形成，提出了许多可以借鉴的意见和建议，助推了大营脱水蔬菜产业的发展壮大。

郓春生副主席直接参与全县的招商引资工作，带领精准招商队伍先后赴津京冀及雄安新区等地进行招商引资，青岛奥博、雄安南苑铝业、嘉铂隆机械制造等一批高科技项目现已落户繁峙。

冻冷沟村和北龙兴村在政协机关的帮扶下，先后随全县一道进入脱贫验收程序，政协办筹资3万元为冻冷沟村贫困户购买种羊，实施扶贫养殖项目；为北龙兴村捐资1.2万余元扶贫济困。过去一年，共有119名政协委员参与结对帮扶，占委员总数的73.9%，共捐资232.72万元，扶贫实绩突出的委员有沙万里、黄卫东、李三有、刘奇、张月来等。2018年10月17日，县政协常委沙万里同志在国家扶贫日获全国脱贫攻坚奖奉献奖，并受到党和国家领导人的亲切接见，彰显了政协委员扶贫济困的高尚情怀。

提案办理促进民生改善。县政协充分利用委员提案这一载体，牢牢抓住提案质量、提案办理落实质量和提案服务质量等重点环节，深化办理协商，促进民生改善。政协十一届三次会议后，我们收到委员提案70件，通过并案处理，共立案56件。在重点督办提案视察中，重点加强对民生提案的督办，促进了相关民生问题的解决。《关于精准贫困户住院治疗存在问题的建议》得到了积极办理，2018年，定点医疗机构在这一方面，较往年有明显的改善；《关于规范课外辅导培训班的建议》得到县政府高度重视，相关部门联合执法，对存在安全隐患、无证照的辅导机构依法进行查处，提案办理收到较好效果。

服务基层反映民意诉求。县政协始终把民主监督职能贯穿于政协工作中，务实开展行风政风监督活动，组织委员积极参加法院庭审旁听，促进阳光司法、公正执法。广泛收集社情民意，组织引导委员深入基层，倾听民声、了解民情、反映民意，一批民意诉求和基层呼声直通党政机关。2018年，县政协共编报社情民意60期，全国政协采用1条（篇）、省政协采用1条（篇）、市政协采用8篇，县政协第10次蝉联市政协反映社情民意信息工作先进单位。

四、发挥文史镜鉴作用，汇聚正能量，在推动理论和实践创新中再上新台阶

文史宣传特色进一步彰显。坚持政协文史工作的统战性质和地方特色，发挥文史资料“存史、资政、团结、育人”的功能，积极开展文史资料挖掘，收集、整理。2018年，完成出版了《繁峙文史第十四辑·漫录正觉寺》和《繁峙文史第十五辑·历代咏繁峙诗词赋选注》。目前，正在整理编印《繁峙文史第十六辑·长城专辑》和《繁峙文史第十七辑·整体移民搬迁村记录》。

五、注重务实创新，对标新要求，在加强政协队伍建设中展示新形象

习近平总书记指出，人民政协要提高“政治把握、调查研究、联系群众、合作共事”四种能力，做到“懂政协、会协商、善议政”。县政协以此为根本遵循，切实加强自身建设，不断夯实履职基础，政协工作规范化、科学化水平得到进一步提升。

加强委员队伍建设。全面提升政协委员政治把握、调查研究、联系群众、合作共事能力的要求。努力拓展委员履职平台，分批次邀请委员列席常委会议，优化常委会议日程、议程，邀请县委理论组、县委党校人员授课培训，拓宽了建言献策思路，提升了委员参政议政能力，增强了委员履职积极性和使命感。加强委员履职服务管理，细化委员履职要求，突出激励约束机制，建立履职活动档案，将政协活动参加率、提案和社情民意提交率纳入政协委员履职考核范围，及时通报履职情况，对积极参加活动、认真履职的委员表彰奖励，有效增强了委员履职自觉性。引导激励委员勇于担当作为、严守纪律规矩，做好岗位工作和政协履职“两份作业”。

加强政协机关建设。健全完善专委会对口联系、日常工作制度，专委会履行职能、联系界别、服务委员的功能进一步强化。深入贯彻中央八项规定精神和省、市、县实施办法，教育引导机关干部克服惯性思维，摒弃传统观念，增强做好政协工作的责任感和使命感。组织机关干部开展廉政警示教育活动，强化纪律意识和底线思维。完善各项制度，统筹安排调研视察、专题培训、各类会议、支部和工会活动，支持县纪委派驻纪检组长履行职责，全面加强干部教育、管理、考核等各项工作，提升干部办文办会办事能力，激励干部勇于担当、积极作为。做好政协离退休干部服务工作，机关综合协调和服务保障水平进一步提高。针对机关干部公车使用中出现的问题，政协机关专门开展了机关纪律作风专项整治活动，促进了机关干部作风大改进大提升。

2019年工作部署

2019年是新中国成立70周年、人民政协成立70周年，是决胜全面建成小康社会的关键之年，做好今年工作意义重大。县政协工作的总体要求是：高举习近平新时代中国特色社会主义思想伟大旗帜，深入学习贯彻中共十九大和十九届二中、三中全会精神，学习贯彻习近平总书记在庆祝改革开放40周年大会上重要讲话、视察山西重要讲话精神，把习近平总书记关于加强和改进人民政协工作的重要思想作为履行职能的根本遵循，紧紧围绕县委十三届六次全会及经济工作会议部署要求，坚持新发展理念，坚持推动高质量发展，锚定新时代人民政协的使命任务，以新时代奋斗者的姿态和干劲，认真履行政治协商、民主监督、参政议政职能，更好地发挥汇聚力量、建言献策、服务大局的作用，全力助推我县改革创新、转型发展、决胜贫困决胜小康和经济社会各项事业全面进步，全力推动新时代政协工作提质增效，以建言资政和凝聚共识的积极成果迎接中华人民共和国成立70周年和人民政协成立70周年。

一、始终把增进思想共识作为“主轴”，努力开创政协事业新局面

县委目标任务已经明确，奋斗的号角已经吹响。县政协将充分发挥自身独特优势，围绕贯彻落实县委决策部署，进一步凝聚人心，统一思想，增进共识。

在坚定政治方向中增进共识。把学习习近平新时代中国特色社会主义思想作为推动新时代政协事业发展的重要引擎，作为增进社会各界思想政治共识的重要基础，团结带领全县广大政协委员和社会各界人士始终树牢“四个意识”，不断增强“四个自信”，坚决做到“两个维护”。今年，县政协将一以贯之深化习近平总书记关于加强和改进政协工作的重要思想学习贯彻，通过委员培训、班前学习、集中研讨等活动，把学习贯彻不断引向深入，推动全县政协系统以思想大武装促进工作质量大提升。

扎实开展大讨论活动。我们要按照省、市、县委和省、市政协的统一部署和要求，组织广大政协委员和机关干部认真开展“改革创新、奋发有为”大讨论，来一场学习的革命，思想的革命，工作的革命，来一次理念的大提升，本领的大提升，作风的大提升。我们将紧密结合我县政协队伍思想作风和履职工作实际，重点围绕“六个破除、六个着力、六个坚持”，把“10+3”规定动作做好做实，切实增强搞好大讨论的政治自觉、思想自觉和行动自觉。

在落实县委部署中增进共识。把坚持党的领导作为政治共识，第一时间传达学习县委重要会议精神，坚定不移贯彻落实县委决策部署，重要工作、重大活动主动向县委请示，协商成果及时向县委政府报送，努力将县委的决策部署转化为政协各参加单位、全体政协委员、社会各界人士的一致认同。

在加强党的建设中增进共识。全国政协主席汪洋指出，加强政协系统党的建设，关系人民政协制度优势和我国政治制度整体效能的发挥，关系坚持和发展中国特色社会主义这场伟大社会革命的进程。县政协要全面贯彻落实全国和省市政协系统党的建设工作座谈会精神，按照新时代党的建设总要求，以党的政治建设为统领，切实提高党建工作质量和水平，进一步发挥政协党组的领导核心作用、机关党组的战斗堡垒作用、共产党员的先锋模范作用，把中央和省、市、县的决策部署和对政协工作的要求落实到位，把社会各界的智慧和力量凝聚起来，共同为实现县委确定的目标任务而努力奋斗。

二、始终把服务高质量发展作为“主线”，有效促进协商议政上台阶

新的一年，县政协将围绕县委十三届六次全会作出的工作部署，聚焦推动高质量发展各项事业全面迈上新台阶重大举措，拓宽协商平台，丰富协商形式，提高协商民主规范化建设水平。

要规范流程，选准协商议题。围绕县委稳中求进工作总基调，坚持新发展理念，坚持高质量发展，持续打好“三大攻坚战”的发展定位和目标任务，科学安排协商活动。采取紧扣全县高质发展这个中心选题和主动请县委县政府出题相结合的方式，确保议题选准选精，“供需”对路，始终与党委、政府想在一起、谋在一起、干在一起，充分运用政协职能，实现县委政府工作推进到哪里，专题协商就跟进到哪里。

要搭建平台，丰富协商形式。不断完善政治协商、协商议政、情况通报、调研视察等协商形式，为政协委员和各界人士提供更多发表见解、沟通对话的机会。积极搭建委员与乡镇、部门、单位之间多种形式的交流平台，增进委员对相关工作的了解。运用互联网、微信平台改进委员提案、委员建言、社情民意信息等工作，为委员履职提供更加便捷高效的载体。

要完善机制，提高协商成效。构建全委会集中协商、常委会议专题协商、主席会议重点协商、专委会对口协商的协商格局，不断完善协商机制。今年要进一步加强调研工作，深入基层一线，用事实和数据说话，努力拿出一批符合实情、反映民意、有助决策的调研成果，为我县破解转型难题、经济持续高质量发展发挥积极作用。把协商议政建立在扎实调研基础上，提高专题协商质量，真正做到参政参到点子上，议政议到关键处。

三、始终把完善民主监督作为“主题”，全面推进中心任务快落实

县政协将按照县委的统一部署要求，通过会议监督、视察监督、提案监督、专项监督、评议监督等形式，扎实开展民主监督活动，促进工作作风转变，解决人民群众关心的实际问题，服务和促进全县高质发展各项事业迈上新台阶。要努力提高监督质量，把协商民主贯穿于监督全过程，坚持平等协商，坦诚相见，畅所欲言，尊重不同意见表达，广泛凝聚共识、凝聚智慧、凝聚力量，推动中心任务的全面落实。

四、始终把全面从严要求作为“主调”，全力谋求自身建设再提升

全国政协主席汪洋指出，人民政协处于凝心聚力第一线、决策咨询第一线、协商民主第一线、国家治理第一线，是党和国家一线工作的重要组成部分。我们要全面贯彻落实这一明确要求，切实加强自身建设，展示新时代政协一线新气象。

在新的一年里，县政协将进一步加强委员队伍建设和政协机关自身建设，全面提高履职能力。全体政协委员要适应新时代、新任务，增强履职使命感和责任感，不能仅仅把政协委员当成一种荣誉，今年将完善委员履职考核办法，对履职不力、考核得分较低、社会形象差的委员将进行通报批评。要建设政治过硬、服务优质、协调顺畅、作风优良、清正廉洁的政协机关，着力培养提升政协干部综合素质，努力使政协干部成为开口能说、提笔能写、遇事能干的高素质干部，打造一支忠诚干净担当、充满活力的高素质干部队伍，坚持经常性教育，常态化管理，把全面从严的要求贯穿于机关建设全过程，进一步推进政协工作提质增效。

国民经济和社会发展计划（节选）

繁峙县发展和改革局

一、2018年国民经济和社会发展计划执行情况

2018年年经济社会发展保持总体平稳、稳中有进、稳中向好、稳中提质的良好态势。

（一）坚持高质量发展，经济增长好于预期

认真落实省、市、县经济工作会议精神，牢固树立和贯彻新发展理念，全县经济发展取得了好于以往、好于预期的明显成效。2018年，全县地区生产总值完成69.7亿元，同比增长0.7%；固定资产投资完成43.9亿元，同比增长9%；社会消费品零售总额完成21.3亿元，同比增长9.5%；一般公共预算收入完成2.6亿元，同比增长10.48%；城镇常住居民人均可支配收入完成29932元，同比增长6.1%；农村常住居民人均可支配收入完成8320元，同比增长10.6%；全社会用电量10.88亿度，同比增长9.2%；规模以上企业实现利税10.64亿元，同比增长70.3%。主要约束性指标和转型升级考核指标好于预期，在经济增长压力较大的情况下，经济运行的质量和效益不断提高。

（二）坚持三大目标定位转型，产业结构持续优化

根据省委打造“示范区”“排头兵”“新高地”三大目标和开展“转型项目建设年”要求，立足本县实际，充分利用我县各类资源优势，全力推动产业转型升级，新旧动能转换势头强劲。全县三次产业结构比重由2017年的7.8∶57.2∶35调整为2018年的8∶52.9∶39.1，产业结构进一步优化。繁峙经济技术开发区于2018年11月获得省政府批复，是忻州市2018年唯一获批的省级开发区，为全县经济高质量快速发展搭起了新平台、注入了新引擎。全年实施转型项目39个，培育“小升规”工业企业6家，培育紫金矿业、汉和中兴、绿源亨通3家高新技术企业，转型项目建设年成绩显著，发展后劲进一步积蓄。现代农业提质增效。全力推进农业供给侧结构性改革，农业增加值完成5.02亿元，同比增长6.73%；粮食生产保持稳定，粮食总产量0.955亿公斤，同比增长13.4%。农机总动力达到13.7万千瓦，农作物机械化综合水平达到83.4%。特色农业加快发展。宝山鼎盛“福益德”牌亚麻籽油成功申报为山西省名牌产品。绿源亨通“三晋滹源”牌胡萝卜和万恒中药材“天润恒宇”牌黄芪成功申报为国家级生态原产地产品。全县牛、驴、羊、猪、鸡、兔饲养量分别达到4.7万头、1.3万头、30.8万只、27.6万头、151万只、7.6万只，畜禽规模化、标准化养殖比重分别达到75%、65%。全县畜牧业总产值达6.2亿元，同比增长10%。成功创建省级出口食品农产品质量安全示范区。工业经济稳中向好。积极推进铁矿采造业向高端装备制造延伸开发，正在形成“铁矿采选—生铁冶炼（球团炼化）—精密铸件—装备制造”一体化全产业链。全年工业总产值完成76.49亿元，同比增长6.2%；二产中制造业占比达到25.1%。制造业占比提高率达到8.7%。加强传统产业技术改造，全县球团产能达到270万吨，在建240万吨，就地转化铁精粉可达到60%以上。新兴产业蓬勃发展。新能源产业完成投资5.1亿元，占到全县固定资产投资的11.6%。建成投产风电总规模20万千瓦，在建风电总规模30万千瓦。各类光伏扶贫发电装机容量达到63.7兆瓦。在繁城镇雁头村实施太阳能光热供暖示范工程。长田玄武岩棉建材、许氏维雅古建材等新型建材产业项目加快建设。现代服务业多元并进。社会消费较快增长。批发行业完成9.96亿元，同比增长10.2%；零售行业完成16.44亿元，同比增长13%；住宿行业完成1.06亿元，同比增长12%；餐饮行业完成3.67亿元，同比增长10.2%。占比达到第三产业四分之一以上的非营利性服务业完成15.07亿元，同比增长20.6%。金融服务快速发展。全年存款余额140.93亿元，同比增长9.6%；贷款余额67.25亿元，同比增长28.0%。旅游业发展魅力提升。滹源景区成

功创建国家4A级旅游景区，为我县旅游业发展掀开了新篇章。平型关景区、韩庄长城、大智镜园等重点旅游项目加快推进。五台山金石雕刻、晋绣坊、星河银业等企业成为省级“专精特新”企业。开放引进拓展延伸。68个京津冀、雄安新区承接转移项目签约落地，手工业扶贫工厂产品销往30多个国家和地区。中兴美德、汉和中兴配重产品长期出口美国市场，万锦肉牛育肥场活牛供港供澳，绿源亨通公司产品专供香港百佳超市。全县出口贸易额达到1063万元人民币。政府负债率在合理区间。

（三）坚持补短板强弱项，三大攻坚战扎实推进

脱贫攻坚取得决定性进展。打赢脱贫攻坚战是全面建成小康社会的底线任务和标志性指标。在脱贫摘帽时间紧、任务重的形势下，举全县之力，运用超常措施，坚决打好打赢脱贫攻坚战。2018年，我县坚持产业就业扶贫“全覆盖”，深度贫困“全搬迁”，扶贫政策“全兑现”，整村提升“全推进”，全县脱贫攻坚工作取得了历史性突破。实施10大特色扶贫产业，有劳动能力的贫困户产业覆盖率100%。实施全民技能提升工程，培训农村劳动力13120人次，转移就业21274人。搬迁深度贫困村135个3222户7942人。2018年贫困村退出129个，减贫23309人，贫困发生率下降至0.64%，经市、县自评，县脱贫退出14项指标全部达标。全年省市在我县召开6次现场观摩会，有17个县、市先后20批次来我县参观学习。三大污染防治专项行动取得明显成效。实施滹沱河源头桥儿沟段和砂河段治理修复工程5.86千米。实施赵庄河流域综合开发项目，修复治理7040公顷。与自然保护区、泉域保护区重叠的23家矿山企业全部关停。47个矿山企业投入4159.35万元修复采矿区118公顷。全年二级以上优良天数比例达到70.4%。二氧化硫、氮氧化物、COD、氨氮分别完成减排643吨、144吨、278.23吨、45.69吨，达到年度目标要求。各类风险总体可控。深入开展扫黑除恶专项斗争，打掉黑社会性质组织1个、打掉4个恶势力团伙、1个恶势力集团，抓获犯罪嫌疑人63人，破获刑事案件39起。全面压实安全生产责任，事故起数、死亡人数实现大幅“双下降”，14家企业完成采空区治理。全县亿元地区生产总值安全生产事故死亡率为0.043小于0.1。坚持领导干部接访制度，全国、全省、全市“两会”和省市重要活动实现“零非访”。

（四）坚持改革创新，经济发展活力持续增强

省级经济技术开发区、滹源AAAA级景区创建喜获成功。繁峙经济技术开发区于2018年11月获得省政府批复，是忻州市2018年唯一获批的省级开发区；滹源景区获批国家AAAA级景区，是忻州市2018年唯一获批的国家级AAAA级景区项目，实现了全县A级景区零的突破。国企改革持续推进。县磷肥厂引进新的投资主体对5.93公顷低效用地实施再开发。城乡建设用地增减挂钩成效显著。整村搬迁、宅基地复垦、增减挂钩、收益反哺“四环联动”、一体推进，城乡建设用地增减挂钩规划面积606.73公顷，拆旧区面积1300公顷，易地交易面积309.8公顷，可收益6.9亿元。县乡医疗卫生机构一体化改革稳步推进。医疗集团“六统一”改革基本完成，医保费用打包支付，药品加成全面取消。县人民医院等县级公立医院和农合定点私立医院开展“一站式”即时结算服务。农业农村改革全面深化。完成农村承包地确权登记颁证工作，全县确权面积

35953.3 公顷，占二轮承包户的 96%。农村集体产权制度改革扎实推进，388 个村完成清产核资。与此同时，其他各项重点改革全面推进。

(五) 坚持以人民为中心，社会民生持续改善

始终坚持以人民为中心的发展思想，切实把共建共享作为新时代保障和改善民生的基本遵循，扎实做好民生工作，不断增进民生福祉。全年民生支出 19.23 亿元，同比增长 23.9%，占到财政总支出的 84.3%。教育教学质量进一步提高。实施 25 所学校“改薄”基建项目。在 104 个村实施“一村一园(班)”工程。新招聘研究生学历高中教师 41 名、特岗教师 70 名。2018 年高考 600 分以上实现零的突破。社会保障和就业不断强化。城镇新增就业 3951 人。城乡医保参保 20.86 万人，城乡居民养老保险参保 15.41 万人。全民技能提升工程、农村进城务工人员、城镇失业人员等培训 9936 人，贫困劳动力转移就业 21274 人。卫生保障服务水平不断提高。“6321”医疗保障政策全面落实，县、乡医疗卫生机构一体化改革扎实推进，新建县中医院投入使用。养老体系不断健全，全县登记养老机构 3 家，拥有床位数 388 个。建设农村老年人日间照料中心 94 所。文体事业健康发展。免费送戏下乡 108 场，送戏到基层 315 场，农村公益数字电影放映 4824 场。举办中国·繁峙毽球公开赛、寻找美丽中华定向越野等国家级赛事。

二、2019 年经济社会发展的总体要求、主要目标及主要任务

2019 年全县工作的总体要求是：以习近平新时代中国特色社会主义思想和党的十九大精神为指导，深入学习贯彻落实习近平总书记庆祝改革开放 40 周年大会讲话和视察山西重要讲话精神，深入学习贯彻省委十一届七次全会、经济工作会议和骆惠宁书记忻州督导调研讲话精神，按照市委四届六次全会部署，紧紧扭住高质量转型发展这个“牛鼻子”，进一步加强和改进党对经济工作的领导，继续打好三大攻坚战，扭住示范区、排头兵、新高地三大目标，统筹推进稳增长、促改革、调结构、惠民生、防风险工作，统筹推进六大主战场主阵地重点项目，突出产业升级、转型发展，突出脱贫攻坚、乡村振兴，突出改革创新、开放发展，突出环境保护、生态建设，突出五城联创、保障和改善民生，不断增强人民群众获得感、幸福感、安全感，保持经济持续健康发展和社会大局稳定，在由“疲”转“兴”发展基础上实现转型发展，以优异成绩迎接中华人民共和国成立 70 周年。

2019 年经济社会发展的主要预期指标是：全县地区生产总值增长 6.3%左右，规模以上工业增加值增长 3%左右，全社会固定资产投资增长 7.5%以上，社会消费品零售总额增长 7.5%，一般公共预算收入增长 5%左右，城乡常住居民人均可支配收入分别增长 6%和 7.5%以上，居民消费价格涨幅控制在 3%以内，城镇登记失业率、城镇调查失业率分别控制在 4.2%、6.5%以内，资源环境类约束性指标全面完成省市要求。其他各项转型指标不折不扣完成省市下达任务。

围绕上述目标，要切实抓好以下八个方面的工作：

(一) 加快产业转型升级，提升经济发展质量

我县作为全市面向京津冀的东门户和全市的铸造冶金板块，形势催人。坚持“巩固、增强、提升、畅通”八字方针，聚焦“五大基地”转型战略布局（全力打造晋北

冶金装备制造基地、全省优质农副产品加工出口基地、面向京津冀的清洁能源基地、融入京津冀的箱包衣帽集散基地、晋北文化旅游集散地），进一步巩固提升传统产业优势，加快壮大新兴战略产业，培育新的发展动能，全力推动经济发展质量变革、效率变革、动力变革。

1. 巩固提高工业发展质量和效益。改造提升传统产业。围绕传统产业，鼓励支持企业实施改造提升、开发高端产品，促进传统产业与新技术、新工艺、新装备相互嫁接，努力向价值链高端延伸。推进实施旭泰矿业矿山改扩建、宝山矿业提高铁精粉品位技术改造、紫金矿业矿山勘探工程、神邦恒盛球团烧结回转窑技改等项目。强化同和磁选厂、宏茂矿业等企业在现代化矿山开采和环保节能方面的示范作用，鼓励支持江鑫宝石、宏伟铁矿、越红磁选等铁矿采选企业创新高效节约化生产技术，提高矿产品附加值。高质量发展装备制造业。继续深化推动“铁矿采选—生铁冶炼（球团炼化）—精密铸件—装备制造”一体化全产业链发展。在续建项目全部建成投运的基础上，实施华茂再生资源利用年处理20万吨废钢项目、南苑铝业20万吨再生铝合金锭生产项目等新建项目。深化科技创新。将科技创新作为转型升级的重要抓手，利用技术创新和规模效应形成新的竞争优势。充分发挥“山西鸿深科技企业孵化器”等省级科技企业孵化器、紫金矿业省级企业技术中心、汉和中兴等省级高新技术企业、中兴实业、华茂精密铸造等省级转型创新示范企业、奥博光伏市级工程技术研究中心的引领作用，积极培育中兴华德、奥博等高新技术企业，推动制造业实现创新发展。积极培育新型建材制造业。充分利用冶金等产业产品及废弃物，培育新材料产业集群。实施恒煜公司标块烧结砖瓦、许氏维雅仿古建筑材料生产基地、大鑫建材年产1亿块砖等续建项目，年内全部投产运行。积极推进昌信环保再生材料加工、东胜砖厂6000万块尾矿砂、4000万块水泥混凝土制砖等新建项目。

2. 打造新能源全产业链。加快建设国电投云雾峪风电场三期100兆瓦、协合风电乔家窑100兆瓦、国电投金丰新能源一期100兆瓦三大风电续建项目；积极推进已经核准的国电投金丰新能源二期100兆瓦和太重集团能裕风电100兆瓦两个风电项目尽快开工建设；继续抓好正在推进的300兆瓦风电项目，力争“十三五”末我县风电生产规模达到100万千瓦。积极推进30兆瓦“十三五”第二批光伏扶贫村级电站项目和雁阳新能源有限公司100兆瓦光伏发电项目。以奥博为龙头，着力构建从新能源设备制造到新能源生产应用的完整产业链条，加快建设奥博光伏组件二期500兆瓦生产线和年产50万支光热直通管建设项目。

3. 大力发展特色现代农业。要持续在生产和销售两端发力，在农业内外用功，在城乡两头使劲，再造农业农村全产业链新模式。全力创建国家级出口食品农产品质量安全示范区和国家生态原产地产品保护示范区。抓好“三品一标”认证。擦亮繁峙“三米”“三肉”“三类果蔬”品牌形象。全力构建“互联网+现代农业”新体系，加快建成全县农产品质量安全追溯体系，努力实现对全县农业投入和农产品产出的全程追溯管理。擦亮优质蔬菜和畜产品出口品牌形象，继续鼓励和深化绿源亨通、晋鲁诺佳、丰悦华等蔬菜加工企业与日本、韩国及中国香港等地区的外贸合作；继续强化万锦肉牛育肥场活牛直供港澳、辉煌实业牛奶直供伊利、富云牧业鸡蛋直供北京等示范引领作用，继续开拓国内外市场，努力实现优质农产品全域全产品出口。实施国家电子商务进农村示范县项目，支持全县农副产品加工企业成立行业协会，叫响叫亮“滹源味道”县域公共电商品牌。

4. 加快外向型劳动密集型经济发展。继续完善提升引进投产的晋腾箱包、俊凯皮具等 57 个手工业扶贫工厂，推进实施宁波纳远针织制品加工厂、北京蚨源紫锦服装加工厂、科尔马公司箱包配件生产基地等新建项目，年内全部建成投产。叫响叫亮晋绣坊“晋绣”、五台山金石雕刻“金石”、星河银业金银器加工、双英刺绣等地方特色手工业品牌。依托已经投产的服装手工业企业，引进知名体育服装品牌生产企业。进一步扩大手工业的品牌效应和市场效益。积极参加中国进出口商品交易会等展会活动，探索推进手工业技术研发机构和电子商务平台建设，努力探寻对接“一带一路”市场，推动手工业产品出口向品质化、精细化、高端化方向发展。建立健全手工业发展长效机制，采取建立一批手工业产业基地、培育一批手工业品牌龙头企业、壮大一批手工业专业化合作组织、发展一批手工业经纪人、培育一批手工业熟练工人等“五个一批”举措，开展手工业技能大赛等评比活动，激发广大群众积极参与手工业发展的主动性和积极性。

5. 加快现代服务业发展。要立足打造晋北文化旅游集散地，将文化旅游业打造成为全县重要的支柱产业。加快创建全域旅游、智慧旅游。积极编制《繁峙县全域旅游总体规划》《繁峙县乡村旅游规划》等专项规划。高标准推进大智镜圆景区、伯强景区、灵岩山景区建设。大力实施 A 级景区创建行动，积极推动平型关景区国家 A 级景区创建。积极探索采取 A 级景区村庄创建和 A 级景区特色小镇打造等多元化发展方式。实施砂河特色小镇、晋山收藏艺术展览馆等项目。要推行标准化、品牌化服务，以 A 级景区为带动，重点打造县城和砂河两个集“吃、住、行、游、购、娱”为一体旅游集散中心。推进“体育+旅游”融合发展，积极争取伯强体育小镇建设。要加快旅游廊道贯通。实施 G108——韩庄长城旅游公路、G108——仰头山旅游公路等建设项目。大力推进康养产业发展。加快建设康养产业体系。完善和实施繁峙县老年公寓、繁峙县东山医养中心、繁峙县金方圆敬老院等康养项目，年内投入运营。加快健康养生食品生产开发，积极推进黄芪茶、黄芪超微粉等初级农产品和黄芪黄酒、黄芪复合活性肽口服液等精深加工产品的研发和市场推广力度。大力发展农业休闲康养品牌，推进勇和稻田文化主题公园、赵庄白水大杏田园综合体、大营老泉头田园综合体等休闲农业公园和田园康养综合体发展。大力发展现代物流产业。以全国电子商务进农村示范县创建为依托，积极推进安通公司电商服装仓储物流基地等项目，完善县、乡、村三级物流体系和公路整车运输物流网络，融合“物流+互联网+大数据”，建设智慧物流运营体系。

（二）保证投资持续增长，充分发挥项目建设促进作用

2019 年，我县将深化转型项目建设。作为面向京津冀及雄安新区开放的忻州东部门户，我们要抢抓新机遇，加强与国家重大战略的对接，主动融入“一带一路”大商圈，积极对接京津冀协同发展、雄安新区建设等国家战略，积极引进优质项目，承接好产业转移，促进全县经济转型发展。

1. 抓好“深化转型项目建设年”。2019

年，全县谋划实施171个重点项目，总投资257.70亿元，年度计划投资81.61亿元。其中，转型项目114个，总投资200.74亿元，年度计划投资56.83亿元。确保转型项目投资完成额达到全年固定资产投资比重60%以上，着力筑牢新产业、新动能的坚实基础。要立足“优”字服务项目，始终把优化环境作为项目投资的第一竞争点，不断创新工作机制，全力打造“六最”营商环境，让各类企业在我县愿意投资、敢于投资、放心投资。深化企业投资项目承诺制改革，推进“多审合一”改革，推行项目联审联批，强化重大项目的领办和帮扶服务。进一步健全项目引进、落地推进、政策优惠、要素保障、考核奖惩等方面的工作推进机制。继续推行“一个项目、一名县级领导挂帅、一个工作专班、一抓到底”的“四个一”工作机制。对重点项目实施分类管理，对续建项目重点抓建设、抓竣工、抓投产；对新建项目重点抓前期手续完善、抓开工、抓进度；对重大产业考核项目和省市重点项目，重点抓进度、抓投资、抓考核；对重大推进项目，重点抓招商、抓落地、抓开工，推动项目早见效、快见效、多见效。

2. 推进开发区提质升级。经济技术开发区是我县打造吸引资金聚集和承接项目入驻的重大平台。充分利用省市支持开发区改革创新发展方面的优惠政策，以优良条件和环境吸引项目和企业入驻。完善园区规划，在推动完成《开发区总体规划》编制的基础上，加快编制《总规环评报告》《产业发展规划》，以及“五规合一”，积极推进《开发区控制性详细规划》《修建性详细规划》等专项规划编制工作，为园区发展提供科学的规划引领作用。要深入推动开发区改革，创新机构设置和体制机制，全力深化“三化三制”改革。壮大园区产业，坚持主导产业重点布局园区、招商项目优先落户园区、优质企业全面汇聚园区，立足现有产业基础，加大招商引资力度，配套关联企业，延伸产业链条，引进一批有聚集效益的产业项目。继续推动开发区道路建设、水、电、气、暖、管网、通信、污水处理等基础设施建设工程，完善园区功能，为园区项目顺利实施提供良好的基础保障。

3. 促进民营经济发展。扎扎实实把省30条、市30条和县30条支持民营经济发展政策落地落实。切实减轻民营企业负担，优化资源要素配置。不折不扣落实民营企业减免税费的计划，全面落实国家降低社保费率的政策。降低民营企业用地成本，创新采取长期租赁、先租后让、租让结合、弹性出让等方式，真正让民营企业工业用地成本降下来。拓宽民营资本投资领域，全面落实市场准入负面清单制度，支持民营资本参与全县战略性新兴产业项目和重大基础设施项目建设。

（三）巩固提升脱贫成效，不断推进乡村振兴

根据2019年中央一号文件提出要“坚持农业农村优先发展”总方针，以实施乡村振兴战略为总抓手，坚持把巩固脱贫成果，作为推进乡村振兴的优先任务，抓好有机衔接，统筹安排，全面做好全县“三农”工作。

1. 持续巩固提升脱贫成效。坚持“脱贫摘帽不摘责任、不摘政策、不摘帮扶、不摘监管”原则，逐步建立稳定脱贫长效机制。围绕高质量脱贫，促进贫困群众通过“产业+就业”双业持续增收。在两年巩固期内，各责任领导、责任部门和责任人要创新工作方法方式，认真落实好帮扶责任。同时，要

继续强化政策支持保障，进一步配套完善和兑现落实各项扶贫惠民政策。

2. 培育壮大特色农业优势产业。实现乡村振兴，产业兴旺是基础。要围绕优化品种、提升品质、打造品牌，加大科技投入，创新经营方式，拉长产业链条，挖掘农业内部增收潜力，提高农业综合效益和竞争力。保证粮食产量稳定，继续推动发展壮大特色种植基地。推动种植结构调整，调减玉米种植面积，扩大小杂粮、蔬菜、干鲜果、中药材等特色种植业面积。着力打造“繁峙黄米”“繁峙小米”“繁峙大米”杂粮“三米”品牌，“繁峙大杏”“繁峙树莓”“繁峙蔬菜”特色“三类果蔬”品牌，“繁峙牛肉”“繁峙驴肉”“繁峙兔肉”特色“三肉”品牌。继续培育壮大绿源亨通、宝山鼎盛、宏钜大磨坊、晋鲁诺佳、丰悦华等农产品加工龙头企业。以万锦肉牛、田源毛驴、绿洲兔业、牧原生猪养殖、辰翔牧业、富云牧业等龙头企业为引领，带动“六畜”齐头并进发展。在农户庭院较大的农村，搞好庭院经济提质试点工作，带动庭院经济全方位、高效益发展。强化农业服务体系建设，完善“一乡一站、一村一点”科技服务体系，抓好“万名农民冬季培训”活动，加大有机旱作技术推广，强化农业基础设施建设，强化农机现代化建设。大力培育农业龙头企业、专业合作社、种养大户等新型农业经营主体，探索个体农户与现代农业发展充分衔接的有效途径，让农民充分参与和受益。

3. 持续改善农村人居环境。大力度推进农村整村搬迁、整村提升、整治风貌、整治软散、整沟治理工作。抓好 135 个村整村搬迁和 276 个村整村提升成果巩固、8 个村的特色风貌整治、15 个村的软弱涣散整治，积极推进伯强沟、赵庄河等沟域的整沟治理。广泛开展村庄清洁行动，深入推进美丽宜居村庄和最美庭院创建，开展“美丽庭院”“整洁庭院”“生态庭院”整村创建工作。着力实施好拆违治乱、垃圾治理、污水治理、厕所革命、卫生乡村“五大专项”行动，把农村建设成为美丽宜居的生态绿色家园。

（四）发挥深改引擎作用，推进改革创新

改革是推动经济社会发展的不竭动力，要充分发挥全面深化改革引擎作用，着力推进重点领域关键性、基础性改革，破解发展瓶颈，激发发展新动能。

1. 深入开展“改革创新、奋发有为”大讨论。按照省委统一安排部署，从 2 月中旬到 4 月底，在广大党员干部群众中开展“改革创新、奋发有为”大讨论。主要任务是“六个破除”“六个着力”“六个坚持”“六个新突破”。通过思想大解放，打造思想解放、勇于担当、作风过硬的干部队伍，推动改革开放再出发，进而推动各项事业全面进步。

2. 持续推进农村集体产权制度改革。继续完善农村承包地“三权”分置制度。完成村集体经济组织成员身份界定、村集体经济组织股权设置与量化、村集体经济组织运营管理等重点改革任务，逐步构建权属清晰、权能完整、流转顺畅、保护严格的农村集体产权制度，确保到 2019 年 10 月份完成改革任务。

3. 加快推进砂河镇经济发达镇行政管理体制改革。做好拟下放 217 项行政职权的承接落实，对暂缓下放的 164 项行政职权分批逐步赋权下放，确保在 2019 年基本完成改革任务。推行综合行政执法，实行“一门式办理”“一站式服务”。

4. 深入推进国企国资改革。按照市政府“九个一批”国企国资改革要求，对县磷肥厂采取低效用地再开发利用方式进行改制；对县酒厂采取盘活存量、搬迁改造的方式进行改制；对鑫茂工程公司采取优化股权结构、完善股份制改造的方式进行改制。对其他国有企业一厂一策分类分批推进改革。

5. 深化财税金融改革。建立健全现代财政体系，增强财政运行稳定性和风险防控有效性。要把大规模减费降税落到实处。全面实施修改后的个人所得税法。持续深化水资源费改税和环境保护费改税改革。推动金融改革创新，积极推动中国银行在繁峙设立支行。加强县域融资担保体系建设，建立健全政银企对接机制和政银担保合作机制，形成“投放一批、审核一批、储备一批”资金，接力支持县域经济社会发展的格局。

6. 抓好一批事关群众生产生活的改革举措。针对企业生产经营、群众生产生活中反映最强烈、最突出、最现实、最直接的问题，有针对性推进一批微改革。推进土地开发领域改革，鼓励社会资本参与土地开发项目，努力完成占补平衡 333.3 公顷。完成 8 个批次城乡建设用地增减挂钩项目复垦验收等工作。深化农业水价综合改革和水权制度改革，推进水资源使用权确权登记。推进住房制度改革，完善住房供应和保障体系。推进养老服务综合改革和殡葬综合改革。在此基础上，要广泛征集群众意见建议，汇聚群众改革智慧，精准提升群众改革获得感。

（五）推进生态文明建设，持续优化生态环境

牢固树立“绿水青山就是金山银山”的理念，持之以恒抓好生态文明建设，筑牢可持续发展基础。

1. 继续深入推进造林绿化。大力实施砂河北坡绿化提升、苑家地生态绿化等 12 个方面生态重点项目，绿化造林 5346.67 公顷。积极争取推进实施 13333.3 公顷低效林改造项目。

2. 继续推动污染防治攻坚战。坚决打赢蓝天保卫战。进一步加强燃煤污染、建筑扬尘、机动车尾气、工业废气等综合治理。实施“煤改电”“煤改气”工程，加强“禁煤区”建设。建立“散乱污”企业动态管理机制，持续实施工业污染源全面达标行动和工业炉窑污染治理专项行动，深入开展 VOCs（挥发性有机物）专项整治。强化烟花爆竹禁燃禁放措施落实，依法依规取缔县城及其周边的烟花爆竹零售网点。全力打好碧水保卫战。不断提升水污染防治能力，继续推动实河道综合治理程，持续开展流域环境整治专项行动，进一步强化河长制工作责任落实，持续推进“清河行动”。扎实推进净土保卫战。继续深化贯彻落实“土十条”，加强农用地安全利用、建设用地准入、重金属污染防治、农业面源污染控制等工作力度。全力推进实施五台山风景区关闭矿山土地复垦项目，强化历史遗留矿山生态修复治理。

（六）加快城乡一体化建设，提升人居环境质量

城镇化是现代化的必由之路。经过几年不懈的努力，繁峙县城、砂河镇已先后创建为国家级卫生县城、国家卫生镇，城镇基础设施建设初具规模，功能不断完善。要坚定不移推动城镇高质量发展，立足“一城两集镇”城乡发展布局，精心谋划，加大投入，向城市品质化迈进，建成各具特色、充满活力的宜业宜居城镇。

1. 加强城镇基础设施建设。要进一步优化县城路网结构，实施县城重点街道改造工程。对重点区域供水老旧管网和雨污分流管

网进行改造。要全面强化住房保障，继续推进实施县城、杏园、砂河等棚户区改造工程。实施滹源220千伏输变电站及线路建设工程。新建及改造电网线路，进一步增强供电能力和供电可靠性。谋划新建繁峙县第二污水处理厂。巩固国家卫生县城、省级园林城市、省级环保模范城市创建成果，积极谋划省级智慧城市和国家级园林城市创建。

2. 提升城市精细化建设管理水平。全力推动城市设施、环境、交通、应急等方面常态长效管理水平不断提升。强化市政设施管理、维护意识，提高市政设施整体管理水平。优化道路交通基础设施，加大街巷微循环系统和城市慢行系统建设力度。提升城市公共绿地养护精细化和管理规范化水平。加强供水、供电、供暖、供气等公共服务标准化建设，建立服务评价监督惩戒机制。依托12319数字化实时监控管理指挥平台，切实提升智慧政务、智慧民生服务水平。深入推动城市管理等其他跨领域跨部门综合执法。开展道路交通、市场秩序、违法建筑等专项整治。全面强化社区治理，建立健全社区党组织、社区居民委员会、业主委员会和物业服务企业议事协调机制。强化对诚信物业等14家物业公司资质动态考核及信用评价工作，依法保护业主的合法权益。高度重视社区养老问题，以北中小区社区养老服务方式为示范，积极推行“日间照料+社区养老+居家养老”社区养老服务模式。

3. 提升重点集镇发展水平。突出特色发展重点集镇，构建具有历史记忆和地域特色、人民群众安居乐业的城镇化发展格局。巩固提升砂河镇全国文明镇和国家卫生镇成果，打造成为晋北旅居小镇和全省经济发达重镇。推进实施大营镇文明卫生镇创建工程，以大营村村级提升工程和国电投风电清洁供暖项目为重点，打造县域东部地区生态特色休闲小镇。新建清洁能源供热站，在农村地区清洁供暖方面发挥示范引领作用。加快杏园乡与县城融合发展，打造县城产城发展融合延伸示范区。实施南关村棚户区改造项目。要建立城乡一体化融合发展的体制机制，把工业和农业、城镇和乡村作为整体统筹谋划发展，促进城乡在规划布局、要素配置、产业发展、公共服务、生态保护等方面相互融合和共同发展。

（七）统筹发展社会事业，不断增进民生福祉

继续坚持以人民为中心的发展理念，着力保障和改善民生，统筹发展社会事业，让人民群众享受更多政策红利和改革发展成果。

1. 着力办好人民满意的教育。继续坚持“打造繁峙教育品牌，建设晋北教育强县”目标不动摇，努力开创繁峙教育事业新局面。积极争取实施砂河中学综合教学楼、杏园乡初级中学综合教学楼、东城中学教师周转宿舍等项目。新建贾家井小学、元山小学全免费扶贫寄宿制学校。深入推进初中强腰工程，强化30所县级课改示范校的课改工作。深化办学体制和教育管理改革，进一步强化校长队伍建设，探索采取“请进来”“走出去”等方式，培育和产生一批专家型、教育家型的名校长。全面优化校园内外环境，强化校园秩序管理和提升。

2. 着力加强医疗卫生和社会保障。继续深化县乡医疗卫生机构一体化改革，建立完善医疗质量管理和控制长效机制。持续巩固提升健康扶贫成效，进一步完善“6321”健康扶贫政策保障体系。持续推进社会保险扩面提标，完善城乡社会救助体系，实现动态管理下的应保尽保。全面落实各项优抚政策，切实解决好退役军人、优抚对象生活

难、住房难、看病难问题。发展残疾人事业，加强精准康复服务。

3. 着力拓宽就业渠道。借助“双创”基地等平台，促进高校毕业生、农民工、退役军人等群体多渠道就业创业，继续深化全民技能提升培训，继续实施外出务工交通补贴激励政策。

4. 着力推进文化体育事业繁荣。完善全县文化信息服务平台建设，继续免费“送戏下乡”、免费放映农村公益数字电影。推动“三馆一院”投入使用。依托国体总局扶贫优势，举办毽球、奥跑中国、定向越野等一系列国字号比赛。强化繁峙县毽球之乡特色体育品牌打造，加强毽球专业社会指导培训，开展毽球运动进课堂和进社区专项行动。举办旭日东升首届冰雪嘉年华等活动。

（八）全力防控风险，维护社会和谐稳定

要坚决贯彻总体国家安全观，坚定不移守住“大安全”底线，全面提高防范和化解各个领域重大风险的能力和水平，全面落实“三个坚决防止”和“四铁”要求，建设更高水平的“平安繁峙”。

1. 坚决防范化解金融风险。打好防范化解重大风险攻坚战，是三大攻坚战之首，其中，最关键的就是防控金融市场与金融体系中存在的风险。深化金融供给侧结构性改革，增强金融服务实体经济能力，平衡好稳增长和防风险的关系。统筹防范化解非法集资、金融、政府和企业债务、去产能、房地产等方面风险隐患，做到坚定、可控、有序、适度。妥善处理好不良贷款，建立健全企业债务风险防控机制，深入推进市场化法治化债转股扩量提质，加大对在建基础设施项目的资金保障。

2. 抓好安全生产。全面落实“党政同责、一岗双责、齐抓共管”安全生产责任制，压紧压实党委政府的领导责任、行业部门的监管责、企业的主体责任。持续推进交通、非煤矿山、消防、危险化学品、建筑施工等重点行业领域专项整治，坚决防范和遏制重大安全生产事故发生。全面深化应急管理体制改革发展，推进消防体制机制改革。实施各类矿山采空区治理项目。深化安全生产宣传教育“七进”活动，提升宣传教育的实效。深化安全生产专项整治行动，严厉打击无证生产、取缔后生产、整合技改未经验收私自生产、以勘探名义从事采矿活动等非法违法生产行为。

3. 加强和创新社会治理。坚持领导干部带头处理群众信访问题，不断提高解决信访问题的针对性和实效性。综合施策化解信访积案，引导群众依法逐级走访，不断提高信访工作科学化、法治化水平。加强公共法律服务体系建设，扩大法律援助范围。进一步完善禁毒工作机制，深化社区戒毒、社区康复工作，推进禁毒信息化平台建设，全面打赢禁毒人民战争。深入开展扫黑除恶专项斗争，依法严厉打击人民群众反映强烈的黑恶势力犯罪，切实保障人民安居乐业、社会安定有序。

同时，认真做好国防动员、双拥共建、民族宗教、优抚救灾、消防安全、人民防空以及统计、科技、老龄、史志、档案等工作，支持工会、共青团、妇联、文联、残联、工商联等群团组织发挥更大作用，有效凝聚全县改革发展的强大合力！

财政预算报告（节选）

繁峙县财政局

一、2018年全县财政预算执行情况

2018年，全县财政收入持续增长，收入质量显著提高；财政支出进度快于往年，重点支出保障有力，预算执行水平大幅提升。

（一）2018年一般公共预算变动情况

我县2018年财政预算经县第十六届人民代表大会第三次会议批准后，我们便按照会议批准的预算严格把关，维护了预算的严肃性。但在执行过程中，由于经济形势的变化和实际工作的需要，出现了一些新的收支变动事项。因此，根据全年的执行情况，对年初财政预算作了相应调整。

1. 一般公共预算收入。2018年，一般公共预算收入追加786万元，追加后一般公共预算收入为26436万元，占预算25650万元的103.06%。

2. 一般公共预算支出。由于上级财政追加了一般性转移支付，全年县级财力支出由年初预算的96437万元调整为114107万元，净增加17670万元。上级下达的专项款支出102155万元，新增一般债券资金支出11877万元，2018年全县一般公共预算支出为228139万元，比年初预算的188746万元净增加39393万元。

（二）2018年政府性基金预算变动情况

政府性基金预算收入在执行中，因收入项目有增有减，所以根据执行情况调整了以下收支预算：

收入调整：政府性基金收入净追加25808万元。其中：追加的项目2项共计26623万元，即：土地出让金收入追加20584万元，其他政府性基金收入追加6039万元；调减的项目4项共计815万元，即：国有土地收益金收入调减526万元，农业土地开发资金收入调减98万元，城市基础设施配套费收入调减189万元，污水处理费收入调减2万元。

支出调整：政府性基金支出净追加30592万元，追加后的政府性基金支出为51024万元，其中：专款基金支出2895万元，县级财力基金支出48129万元（含新增专项债券支出5000万元）。

（三）2018年财政预算执行情况

1. 一般公共预算执行情况

2018年，一般公共预算收入完成26436万元，占预算25650万元的103.06%，超收786万元，比上年23929万元增收2507万元，增长10.48%。其中：税收收入完成16549万元，同比增长12.46%，增收1833万元。其中增值税完成7400万元，同比增长17.82%；企业所得税完成2091万元，同比下降1.13%；个人所得税完成383万元，同比增长21.59%；资源税完成2546万元，同比增长44.91%。

非税收入完成9887万元，同比下降7.32%，增收674万元。

2018年，一般公共预算支出228139万元（包含新增债券支出11877万元），比上年的184966万元多支43173万元，同比增长23.34%。其中：教育、文化体育与传媒、社会保障和就业、医疗卫生与计划生育、节能环保、城乡社区事务、农林水事务、交通运

输、住房保障支出、粮油物资储备事务等民生支出共计192318万元，比上年增长23.84%，占全年公共财政预算支出的84.3%。

2018年财政预算执行结果是：一般公共预算收入26436万元，返还性收入1893万元，一般性转移支付收入117196万元，专项转移支付收入70154万元，上年结余38579万元，动用预算稳定调节基金1753万元，新增一般债券收入11877万元，合计全年地方财政收入总计267888万元。本年全县财政总支出228139万元，专项上解支出643万元（其中，援助新疆地区支出44万元，跨界水质考核补偿410万元，水资源费改税上解176万元，一般债券发行费13万元），安排预算调节稳定基金786万元，结转下年使用38320万元。

2. 政府性基金预算执行情况

2018年，政府性基金收入42888万元，占预算17080万元的251.1%，超收25808万元，比上年的7189万元增收35699万元，增长496.58%。其中：土地出让金收入35584万元，为年度预算的237.23%，超收20584万元，同比增长578.95%，增收30343万元。

2018年，政府性基金支出51024万元（含新增专项债券5000万元），比上年的10112万元增支40912万元，增长404.59%。主要投向：社会保障和就业350万元，城乡社区事务41080万元（其中：土地出让金支出39698万元），农林水支出86万元，商业服务业支出5万元，债务付息支出759万元（专项债券利息），其他政府性基金支出8744万元。

政府性基金收支平衡情况：本年收入42888万元，上级下达专项款4137万元，上年结转790万元，新增专项债券5000万元，本年政府性基金收入合计52815万元；本年政府性基金支出51024万元，上解支出7万元，收支相抵，结余1784万元（其中：县级财力基金193万元，专项基金1591万元），全部结转下年使用。

3. 社会保险基金预算执行情况

全县社会保险基金收入完成56061万元，占预算的198.47%；社会保险基金支出49472万元，占预算的94.32%，主要用于兑现各项基本养老保险待遇。

4. 政府性债务情况

2018年全年新增债务16877万元，主要用于异地扶贫搬迁2641万元，整村提升项目4136万元，光伏发电项目5100万元，土地储备项目5000万元。

2018年年底，全县政府债务余额为77333万元，债务余额低于市财政核定的债务限额81000万元。

5. 落实县十六届人大三次会议决议情况

2018年，财政部门认真落实县十六届人大三次会议有关决议，坚持“紧日子、保基本、调结构、保战略”十二字方针，注重增强财政综合保障能力，落实积极财政政策，优化财政支出结构，不断加强财政管理，充分发挥财政职能，一年来，在预算执行过程中，我们着重抓了以下工作：

（1）多措并举缓解收支压力，财政运行总体平稳。

一是加强收入管理。全县一般公共预算收入同比增长10.48%，增收2507万元。税收收入占一般公共预算收入62.6%，比上年提高1.1个百分点，财政收入结构进一步优化。

二是积极向上级财政争取转移支付资金。省、市财政全年下达我县的一般性转移支付达到117196 万元，比上年增加13367万元，增长12.87%。

三是继续清理盘活财政存量资金。全年

共收回存量资金 1060 万元，调整用于弥补财力缺口。

四是优化支出结构，严控“三公”经费支出，全县各部门“三公”经费支出共计 707 万元，同比下降 1.26%。

（2）统筹整合涉农资金，全力打好脱贫攻坚战。

2018 年全县统筹整合财政涉农资金 44571 万元，比上年增长 60.67%，增加 16830 万元。其中：财政扶贫专项资金达到 12871 万元，比上年增长 31.08%，创历史最高水平。资金实际投向主要是：产业扶贫投入 6146 万元，金融扶贫投入 2249 万元，资产收益类投入 6623 万元，生态补偿类投入 741 万元，基础设施类投入 28280 万元，旅游扶贫投入 50 万元，就业培训 482 万元。

（3）调整优化支出结构，确实保障改善民生。

一是支持教育事业发展。全年教育支出共 53906 万元，增长 15.8%。其中：落实农村中小学义务教育公用经费 3720 万元，薄弱学校改造项目支出 10319 万元，发放中小学贫困寄宿生生活补助 234 万元，农村中小学义务教育学生营养改善计划资金 1938 万元，普通高中学生免学费补助 669 万元，普通高中助学金补助 157 万元，职业高中助学金和免学费支出 894 万元；二是支持文化体育事业发展。文化体育与传媒支出 2723 万元，增长 22.38%。全年拨付农村文化建设资金 420 万元，“两馆一站”免费开放 105 万元，全民体育健身经费 50 万元；三是支持社会保障和就业工作，全年拨付城乡困难群众基本生活救助资金 9196 万元，城乡居民养老保险补助资金 5178 万元，就业补助资金 1390 万元，自然灾害生活救助 459 万元；四是支持医疗卫生事业发展，全年拨付城乡居民基本医疗保险基金县级补助 1043 万元，基本公共卫生服务 1514 万元，城乡居民医疗救助 918 万元，困难企业职工医疗保险财政补助 1138 万元。

（4）强化财政预算管理，提升财政管理科学化水平。

一是加强财政资金绩效管理。2018 年，我们继续深入推进预算绩效管理，特别是将财政扶贫资金及扶贫整合资金全部纳入《财政扶贫资金动态监控平台》，督促全县各部门及时保质保量完成扶贫资金的绩效管理工作，从而提高我县绩效管理工作水平。二是开展地方政府隐性债务专项统计，按照防范地方政府债务风险总体要求，依照摸清底数、控制总量、化解存量的步骤，对认定的隐性债务制定了化解措施和方案，全面纳入到全国的债务监测平台，为我县打赢防范化解政府债务风险打下了坚实基础。三是深入推进预决算公开。严格按照《预决算公开操作规程》，将全县所有的县级预算单位的预算、决算在县政府门户网站集中公开，实现应公开范围的全覆盖。四是试编政府综合财务报告。通过试编政府财务报告工作，推动预算单位严格按照相关会计准则和制度规定，规范会计核算，细化核算内容。同时督促预算单位及时清理往来事项，全面清查资产负债，确保账实相符，保证会计信息真实、准确。

二、2019 年全县财政预算

综合考虑我县财政经济发展的各种因素，2019 年全县预算安排的总的指导思想是：以习近平新时代中国特色社会主义思想为指导，坚持新发展理念，坚持推动高质量发展。积极的财政政策要加力提效，实施更大规模的减税降费，有效降低企业负担。优化财政支出结构，树立过紧日子的思想，全面实施预算绩效管理，加强政府债务管理，积极防范化解政府债务风险，促进经济持续健康发展和社会大局稳定，为全面建成小康社会收官打下决定性基础，以优异成绩庆祝中华人民共和国成立70周年。

根据上述指导思想，2019年全县财政收支计划拟按以下原则安排：一是收入预算要实事求是、科学预测，与经济社会发展相适应，与财政政策相衔接。二是支出预算要统筹兼顾、突出重点，保基本、保民生、兜底线，加大对重大战略、重大改革和重点领域的保障力度。三是政府带头过“紧日子”，严格控制和压减一般性支出，节省的资金用于保障重点支出和民生支出需要。四是推进实施预算绩效管理，坚持精打细算、勤俭节约、效益优先，提高财政资源配置效率和使用效益。五是增强财政可持续性，量力而行合理安排各项财政支出。

（一）一般公共预算收支安排

全县一般公共预算收入计划安排27760万元，比上年实际完成数增长5%，增收1324万元。其中：税收收入18045万元，增长9.04%，非税收入9715万元，下降1.74%。

全县一般公共预算收入，加上上级补助收入84215万元，动用预算稳定调节基金786万元，预计专项上解支出220万元（其中：对口援疆上解44万元，水资源费改税上解176万元），2019年县级财力共计112541万元。上级财政提前告知下达的专项资金36255万元，上年结转的专项资金38320万元，2019年全县一般公共预算收入合计187116万元。

按照收支平衡的要求，公共财政预算支出按可用财力相应安排187116万元。其中：县级财力支出112541万元。

县级财力支出预算具体安排情况：

1. 个人部分安排79328万元。其中：

(1) 行政事业单位人员工资47907万元；

(2) 职工养老保险、职业年金11150万元；

(3) 职工医疗保险、生育保险、失业保险、工伤保险等3223万元；

(4) 职工住房公积金2661万元；

(5) 城乡居民养老保险县级配套1068万元；

(6) 城乡群众基本医疗保险基金县级配套1381万元；

(6) 困难企业职工医疗保险1213万元；

(7) 其他个人部分支出（包括协警人员、环卫工、公费医疗、工伤保险、死亡人员抚恤金等）10725万元。

2. 公用部分支出安排33213万元，其中：

(1) 保障公安、司法及纪检、政法委办案经费1127万元；

(2) 乡镇运转经费1005万元；

(3) 村级组织运转经费4030万元；

(4) 部门运转经费及基本支出19982万元；

(5) 县级安排的项目支出及配套的项目经费7069万元。

（二）政府性基金预算收支安排

2019年政府性基金收入预算安排38780万元。其中：国土出让增减挂钩收入37000万元，国有土地收益基金收入1500万元，农业土地开发资金收入150万元，污水处理费收入130万元。

加上上年结转的政府性基金1784万元，提前下达专项政府性基金293万元，政府性基金收入合计为40857万元。

根据政府性基金以收定支的原则，政府性基金支出预算为40857万元。其中：国土出让增减挂钩收入安排的支出37000万元主要是：

扶贫产业项目支出6700万元

移民搬迁整村提升拆旧复垦项目支出10517万元

各类贷款的本金和利息支出16236万元；

专项债券利息981万元；

手工业企业租赁厂房补助681万元

整村提升太阳能路灯安装518万元

整村提升乡镇卫生所建设393万元

整村提升林业绿化459万元

整村提升文化信息服务平台建设320万元

手工业加工配套电力设施费用195万元

（三）社会保险基金预算

2019年，全县社会保险基金计划收入59193万元。其中：保险费收入21786万元，利息收入519万元，财政补贴收入10538万元，转移收入446万元，上级补助收入25300万元，其他收入604万元。全县社会保险基金支出56959万元，本年收支结余2234万元。

三、2019年财政工作任务

（一）强化财源建设，着力稳增长提质量。一是加强收入征管。正确处理减税降费与依法组织收入的关系，全面抓好收入征管。强化财税协同配合，分级落实责任、传导压力。健全税收保障机制，推进依法治税，用好涉税信息共享平台，建立健全税收分析、征收管理、纳税评估、税务稽查“四位一体”联动机制，切实抓好重点行业、重点税源、重点税种的有效监控，提高征管效率；加强欠税清缴和零散税收征缴，充分挖掘税收增长潜力，不断提高收入质量。进一步加强非税收入征管，确保非税收入应征尽征。二是加强可持续财源建设。把抓项目、扩投资、调结构、促转型放在财源建设的首位，全力提升工业园区的配套设施、承载容量、基础功能，筑巢引凤。落实国家各项减税降费政策，切实减轻企业负担。全面兑现中央、省、市、县各项企业优惠政策，支持企业发展壮大。三是积极向上争取资金。积极抢抓经济新常态下国家将继续实施积极财政政策的机遇，主动把握国家、省市宏观政策导向，力争对上争取政策、项目和资金实现新突破。四是盘活财政存量资金。牢固树立“节支也是增收”的观念，调整和优化支出结构，完善预算执行约束机制，切实盘活资金，避免资金沉淀闲置。

（二）着力深化财税体制改革，实现更高效率的发展。一是加大供给侧结构性改革力度。大力整合财政存量资金、专项资金和政府债券资金，推进政府重大工程和项目建设；严控“三公”经费预算，压缩一般性支出，坚持过“紧日子”。二是加大预算绩效管理。建立全面规范透明、标准科学、约束有力的预算制度，全面推进建立财政资金绩效评估体系，使政府花钱绩效化、精细化，让人民满意。预算编制环节要突出绩效导向，将绩效关口前移；预算执行环节要加强绩效监控，坚持“谁支出，谁负责”；决算环节要开展绩效评价，加快实现项目绩效自评全覆盖。三是加大防范地方政府债务风险力度。加强政府债券资金管理，合理向上争取地方政府债券额度，规范政府债券资金使用，确保债券资金发挥最大效益；要充分估计财政困难和风险，坚持依法举债，严守底线不动摇。四是加大财政监督力度。贯彻落实财政法规，提高财政监督效能，坚持日常监督和专项监督相结合，围绕重大财政政策执行，强化追责问责，确保财政资金使用安全高效。

（三）坚持科学理财，提高服务水平。一是强化预算约束。坚持先预算后支出，年度执行中要严格执行人代会批准的预算，严控预算调整事项，强化预算单位主体责任，提高财政支出的均衡性和年初预算的到位率。二是继续推进预决算公开。以建立“公开、透明、规范、完整”的预算制度为目标，充分利用政府统一平台，认真做好政府预决算、部门预决算公开工作，进一步加大预决算公开力度，提高预算透明度。三是进一步加强财政干部队伍建设。按照外塑形象、内强素质的要求，不断提高财政干部的政治素质和业务水平，全面落实以人民为中心的财政发展思想，强化发展型财政、民生型财政、绩效型财政建设，着力提高财政部门的履职能力，切实履行好当家理财职责。

繁峙县人民法院工作报告（节选）

繁峙县人民法院　荣崇明

2018年主要工作

2018年共受理各类案件1764件，审执结1733件，总审执结率达到98.24%，各项审判执行质效完成指标名列全市法院前茅。一年来，法院先后被繁峙县委评为“先进基层党组织”，被省高级人民法院授予“全省法院党建工作先进集体”称号，特别是被最高人民法院命名为“全国优秀法院”，为县法院历史以来获得的最高荣誉，也是全市唯一一家获此殊荣的法院，开创了我县法院工作的新局面。

一、充分发挥司法职能，切实维护社会公平正义

（一）依法惩处刑事犯罪，共建“平安繁峙”。坚持“严打”方针不动摇，坚决向故意伤害、强奸、抢劫等严重暴力性犯罪，贩卖毒品、非法持有毒品等严重妨害社会管理秩序类犯罪，以及盗窃、敲诈勒索等多发性侵财类犯罪“亮剑”，加大诈骗、信用卡诈骗等影响经济发展类犯罪的打击力度，全力维护社会治安和经济发展秩序。全年共受理刑事案件164件，审结163件，审结率达到99.39%，对196名被告人按照各自的刑事责任判处了有期徒刑、拘役、罚金等刑罚。加强环境资源审判，严厉打击破坏环境资源类犯罪，对盗伐林木、非法狩猎的3案7名被告人依法予以重处，切实保护了生态环境建设。落实宽严相济刑事政策，对犯罪情节较轻或获得被害人及家属谅解且不具有社会危险性的74名被告人依法适用了缓刑。认真做好交通肇事、过失致人死亡等过失类犯罪的刑事附带民事调解工作，尽最大努力让被害人和其家属获得相应的物质补偿和精神安慰，有效化解了社会矛盾。

（二）妥善解决民商事纠纷，共创“和谐繁峙”。积极发挥民商事审判疏导职能，快速有效地化解各类民商事纠纷，全年共受理民事案件1042件，审结1042件，审结率达到100%。加强类案研判和精细化审理。针对婚姻家庭纠纷、民间借贷纠纷和机动车交通事故责任纠纷在民事纠纷中占比高、体量大的实际情况，充分运用案例推送、法律释明等手段，使当事人能够更加理智地参与诉讼，主动寻求诉讼调解等化解矛盾的最佳途径，一年来，在法官主持下，以调解方式结案158件，经调解撤诉160件，总调撤率达到30.54%，切实促进了社会和谐；在案件审理普遍适用简易程序、审限时间要求较高的新形势下，能取得这样的良好效果，实属不易。立足商事审判实际，着力优化营商法治环境。制定出台《关于人民法院依法保护企业家合法权益营造企业家健康成长环境的实施方案》，按照县委相关工作部署，多措并举保护企业家合法权益，打通促进企业发展的绿色通道，基本形成了公平、透明、可预期的法治化营商环境。

（三）决胜“基本解决执行难”，共筑“诚信繁峙”。坚持目标导向，通盘谋划、综合施策，充分发扬拔钉子、敢碰硬的精神，举全院之力坚决打好执行攻坚战、决胜仗，努力让每一个胜诉当事人在执行案件中感受到公平正义。全年共立案 558 件，已执结 528 件，结案率为 94.62%，有财产可供执行案件法定审限内执结率、无财产可供执行案件终本合格率等关键指标，在全市法院执行质效考核中一直位居前列，一些具体做法被市中院作为工作经验向全市推广。完善操作流程，优化执行模式。通过推进诉讼保全保险、执行信访风险化解前置、畅通打击拒执犯罪通道、设立“一案一账户”、积极移送“执转破”案件等具体工作，进一步理顺执行管控体系，初步形成了长效机制。强化执行强制措施，加强对失信行为的联合惩戒。坚持网络查控与传统查控相结合，最大限度地挤压失信被执行人的活动空间，分六批向社会公布 224 名“老赖”名单，使其在吃、穿、住、行各个方面受到限制，共有 20 余名失信被执行人迫于社会舆论压力主动履行了给付义务，有力助推了社会信用体系建设。

二、深化司法体制机制改革，着力提升审判执行质效

（一）树立全院工作一盘棋的司法思维，建立起立案、审判、执行协调运行机制。围绕“基本解决执行难”，将解决执行难工作贯穿于整个诉讼过程，有效减少执行立案数量、减轻执行工作压力，使新收执行案件与审判案件的比例基本控制在 25%以下，步入良性发展轨道。一是将诉前调解和诉前保全纳入立案程序，既防范了当事人转移财产，又妥善化解双方纠纷，促进了案结事了。二是源头治理破除执行难题，比如，要求婚姻家庭案件中涉及孩子抚养费的判决只能载明抚养费总额，不得判决分期给付，既减轻了当事人需多次申请执行的诉累，又使许多具备一次性给付能力或条件的被执行人及早地履行了法律义务；再比如，规定不能即时履行的民事案件不得以调解方式结案，既促进案结事了，也避免了被告在进入执行程序后再次争取原告让步，减小了执行难度。三是将执行信访风险化解工作前置到审判阶段，对于交通肇事、过失致人死亡、人身损害等涉及民事赔偿且进入执行程序后即面临执行不能、甚而形成执行信访的案件，通过多元调解、给予司法救助等方式，竭力弥合矛盾，使“执行难”消除在萌芽状态，形成双方当事人和法院三方受益的良好局面，有 10 多个看似即将形成涉法涉诉信访的案件在审判环节得到彻底解决。

（二）科学调配司法资源，推进案件繁简分流。根据案件事实、法律适用、社会影响等因素，科学调配和高效运用审判资源，依法快速审理简单案件，严格规范审理复杂案件，实现简案快审、繁案精审。全院全年适用普通程序审理案件 247 件，适用简易程序审理案件 940 件，其他程序 28 件，简易程序适用率为 77.37%；开庭率为 100%；当庭作出裁定或判决结案 49 件，当庭裁判率达 4.04%。

（三）抓好改革试点工作，稳步推进以审判为中心的刑事诉讼制度改革。在全市率先探索庭审实质化改革试点工作，立足重要操作环节，充分发挥庭前会议功能，真正实现从“侦查为中心”到“审判为中心”的转变，促进了司法水平新的提升和司法文明质的飞跃。同时，将非法证据排除和证据合法性问题贯穿到整个案件审理流程，即便被告人及其辩护人未提出申请，也将证据合法性问题列为重要审查内容，有效地保障了被告人的合法权利。

（四）支持配合监察体制改革，全方位对接职务犯罪案件。牢固树立“四个意识”，积极配合监委做好各项工作，共受理职务犯罪案件5件（其中2件系指定管辖），已全部审结，促进了监察体制改革工作的全面推进。一是认真开展学习研讨，保障与监委有效对接。院党组举办学习研讨会1次，组织院庭长、员额法官及书记员专题学习培训2次，努力探索可复制、可推广的工作经验，保障了法院工作与监察委员会工作的有效对接。二是建立线索及时移送机制，促进与监委案件信息沟通。要求审判团队在办理案件过程中，发现公职人员涉嫌贪污贿赂、失职渎职等职务违法、职务犯罪线索或党员涉嫌违纪线索，及时向县监察委员会送达《涉嫌违纪违法线索移送函》，并移送相关材料。三是健全完善工作规范，确保与监委对接有章可循。根据市、县政法委有关文件精神，先后编制了《繁峙县人民法院支持配合监察委员会查办案件工作制度》《繁峙县人民法院支持配合监察委员会查办案件工作办法》等职务犯罪案件办理规范，实现了职务犯罪案件办案全流程无缝对接。

三、坚持以人民为中心的发展思想，积极落实司法为民举措

（一）加强服务窗口建设，诉讼服务提档升级。派出考察组到安徽合肥蜀山法院、浙江台州法院等全国信息化建设和诉讼服务中心建设先进法院进行考察调研，多方借鉴先进经验，并向专业公司征询方案意见，采购引进了包括安检系统、导诉系统、调解系统、访客管理系统、自助服务系统等在内的整套诉讼服务中心信息化建设项目，为向人民群众提供全方位、一站式、信息化便捷诉讼服务夯实了基础。

（二）落实司法救助，彰显司法人文关怀。高度重视司法救助工作，严格落实司法救助规定，确保经济困难的当事人及时得到司法救助。全年共为81件案件的当事人减免缓收案件受理费38.67万元，切实让困难群众感受到了司法的温暖。

（三）深入精准扶贫一线，做真做实帮扶工作。按照县委的统一工作部署，对东山乡李庄村、太平沟村、岭底村的205户贫困户组织实施脱贫帮扶工作，积极更新完善个人信息，核实并填写收支测算表，让每一户贫困户了解到最新的扶贫政策、措施。同时，适时开展讲案释法解纠纷、捐款送物献爱心活动，进一步提升了贫困群众的获得感和幸福感，为全县脱贫摘帽做出了应有的贡献。

四、努力提高政治站位，深入推进扫黑除恶专项斗争

（一）强化政治责任，不断增强扫黑除恶的思想和行动自觉。认真贯彻落实中央、省、市、县扫黑除恶专项斗争会议精神和工作部署，围绕政治站位、组织领导、深挖彻查、依法严惩、综合治理、组织建设等六个方面的工作综合施策、持续发力，不断推动了扫黑除恶专项斗争向纵深发展。

（二）依法严厉打击，认真做好涉黑涉恶犯罪案件审判工作。一年来，共受理涉恶案件7件，已全部审结。这些案件涉及三个恶势力团伙犯罪、一个恶势力集团犯罪，共24名被告人，其中包括4名未成年人。经过依法审理，冯某华等6人恶势力犯罪团伙、侯某春等7人恶势力犯罪团伙和王某江等3人恶势力犯罪团伙成员一审均已被追究刑事责任；以被告人郑某杰为首的8人恶势力犯罪集团成员一审被分别判处2至9年不等的有期徒刑。

（三）集中整肃队伍，确保扫黑除恶专项斗争持续推进。按照“八查八整八提高”的要求，坚持做到“教育求真”、“查摆求准”“整改求严”“制度求实”、“质效求优”，以刀刃向内、刮骨疗毒的决心，深入自查、开门纳谏，将五个方面15个具体问题列入问题清单，制定了40条措施边整边改，自9月初至12月底，历时近四个月，各类问题全部“清零”“销账”，制定出台综合管理制度、规范7项，保持了扫黑除恶“主力军”的纯洁性和战斗力。

五、加强基层基础建设，全力打造一流法院

（一）顺利完成基础设施建设，进一步优化了法院司法环境。积极争取各方面的支持，建成面积307平方米的诉讼服务大厅和调解大厅，对羁押室、囚车专用车库进行了改造，通过安检通道连接的方式，真正实现了立案区、审判区和办公区“三分离”。机房等级保护系统建成并投入使用，法院网络信息管理实现可视化。库藏档案数字化项目竣工，2017年1月1日之前的各类诉讼案卷、执行案卷和行政文书等19730余册库藏档案全部实现电子数据化。强化安防监控，分别在机关大院、诉讼服务中心新增同步音视频监控探头28部，实现全院实时监控全覆盖。这些项目的投入使用，对提升服务质量、保障诉讼安全都起到积极作用。

（二）全面加强党的建设，进一步提高了法院队伍整体素质。一是以学为先，强化理论武装。坚持每日学习早会，教育引导全院干警树牢“四个意识”、坚定“四个自信”、做到“两个维护”。二是以思为重，提升干警修养。通过集体学习、互相讨论查摆问题、观看革命历史教育片、学习先进事迹、开展“以案为鉴、筑牢防线”专题警示教育等活动，增强干警政治鉴别力和敏锐性。三是以践为道，践行党员使命。引导党员干部做好“五个示范”，在实际工作中提升了党员的“使命感”“身份感”“责任感”。四是以悟为要，整改司法作风。扎实开展“支部主题党日”活动，组织廉政监督员监察员开展“回头看”等各类专项检查达40余次，避免了干警违纪违法问题的滋生。

（三）深化法院文化建设，进一步弘扬了法院公平正义精神。按照以法院党建为主轴，以展示法院工作、宣扬审判文化为双翼的思路，分别在安检通道长廊布设了三个板块的图版内容，进一步深化了法院的文化建设。首次组织召开执行工作专题新闻发布会，向全社会通报了法院执行工作取得的新进展，及时回应人民群众对执行工作的关切和期盼，取得良好社会效果。

六、自觉接受全面监督，追求司法公正公信

始终把接受监督作为推动法院工作科学发展的重要保障，主动向县人大及其常委会，向人大代表、政协委员报告各项工作情况；健全代表、委员联络制度，认真落实人大代表和政协委员提出的议案和建议，邀请人大代表、政协委员视察法院、出席会议、旁听庭审、见证执行；认真接受检察机关的诉讼监督，实行检察长列席审委会会议制度；深化审判流程公开、裁判文书公开、执行信息公开、庭审公开四大司法公开平台建设，网上直播庭审675场，上网公布裁判文书1105件，随时接受公众监督；积极完善人民陪审员参审制度，人民陪审员参与审理案件214件，参审率达86.64%；充分利用微信、微博等多种渠道加强与新闻媒体和社会各界的互动、沟通，展示了人民法院的良好形象。

各位代表，过去一年来，县法院取得的成绩和进步，离不开县委的正确领导，人大及其常委会的有力监督，得益于政府、政协及有关方面的大力支持和各位人大代表、政协委员的关心和帮助。在此，我代表县人民法院向一直以来关心、支持、理解法院工作的各位人大代表、政协委员、各级领导和社会各界人士表示衷心的感谢，并致以崇高的敬意！

在总结成绩的同时，我们也清醒地认识到，县法院各项工作虽然都取得了明显的成效，但仍存在一些短板和不足：部分司法工作人员的思维观念、创新意识、担当作为能力与新时代的形势发展和人民群众的需求相比还有一定差距。司法责任制改革背景下院庭长审判监督管理作用发挥不够充分，审判执行质效仍有提升潜力。法院信息化建设、应用的任务依然艰巨，专业技术人才缺乏的难题亟待破解。对于这些困难和问题，法院党组将认真研究，积极争取各方支持，采取有效措施，切实加以解决。

2019年工作安排

2019年，县法院工作的总体思路是：深入学习贯彻习近平新时代中国特色社会主义思想，全面贯彻落实党的十九大精神、习近平总书记视察山西重要讲话精神和在中央政法工作会议上的重要讲话精神，按照中央、省委政法工作会议和县委经济工作会议的部署，坚持党对法院工作的绝对领导，坚持以人民为中心的发展思想，坚持让人民群众在每一个司法案件中感受到公平正义，全面加强新时代党的建设，全面深化司法体制综合配套改革和智慧法院建设，加快推进法院队伍革命化、正规化、专业化、职业化建设，充分发挥审判职能作用，努力为我县经济发展、社会安全稳定提供更加有力的司法服务和司法保障。

一是切实加强党的政治建设，坚决将人民法院工作置于党的绝对领导之下。始终坚持把习近平新时代中国特色社会主义思想，作为人民法院工作的思想旗帜、理论指引和根本遵循，切实用于武装头脑、指导实践、推动工作。旗帜鲜明讲政治，增强“四个意识”、坚定“四个自信”、做到“两个维护”，始终在思想上政治上行动上同以习近平同志为核心的党中央保持高度一致。认真贯彻落实《中国共产党政法工作条例》，坚定不移地走中国特色社会主义法治道路，始终保持人民法院正确政治方向，确保“刀把子”牢牢掌握在党和人民手中。深入开展“改革创新、奋发有为”大讨论，突出目标导向、问题导向和实践导向，既解决思想观念层面的问题，也解决实际工作和机制层面的问题。坚持底线思维，做好突发事件处置预案和物质准备，切实防范重大风险挑战。

二是围绕大局履职尽责，全力保障全县社会安全稳定和经济高质量发展。深刻把握今年经济工作会议确定的预期目标、工作方针和重点任务，找准司法服务保障的结合点和切入点，充分发挥审判职能作用。严惩各类刑事犯罪，着力开展打击毒品犯罪和电信网络诈骗犯罪专项行动，继续加大对各类破坏生态环境刑事犯罪的打击力度；深入推进扫黑除恶专项斗争，以深挖根治为目标，坚持打漏见底、打财断血、打伞破网，彻底铲除黑恶势力赖以滋生的土壤，使人民群众的安全感、满意度明显提升。贯彻新发展理念，助推我县拓展转型发展新局面；积极助力精准脱贫和乡村振兴，快诉快判涉及三农案件；大力支持民营经济发展，妥善审理涉及民营企业和企业家的各类案件，严防侵害企业合法权益行为，坚决避免因采取强制措施不当影响企业正常生产经营，努力打造“六最”营商环境；全面推进家事审判改革和道路交通事故纠纷一体化处理改革，不断提高工作效率。强化执行指挥中心实体化运行，提高执行信息化、规范化水平，及时把“基本解决执行难”工作取得的成果常态化、制度化，进一步完善网络查控系统，织密信用惩戒网，形成可持续的执行工作长效机制。

三是认真践行司法为民，不断增强人民群众安全感、获得感和幸福感。加强诉讼服务中心建设，进一步健全完善诉讼服务中心功能，实行“分调裁”一体化，拓展网上诉讼服务，全力打造便利式、连锁式、自选式立案诉讼服务体系，用人民法院的温暖幅度提升群众的幸福指数。聚焦民生领域突出矛盾和问题，妥善审理好教育、就业、医疗、养老、劳动争议等事关人民群众切身利益的案件，充分满足人民群众的多元司法需求。健全完善诉调对接机制，创新发展“枫桥经验”，大力推行诉前矛盾集约化解决的工作模式，构建一站式纠纷化解平台，努力提高调解质效。全面实行执行案件立案风险和执行流程告知制度，使申请执行人及时了解案件进展情况，充分行使执行知情权、参与权、表达权和监督权。

四是深化司法体制综合配套改革，不断提升审判质效和司法公信力。深化诉讼制度改革，继续推进案件繁简分流，推动法官办案专业化，努力实现执法办案中心工作提质增效。注重发挥审判管理部门司法活动总调度的作用，科学设计审判执行工作管理流程，强化动态监督和案件评查，落实网上巡查常态化，促进司法高质量高效率运行。科学规范绩效考核，以核定法官的工作量为基础，以综合反映法官办案质量效率效果为主要内容，探索建立指标清晰、具有鲜明导向性的司法考核机制，激发法官竞争意识。不断深化司法公开，努力做到案件类型全覆盖、员额法官全覆盖，进一步提升庭审规范化水平。

五是落实全面从严治党，着力打造忠诚干净担当的法院队伍。持续深化党的建设，坚持学习教育不放松，不断夯实做好法院各项工作的思想基础。强化岗位培训，落实“四化”要求，增强全体干警的履职本领。坚持严管厚爱，建立有效容错机制，严格区分严重失职、违纪违法与工作失误，鼓励干警担当作为。狠抓纪律作风整顿，按照省高院的统一部署，组织开展好“纪律作风整顿年”活动，以严纪律、强作风、树正气为重点，集中解决突出问题，坚决清除害群之马，努力打造一支让党放心、让群众满意的高素质法院队伍。

六是广泛接受各方监督，扎实推进法院工作全面发展。自觉接受人大监督，认真做好年度报告和专项报告工作，健全人大代表联络、代表建议办理等制度。自觉接受民主监督，加强与人民政协的沟通和联系，及时汇报重点工作推进情况，及时办复政协委员提出的提案。自觉接受诉讼监督，认真对待检察机关提出的工作建议，强化整改落实。自觉接受社会监督，注重加强与媒体、网络的沟通协调，深入听取社会各界和人民群众的意见，不断改进人民法院工作。

附：报告中相关用语说明

1.“三基”建设：即“基层组织、基础

工作、基本能力”建设。全面加强“三基建设”是山西省推进“两学一做”学习教育常态化制度化的特色载体，是保障中央各项决策部署落到实处的重大举措。

2.“基本解决执行难”：2016年3月13日，周强院长在十二届全国人大四次会议上报告最高人民法院工作时庄严承诺：“用两到三年时间基本解决执行难问题”，这是人民法院满足人民群众日益增长的多元司法需求、提升司法公信力的内在要求，是人民法院为实现全面建成小康社会和“四个全面”战略布局目标提供有力司法保障的应有之义。近三年来，全国法院不断推进执行工作，取得了显著的成效。

3.“一案一账户”：按照“一人一案一账户”的原则，当事人通过“虚拟账号”缴费，款项可以实时、安全地到达法院主账户，并自动对应到相应案件。一旦诉讼、执行立案，每个当事人生成具有唯一性的专属“虚拟账户”，法院通过审判执行信息系统下达缴费、结算、退费指令，开出通知单，当事人可通过各家银行，包括网银、柜面、自助设备、手机银行、立案大厅等各种渠道发起的转账、汇款、现金等方式缴款，经过“虚拟账号”收缴诉讼费、执行款，确保每笔进账、退款项的案件信息完整、清晰明了，使资金流和信息流高度匹配，基本做到实时到账、实时确认。

4.“执转破”案件：被执行人为企业法人的执行案件，执行人员在执行中发现其资不抵债的时，经申请人或被执行人同意，将案件移送有管辖权的法院进行破产审查。

5.“两个一律”：对涉黑涉恶犯罪案件，一律深挖其背后腐败问题，对黑恶势力“关系网”、“保护伞”，一律一查到底、严肃处理，绝不姑息。

6.“八查八整八提高”：指省委政法委组织开展的队伍集中整肃专项活动中，繁峙法院提出的一项工作要求和目标：一查思想涣散问题，整肃理想信念不坚定，切实提高政治站位；二查纪律松弛问题，整肃作风纪律松散，切实提高纪律意识；三查作风不良问题，整肃特权思想、衙门习气，切实提高为民司法意识；四查担当不够问题，整肃履职尽责不到位，切实提高担当作为意识；五查执法不严问题，整肃法律监督责任履行不力，切实提高程序意识；六查司法不廉问题，整肃职业操守不端正，切实提高公正廉洁意识；七查扫黑不力问题，整肃专项斗争不作为，切实提高深打快打意识；八查监管缺失问题，整肃主体责任不落实，切实提高履职尽责意识。

7.“四个意识”：是指政治意识、大局意识、核心意识、看齐意识。“四个自信”：即中国特色社会主义道路自信、理论自信、制度自信和文化自信。“两个维护”：是指坚决维护习近平总书记在党中央的核心、全党的核心地位，坚决维护党中央权威和集中统一领导。

8.“枫桥经验”：是指20世纪60年代初，浙江省诸暨市枫桥镇干部群众创造了“发动和依靠群众，坚持矛盾不上交，就地解决。实现捕人少，治安好”的“枫桥经验”，为此，1963年毛泽东就曾亲笔批示“要各地仿效，经过试点，推广去做”。“枫桥经验”由此成为全国政法战线一个脍炙人口的典型。之后，“枫桥经验”得到不断发展，形成了具有鲜明时代特色的“党政动手，依靠群众，预防纠纷，化解矛盾，维护稳定，促进发展”的枫桥新经验，成为新时期把党的群众路线坚持好、贯彻好的典范。

繁峙县人民检察院工作报告（节选）

繁峙县人民检察院检察长 岳岐峰

2018 年工作情况

2018 年，县检察院在县委和市检院的正确领导下，在县人大、县政府、县政协及社会各界的有力监督和大力支持下，坚持以习近平新时代中国特色社会主义思想为指引，紧紧围绕全县经济发展和社会稳定大局，忠实履行宪法和法律赋予的职责，充分发挥法律监督职能，持续狠抓检察队伍建设，在全市综合业务考核中排名第五。

一、牢记使命，永葆忠诚，确保党对检察工作的绝对领导

检察机关是党领导下的国家法律监督机关，是政治性极强的业务机关、业务性极强的政治机关，必须把讲政治作为第一位要求。我院把政治立检、政治建检放在首位，认真学习习近平新时代中国特色社会主义思想，引导广大干警把“四个意识”“四个自信”和“两个维护”贯彻到日常工作和生活中，自觉将检察工作置于党的绝对领导之下，永葆检察人员绝对忠诚的政治本色，确保“刀把子”牢牢握在党和人民手中。

二、凝心聚力，主动作为，服务保障全县经济发展大局

坚持把围绕中心服务大局作为工作的立足点，努力为繁峙经济社会发展提供坚强有力的法治保障和优质高效的法律服务。

——服务保障民生民利。坚持以人民为中心的发展思想，竭力满足人民群众多元化的司法需求，进一步增强人民群众的获得感、幸福感和安全感。助力脱贫攻坚。坚持以脱贫攻坚统领全局工作，认真落实县委部署，向东山乡砂垚沟和山羊会村派驻第一书记，向砂垚沟、正沟、黄草、苏家口村派驻驻村工作队，要求所有帮扶干警深入脱贫攻坚第一线，通过召开座谈会、入户访谈、实物慰问等方式，为 168 户建档立卡贫困户讲政策、解难题、送温暖。打击涉农犯罪。从严批捕起诉贪污挪用扶贫资金犯罪，受理涉农扶贫领域职务犯罪案件 3 件 3 人，追赃扶贫特定款物 21 万元。开展“互联网+阳光百姓工程”，利用涉农资金信息监管平台跟踪监督项目、资金的落实情况，跟踪监督涉农项目 252 项，报备 247 项 6.95 亿元。回应群众关切。加大对涉及农民工、残疾人、老年人等弱势群体合法权益保护力度，帮农民工讨薪 20 多万元；回应社会关切，关注舌尖上的安全，扎实开展饮用水水源保护区污染防治专项活动，对全县 21 口水源井逐一进行排查，目前已立案 6 件，通过召开安全隐患整改联席座谈会，督促相关部门积极履职，解决饮用水水源的污染问题。此外，针对校园周边食品安全和网络餐饮安全，向县食药监局发出检察建议 49 份，督促该局对校园周边的三小经营点及网络餐饮服务展开全面整治，取得良好的社会效果。

——依法优化营商环境。认真开展“支持和服务企业家创新创业营造良好法治环境”专项活动，组织企业家代表召开座谈会，虚心听取意见与建议，帮助企业解决遇到的法律问题和困难。严厉打击危害民营企业的违法犯罪活动，全年办理涉企案件 3 件 5 人。

——坚决维护社会稳定。依法严厉打击危害人民群众生命财产安全的各类犯罪，全力维护社会稳定。共批准逮捕各类刑事案件110件139人，提起公诉146件190人。认真贯彻宽严相济的刑事政策，最大限度地减少和化解不稳定因素，决定不批准逮捕16件32人，不起诉16件21人。以推行“阳光接待”工作为载体，深化各项便民利民措施，规范群众涉法涉诉行为，积极引导上访人员依法维权、理性表达。加强与公安、法院的协调配合形成“维稳”合力，依法批准逮捕1名无理违法缠访、闹访人员。受理控告举报线索8件，办理申请国家赔偿案件1件，司法救助案件6件，为7名受害人发放司法救助金5.9万元。

——保护国家和社会公益。围绕促进依法行政、保护国家和社会公共利益，全面开展公益诉讼工作。2019年，我院办理公益诉讼案件57件。其中在生态环境和资源保护领域立案6件；在食品药品安全领域立案49件；在国有财产保护领域立案1件；在国有土地使用权领域立案1件，拆除违法建筑一栋，起到“办理一案，警示一片”的效果。

三、牢记职责，聚焦主业，努力把每一件案件都办成铁案

严格贯彻修改后的宪法，坚持检察机关的宪法定位，充分履行法律监督职责，全面推进司法改革后的检察工作。强化立案侦查监督。重点监督纠正有案不立、有罪不究和刑讯逼供、暴力取证等违法行为。监督公安机关立案6件，监督行政执法机关立案1件，监督撤案4件。纠正侦查活动违法21件，纠正漏捕3人，追诉漏犯14人，追诉漏罪6人，提前介入命案现场3件。加强刑事审判监督。综合运用检察建议、刑事抗诉等手段，坚决纠正定罪不当、量刑严重失衡、审判程序违法等问题。纠正审判活动违法12件，提起抗诉2件。向法院提出量刑建议122人，采纳110人，采纳率90.2%。创新民事行政监督。准确把握民事行政诉讼监督的法律属性，构建多元化的法律监督格局。共开展审判活动监督18件，支持起诉50件，执行活动监督25件。增强刑事执行监督。积极开展社区矫正检察监督，受理羁押必要性审查案件9件，立案8件，向公安、法院发出变更强制措施检察建议8份，变更7件。向公安机关发出纠正违法通知书25份，向法院发出财产刑执行纠正违法通知书33份，对社区矫正监管部门发出纠正违法通知书18份，向代县法院发出超期羁押纠正违法通知书1份。提升未检检察工作。进一步推进未成年人检察工作专业化建设，严格落实未成年人刑事诉讼特殊程序，充分保障未成年人合法权益。全年共批准逮捕12件23人，追捕漏犯1人；起诉10件18人，追诉漏罪2人，发出纠正违法通知书2份。在繁峙县职业综合技术学校、福联坊小学及东石龙社区开展“法治进校园、进社区活动”3次。

四、突出重点，压实责任，深入开展扫黑除恶专项斗争

自中央部署扫黑除恶专项斗争工作以来，我院及时跟进县委对专项斗争的各项部署，成立办公办案机构，明确职责分工。通过进村入户讲政策、发放宣传手册、电视台专题演讲等形式广泛宣传，发动群众积极检举黑恶犯罪。与监委、法院、公安等部门密切配合，联合制定联席会议制度和提前介入侦查制度，依法从重从快办理了一批涉黑涉恶案件。至今，办理了5个恶势力团伙犯罪案件。其中批捕28人，起诉25人，收到判决25人，提前介入案件2件。移送县扫黑办线索3件，县监委会线索1件。

五、提高站位，严明纪律，认真落实各项改革任务

——深化配合监察体制改革工作。在监

察体制改革后，我院共受理职务犯罪案件5件5人，其中忻州市人民检察院指定管辖2件，县监察委员会移送3件。现全部收到法院有罪判决。其中张某某涉嫌贪污罪案件，我院派出检察官提前熟悉案情，在受理案件第二日决定逮捕犯罪嫌疑人；在审查起诉阶段，通过和犯罪嫌疑人家属做工作，对贪污所得进行了退赃，取得良好的政治效果、法律效果和社会效果。对办案中发现公职人员的违纪违法线索及时移送监察委员会，共移送案件线索4件。

——深入推进司法体制改革。健全检察权力运行机制，执行新的案件分配、办案模式、工资改革、绩效考核等制度机制，充分运用信息化平台，对案件流程节点进行全程留痕、动态跟踪，把检察权牢牢关在制度的“笼子里”，从源头上杜绝“人情案”“关系案”和“金钱案”。检察长和员额检察官全部到一线办案，4名入员额的院领导均亲自办理案件。

六、从严治检，文化育检，建设高素质专业化检察队伍

坚持以党建带队建，持之以恒抓检察队伍建设，努力打造对党忠诚、服务人民、执法公正、纪律严明的过硬检察队伍。

——加强思想政治建设。以深入推进“四大活动”为总抓手，以扎实开展“双日双评”活动为载体，以全面整肃干警队伍为目标，以党章党规和习近平新时代中国特色社会主义思想为必修课，通过开展红色主题教育、党的宗旨教育、重温入党誓词、观看警示教育片、人人讲党课、人人谈体会等形式，使党员干部在思想上更加清醒，在政治上更加坚定，在行动上更加自觉。

——提升执法办案能力。坚持以正规化、专业化、职业化建设为目标，不断提升队伍素能，把建设学习型机关作为一项基础任务来抓，每周三例会院领导轮流组织集中学习。支持鼓励干警参加岗位培训、干部在线学习及各类专项培训，构建员额检察官承办案件、检察辅助人员协助、司法行政人员保障的办案新模式。

——着力培育检察文化。努力打造“学习型、团结型、活力型、廉洁型”检察院，精心打造以“文化长廊、党员活动室、院史馆”为主体的文化建设阵地。坚持教育熏陶、模范引领、实践养成相结合，教育引导全院干警恪守“坚定理想信念、执法为民、捍卫法治、坚持公平正义、廉洁如水”的检察职业良知，激发检察人员进位争先的工作热情。

——驰而不息正风肃纪。扎实开展队伍集中整肃专项活动，对照“八查八整”的要求，全面聚焦我院队伍纪律作风问题，对查找出的六个方面13个具体问题进行彻底整改。把“两个责任”拿在手上，放在心上，落实在行动上，推动管党治党持续走向“严紧硬”。制定《繁峙县人民检察院关于进一步规范机关工作纪律的通知》，每天上下午人脸识别签到，紧盯“八小时以外”，坚决纠正“四风”突出问题，大力整顿干警的不规范、不扎实行为。

2019年工作安排

2019年，县检察院在县委和上级检察院的正确领导下，以习近平新时代中国特色社会主义思想为指导，全力维护国家政治安全、社会稳定，全力保障全县工作大局，全力做好司法体制综合配套工作，配合搞好监察体制改革，全面履行法律监督职能，加强过硬检察队伍建设，为我县创造安全的政治环境、稳定的社会环境、公正的法治环境、优质的服务环境。

一、旗帜鲜明讲政治，确保检察工作正确方向

始终坚持党对检察工作的绝对领导，以

“双日双评”活动为载体，深入推进“四大活动”，扎实开展“改革创新、奋发有为”大讨论，解放思想、转变观念，对标一流、扎实工作。组织干警进一步深入学习习近平新时代中国特色社会主义思想丰富内涵，严格遵守政治纪律和政治规矩，讲党性，重品行，弘扬忠诚老实、公道正派、清正廉洁的党性观念，确保在思想上政治上行动上始终与党中央保持高度一致。

自觉接受人大的监督，主动向人大报告工作，积极配合人大开展专项执法检查，严格执行人大代表意见建议制度，确保检察工作始终反映民意，保障民生，维护民利。

二、履职尽责促发展，服务全县发展大局

打好“三大攻坚战”。服务保障防范风险攻坚战，依法惩治非法吸收公众存款、集资诈骗、贷款诈骗等各类金融犯罪，加大对涉及金融风险的民事行政诉讼案件的法律监督力度。服务保障精准脱贫攻坚战，按要求做好县委交给的各项扶贫任务。关注重点领域和关键环节，从严批捕起诉贪污挪用扶贫资金犯罪，依法救助因案致贫、因案返贫的困难群众。服务保障污染防治攻坚战，充分发挥检察职能，突出惩治破坏生态环境犯罪，扎实开展生态环境领域检察公益诉讼工作，维护我县良好的生态环境。支持民营企业工作。深入贯彻落实中央、省委支持民营经济发展重大决策部署，保护民营企业家合法权益，依法办理涉企相关案件，严厉打击侵害企业权益犯罪，保障企业正常经营。积极延伸检察职能，为企业提供法律咨询服务，帮助企业完善管理制度，防范和减少法律风险。

三、扫黑除恶再延伸，依法打击黑恶犯罪

进一步提高政治站位，强化政治担当，始终把扫黑除恶专项斗争作为重大政治任务抓紧抓实，消除松懈麻痹、歇气换挡的思想倾向。深入发动群众，密切与扫黑除恶成员单位的工作联系，形成打击合力，依法从严从快惩治黑恶犯罪活动，继续保持对黑恶犯罪活动的高压态势。

四、公益诉讼变观念，实现双赢多赢共赢

把“强化公益保护，助推依法行政”作为公益诉讼工作的出发点和落脚点，提高政治站位，主动服务大局，稳步推进公益诉讼工作健康发展。更新监督理念，把好职责定位，努力使公益诉讼成为服务民生、维护民利的保护利器，用实际成效争取社会各界和人民群众的支持和信任。

五、聚焦主业强监督，维护社会公平正义

坚持以办案为中心，补短板、强弱项，统筹推进各项检察业务。继续加强侦查监督工作。加强对刑事案件的源头监督，继续推进介入命案工作机制向重大、疑难、复杂案件推广。做好做优公诉业务工作。构建以审判为中心的刑事监督格局，充分发挥公诉在诉前程序的主导作用，强化对刑事审判合法性和判决裁定公正性的监督，维护司法公正和权威。切实履行刑事执行监督。重点加强刑罚交付执行和变更执行监督、羁押必要性审查、强制医疗执行监督、财产刑执行监督、社区矫正执行监督和刑事被执行人合法权益保障等工作。全面强化民事检察工作。加强对民事生效裁判的监督，健全多元化民事检察监督格局。综合运用抗诉、检察建议等方式，加大对法院生效裁判、调解书、执行活动以及审判活动的监督力度。认真做好控告申诉工作。深化涉法涉诉信访制度改革，健全纠正和防止冤假错案长效工作机制，切实推动控告申诉检察工作转型发展。不断引深未成年人检察工作。推进未成年人检察工作专业化建设，完善捕、诉、监、防一体化工作模式，全面提升司法办案和帮教救助。积极开展“法治进校园”活动，引导未成年人增强法律意识。

六、持之以恒抓改革，提升司法办案质效

坚决贯彻党中央关于监察体制改革的要求，做好检察机关与监察委员会的有效衔接，做到惩治职务犯罪不懈怠、不脱节、不断线。深化完善以全面落实司法责任制为核心的司法体制改革，保持改革定力，在完善综合配套措施上紧跟改革步伐，确保司法责任制改革任务全面完成。

七、从严治检不停步，强化检察队伍建设

坚持思想教育从严，坚定理想信念；坚持组织建设从严，净化政治生态；坚持监督管理从严，规范司法办案；坚持队伍整肃从严，保持风清气正；坚持责任落实从严，强化担当作为。切实抓好作风建设和反腐倡廉建设，树立检察机关严格司法、公正司法、规范司法、廉洁司法的良好形象。努力打造一支让党放心、让人民满意的新时代过硬检察队伍。

2018 年繁峙县社会经济基本情况表

表 15

项目　数量　年份	2018
一、人口、劳动力及其他	
乡镇个数（个）	13
居民办事处（个）	1
村民委员会个数（个）	287
年末总人口（人）	277053
其中：男（人）	144612
女（人）	132444
其中：城镇人口（人）	122910
乡村人口（人）	147146
年末总户数（公安）（户）	116624
年末单位从业人数（人）	17526
其中：第二产业（人）	6951
第三产业（人）	10479
乡村从业人员数（人）	86375
其中：农林牧渔业（人）	53672
城镇登记失业率（%）	2.2%
二、综合经济	

续表

数量 年份 项目	2018
（一）地区生产总值（万元）	696611
第一产业增加值（万元）	55991
第二产业增加值（万元）	368532
其中：工业（万元）	318826
第三产业增加值（万元）	272083
（二）财政、金融、保险	
财政总收入（万元）	56869
公共财政预算收入（万元）	26436
税收收入（万元）	16549
财政支出（万元）	228139
其中：农林水事务支出（万元）	49096
科学事业费支出（万元）	954
教育事业费支出（万元）	53906
年末金融机构各项存款余额（万元）	1409311
其中：城乡居民储蓄存款余额（万元）	1159588
年末金融机构各项贷款余额（万元）	672537
三、农　业	
（一）生产条件	
农业机械总动力（万千瓦特）	13.8
化肥使用量（吨）	8366.5
农药使用量（吨）	44.5
地膜使用量（吨）	390
农村用电量（万千瓦时）	8826.1
（二）农作物总播种面积（公顷）	38833.3
粮食作物播种面积（公顷）	33797.7
其中：稻　　谷（公顷）	83.6
玉　　米（公顷）	17991.3
大　　豆（公顷）	2323.9
油料作物播种面积（公顷）	1147.8

续表

项 目 \ 数量 \ 年份	2018
蔬菜作物种植面积	863.6
粮食总产量（吨）	95456.8
其中：稻 谷（吨）	376.2
玉 米（吨）	69174.3
大 豆（吨）	2265.8
油料产量（吨）	1167.2
水果产量（吨）	832.6
肉类总产量（吨）	17070.1
奶类总产量（吨）	9990
蔬菜产量（吨）	36956
水产品产量（吨）	210
四、规模以上产业	
工业企业数（个）	57
工业总产值（现价）（万元）	764884
内资企业（万元）	762300
外商投资企业（万元）	2584
从业人员平均数（人）	7126
流动资产合计（万元）	349339
产品销售收入（主营业务收入）	669131
其中：产品销售税金及附加（主营业务税金及附加）（万元）	8331
本年应交增值税（万元）	22878
利润总额（万元）	75167
五、交通运输和邮电通讯	
境内公路里程（公里）	1429
境内铁路里程（公里）	80
民用汽车拥有量（辆）	25464
邮电业务总量（万元）	15980
固定电话用户（万户）	0.96
年末移动电话用户数（万户）	24.96

续表

数量 年份 项目	2018
互联网用户（万户）	4.68
六、贸易	
限额以上批发零售贸易业商品销售总额	27059.6
社会消费品零售总额（亿元）	21.3
七、全社会固定资产投资（万元）	439506
其中：城镇投资（万元）	439006
其中；房地产投资（万元）	5478
本年新增固定资产（万元）	281343
八、文教和卫生	
中学数（所）	14
小学数（所）	44
小学专任教师数（人）	1369
中学在校学生数（人）	13495
小学在校学生数（人）	21327
医院、卫生院数（所）	18
医院、卫生院床位数（床）	770
九、人民生活	
城镇在岗职工年平均人数（人）	16150
城镇在岗职工工资总额（万元）	74015
城镇常住居民人均可支配收入（元）	29932
农村常住居民人均可支配收入（元）	8320
社会福利院数（个）	4
社会福利院床位数（床）	361
参加基本养老保险的职工数（人）	29572
参加城镇基本医疗保险的职工数（人）	24752
城镇居民最低生活保障人数（人）	3742
十、社会治安	
交通事故件数（件）	363
刑事案件立案数（件）	630
治安案件发案数（件）	1024

2018 年繁峙县各乡镇村民委员会统计表

表 16

乡镇 年度	2018	比 2017 年减少数
合计	287	107
繁城镇	30	5
砂河镇	30	13
大营镇	29	0
下茹越乡	10	6
杏园乡	18	1
光裕堡乡	12	3
集义庄乡	21	0
东山乡	24	22
金山铺乡	22	8
柏家庄乡	16	2
横涧乡	24	1
神堂堡乡	24	21
岩头乡	27	

（县统计局）

2018 年繁峙县农林牧渔业总产值情况表

表 17

项 目	2018 年
农林牧渔业总产值（万元）	107977.1
农业产值	28593.7
林业产值	12042.9
牧业产值	63472.5
渔业产值	430
农业服务业产值	3438
农林牧渔业总产值构成（%）	100

续表

项　目	2018 年
农业产值	26.5
林业产值	11.2
牧业产值	58.8
渔业产值	0.4
农业服务业产值	3.2
农林牧渔业增加值（万元）	58554.8
农业增加值	15726.5
林业增加值	6262.3
牧业增加值	34402.1
渔业增加值	245.5
农业服务业增加值	1918.4
农林牧渔增加值增长速度（%）	7.9
农业增加值	10.4
林业增加值	−11.1
牧业增加值	11.0
渔业增加值	−5.1
农业服务业增加值	5.0

（县统计局）

2018 年繁峙县粮食生产统计表

表 18

项　目	2018 年	比 2017 年增长±%
粮食播种面积（公顷）	33797.7	−1.1
1.谷物	29331.8	−0.2
# 玉米	17991.3	0.3
谷子	4388.3	0.6
高粱	1150.9	934.1

续表

项　目	2018 年	比 2017 年增长±%
水稻	83.6	33.3
2.豆类	2638.5	–9.3
# 大豆	2323.9	1.1
3.薯类	1827.4	–2.5
# 马铃薯	1806.0	–3.0
粮食总产量（吨）	95456.8	13.4
1.谷物	89978.6	14.8
# 玉米	69174.3	4.8
谷子	10531.9	78.8
高粱	5179.1	933.8
水稻	376.2	33.4
2.豆类	2572.6	–9.3
# 大豆	2265.8	1.2
3.薯类（打粮）	2905.6	–2.5
# 马铃薯	2871.5	–3.0

（县统计局）

2018 年繁峙县蔬菜生产统计表

表 19

项　目	2018 年	比 2017 年增长±%
播种面积（公顷）	863.4	84.9
叶菜类	12.2	–41.9
甘蓝类	82.4	115.7
瓜菜类	30.2	–24.9
茄果类	276.6	–14.5
蔬菜总产量（吨）	36956.0	90.1
叶菜类	421.0	–12.9
甘蓝类	4828.0	79.5
瓜菜类	1194.0	–12.0
茄果类	11406	–9.6

（县统计局）

2018 年繁峙县畜牧生产统计表

表 20　　　　单位：头（只）、吨

项　目	2018 年	比 2017 年增长±%
年末存栏		
猪	87185	1.4
牛	29513	46.0
羊	195761	–44.3
禽	928162	16.0
年内出栏		
猪	131429	0.4
牛	7453	111.2
羊	225814	2.2
禽	518473	37.2
主要畜禽产品产量		
猪肉	11171.5	0.4
牛肉	1043.4	112.2
羊肉	4177.6	2.2
禽肉	518.5	37.2
禽蛋	13650.9	134.6
牛奶	9990.0	持平

（县统计局）

2013–2018 年繁峙县主要经济指标完成情况统计表

表 21　　　　单位：亿元、%、万千瓦时、元、年

	2013		2014		2015		2016		2017		2018	
	绝对额	增速	绝对额	增速	绝对额	增速	绝对额	增速	绝对额	增速	绝对额	增速
地区生产总值	53.2	9.1	53.2	5.4	51.3	0.6	53.6	4.4	66.7	5.5	69.7	0.7
农林牧渔业增加值	4.0	5.9	4.6	11.3	4.5	3.2	5.1	5.3	5.4	4.73	5.8	6.7

续表

	2013		2014		2015		2016		2017		2018	
	绝对额	增速	绝对额	增速	绝对额	增速	绝对额	增速	绝对额	增速	绝对额	增速
全社会用电量	156324	3.6	136779	8.5	72595	–46.9	70526	–2.9	99558	41.2	108759	9.2
固定资产投资	61.1	30.1	74.7	22.4	87.9	17.6	92.9	5.7	40.3	7.5	43.9	9.0
社会消费品零售总额	9.8	16.9	10.3	13.7	14.9	6.1	19.0	7.5	20.6	8.4	21.3	9.5
财政总收入	8.9	20.5	10.0	11.9	4.1	–59.2	4.08	–0.03	5.0	23.7	5.7	12.7
公共财政预算收入	3.6	26.7	4.2	17.4	2.0	–52.5	2.14	6.1	2.4	11.9	2.6	10.5
城镇居民人均可支配收入	20981	10.2	22967	9.5	24873	8.3	26664	7.2	28211	5.8	29932	6.1
农村居民人均可支配收入	5381	14.2	6012	11.2	6474	7.7	6940	7.2	7523	8.4	8320	10.6

2018年繁峙县规模以上工业企业名录

繁峙县鸿喜矿业有限公司
繁峙县南峪口铁矿有限责任公司
繁峙县东鑫矿业有限责任公司
繁峙县矿产品有限责任公司
山西宝山矿业有限公司
繁峙县文溪磁选厂
繁峙县江鑫宝石铁矿有限责任公司
繁峙县富繁铁选有限责任公司
繁峙县宏达铁矿有限责任公司
繁峙县兴岳矿业有限责任公司
繁峙县宏岩矿业有限责任公司
繁峙县鼎泰矿业有限责任公司
繁峙县繁盛矿业有限责任公司
繁峙县东昌磁选厂
繁峙县宏伟铁矿
太原诚达集团繁峙县云雾峪风电有限公司
繁峙县富康铁矿有限责任公司
繁峙县鑫宝达矿业有限责任公司
繁峙县天宝矿业有限责任公司
繁峙县中兴矿业发展有限责任公司
山西旭泰矿业开发有限责任公司
繁峙县恒源矿业有限责任公司
山西紫金矿业有限公司
繁峙县程林铁选有限责任公司
山西中兴铸业集团有限公司
繁峙县滦兴铁选有限责任公司

繁峙县浩瀚铁选厂
繁峙县晋财磁选厂
繁峙县金方圆矿业有限公司
繁峙县中虎峪选厂
繁峙县金瑞缘矿业有限公司
忻州华茂精密铸造有限公司
繁峙县下茹越乡下寨选矿厂
繁峙县煜鑫铁选厂
繁峙县宏茂矿业有限责任公司
繁峙县金都黄金冶炼有限公司
繁峙县龙腾磁选厂
繁峙县曙光矿产品经销有限责任公司
繁峙县元盛机械工程有限公司
繁峙县通运矿业有限公司
繁峙县圣兴矿产品加工有限公司
繁峙县兴隆矿业有限责任公司
繁峙县中兴华德联铸有限公司
繁峙县康达矿业有限责任公司
华能繁峙风力发电有限公司
繁峙县计文铁选厂
山西省繁峙县绿源亨通食品有限公司
山西宝山鼎盛科技有限公司
繁峙县越红磁选厂
繁峙县松涧金矿有限公司
繁峙县义联金矿有限公司
繁峙县宏钜大磨坊
繁峙县同和磁选有限责任公司
繁峙县海兴矿业有限公司
繁峙县昇通磁选厂

2018 年繁峙县资质以上建筑企业名录

山西恒源路桥建设有限公司
中海建路桥建设有限公司
繁峙县建筑安装工程公司
山西省繁峙县建筑安装工程总公司
山西省繁峙县第二建筑安装工程公司
繁峙县第三建筑安装工程公司
繁峙县鑫茂建筑工程公司
山西兴瑞达建筑工程有限公司
山西滹源水利建筑工程有限公司

2018 年繁峙县房地产企业名录

山西鑫岳房地产开发有限公司
山西同乐房地产开发有限公司
山西顺隆永瑞房地产开发有限公司
繁峙县红宇房地产开发有限公司
山西华岳房地产开发有限公司
山西泰和顺房地产开发有限公司
山西瑞地房地产开发有限公司
繁峙县鑫宇房地产开发有限公司
山西省繁峙县盛世凯圆房地产开发有限责任公司
繁峙县朝阳房地产开发有限公司
山西同茂来房地产开发有限公司
繁峙县金地房地产开发有限公司

2018 年繁峙县重点服务业企业名录

山西省并州高速快客集团繁峙交通运业有限公司
繁峙县普尔泰中西医结合医院有限公司
繁峙县亚通运输有限公司

2018 年繁峙县限额以上批零、星级住宿餐饮企业名录

繁峙县万维网络科技有限公司

繁峙县德泽集贸市场有限公司
繁峙县三利石化有限责任公司
繁峙县北星嘉华科技有限公司
繁峙县嘉盛伦大酒店
繁峙县龙泉大酒店
山西省繁峙县五台山宾馆
繁峙县万锦肉牛育肥场
繁峙县富云牧业有限公司
繁峙县云泽汽贸有限公司
繁峙县三全运输队
繁峙县丰泽大酒店有限公司
繁峙县宏利商店
繁峙县繁城镇南街华林商厦
繁峙县繁城镇物美购物广场
繁峙县万人商厦
繁峙县繁城镇新华林商厦
繁峙县繁城镇金时代购物中心
繁峙县繁城镇保国百货专柜
繁峙县砂河镇佳家玛超市
繁峙县繁城镇客都购物超市
繁峙县繁城镇重庆秦妈火锅店
繁峙县繁城镇田园饭庄

索　引

说明：（1）本索引以人名、地名、机构名称、活动名称、事件（事物）名称等为主题词。（2）本索引按主题词汉语拼音字母顺序排列（数字开头主词另排序），主题词后面的数和字母分别表示所在页码和分栏位置（ab 表示本页码左右两栏），《繁峙年鉴》112a，表示在《繁峙年鉴》第 112 页左栏。（3）本索引主题词主要选自本年鉴正文部分和大事记，特载、附录以及图表、照片不在索引范图内。

H

J

K

L

M

Q

R

S

各单位撰稿人名录

（排名不分先后）

侯永兴	县委办公室
张志刚	县纪检委
江建伟	县委巡察办
郭俊明	县委组织部
李鹏程	县委组织部
李晓军	县委宣传部
李　敏	县委理论组
乔　伟	县新闻办公室
刘炳全	县广电中心
张永顺	县委统战部
张志强	县机构编制委员会办公室
刘俊智	县委党校
冯识途	县委老干部局
温计福	县信访局
冯占军	县党史资料征集办公室（县志办）
张国文	县档案局
李慧英	县关心下一代工作委员会
赵永宏	县人大常务委员会办公室
陈振国	县人大常务委员会办公室
刘　涛	县人民政府办公室
王　飞	县机关后勤服务中心
姚宏伟	县扶贫开发中心
韩　智	县扶贫开发中心
石培军	县扶贫开发中心
刘锐峰	县政协办公室
李万新	县工商业联合会
郭文华	民革繁峙县支部
李银所	民进繁峙小组
韩旭娟	县总工会
袁绍华	共青团繁峙县委员会
张巧香	县妇女联合会
郭俊廷	县科技协会
单俊恩	县残疾人联合会
王爱中	县文学艺术工作者联合会
王　震	县人民武装部
赵　攀	县委政法委员会
王太平	县委政法委员会
居卫星	县委政法委员会
霍元恒	县公安局
侯立恒	县公安局交通警察大队
高星所	县人民检察院
张克豪	县人民法院
刘　星	县司法局
张建业	县财政局
张小军	县税务局
王玉盒	县发展和改革局
王阅兵	县发展和改革局
孟　铭	县发展和改革局
齐国樑	县发展和改革局
闫利民	县发展和改革局
陈　洪	县发展和改革局
花锦芳	县重点工程及项目办公室
周明亮	县经济和信息化局
赵　攀	县收费管理局
张少敏	县审计局
赵兴华	县统计局
姜晓鹏	县工商行政管理局
樊爱清	县食品药品监督管理局
梁　栋	县国土资源局
张国璧	县安全生产监督管理局
杨美萍	县中小企业服务中心
王竹韵	县供电公司
杨　芳	县农业委员会

冀建华	县农业综合开发办公室
王月英	县农业机械化服务中心
姚晓军	县畜牧兽医中心
贾　洁	县京津风沙源治理办公室
郭　枫	县林业局
王建军	五台山国有林管理局
金雁华	县水利局
郑　星	忻州市下茹越水库管理局
闫旭光	县环境保护局
付宇鸿	县住房保障和城乡建设管理局
高建军	忻州市住房公积金管理中心繁峙管理部
赵永宽	县公路管理段
刘国兵	县交通运输局
高小白	县道路运输管理所
姬云生	繁峙火车站
高晓瑞	县邮政公司
柴永青	中国联通县分公司
赵建民	中国移动繁峙分公司
杨悦梓	中国电信繁峙分公司
杨觐屹	中国人民银行县支行
候雪飞	忻州银保监分局繁峙监管办事处
曹惠娟	农发行繁峙县支行
刘美丽	农行繁峙县支行
侯　宏	建行繁峙支行
侯达君	工行繁峙支行
王瑞青	繁峙农商行
庄俊芳	邮储忻州繁峙县支行
崔　岩	繁峙新田村镇银行
刘　岩	晋商银行繁峙支行
高　丹	人寿繁峙县支公司
王晓明	人保财险繁峙县支公司
邢润兰	人寿财险繁峙县支公司
钟文权	县商务局
王利忠	县粮油贸易总公司
李小宁	县烟草专卖局
张耀东	县供销合作社
张　宇	中国石化繁峙石油分公司
李炳龙	县商贸总公司
胡永平	县教育局
赵治斌	县综合职业学校
郭建恩	县科学技术局
张　廷	县地震局
宫　燕	县气象局
冯永光	县卫生和计划生育局
张俊伟	县体育发展中心
张军山	县文化局
何宇飞	县文化局
张玉清	县文化局
崔晓峰	县文化局
孙建军	新华书店
宫成瑞	县旅游服务开发中心
姚振燕	县人力资源和社会保障局
杨　晋	县人力资源和社会保障局
高玉国	县老龄委员会办公室
周　楠	县民政局
张巨国	繁城镇政府
王中华	砂河镇政府
杨　波	大营镇政府
张丙午	神堂堡乡政府
卫　斌	横涧乡政府
韩春亮	柏家庄乡政府
柴清亮	金山铺乡政府
李林茂	东山乡政府
李翀龙	集义庄乡政府
石　达	下茹越乡政府
王志胜	光裕堡乡政府
姚付春	杏园乡政府
张　巍	岩头乡政府
韩海亮	居民办事处